정치, 경제, 사회, 문화, 교육, 과학기술, 역사, 지리 등을
총망라한 **중국 입문서!!**

중국을 알면
미래가 보인다

如果你了解中国就能看到未来

윤종식 지음

＋하이비전

중국을 알면 미래가 보인다

초판 1쇄 인쇄 2023년 4월 6일
초판 1쇄 발행 2023년 4월 15일

지은이 : 윤종식
교정 / 편집 : 이수정 / 김현미 / 김보영
표지 디자인 : 김보영
펴낸이 : 서지만
펴낸곳 : 하이비전

신고번호 : 제 305-2013-000028호
신고일 : 2013년 9월 4일(최초 신고일 : 2002년 11월 7일)

주소 : 서울시 동대문구 하정로 47(신설동) 정아빌딩 203호
전화 : 02)929-9313
홈페이지 : hvs21.com
E-mail : hivi9313@naver.com

ISBN 979-11-89169-72-5 (03300)

값 : 25,000원

중국을 알면 미래가 보인다

如果你了解中国就能看到未来

‖ 머리말 ‖

필자가 중국에 첫발을 내딛은 지 벌써 28년째다. 1992년 9월 2일 한·중수교가 되고 얼마 되지 않은, 1995년 12월 우연한 기회에 「한·중 부동산포럼」을 참석했다가 1996년 7월 중국으로 유학을 떠났다. 그때 만 해도 중국은 나에게 미지의 세계였으며, 죽의 장막의 실체를 전혀 몰랐다. 그래서 중국에 대한 궁금증은 나날이 깊어만 갔다.

처음, 중국 뻬이징 거리를 거닐면서 나는 다양한 비즈니스 측면에서 무궁무진한 시장잠재력을 느낄 수 있었다.

첫째, 길거리에 지나다니는 사람들이 인산인해였다. 둘째, 자전거를 타고 출퇴근을 하는 사람들이 엄청 많았다. 셋째, 대다수의 건축물들이 너무 허름했다. 넷째, 출퇴근용 복장이 군청색 일색이었다. 다섯째, 대부분 재래식 화장실을 사용하고 있었다. 여섯째, 도로에 다니는 차량의 숫자가 너무 적었다. 이 밖에도 놀라운 점이 한두 가지가 아니었다.

일주일간 「한·중 부동산포럼」에 다녀오고 나서도 그 후유증은 오랫 동안 갔을 뿐만 아니라, 1996년 7월 중국으로 유학을 떠날 때까지 무수한 날들을 거의 중국을 생각하면서 하루하루를 보냈다.

과연, 내 나이 40에 하던 사업을 단번에 접고 유학을 떠난다는 것이 과연 잘한 선택이 될지 아니면, 두고두고 후회될지 매일 밤 뜬 눈으로 보낸 날이 많았다.

요즘에 와서 생각을 해보면, 세월이 정말 빠르다는 느낌을 지울 수가 없다. 그때 만났던 분들의 얼굴들이 주마등처럼 스쳐 지나간다.

당시 필자가 중국 북경에 있을 때, 많은 도움을 주신 〈쭝앙민주대학(中央民族大学)〉 하찡시옹(哈经雄) 총장님, 취앤우저(权五泽) 대학원장님, 황요우푸(黄有福) 박사 지도교수님, 찐삥하오(金炳镐) 교수님, 〈중화인민공화국 전국인민정치협상회의〉 짜오난치(赵南起) 부주석님, 〈중화인민공화국국무원발전연구원〉 찐렌시옹(金仁雄) 고급연구원님, 〈중국과학원계통과학연구소〉 한찐칭(韩京清) 교수님, 〈북경용악경제무역유한책임공사〉 리꽝위(李光玉) 동사장(董事长), 〈흑룡강신문사〉 홍만하오(洪满浩) 사장님, 〈민족단결잡지사(중화인민공화국국가민족사무위원회기관지)〉 퍄오푸싼(朴福善) 주필님, 〈요령조선문보〉 북경특파원 리더취앤(李德权) 지사장님, 〈조선일보〉 북경특파원 지해범 지사장님, 〈북경현대관도유한공사〉 김호철 총경리(总经理), 〈미국주중대사관〉 캐럴씨 부부, 〈서재필기념재단 초대 이사장〉 재미동포 현봉학 박사님, 〈대구가톨릭대학병원장〉 박창수 신부님 등 여러분들에게 이 자리를 빌어 감사의 말씀을 드린다.

근래, 지인분들께서 1998년도 출판했던 필자의 졸작 《중국 비즈니스 이유있는 선택》을 구하고 싶다는 간곡한 요청을 여러 번 받았지만, 절판이 되어 필자에게도 원본이 한 권도 없었다. 이런저런 고민을 하다가 하다가 헌책방에서 원본을 겨우 한 권을 구해 책의 내용을 일부 수정하는 선에서 재출판하기로 마음을 먹었다.

　이 책을 재출판하면서 책 제목을 《중국비즈니스 이유있는 선택》에서 《중국을 알면 미래가 보인다》로 바꾸기로 하였다. 왜냐하면, 책의 내용을 독자들에게 전달하는 데 훨씬 적합할 것으로 생각이 들었기 때문이다.

　끝으로 본 책이 부족한 점은 많이 있지만, 중국을 알고 싶어 하는 많은 분들에게 다소나마 도움이 되기를 기대한다.

2023년 2월 26일

우거(宇居)에서
윤 종 식

추천사

추천사를 부탁받고 약간은 고민스러웠다. 우선을 이런 글을 쓰는 데 자신이 없었고 다른 한편으론 공직에 있는 사람의 고답적인 추천사가 오히려 책의 품위를 떨어뜨리지나 않을까 하는 걱정도 되었다.

그럼에도 불구하고 용기를 낸 것은 중국을 우리나라 사람들에게 소개하는 자료가 부족하다고 평소 생각하고 있던 차에 이에 일조한 필자에게 최소한의 성의라고 생각이 들었다. 개인적으론 수많은 민원인들과 이런저런 간단찮은 일들의 연속으로 지쳐 있던 나에게 이런 새로운 경험이 가져다줄지 모를 어떤 즐거움에 대한 기대도 있었다.

우선 나는 일과 중 틈을 내 원고를 훑어보았는데, 필자가 이만큼 방대한 양의 원고를 써낸 것에 일단 경의를 표할 수밖에 없었다. 대체로 이런 류의 책을 쓴다는 것은 일종의 사명감, 성취감에다 자신의 '에고(ego)'의 충족 등에 기인하는 것이라 생각되는데, 이전에 조그마한 책을 써본 경험이 있는 나로서는 이만한 분량의 원고지를 메운다는 것 자체가 엄청난 인내와 끈기를 필요로 한다는 것을 알기 때문이다.

이 책은 한마디로 '중국 개황'이라고 할 만하다. 즉, 중국에 대해 알고 싶은 이모저모, 각종 기본 정보를 정리해 놓은 일종의 '중국 백과사전' 같다. 언급된 분야는 중국의 국토, 지리 등에서부터 역사,

정치, 경제, 문화 등을 거쳐 음식, 복식문화에 이르기까지 다다랐다.

막상 중국의 어떤 특정 부분, 예를 들어 중국의 성(省)이 몇 개나 있고 각 성(省)의 특징은 무엇인지, 행정조직은 어떻게 구성되어 있는지, 이런 간단한 것을 포함, 신문에 흔히 나는 '전인대(全人大)'라는 기구는 뭘 하는 곳인지 궁금해도 쉽게 찾아보기가 마땅치 않은 것이 사실임을 감안할 때 이 책의 출판의 의미는 크다고 하겠다.

그 내용에 있어서도 정치상황 부분에 있어서는 98년 3월의 전국인민대표자대회[全國人民代表者大會: 이를 전인대(全人大)라고 약칭함]와 홍콩 반환 등의 내용도 다루고 있는 것을 보면 필자가 상당히 노력했구나 하는 것을 느낄 수 있다. 또 복식문화 소개에 있어서는 여인들의 장신구 내용까지 들어 있고, 또 '북경 사합원(四合院)' 건축양식의 내용까지 들어있는 것을 보면 필자의 전공이 아닌 부분까지 다루느라 무척 고심하였을 것이다.

그러므로 이 책을 어느 특정 분야의 전문서라고는 할 수 없겠지만, 중국에 관한 기본적인 정보를 찾아보기엔 매우 유용하며 중국과 관련 있는 사람이면 누구나 한 권 비치할 만한 책이라 하겠다.

북경의 쭝양민주대학(中央民族大学)에서 박사과정을 밟고 있는 가운데 방대한 자료를 정리해낸 필자의 끈기와 집념에 찬사를 보낸다. 중국과의 관계가 이제 우리 생존의 불가분의 하나가 된 시점에서 중국의 이모저모를 망라한 책이 나오게 된 것을 축하한다.

1998년 7월
대한민국 주중국대사관 총영사 신봉길

추천사

중국과 한국은 오랜 역사 동안 서로 밀접한 관계를 유지하여 왔다.

1992년 9월 양국 수교 이후 경제를 비롯한 많은 분야에서 괄목할 만한 성과를 거두고 있으며, 21세기를 눈앞에 둔 시점에서 양국의 노력과 협조가 더욱 절실히 요구된다 하겠다. 특히 경제 관련 부문에 있어서는 서로 보완적인 측면이 무척 많아 다른 어느 나라보다 한·중 간의 교류 증대는 필수 불가결한 것 같다.

환경이 비슷한 동양문화권(東洋文化圈)에서 황해(黃海)를 사이에 두고 살아오면서 근세기 서구 주도의 세계에서 다시 '동아시아 시대의 서막'을 열어가야 하는 막중한 임무가 양국에 주어져 있다.

현재 동아시아에 불어닥친 IMF 한파로 모두 어려움을 겪고 있지만, 멀지 않은 장래에 새로운 도약의 시간은 분명 도래할 것이기 때문에 중국과 한국은 항상 미래를 준비하면서 서로에게 필요한 존재로 남길 바란다.

각 민족별, 지역별, 분야별로 중국을 자세히 소개한 이 책을 보고 중국인의 한 사람으로서 이렇게 방대하면서 체계적인 서술에 놀라지 않을 수 없었으며, 여러 계층의 한국인들에게 중국의 각 부문을 알리는 데 큰 도움이 될 것으로 생각한다.

특히 한·중 간 경제교류 규모가 더욱 커지는 시점에서 이런 책이 한국 독자들에게 소개된다는 것은 무척 뜻깊은 일이라 하지 않을 수 없으며, 이 책을 집필한 필자에게 깊은 경의를 표하면서 축하를 보낸다.

　끝으로 중국 북경 소재 쭝양민주대학(中央民族大学) 윤종식 박사
연구생의 학업과 사업에 큰 진전이 있기를 기대해 본다.

1998년 7월

중화인민공화국 국무원발전연구센터 고급연구원

찐렌시옹(金仁雄)

추천사

원래 한·중 두 나라는 정치, 경제, 문화 각 방면에서 서로 이해가 잘 되었던 가까운 이웃이었다. 하지만, 이념대립이 가져온 단절의 반세기가 흐름에 따라 세대가 바뀌며 이웃 나라로서의 가까운 관계가 끊어지는 형편이 되었다.

그러다 중국의 개방정책이 시작되면서 중국은 한국의 경제발전에 놀라게 되었고, 한국 역시 변화된 크고 다양한 중국을 이해하기에는 너무나 어려운 점이 많았다.

90년대 초부터 한국에서 중국 진출의 붐이 일어났으나 실패의 기록이 적지 않은 것으로 알려지고 있는데 이것은 이해 부족의 탓이다.

중국에서 박사과정을 공부하고 있는 윤종식 씨가 이해 부족으로 생기는 이러한 실패를 줄이는 데 도움을 줄 수 있는 중국을 전면적으로 소개하는 《중국 비즈니스, 이유 있는 선택》을 많은 심혈을 바쳐 집필해 내었다.

비록 인터넷의 발달이 정보교류에 큰 도움이 되고 있긴 하지만, 언어의 제한으로 일반 민중에 보급되기에는 아직 미흡한 감이 있다. 따라서 이 책의 가치는 충분하다.

하루빨리 이 책이 출판되어 더 완벽한 한·중 교류 발전에 이바지하기를 기대하는 바이다.

1998년 7월
중국과학원계통과학연구소 교수 한찡칭(韓京清)

추천사

중국과 한국은 바다를 사이에 둔 아주 가까운 우방국으로 고대 이래 '이와 입술'로 비유되는 밀접한 문화적 연관을 가지고 있었으며, 근대에 들어서는 열강들의 침략을 받으며 고통을 이겨내야 했던 동병상련의 시기를 보내기도 하였다.

고대 중국과 한국의 교류는 다방면에서 활발히 이뤄졌다. 그 가운데서 한·중 교류의 대표자로 중국에서 널리 알려진 분이 바로 신라시대의 학자 '고운(孤雲)' 최치원(崔致遠)이다. 고운은 일찍이 12세에 당(唐)나라로 건너와 오늘날의 많은 한국 유학생들처럼 학문을 갈고 닦아 당시 중화문화권을 놀라게 하였으며, 양국 간의 고대 문화교류에도 지대한 업적을 남겼다.

그로부터 1,000년이란 세월이 흐른 오늘날, 한국에서 온 박사연구생 윤종식 선생이 중국을 이해하겠다는 포부를 안고, 중국문화에 대한 남다른 열의를 보이며 학업에 열중하는 모습에서 과거 고운 선생이 애썼던 한·중 문화교류의 마음을 읽을 수 있었다.

윤 선생이 1여 년 동안의 학습과 중국 생활을 통하여 중국을 주도면밀하게 소개하는 《중국 비즈니스, 이유 있는 선택》이라는 책을 집필하게 되었다. 이 책이 중국을 이해하려는 한국 독자들에게 중국에 대한 정확한 정보를 전달해 줄 뿐만 아니라 나아가 한·중양 국민의 경제, 문화교류에도 큰 공헌을 하리라 믿는다.

1998년 7월

쭝양민주대학(中央民族大学) 총장 하찡시옹(哈經雄)

한·중 두 나라는 주변의 어느 나라들보다도 가까운 관계를 유지하면서 수천 년의 문명 발달과정을 거쳐 독자적 문화를 창출해 냈다. 그러나 2차 세계대전이 끝나면서 세계 강국들의 이념대립으로 인하여 중화인민공화국과 대한민국은 반세기에 가까운 국가 관계의 단절을 겪었다. 그러다가 1992년 한·중 수교를 계기로 중국과 한국은 경제, 문화교류의 급성장기를 맞이하였다. 그런데 중국을 다녀간 수많은 한국인은 근 50년간의 단절이 가져온 중국에 대한 무지(無知)가 생각보다 훨씬 크다는 것을 체험할 수밖에 없었다. 그 결과 이제는 중국 진출을 꿈꾸는 한국인이라면 누구나 먼저 '중국을 알아야 한다'는 생각을 갖게 되었다.

마침 중국 쭝양민주대학(中央民族大学)에서 민족학 박사과정을 공부하고 있는 한국인 윤종식(尹鐘植) 씨가 그동안 중국 생활에서 경험한 실제 지식과 공부에서 축적한 다양한 정보를 바탕으로《중국 비즈니스, 이유 있는 선택》이라는 책을 집필하였다.

국토자원, 민족, 종교, 역사, 지리, 정치, 경제, 문화, 교육, 과학기술 등 다양한 차원에서 중국을 입체적으로 소개하고 있어 지금까지 볼 수 없었던 훌륭한 중국 입문서라고 생각이 된다. 이 책이 하루빨리 출판되어 한중 경제, 문화교류 발전의 지침서가 되기를 바라는 바이다.

1998년 7월
쭝양민주대학(中央民族大学) 한국문화연구소 소장 박사지도교수
황요우푸(黃有福)

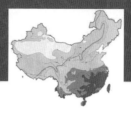

제4장 새로운 도전, 중국인의 정치 현주소

제5장 숨가쁘게 달려온 중국 경제의 발자취

제6장 정신적 교두보, 중국의 교육

제7장 4대 발명을 빚어낸 중국의 과학기술

제8장 신비스러운 중국의 한의학(漢醫學)

제9장 세계 문명의 발상지, 중국의 문화

1

무진장한 중국의
국토와 자원

1. 국토와 행정구역

1) 국토

중국은 우리에게 14억의 인구, 엄청나게 넓은 국토, 장구한 역사, 중국 음식 정도로 기억된다. 하지만 우리나라와 1시간의 시차밖에 나지 않는 지리적인 가까움과 역사 속의 뗄 수 없는 관계로 맺어진 나라가 중국이다. 그러나 현재 미국을 비롯한 세계 주요국들의 금리 인상, 코로나 팬데믹, 우크라이나 전쟁 등으로 수출 의존도가 높은 대한민국은 타격이 이만저만이 아니다.

이런 상황임에도 불구하고 중국은 여전히 넓고 밝은 희망이 꿈틀거리고 있다. 그 꿈틀거림이란 바로 풍부한 인적·물적 자원을 가지고 떠오르려는 대륙의 태양, 중국이다.

중국은 러시아, 캐나다 다음으로 넓은 국토를 가진 대국(大國)이요, 남단은 증모암사(曾母暗沙), 북단은 막하(漠河) 부근에 자리한 흑룡강(黑龍江), 서단은 파미르고원, 동단은 흑룡강(黑龍江)과 오소리강(烏蘇里江)의 합류점을 국경으로 삼는다. 아울러 남북 5,500km, 동서 5,200㎞에 이르는 960만㎢ 면적으로 한반도(韓半

島) 국토의 약 44배 크기를 자랑한다.

지정학적으로는 동북과 정북, 서북 방향으로 북한, 러시아, 몽고인민공화국과 국경을 접하고 있다. 서북과 서남쪽으론 카자흐스탄, 키르기스탄, 아프가니스탄, 파키스탄, 인도, 네팔, 시킴(Sikkim), 부탄, 라오스, 베트남과 맞닿아 있어 세계적으로 보기 드물게 많은 접경국을 가졌다.

2) 행정구역

중국은 국토가 큰 만큼 행정구역 역시 복잡한 시스템으로 이루어져, 팔도강산으로 명명되는 우리의 그것과는 명칭과 행정사무 등에서 많은 차이를 보인다.

중국의 행정구역을 이해하기 위해서는 먼저 〈중화인민공화국 헌법〉에 따라 크게 세 가지 등급으로 나눈 행정구역을 알아야 한다. 즉 1급 행정구역에 속하는 성(省), 자치구(自治區), 직할시(直轄市), 2급 행정구역에 속하는 현(縣), 자치현(自治縣), 성할시(省轄市), 3급 행정구역에 속하는 향(鄕), 민족향(民族鄕), 진(鎭)이 중국의 기본적인 행정구역이다.

그러나 중국의 행정구역에는 예외적인 조항이 많아 '자치주(自治州)'는 1급 행정구역인 '자치구(自治區)'에 속하지만 2급 행정구역에 편입시키는 것이 중국의 행정시스템이다. 우리나라의 '광역시(廣域市)'와 비슷한 개념으로 이해하면 될 것이다. 같은 원리로 2급에 속하는 '자치주(自治州)' 내부에 설치된 현(縣), 자치현(自治縣), 시

(市)는 일률적으로 3급 행정구역에 속하고 '자치주(自治州)' 내에 설치된 향(鄕), 민족향(民族鄕), 진(鎭)은 4급에 속한다.

　행정구역의 나눔에 따라 각 행정단위마다 우리의 시청, 도청에 해당하는 '인민정부'가 설치 운영되고 있다. 하지만 행정시스템 역시 '내몽고자치구'에 설치된 '맹(盟)'과 같은 행정 명칭처럼 복잡한 예외 규정이 존재하기는 마찬가지이다. 이를 이해하기 위해서는 중국에서 직접 살아보거나 본격적인 중국 연구를 하지 않는 한 불가능할지도 모른다.

　이는 성(省), 자치구(自治區), 직할시(直轄市) 같은 1급 행정구역을 제외한 하급 행정구역들은 지리적인 자연환경, 민족 구분, 경제 조건 등에 따라 조금씩 변동을 보이기 때문에 더욱 힘든다. 1997년 말을 기점으로 중국의 1급 행정구역은 대만을 제외하고 23개의 성(省)과 4개의 직할시(直轄市), 5개의 자치주(自治區), 1개의 특별행정구(特別行政區)를 포함하고 있다.

2. 자연자원의 개발과 이용

중국은 약 960만㎢의 광활한 국토와 470여 만㎢의 넓은 해역에 풍부한 자연자원들이 도처에 깔려 있다는 말이 어울릴 정도로 많은 자원 매장량을 자랑한다. 중국 인민들은 이처럼 풍부한 자연자원을 개발, 이용하는 과정을 통해 경제발전의 기반을 다지고 있다. 특히 지역 차별적이었던 과거의 자원 이용 방식에서 벗어나 계획적이고 균형적인 자원 이용시스템을 가동시키고 있다.

1) 토지자원

토지자원이란 일반적으로 국토면적에 경제개념을 가미시킨 용어로 중국의 토지자원은 한마디로 '4대 고원, 4대 분지, 3대 평원, 5대 구릉지'로 구성된다.

청장고원(靑藏高原), 내몽고고원(內蒙古高原), 황토고원(黃土高原), 운귀고원(雲貴高原)으로 일컬어지는 4대 고원은 해발 1,000m 이상인 고원지대로 주로 임업과 목축업에 적합한 토양과 일조시간, 기온 등을 갖춘 곳이다.

4대 분지는 탑리목분지(塔里木盆地), 준갈이분지(準噶爾盆地), 시달목분지(柴達木盆地), 사천분지(四川盆地) 등으로 주로 사막, 오아시스, 호수, 내륙하천, 초원 등으로 구성되어 있으며 온화한 기후와 풍부한 광물자원 등으로 농업경제와 광업에 용이하다.

동북평원(東北平原), 화북평원(華北平原), 양쯔강(長江) 중하류 평원으로 이루어진 3대 평원은 오랜 시간에 걸친 충적토양과 풍부한 강우량이 비옥한 토지를 만들어 농업생산과 어업 등에 좋은 조건을 제공한다.

이런 중국의 토지자원은 중국인 자신들의 국토 이용뿐만 아니라 외국인들의 중국 투자에도 참고가 될만하다. 투자에 적합한 토지자원의 선택이야말로 투자의 성공이냐 실패냐를 판가름하는 중요한 열쇠가 아닐 수 없다.

중국이 개혁개방정책을 실시하면서 동해연안지역을 중심으로 한 투자가 주로 이루어졌지만 '노동비의 상승', '환경오염의 집중', '균형 있는 국토개발 의지' 등으로 인하여 투자지역이 차츰 중부지역과 서부지역으로까지 확대되는 실정이다. 이러한 경제적인 측면에 주의하면서 중국 토지자원의 특징을 정리하면 다음과 같다.

① 토지 유형이 다양한 반면, 자원분포가 불균형적이다.
② 산지 및 구릉지가 많아 개발 가능한 경지자원이 부족하다.
즉 토지 유형이 다양하다는 것은 농업, 어업, 임업, 목축업 등을 막론하고 국민경제 각부문의 토지이용에 좋은 경제적 조건을 제공하고 있음을 나타낸다. 하지만 토지자원 유형의 분포가 극히 불균형적이어서 지역에 따라 빈부격차가 심하다는 단점도 있다.

아울러 동부농업 생산지구의 면적이 전국 국토면적의 1/2에도 미치지 못하는 반면, 전국 90% 이상의 농지가 이곳에 집중되어 있다. 서북부지역과 청장고원의 토지 총면적은 전 국토의 50%를 넘고 있지만, 경지면적은 고작 전국의 7%밖에 되지 않는다.

또한 농업에 적합한 기후환경과 수리시설 및 인구밀집도 면에서 서부지역보다 절대적으로 우세한 동부지역 내부의 토지이용률 역시 지역에 따라 큰 차이가 난다. 즉 동북지역은 광활한 평원과 산림지대가 집중되어 있으며, 토양의 지력 및 강수량 등의 조건은 좋은 편이나, 평균기온이 낮아 작물재배에 필요한 열량이 부족하다는 단점도 있다.

반면, 화북지역은 넓은 평원과 온화한 기온, 그리고 넓은 가경작 토지가 자리를 잡고 있지만, 상대적으로 비가 적어 잦은 가뭄 피해와 함께 토양에 염분과 알칼리 성분이 많아 농업생산에 극히 불리한 자연조건을 갖었다. 동남부지역은 수력자원과 생물자원은 충분하나, 산지와 구릉지가 많아 홍수 및 침수피해가 우려되어 그다지 농업생산에 좋은 조건은 아니다.

두 번째 특징으로 우리나라에 비해 산지비율이 높지는 않지만, 중국 역시 산이 많은 나라에 속한다. 산지(구릉과 고원을 포함) 면적이 약 633.7만㎢이다. 아울러 전체 국토면적의 66%를 점하고 있을 뿐만 아니라 2천여 개 현(縣) 중에서 거의 2/3가 산간지역에 분포한다.

그리고 특징적인 것은 중국의 산지 중 65%가 대부분 해발 1,000m 이상의 고지(산지, 고원)에 자리하고 있을 정도로 평균 고도가 높다. 그 가운데 해발 3,000m 이상의 고산과 고원이 전체 국토면적의 25%를 차지하고 있어 국토자원 개발에 적지 않은 어려움이 있다.

차를 타고 3일 밤낮을 달린다는 유명한 파미르고원의 평균 해발이

5,500m라니 그곳에서 거주하는 위구르족들은 백두산 높이의 2배가 되는 곳에 거주하는 셈이다.

많은 인구와 오랜 역사를 지닌 중국은 이미 개발이 용이한 국토를 대부분 개발하였기에 개발 가능성이 있는 농황지(農荒地)는 겨우 전체 토지면적의 3.5%밖에 남아 있지 않은 실정이라서 현재 식량문제로 골머리를 앓는다.

인구의 증가뿐만이 아니라 고정된 농지면적과 농촌의 도시화가 식량문제를 악화시키는 커다란 원인으로 부상하는 중이다. 1994년 저명한 미국 식량 전문가의 주장처럼 '중국 인구를 누가 먹여 살려!'라는 근심 어린 우려의 목소리가 저절로 흘러나온다.

식량문제 외에도 중국은 현재 토지자원을 둘러싼 문제점들이 하나둘 대두되면서 관심의 대상이 되고 있다. 국민경제의 발전에 따라 도시화, 공업화가 가속되면서 농지면적이 매년 감소하는 추세를 보이고 있으며 일부 농경지에서는 토질 퇴화현상마저 생겼다.

이외에도 '토양유실'과 '사막화현상' 등도 토지자원의 문제점으로 드러나고 있다. 관계전문가의 예측에 의하면, 최근 중국 수토(水土)유실면적이 약 120만㎢로 나타났다. 토양유실이 가장 심각한 곳은 유실면적이 43만㎢인 황토고원지역으로 황하에 쓸려 소실되는 토양의 양만 일 년에 16억 톤에 다달랐다.

또한 공업의 발달에 따라 토양에 버려지는 공업폐수나 공업쓰레기의 양이 매년 증가함에 따라 오염된 토지면적이 나날이 확대일로이다. 즉 공업오염으로 피해를 받은 토지면적이 이미 580여 만ha에 이른다. 이에 중국 정부는 최근 공업폐수 처리시설을 갖추지 않은

2,000여 개 기업체에 대해, 공장폐쇄 명령을 내리고 대중매체를 통해 환경보호의 필요성을 강조하고 있다.

2) 수자원

대부분의 수자원이 남부지역에 집중되어 있는 반면 북부지역은 드물다. 그리고 서남지구의 일 인당 수자원 점유량은 38,400㎡로 전국 평균의 15배에 이른다. 반면 인구가 많고 땅이 넓은 화북지방의 일 인당 수자원 점유량은 절대적으로 적어, 일부 지역의 경우에는 일 인당 수자원 점유량이 430㎡밖에 되지 않는다.

중국 수자원의 또 다른 특징은 연도와 계절의 변화에 따라 홍수와 가뭄현상을 보인다.

① 남부지구의 연 최대 강수량은 연 최소 강수량의 2~4배이며, 북부지구의 경우에는 3~6배이다.

② 중국 다수(多水)지구의 우기(雨期)가 4개월 정도인데, 북방 건조지역은 2~3개월밖에 되지 않는다.

③ 전국 대부분 지역의 4개월간 연속 최대 강수량이 연 강우량의 70% 정도를 차지하고, 화북평원(華北平原)의 경우는 80% 이상을 웃돈다.

이 같은 현저한 강우량(降雨量) 및 경유량(徑流量)의 차이와 강우 집중현상은 수자원의 개발과 이용, 발전에 걸림돌이 되고 있을 뿐만 아니라 홍수와 가뭄 등의 자연재해를 불러일으키는 근본 원인이기도 하다.

이러한 자연적 핸디캡을 해소하기 위해 중국 정부는 수리시설(水利施設) 확충에 총력을 기울이는 한편, 강과 하천에 대한 치수공사를 실시하여 가뭄 예방과 침수 방지에 혼신의 노력을 다하고 있다.

중국이 근래 보유하고 있는 수리공정시설(水利工程施設)의 공급용수량(供給用水量)은 이미 4,659억㎡에 도달하였다. 이 수치는 전국 연평균 수자원량의 17%에 해당한다. 그중 하천용량이 4,201억㎡, 지하수 개발량이 458억㎡이다. 아울러 전국 총용수량 4,767억㎡ 가운데 농업용수로 이용되는 양이 4,195억㎡로 총용수량의 12%에 이르렀다.

오늘날 세계 공업선진국들의 공업순환 용수율이 70% 이상인 점을 감안한다면, 이 같은 중국의 수치는 여전히 낮은 수준으로 선진국의 20~30%에 불과하다.

그리고 중국의 생활용수가 국민 생활수준이 향상됨에 따라 일인당 용수량도 서서히 증가하는 추세를 보여 중국 정부가 골머리를 앓고 있다.

중국의 수력발전자원은 풍부한 편으로 수력에너지 매장량이 1만KW 이상인 하천이 3,019개나 되며, 이들의 수력에너지 매장량을 모두 합치면 6.6억KW, 연 발전량은 시간당 5.7억KW에 육박한다.

이런 의미에서 중국의 수력에너지 활용 가능성은 매우 높으며, 앞으로 개발 가능한 수력발전소의 숫자가 11,000여 개로 총설비용량을 추정해보면 3.7억KW이다.

중국의 주요 수력에너지원은 대부분 서부지역에 집중되어 있다.

그중에 서남지역이 차지하는 비율이 전국의 70%에 달하고 있으나 개발이용도는 여전히 저조하다. 현재 전국에 건설된 발전소 가운데 발전용량 25만KW 이상의 수력발전소가 21개나 된다. 이들의 실비 용량은 1,244만KW, 발전용량은 시간당 478억KW이다.

50년대 중엽, 중국이 처음으로 관심을 가졌던 것은 조석에너지자원의 이용, 개발이었으나, 70년대에 들어서서 겨우 파도에너지와 해류에너지 개발에 박차를 가하였다. 그리고 최근에 다시 해양열과 염도차를 이용한 에너지개발에 착수하고 있다. 현재 중국에는 9개의 조석발전소에서 매년 1만 여KW의 전기를 발전하고 있으며 이 분야에서 중국은 세계 3위를 달린다.

3) 생물자원

중국에 서식하는 생물자원은 대부분 오랜 기원을 자랑하고 있을 뿐 아니라 그 종류만 해도 부지기수(不知其數)라 할 정도로 많다. 무엇보다도 중국 생물자원의 특징으로 손꼽을 수 있는 것은 생물분포 지역이 대단히 광범위하다.

중국에 천연적으로 분포하는 수종(樹種)과 산림형태를 살펴보면 그 다양함에 놀라지 않을 수 없다. 교관수종(喬灌樹種)이 약 8,000종에 달한다. 그 가운데 교목(喬木)은 우량용재와 특수용도로 사용되는 1,000여 종의 경제수종을 포함하여 약 2,800여 종이나 된다.

그리고 중국에서만 분포하는 특유(特有)교목은 수삼(水杉), 은행(銀杏), 은삼(銀杉), 금전송(金錢松), 수송(水松) 등 50여 종이 있다.

이들은 모두 세계적으로 진귀하고 희귀한 나무들로 학술적 가치가 매우 높다.

다음으로 빼놓을 수 없는 것은 나무에서 생산되는 임산물로 중국에서 나는 송진(松津), 동유(桐油), 생칠(生漆), 장뇌(樟腦) 등의 생산량이 세계 수위를 차지한다.

그러나 중국의 산림자원 역시 수자원과 마찬가지로 많은 인구로 말미암아 자원의 상대적 부족 현상을 겪는다. 즉 총소비량이 총생산량을 크게 앞지르는 장기적인 불균형으로 임업발전과 생태계 균형에 큰 위협이 아닐 수 없다.

그 예로, 열악한 산림조건을 가진 중국이 무모하리만큼 산림자원을 대량으로 벌채하여 어마어마한 양의 이쑤시개나 일회용 나무젓가락 등을 만드는 데 허비하고 있다. 비록 일본을 비롯한 동남아 국가로 수출하여 당장은 외화 수입을 올리고 있지만, 시간이 흐를수록 홍수 피해, 토양유실, 생태계 파괴 등의 부작용이 심각하다.

이 같은 문제점을 해결하기 위해 중국정부와 국민은 수십 년 동안 식수조림사업을 전개하여 매년 8,000만 무(畝, 약 200평)의 면적에 의무적으로 20억 그루의 나무를 심는다.

그 대표적인 사례가 바로 삼북방호림, 양쯔강(長江) 중상류방호림, 연해방호림, 평원녹화와 속성풍산용재림기지의 건설사업 등을 실시하여 사막화와 황사현상을 방지하는 한편 조림 면적의 확대, 조림질량의 제고(提高), 임업생장량의 발전을 추진 중이다.

그러나 1992년의 중국 산림복개율이 전국 산지의 13.4%에 머물고, 95년 인공조림면적마저 33,800ha에 못 미쳐 지속적인 산림녹화

사업이 요구된다.

중국의 초장(草場)자원은 이용 가능한 30억여 무(畝)의 초지(草地) 가운데 우수한 초질(草質)이 18%, 중등 초질이 46%, 저질 초질이 36%이다. 아울러 광활한 초원 위에는 4,000여 종의 목초(牧草)를 비롯하여 각양각색의 사료용 식물들이 자란다. 이러한 좋은 조건은 중국 목축업의 발전에 튼튼한 기초를 제공한다.

중국 하면 떠오르는 것이 중의(中醫)라고 불리는 중국 한의학(漢醫學)을 언급하지 않을 수 없다. 이런 중의(中醫)의 발전에 필수불가결(必須不可缺)한 것이 바로 약초자원으로, 현재까지 발견된 식용 약재의 종수(種數)는 모두 5,700여 종인데, 그중에서 식물 약재가 4,773종, 동물 약재가 740종에 육박한다.

그리고 과학기술과 영농기술의 발달에 힘입어 중국은 자연산 약재 채취에 의존하던 방식에서 벗어나 야생종(野生種)에 대한 인공재배와 약초 분포의 지역적인 확대를 추진 중이다. 아울러 중국 의약재의 품종개량과 원활한 약재 공급에 큰 성과를 거두고 있다.

현재 인공재배되고 있는 중약재(中藥材)의 가짓수는 약 200종에 이르며 그 재배면적만 30여 만ha나 된다. 그리고 의약재(醫藥材)에 대한 정부의 계획 수매량도 이미 50만 톤을 초과하였다.

현재 세계에서 재배되고 있는 주요 작물 90여 종 가운데 중국에서 재배되는 작물은 약 50여 종으로 알려져 있다. 그중에서 벼, 콩, 조, 녹두, 팥 등 20여 개 작물의 기원지가 중국이라는 사실을 아는 사람은 그다지 많지 않다.

그리고 중국에서는 20여 개 과(科), 200여 종의 채소류도 재배 중이다. 이들 중 70~80종이 대규모 생산체계를 갖추었으며, 과일나무와 화초 등 부가가치가 높은 작물도 수두룩하다.

중국은 세계적으로도 비교적 많은 동물종(動物種)을 보유한 나라로, 보고된 종수만 해도 약 10만 4,000종에 이른다. 그중에서 곤충이 약 10만 종, 어류 2,200여 종, 야수류 450여 종, 조류 1,180종, 양서류 210종, 파충류 320종이다.

이러한 수치에서도 알 수 있듯이 중국은 세계적으로 야생동물이 많이 서식하는 보기 드문 국가 중 하나이며, 육지에 서식하는 척추동물이 2,100여 종이나 되어 세계 총 종수의 10%를 차지한다.

중국의 특산종으로는 팬더곰, 금사후(金絲猴: 중국 서남지역의 원시림에 사는 아름다운 털을 가진 원숭이), 화남호랑이 등 야생동물 100여 종을 비롯하여 단정학(丹頂鶴), 백학(白鶴), 백조, 따오기 등의 희귀조류가 분포한다. 이들은 모두 세계생물학 연구에 적지 않은 가치를 가지고 있는 것으로 평가받는다.

중국 정부는 위와 같은 희귀한 동물자원을 보호하기 위해 많은 노력을 기울이고 있을 뿐만 아니라 팬더곰, 따오기 보호방안도 시행 중이다. '구오(九五, 9차 5개년 계획, 1996~2000년)' 계획이 추진되고 있는 현재, 중국 정부는 3억 위엔(약 390억 원)의 예산을 투입하여 멸종 위기에 처한 화남호랑이를 구하는 데 여념이 없다.

또한 중국의 해양어류는 모두 1,500여 종으로 집계되고 있다. 그 가운데 경제적 가치가 높은 경제어류가 300여 종, 고생산(高生産) 어류가 약 80종에 육박한다. 중국 관계당국이 제공한 자료에 의하면,

중국의 근해와 원해 해역에서 매년 어획되는 해산물의 양(量)이 약 1,500만 톤이다. 이외에도 비교적 경제가치가 높은 각종 연체동물 등의 어류가 수십 종이며, 그리고 해수양식에서 생산되는 어획량만 해도 1,000만 톤이나 된다.

근래 들어 우리나라에서 중국으로부터 수입하는 수산물이 급속히 증가하는 것도 이같이 활발한 중국의 어업활동에서 그 원인을 찾을 수가 있을 것이다. 현재 중국으로부터 수입되는 것 중에는 멸치, 조기 등의 값비싼 어류가 포함되어 있는데 이들은 대부분 비싼 가격으로 우리 식탁에 오른다.

한 가지 재미있는 것은 우리나라의 영광굴비나 중국 어선에게 잡힌 산동조기나 모두 어획되기 전에는 한 바다에서 살았던 '한집안 식구'였다. 하지만, 이해할 수 없는 것은 중국에서 수입되는 대부분의 수산물이 우리의 그 맛을 내지 못한다. 그 이유는 멸치와 조기 같은 경우, 어질(魚質)도 중요하지만 건조에 적합한 바람과 알맞은 기후조건이 어우러져야 제맛이 나는 것이 아닌가 하는 생각을 해본다.

이런 지역 차를 이용하여 머리 좋은 밀수업자들이 한동안 중국 연해로 들어오는 고기를 싼값에 구입하여 한국으로 반입한 적도 있었을 뿐만 아니라, 더 심한 경우 공해상에서 한국 어선과 중국 어선 간의 직접 교역이 이루어졌다. 시시비비를 그만두더라도 한 가지 씁쓸한 것은 왜 우리나라의 조기 값이 중국에 비해 그리도 비싼지 모르겠다.

마지막으로 중국의 미생물자원은 이미 진균(眞菌)자원, 세균자원,

방선균자원, 바이러스자원을 개발, 이용하는 수준에까지 이르렀다. 즉, 국민생활에 직접 활용되고 있을 뿐만 아니라 공업생산과 의료사업에도 광범위하게 응용하고 있다.

이러한 요구에 부응하여 근래 중국은 매년 3만 주(株) 이상의 미생물자원을 관계 기관에 공급하고 있으며, 해외 소재 연구소들과도 지속적인 교류와 정보교환을 넓혀 가고 있는 중이다.

4) 광산자원

중국은 세계에서 보기 드물게 광물자원이 잘 갖춰진 나라에 속한다. 중국에서 현재까지 발견된 광물은 모두 160여 종으로 그중에서 채취가 가능한 광물은 137종, 매장량이 확인된 지역만도 1만여 곳에 이른다.

매장이 확인된 유색금속 가운데 텅스텐, 주석, 안티몬, 몰리브덴의 매장량은 세계 1위이다. 또한 아연, 바나듐, 티타늄, 희토(稀土) 등의 자원 매장량 역시 세계 수위(首位)를 자랑한다. 수은(水銀) 매장량은 세계 2위이며 철, 망간, 동, 납, 니켈, 금, 은, 황, 인, 석면 등도 세계적이다.

그러나 이처럼 다양한 광종(鑛種)과 풍부한 매장량에도 불구하고 광물의 순도가 떨어지는 빈광(貧鑛)이 많아 광물자원 이용에 제한요소로 작용하고 있다. 흔히 광물자원을 에너지용, 공업용, 장식용(금, 은, 보석)으로 나눈다. 그 가운데 국가 산업발달의 근간이라 불리는 '에너지용 광물'은 세계 3위에 육박할 정도로 예상매장량이 45,000

억 톤이나 된다.

세계 총에너지의 26%(95년 기준)를 차지하는 석탄자원을 보면, 중국은 풍부한 매장량과 광범위하게 분포하는 것이 특징이다. 아울러 땅을 팔 필요 없는 노천광산의 매장량이 약 1,000억 톤에 달하여 중국의 석탄자원 개발에 유리하다. 그리고 감소 추세에 있는 서방 선진국의 석탄 사용량에 비하여, 중국은 경제적인 효율을 위해 석탄 공급량을 오히려 늘려가고 있다. 2015년 중국의 석탄 이용량이 약 30억 톤으로 전 세계 석탄 수요의 42%를 차지할 전망이다.

중국에서 석탄 다음으로 중요시되는 석유자원은 전체 잉여 채굴 가능 매장량이 세계 13위에 육박한다. 송녕분지(松寧盆地)와 발해 분지(渤海盆地)에 분포된 유전들은 풍부한 석유 매장량뿐만 아니라 동북공업지대와 같은 대소비지(大消費地)에 근접하여 있어 운송이 매우 편리하다.

중국의 유전지대는 동북지구 이외에도 준갈이(准噶爾), 투루판(吐魯番), 시달목분지(柴達木盆地)와 같은 서북지역에서 유전이 많이 발견되어 새로운 유전지대로 부상하고 있다. 중국 최대의 침적분지 인 탑리목분지(塔里木盆地)마저 유전이 발견되어 서북지구의 산업 발전에 크게 이바지하고 있다. 그리고 관계자들은 중국의 해안선을 따라 넓게 분포된 대륙붕에도 90~140억 톤의 석유자원이 매장되어 있을 것으로 추정한다.

중국 정부는 2010년까지 경제와 사회발전의 수요를 만족시키기 위해 에너지 저축제도 추진계획을 갖고 있다. 이와 더불어 에너지 기술 분야와 설비 분야를 세계선진 수준에 근접시켜 환경보호와 결부시킨다는 장기적인 정책도 수립 중이다. 중국은 2000년의 석탄과 석유 생산량을 각각 14.5억 톤, 1.5억 톤으로 예상하고 있다. 이러한 생산량 가운데 국외 수출량은 97년 석탄 수출량인 2,300만 톤에서 지속적으로 확대시키고, 석유의 수출량 역시 점차적으로 증가될 것이다.

또한 중국은 세계적으로 비금속광물종이 비교적 잘 구비된 나라에 속한다. 전국에 매장된 비금속광물이 67종이며, 그 가운데 야금 보조원료로 사용되는 것이 10종, 화공원료 비금속광물이 23종, 특수 비금속광물이 7종, 건축자재와 기타 비금속 원료광물 36종을 포함하고 있다. 그러나 최근 비금속 광산물자원의 개발·이용률이 비교적 낮아 생산 기관으로서 공급능력을 갖춘 것은 20여 종에도 미치지 못한다.

중국은 이러한 지상자원의 개발 외에도 무궁무진한 자원이 축적되어있는 해양의 광물자원 개발에도 눈을 돌려, 1995년에는 수중 6,000m의 심해를 탐사할 수 있는 탐측시스템을 개발하여 해양개발의 가능성을 높이고 있다. 일반적으로 6,000m의 심해에는 600기압 정도의 압력이 존재하여 2~3mm 두께의 강판용기는 달걀 껍질처럼 쉽게 깨진다. 이런 고난도 기술의 성공은 중국의 해양탐사 영역이 이미 선진국 수준에 도달하였음을 말해 준다.

2

다양한 민족이 모여 사는 중국의 민족과 종교

1. 중국의 인구

 중국은 약 14억 2,567만 명(2022년 통계)의 인구를 자랑하며 세계 인구의 18%를 차지하는 어마어마한 인구 대국이다. 우리나라 인구(북한 제외)의 27배이며 아메리카 대륙과 아프리카 대륙에 거주하는 인구를 합친 숫자보다 더 많다. 또 유럽, 미국, 일본, 캐나다, 호주, 뉴질랜드의 인구를 합친 11.9억 명을 뛰어넘는 숫자라고 설명하면 그 규모의 어마어마함이 어렴풋이나마 이해될 수 있을 것이다.

1) 인구의 역사 변천

 중국은 역사상 최초로 인구조사 결과를 문자로 기록한 국가이다. 〈제왕세기(帝王世紀)〉에 의하면 기원전 2100년 하우(夏禹) 시대의 중국 인구가 1,355만 명에 도달하였다. 다시 천 년의 세월이 흐른 서주(西周)시대에는 전문적으로 호구(戶口)를 관리하는 관리를 두고 매년 호구 조사해 주나라 조정에 보고한 흔적도 보인다.
 주성왕(周成王, 기원전 1115~1079년) 때는 인구가 1,371.5만

명에 다다랐다. 또한 1,100년이 흐른 서기 2년에 씌어진 〈한서(漢書) 지리지(地理志)〉를 보면, 서한평제(西漢平帝) 때의 전국 인구가 5,959.5만 명으로 나타나 중세 이전 중국 인구사의 절정기를 맞았다.

그 후 양진(兩晉), 수(隋), 당(唐), 송(宋), 원(元)을 지나는 동안 수많은 전쟁과 재해 등으로 매왕조(每王朝) 말기의 인구는 대부분 큰 폭의 감소를 보였으나, 새로이 건립된 왕조 초기에는 인구 장려정 책에 힘입어 인구가 서서히 회복되는 추세를 보여 약 1,400년 동안 4,000만 명에서 6,000만 명 사이의 인구를 유지하였다

그러나 비지니스가 사회활동으로 부상하면서 생산력과 상업무역 이 발전을 거듭하던 1685년 청조(淸朝) 강희(康熙) 24년에는 드디어 인구가 1억을 넘어선 1억 170만 명에 육박하였다. 또한 불과 80년도 지나지 않은 1763년 청건융(淸乾隆) 59년에는 인구가 3억 1,328만 명으로 늘어 3배의 증가세를 보였다.

이렇게 빠른 속도로 이루어진 인구증가의 원인은 당시(청나라 초기)의 사회, 정치, 경제가 비교적 안정되어 있고 농업생산력도 크게 진전을 보였기 때문이다. 그리고 세금감면 혜택마저 실시되는 등 정부의 적극적인 인구 장려정책이 한몫을 하였다. 그 후 140년 동안 중국의 인구는 4억 선을 유지하였고 1949년 신중국이 성립되기 전날의 중국 인구는 5억 4,167만 명으로 비교적 안정된 증가세를 나타냈다.

신중국(新中國) 건립 초기인 1949년에서 1952년 사이의 인구 증가는 '고생산(高生産), 고사망(高死亡), 저증장형(低增長型)'에서 '고출생(高出生), 저사망(低死亡), 고증장형(高增長型)'으로 출산형

태가 변하면서 1949년에서 1957년 사이에 증가한 인구수가 1억 486만 명으로 연평균 1,310만이나 되었다. 이후 국민경제의 점진적 발전에 따라 1962년부터 1972년 사이에 제2의 인구 성장 절정기를 맞으면서 1964년 중국의 인구는 7억 명을 넘어섰다.

인구의 급증으로 60년대부터 경제, 사회, 자원, 환경 등 다방면에서 사회문제가 대두하였다. 급기야 중국 정부는 '계획생육(計劃生育)' 실시와 피임도구(避姙道具) 사용을 적극 권장하는 정책으로 선회하여 인구 증가 추세를 다소나마 완화시켰다. 그러나 인구정책에 관한 정부의 명확한 의지표명과 법률제정이 없는 상태에서 전국적인 계획생육(計劃生育)이 실패하고, 1969년 중국 인구는 또다시 8억 명을 초과하였다.

70년대 들어서도 인구문제는 나날이 심각해져 중국 정부로 하여금 인구팽창이 경제와 사회발전에 끼치는 불이익을 절실히 인식하게 만들었다. 이에, 중국 정부는 '인구통제와 국민소질 향상'을 기본국책으로 내걸고 전국적으로 계획생육(計劃生育)을 실시하고 헌법에도 인구 억제에 대한 조항을 삽입하기에 이르렀다.

계획생육(計劃生育)은 1974년을 기점으로 서서히 효과를 보여 인구 증가세가 눈에 띄게 줄기 시작하였다. 이 같은 증가 폭의 둔화로 인하여 1980년에는 1,163만 명이 증가하는 데 그쳤다. 하지만 1982년 이후 제2차 생육 절정기(1962~1975년)에 태어난 3억 4천여만 명이 결혼 적령기와 가임(可姙) 연령기에 접어들면서 새로운 제3의 인구 절정기에 접어들었다. 많은 부녀자들이 1982년에서 1990년 사이에 2억 933만 명의 아이를 낳아 연평균 신생아 수가

2,326만 명에 달하면서 마침내 1996년 12억 명을 넘어섰다.

2) 중국 인구 현황의 특징

① 총인구는 계속적인 상승추세이다.

중국은 국가의 통제를 비롯한 여러 가지 경제적 요인으로 국제이민
(전출, 전입 포함)이 비교적 적은 나라에 속한다. 이런 이유로 중국
인구의 증감 원인은 인구의 출생과 사망이라는 자연변동에서 찾을
수밖에 없다. 그런데 중국의 인구는 출생률과 자연 증가율의 대폭적
인 하락에도 불구하고 총인구가 계속 증가하는 기현상을 보이고
있다.

② 인구의 연령 구조는 서서히 성년형의 과도기를 보이고 있으며, 인구의 노령화 속도도 눈에 띄게 가속화되고 있다.

1964년 조사에 의하면 0~14세 소년인구가 차지하는 비중이 전체
인구의 40.7%를 보여 소년층과 같은 젊은 세대들이 증가하는 추세이
다. 반면에 65세 이상 노년인구는 3.6%로 나타나 노년인구가 감소하
는 불건전한 인구형을 보였다.

20여 년이 지난 1982년 제3차 전국 인구조사 수치는 중국 인구의
연령구조가 변화하고 있음을 나타냈다. 즉 0~14세의 소년인구 비중
이 33.6%로 1964년과 비교하여 7.1%나 낮아졌다. 65세 이상의
노년인구 비율은 4.9%로 1964년보다 1.3%가 높아져 평균연령이
22.9세로 1964년과 비교하여 2.7세나 높아졌다. 이러한 수치는

중국 인구의 연령 구조가 이미 청년형을 벗어나 성년형으로 변화하는 과도기에 있음을 반영한다.

또한 중국은 1995년 들어 전 대륙이 완연한 노령화 사회의 모습을 보이고 있다. 이 말은 중국이 더이상 낙후된 나라가 아니라 생활조건의 향상과 국민들의 평균수명이 연장되고 있음을 의미한다. 차후, 노년층을 상대로 한 실버산업의 발전이 예상되는 시점이다.

③ 중국의 인구분포는 동밀서소(東密西疏)형이다.

중국은 기본적으로 동남부에 인구가 밀집되어 있는 반면, 서북부 지역에는 인구밀도가 낮아 상주 거주민이 없는 면적만 해도 국토의 1/10이나 된다. 1990년에 실시된 제4차 인구조사에 의하면 동남부[대만(臺灣)을 포함]의 면적은 전국 총면적의 42%에 불과하지만, 인구는 전 국민의 93%가 모여 있어 여전히 높은 밀집도를 드러냈다. 반면 서북지역은 전국 총면적의 58%를 차지하지만 전 인구의 7%만 거주한다.

이러한 동밀서소(東密西疏) 현상은 중국 동남부지역과 서북부지역의 사회·경제발전의 격차를 내포하고 있을 뿐만 아니라 자연자원의 이용분포가 극히 편향적이다. 고로 중국이 21세기 중엽까지 선진국으로 발전하고 더 나아가 인구의 기형적인 분포를 해결하기 위해서는 중·서북지역의 전략적 개발이 뒤따라야 한다는 목소리가 나오고 있다.

④ 인구의 도시 대이동이 진행 중이지만 여전히 농촌인구가 절대다

수를 차지한다.

1990년 중국의 도시 수는 456개로 1982년의 236개보다 93%의 증가세를 나타냈다. 현(縣)과 진(鎭) 급의 도시는 1982년 1,664개에서 9,322개로 2.5배를 넘었다. 시·진(市鎭) 인구도 1982년의 2억 1,156만 명에서 2억 9,614만 명으로 증가하여 같은 시기 전국 인구의 자연 증가율(1.38%)보다 2.92% 늘어났다. 전국 인구에서 시·진(市鎭)의 거주자가 차지하는 비율이 26.2%로 1982년보다 5.4%나 높아졌다.

중국 농촌인구의 도시로의 대행진이 계속됨에 따라 1949년 농촌인구 비율이 89.4%(농업인구는 82.6%)였던 것이 1987년 이후에는 총인구의 80% 이하로 지속적인 감소세를 보이는 중이다. 그러나 인구의 자연증가에 힘입어 농촌인구의 절대적인 수치가 9억 명을 넘어 중국에서 농업의 비중이 여전함을 말해 준다.

⑤ 기본적으로 정상적인 인구 성별비를 갖추었다.

동양의 유교문화가 면면히 이어져 내려오던 중국의 남녀 구성비는 신중국(新中國) 건립 이전만 하더라도 남아선호사상의 영향으로 1932~1939년의 성별비가 112.17로 나타났고, 1947년에는 110의 수치를 보여 남자가 현저히 많았다.

하지만, 신중국(新中國) 성립 이후 인구의 성별비에 큰 변화가 생겼다. 1953년 제1차 전국 인구조사에서 성별비가 107.6으로 낮아졌고, 11년 후인 1964년에 실시된 제2차 조사결과 다시 105.5로 떨어졌다. 가장 최근인 1990년 조사에 의하면 106.0의 성별비를 보였다. 이러한 결과는 신중국(新中國)이 건립되면서 인구 성별비가 안정추세에 들어가고 있음을 의미한다.

⑥ 현저한 국민 소질의 향상을 이룩하였다.

신중국(新中國)은 사회생산구조와 경제발전을 가속화하면서 국민 생활수준 향상, 교육의 발전, 의료위생에 꾸준한 정책적 노력으로 국민건강과 교육 수준, 전염병 발병률 등이 현저하게 개선되고 있었다.

식생활은 중국 역사상 유례없이 12억의 인구가 기본적인 기아 상태를 벗어나 국민 영양을 생각하는 수준에 이르렀다. 인구 사망률과 영아 사망률이 과거에 비해 크게 줄어든 수치를 나타냈다. 즉, 1957년의 평균수명이 57세이던 것이 1997년 말에는 71세(남 67세, 여 73세)로 늘어나 세계적으로 가장 빠르게 수명이 늘어난 나라로 유명하다.

국민 교육에 있어서도 획기적인 발전을 보였다. 인구 가운데 80% 이상이 문맹이고, 취학 적령기 아동의 입학률이 불과 20% 안팎이던 것이 신중국(新中國) 건립 후인 1990년 전국 15세 이상의 문맹과 반(半)문맹 인구가 1억 8,161만 명(15.88%)으로 감소하였다. 1994년 전국 각급 교육기관 내에 등록된 학생은 이미 2억 7천여 만 명, 취학적령기 아동 입학률은 98.4%를 보여 청장년의 문맹률이 이미 7%까지 하락하였다.

그러나 국민들의 신체건강은 아직 만족할 수준에 도달하지 못하고 있다. 자료에 의하면 중국에 거주하는 각종 선천성 장애인이 3,000만 명이며, 후천성 장애인은 2,100여 만 명에 이른다. 그리고 국민의 문화과학기술 수준이 여전히 낮은 수준을 보이는 것으로 나타나 현대과학기술을 습득한 숙련공이나 농민, 기술자들이 총인구에 비해 상대적으로 낮은 비율을 보이고 있다. 통계에 의하면, 전국의 취업인구 가운데 대학 졸업자의 비율은 겨우 0.87%이며, 고등학교 10.53%, 중학교 25.99%, 초등학교 34.35%, 문맹·반문맹 근로자가 28.26%로 드러났다.

3) 인구정책(人口政策)과 계획생육(計劃生育)

중국에서는 '계획생육(計劃生育)'이라는 말이 인구정책을 대변하는 대명사로 널리 알려져 있다. 계획생육(計劃生育)은 인구 증가로 인한 사회적 문제점과 국민 소질 향상의 관계를 국민들에게 홍보하여 자발적인 정책참여를 이끌기 위한 중요 수단이다. 즉 중국 정부는 대대적으로 추진 중인 핵심 정책으로 만혼(晚婚), 만육(晚育), 소생(少生)을 통한 '한 가정 한 자녀 갖기 운동'을 일컫는다.

만혼(晚婚)이란 법정 결혼연령(남녀 각각 22세, 20세 이상)에서 실제 결혼연령을 적당히 늦춘 것을 의미한다. 일반적으로 남녀의 법정 결혼연령에서 2, 3년을 늦춘 결혼을 권장하여 세대 간의 연령차를 늘리는 한편 생육주기를 연장시켜 인구부담을 줄이는 데 그 목적이 있다.

만육(晚育)은 결혼 후 부녀자의 첫 임신연령을 적절히 조정하고 두 번째 임신과의 간격을 늘리는 정책으로 24세 이상인 부녀자가

2세를 생육하는 것을 말한다.

소생(少生)이란 특수상황을 제외하고 모든 국민에게 '한 가정 한 자녀 갖기'를 유도하는 것을 가리킨다. 만약 특수한 상황에 두 번째 아기를 원할 경우, 국가의 비준을 통해 몇 년간의 간격을 두고 두 번째 임신을 할 수 있도록 하고 있다. 하지만 어떤 경우를 막론하고 세 번째 아이는 가질 수 없다는 것이 일관된 정책이다. 위의 정책들은 소수민족(少數民族)에게는 그리 엄하지 않으며 인구분포가 적은 서장(西藏)지역에서는 계획생육(計劃生育)을 적용하지 않는다.

이로 인해 부모들이 '황제와 황후'처럼이라는 구호에 걸맞게 과잉 보호하려는 경향이 두드러져 사회적인 잇슈로 떠올랐다. 초등학교의 경우 방과시간만 되면 많은 부모들이 자식을 데리러 학교 앞에 옹기종기 모여 있는 풍경을 쉽게 볼 수 있다. 이는 사회에 적응하고 남들과 사이좋게 지내야 하는 중국 2세들의 인격 형성의 장애와 오로지 자신의 주장만을 관철하려는 이기주의적인 인간화가 우려된다.

하지만 이러한 우려보다 더 시급한 것이 바로 지금 중국이 처해 있는 역사 발전과정이라고 할 수 있다. 부득이 이러한 인구통제정책을 취하지 않고서는 중국의 번영된 미래를 보장하기 힘들기 때문에 중국 내부에서도 필요악쯤으로 인정하는 편이다. 이렇게 시행되고 있는 계획생육정책의 성과가 작은 것은 아니었다.

① 인구의 급속적인 성장을 효과적으로 완화시켰다.

만약 중국이 계획생육정책을 실행하지 않고 1970년 2.6%의 인구 자연증가률을 유지하였더라면 1993년 중국의 인구는 11.85억이 아니라 14.99억, 1994년은 15,38억으로 팽창했을 것이라는 계산이 나온다. 바로 이 점이 중국이 20여 년 동안 실시한 계획생육정책의 중대한 성과이다.

② 중국의 계획생육정책은 세계인구 증가추세에도 좋은 영향을 미치고 있다.

중국의 인구 출생률은 70년대 중엽부터 낮아져 세계 인구증가를 3% 하강시키는 데 결정적인 역할을 하였다. 만약 중국이 인구증가를 통제하지 않았다면 세계의 총인구는 2년이나 앞서 50억 명을 뛰어넘었을 것이다.

③ 국민들의 혼인, 생육, 가정관념에 색다른 변화를 유발시켰다.

국민 사이에 팽배하였던 남아선호사상과 잔존해 있던 조혼문제를 해결하였다. 도시화와 공업화의 영향으로 전통적인 가정 규모가 축소하고 핵가족화 되어, 1990년 평균 가정 규모가 3.96명(1971년 4,84명)으로 나타났다. 이러한 가정 규모의 주요 축소원인은 자녀 수의 절대적인 감소에서 기인한다.

④ 중국 경제발전과 국민 생활수준의 향상을 위한 유리한 조건을 만들었다.

근 20년 동안 중국 경제는 고속성장을 유지하며 국민생활이 나날이 개선되고 있다. 이는 1994년 통계로 중국의 사회소비자 가격 총액이 16,053억 위엔으로 지구상에서 잠재력이 가장 큰 시장임을 다시 한 번 증명한다. 또한 1978년과 비교하여 중국 국민의 생활수준이 현격히 향상되었음을 알 수 있는 대목이다. 아울러 도시와 읍에 거주하는 주민의 수입이 9배나 증가하여 연평균 14.8%의 성장률을 나타냈으며 농촌가정 역시 8배의 수입증가를 보였다.

⑤ 부녀자들의 노동력 이용을 배가시켜 부녀자들의 지위 향상에 도움을 주고 있다.

계획생육은 1979년에서 1988년까지 읍 이상 도시에 거주하는 부녀자들의 취업 증가율이 남성을 앞질렀다. 즉, 농촌에 거주하는 여성들도 계획생육의 효과로 늘어난 여가시간을 활용하여 실용적인 전문기술을 습득함과 동시에 향진기업(鄕鎭企業)과 같은 농촌경제 영역에서도 진출하는 계기가 되었다.

⑥ 농촌의 빈곤 해소에 일익을 담당하고 있다.

중국 빈곤지역의 특징인 경제와 문화의 낙후는 과다생육과도 밀접한 인과관계가 있다. 고로 인구통제를 통한 국민 소질 향상과 빈곤의 악순환 해소에 좋은 성과를 내고 있다. 1978년 중국의 빈곤인구가 2억 5,000만 명이었던 것이 90년대 중반기에 7,000만 명으로 감소하여 '생육과 빈곤 정도의 정비례 관계'를 깨뜨렸다.

2. 중국의 민족 분석

중국은 한족(漢族)과 55개 소수민족(少數民族)으로 이루어진 다민족국가로 민족박람회를 찾은 느낌이 들 정도로 여러 민족이 모여 산다. 이처럼 다양한 민족으로 구성된 중국은 전체 민족을 통칭하는 이름도 찾기 힘들다.

그러던 중 근대 중국의 아버지, 손문(孫文)이 처음으로 '중화민족(中華民族)'이라는 용어를 사용하면서 오늘날 56개의 많은 민족들이 통일된 모습을 유지하기 시작하였다. 이 말 속에 내포된 중요한 의미를 가만히 생각해 보면, 중국은 다민족 집합체인 동시에 각개 민족 상호 간의 고유한 역사와 문화를 존중하면서 형성되어 온 하나의 유기체이자 통일국가라는 느낌을 강하게 풍긴다.

1) 중화민족의 형성과 발전

한족(漢族)의 발전과정을 보게 되면 이들은 중원지역을 핵심지역으로 한 황하(黃河), 양쯔강(長江)유역을 개발하며 서서히 중국대륙의 중심 세력이 되었다. 이와 더불어 소수민족(少數民族)들은 중국의 변경지역과 남부지역을 중심으로 그들 나름의 문화와 역사를 창조하며 오늘에 이르고 있다.

특히 흑룡강(黑龍江), 송화강(松花江), 요하(遼河), 백두산[白頭山: 중국에선 '장백산(長白山)'이라고 함)] 등의 동북지역을 중심으로 피나는 개간 역사를 보낸 만주족(滿洲族), 다워얼족(達斡爾族), 조선족(朝鮮族), 어룬춘족(鄂倫春族)과 몽고족(蒙古族)을 비롯한 몇몇 소수민족(少數民族)들은 북부지방을 중국 제일의 목초지대로 만든 일등공신이다.

또 서역(西域)이라고 불리던 중국 서북의 신강(新疆)지역은 수천 년 전부터 위구르족((維吾爾族)), 하사커족(哈薩克族), 커얼커쯔족(柯爾克孜族), 타지커족(塔吉克族)들이 가물고 피폐하였던 땅을 부분적으로나마 푸른 오아시스(OASIS)가 흐르는 땅으로 변모시켰다. 아울러 운귀고원(雲貴高原)과 사천지역(四川地域)을 포함하는 서남지역은 묘족(苗族), 쮸앙족(壯族), 문파족(門巴族), 투오빠족(拓跋族/拓拔族), 강족(羌族), 이족(彝族), 백족(白族), 합니족(哈尼族), 태족(傣族), 율속족(傈僳族), 와족(佤族), 납호족(拉祜族) 등 20여 개 민족이 공동으로 가꾸었다.

주강(珠江)유역과 동남연해지역은 토가족(土家族), 쮸앙족(壯族), 동족(侗族), 무라오족(仡佬族), 모난족(毛難族), 고산족(高山族)을 비롯한 한족(漢族)들이, 우리나라의 제주도에 해당하는 중국 남단의 해남도(海南島)는 여족(黎族)이, 대만(臺灣)은 고산족(高山族)과 훗날 대륙에서 건너간 한족(漢族)들이 함께 흘린 땀의 역사를 가지고 있다.

마지막으로 세계의 지붕이라 불리는 청장고원(靑藏高原)은 장족(藏族), 문파족(門巴族), 낙파족(珞巴族), 토족(土族) 등의 소수민족(少數民族)이 농업과 방목에 종사하며 오랜 세월을 두고 개발시켰다.

이처럼 중화민족의 발전은 부분적이며 분산적인 개척의 역사를 보였지만, 1840년 아편전쟁 이후 몰아닥친 외세의 침략과 국난에 대해 공동으로 대처하는 단결된 모습을 보이면서 오늘날의 중국을 만들었다.

2) 각 민족의 인구와 지역분포

이처럼 지구상에서 보기 드문 다민족으로 이루어진 중국은 대부분을 차지하는 한족(漢族)을 제외한 나머지 55개 민족을 습관적으로 '소수민족(少數民族)'이라 부른다. 1990년의 제4차 인구조사에 따르면 중국대륙에 위치한 30개의 성(省), 시(市), 자치구(自治區)에 거주하는 인구는 11억 3,368만 명에 이른다. 그 가운데 한족(漢族) 인구는 10억 4,248만 명으로 집계되어 총인구의 91.96%를 차지한 반면 소수민족(少數民族) 인구는 8.04%를 나타났다.

근래에 들어 소수민족(少數民族)의 인구는 고속 증가세가 뚜렷하다. 1953년 3,532만 명으로 총인구의 6.06%를 차지하였던 인구가 1990년에는 9,120만 명으로 연평균 3.88%의 증가율을 보였다. 이 숫자는 같은 시기 한족(漢族)의 연평균 인구성장률 1.29%와 비교하였을 때 크게 높은 수치이다.

1990년을 기준으로 인구가 1,500여 만 명에 이르는 쮸앙족(壯族)으로부터 2,300여 명에 불과한 낙파족(珞巴族)까지 다양한 분포를 보인다. 대체로 1만 명에서 10만 명에 이르는 민족과 10만에서 100만 명에 달하는 소수민족(少數民族)이 가장 많은 편이다. 조선족(朝鮮族)은 100만 명이 넘는 인구를 보유하고 있어 많은 인구를 자랑하는 소수민족(少數民族)에 속한다.

대부분의 소수민족(少數民族)들은 우리가 느끼는 고향이라는 개념의 집중 거주지역을 가지고 있는데 그곳에서 자기들만의 고유한 풍속과 생활방식을 지키며 산다. 하지만 사회의 발전과 교류의 확대로 말미암아 많은 지역에서 '대잡거(혼합주거)'라는 형태를 보이고 있어 한족(漢族)을 위주로 한 다양한 소수민족(少數民族)들이 혼거하는 지역이 점차 확대되는 추세이다.

3) 각 민족자치구 현황

구중국(舊中國)의 소수민족(少數民族)들은 대부분의 지배계급과 한족(漢族)들로부터 불평등한 대우를 받는 시련을 겪었다. 그러나 만민평등을 외치는 중국 공산당정권이 수립되면서 소수민족(少數民族)들에 대한 착취와 불합리한 사회제도들이 서서히 폐지되고, 오히려 소수민족(少數民族)을 우대하는 회유정책을 펴면서 많은 소수민족(少數民族)들에게 환영을 받았다.

1995년 초를 정점으로 중국에 설치된 자치구(自治區)는 5개로 내몽고자치구(內蒙古自治區), 신강위구르자치구(新疆)維吾爾族自治區), 광서쮸앙족자치구(廣西壯族自治區), 영하회족자치구(寧夏回族自治區), 서장자치구(西藏自治區)가 있으며, 자치구(自治區)보다 하급 행정단위에 속하는 자치주(自治州)가 30개, 자치현[기(旗)]이 122개나 된다.

이외에도 분산거주(散居) 및 잡거(雜居)지역에 거주하는 소수민족(少數民族)의 권리를 보장하기 위하여 여건이 허락하는 현(旗) 이하의 행정지방에 대해서는 '민족향(民族鄉)'을 설치하고 있다. 통계에 따르면 전국에 건립된 민족향(民族鄉)은 1,500개에 이른다.

정부의 적극적인 경제협력 강화에 힘입어 개혁개방 이후 소수민족지구(少數民族地區)는 하루가 다르게 급성장 중이다. 특히 소수민족지구(少數民族地區)의 경제발전은 한마디로 '무(無)에서 유(有)를 창조하였다'라는 표현이 걸맞다. 즉 과거에는 찾아볼 수 없었던 기계, 경공업, 원재료, 에너지원 등의 현대공업이 하나둘씩 생겨나, 1949년에 집계되었던 36.6억 위엔의 민족자치구 공업 총생산액이 1993년에는 2,245.7억 위엔으로 60.4배의 성장을 기록하였다.

이러한 발전은 공업뿐만 아니라 현대화된 농·목축업에도 적용되어 비효율적인 원시적 영농업이 차츰 과학을 응용한 영농법으로 바뀌어 가고 있다. 아울러 다양한 형식의 농업생산책임제가 도입되어 농업생산구조와 작물 분포상태에 새로운 활력을 불어넣었다.

그리고 이러한 추진사항들은 농촌 수공업, 건축업, 운수업, 향진기업, 3차산업의 발전에 견인차 역할을 하여 소수민족자치구(少數民族自治區)에 미래의 청사진을 제공하고 있다.

중국 내륙과 변경지역의 경제 격차를 유발시킨 주요한 원인 중의 하나가 바로 교통과 통신의 불편함이다. 고로, 변경에 자리한 대부분의 민족자치지방들은 자연히 빈곤에 허덕일 수밖에 없었다.

이에 중국 정부는 난주(蘭州)·신강(新疆), 성도(成都)·곤명(昆明), 투루판(吐魯番)·쿠얼레이(庫爾勒), 형양(衡陽)·우의관(友誼關), 귀양(貴陽)·유주(柳州), 귀양(貴陽)·곤명(昆明)을 연결하는 철도를 건설·복원시켰다. 최근에는 곤명(昆明)·남경(南京)을 연결하는 남곤철로(南昆鐵路)와 우루무치(烏魯木齊)·아라산(阿拉山)을 잇는 북강철로(北疆鐵

路)가 건설 중이다.

특히 북강철로(北疆鐵路)는 구소련(舊蘇聯)의 투시철로(土西鐵路)와 연결되어 동해에 위치한 중국의 연운항(連雲港)에서 네덜란드의 노트르담항에 이르는 '제2의 대륙교(大陸橋)'의 중요 연결선으로 알려졌다.

이들 민족지구에 대한 민간항공사업의 발전도 빨라 각 자치구(自治區) 내의 중심도시에는 북경으로 향하는 항공편이 기본적으로 갖추어져 있으며, 서서히 지방 항공편도 개설되는 중이다. 그리고 일부 경제가 발달된 민족지구나 유명한 관광지에는 국제 항공편까지 마련되어 원활한 현지 운송과 외국관광객들의 내왕을 돕는다.

교통과 함께 중요시되고 있는 민족지구의 통신부문도 괄목할 만한 성장을 보여 시(市) 급으로 분류되는 지역에서는 95% 이상의 전화 개통률을 보였다. 아울러 기본적으로 장거리전화와 국제전화도 보급되고 있다.

그러나 모든 상황을 종합하여 보더라도 중국의 민족지구, 특히 중서부지역에 대한 중국의 국토개발은 여전히 상대적인 낙후상태를 나타낸다.

이에 중국은 9차 5개년 계획[구오(九五), 1996~2000년]으로 서부지역에 대한 개발 속도를 가속화하여 동부와 서부지구 간의 발전 격차를 줄여나간다는 의지를 담고 중서부지역에 대한 자원개발과 기초설비 건설을 위한 재정지원과 투자지원을 배가시켜 나가고 있다.

구체적인 실천으로는 가공공업의 지역편중을 조정하는 동시에 자원집약형 산업과 노동집약적 산업을 서서히 중서부지역으로 이전하여 중서부지역의 자체 발전능력을 높이는 한편, 개혁개방정책의 확대를 통한 민족지구에 대한 외자유치와 동부연해지방과의 경제연합을 강화하는 정책들을 시행 중이다.

이러한 중국의 의지는 조선족(朝鮮族)으로서는 최초로 중국 장관에 임명된 이덕수 통일전선부장의 "소수민족(少數民族) 내부의 문제는 가난이다. 경제문제를 해결하지 않고선 소수민족(少數民族)의 발전은 기대할 수 없다"라는 말에 잘 표현되어 있다.

4) 소수민족(少數民族)의 언어, 문자, 종교·신앙

(1) 민족언어와 문자

언어는 민족을 구분하는 하나의 중요한 지표인 동시에 그 민족의 정신문화가 농축된 역사문화의 정수(精髓)이다. 중국을 형성하고 있는 모든 56개 민족들이 '중국어'로 알려진 한족(漢族) 언어를 사용하는 것은 아니다. 즉 회족(回族), 만주족(滿洲族), 한족(漢族)을 제외한 53개 소수민족(少數民族)들은 모두 자신들만의 고유한 언어를 가지고 있다.

예를 들면, 감숙성(甘肅省)에 거주하는 유고족(裕固族)은 동서(東西)를 경계로 생활에 이용하는 언어가 다르다. 아울러 서남지구의 묘족(苗族)은 면어(勉語), 포노어(布努語), 납가어(拉珈語) 등의 3종 언어가 유통되며, 대만(臺灣)에 분포하고 있는 고산족(高山族)은 포라어, 아미스어를 동시에 사용한다.

민족언어와 더불어 중국은 한자(漢字)를 포함한 고유문자를 가진 민족들도 많다. 먼저 한족문명(漢族文明)의 꽃으로 불리는 한자(漢子)는 1956년 복잡한 번체자(繁體字) 대신 실생활에 편리한 간체자(簡體字)를 정자(正字)로 규정하여 현재 2,525자의 간체자(簡體字)가 통용 중이다.

그리고 몽고족(蒙古族), 위구르족(維吾爾族), 장족(藏族), 태족(傣族), 하사커족(哈薩克族), 조선족(朝鮮族), 석백족(錫伯族), 우즈베크족(烏茲別克族), 커얼커쯔족(柯爾克孜族), 타타얼족(塔塔爾族), 러시아족(俄羅斯族), 이족(彝族) 등의 10여 개 민족들이 고유문자를 가졌다.

신중국(新中國) 건립 이후 중국은 소수민족(少數民族) 문화교육사업의 일환으로 소수민족(少數民族)의 고유문자 제작과 발전을 지원하고 있다.

이러한 정책으로 태족(傣族), 이족(彝族), 경파족(京頗族), 납호족((拉祜族), 위구르족(維吾爾族), 하사커족(哈薩克族)문자에 대대적인 보완작업이 진행되었다. 또한 쭈앙족(壯族), 포의족(布依族), 묘족(苗族), 이족(彝族), 납서족(納西族), 율속족(傈傈族), 합니족(哈尼族), 와족(佤族), 동족((侗族)) 등 10여 개 민족문자에 라틴자 모음을 도입하여 새로운 문자체계를 정립시켰다.

이러한 정부지원의 결과로 최근 중국에서 국가의 비준을 얻어 정식 사용되는 문자가 19종에 이른다.

(2) 민족종교

중국의 종교는 여러 가지 종교가 혼합된 다종교적인 성격을 띤다. 대부분의 중국인(한족: 漢族)들은 사회주의 사상교육의 영향으로 신앙적인 종교의 필요성을 못 느낀다는 말이 어울릴 정도로 종교생활의 미개척지로 남아 있다. 반면 소수민족(少數民族)들은 종교를 중심으로 끈끈한 민족정신을 이어가는 경우가 많아 생활과 종교가 하나의 모습이다.

중국인들이 신봉하는 주요 신앙은 불교, 이슬람교, 기독교, 도교가 있는데, 이 가운데 불교와 이슬람교의 영향력이 가장 큰 것으로 알려졌다.

불교는 전래경로에 따라 장전불교[藏傳佛敎(密宗)], 한전불교(漢傳佛敎) 소승불교[小乘佛敎: 상좌부불교(上座部佛敎)]의 세 가지로 나누며 전국적으로 널리 퍼져 있는 상태이다.

중국의 2대 종교로 불리는 이슬람교는 주로 회족(回族), 위구르족(維吾爾族), 하사커족(哈薩克族), 타타얼족(塔塔爾族), 타지커족(塔吉克族), 우즈베크족(烏孜別克族), 동향족(東鄕族), 살납족(撒拉族), 보안족(保安族)들에 의해 신봉되고 있다. 신자들은 하루 네 번 정해진 시간에 일정한 예배의식을 지낸다.

중국의 오랜 토속종교인 도교를 신봉하는 소수민족(少數民族)은 주로 운남성(云南省)의 홍하주(洪河州), 시슈앙반나((西雙版纳)의 요족(瑤族)과 쮸앙족(壯族), 이족(彝族), 백족(白族), 포의족(布依族), 토가족(土家族), 여족(黎族), 경족(京族), 무라오족(仫佬族),

모난족(毛難族) 등이 있다.

서양의 영향으로 중국에 정착한 기독교(基督教)는 크게 희랍정교(希臘正教), 천주교(天主教), 신교(新教)의 3파로 나눈다. 이들 중에 희랍정교(希臘正教)는 러시아족(俄罗斯族)과 일부의 어원커족(鄂溫克族)이 믿고 있다. 천주교(天主教)와 신교(新教)를 신봉하는 민족은 율속족(傈僳族), 노족(怒族), 묘족(苗族), 이족(彝族), 경파족(京頗族), 와족(佤族), 합니족(哈尼族), 수족(水族), 태족(傣族), 만주족(滿族), 조선족(朝鮮族) 등이다.

역사의 발전에도 불구하고 동북지역의 어룬춘족(鄂倫春族), 어원커족(鄂溫克族), 다워얼족(達斡爾族), 혁철족(赫哲族), 석백족(錫伯族), 백족(伯族) 등은 샤머니즘을 숭배한다. 또한 조상숭배와 토템숭배, 무교(巫教)와 같은 자연숭배(自然崇拜)와 다신신앙(多神信仰)을 고수하는 민족(民族)들도 일부 있다.

3

길고 긴
중국의 역사

　중국에서 인류의 역사가 시작된 것으로 추정되는 것은 약 170만
년 전이다. 중국의 국토만큼이나 길고 유구한 그들의 역사를 여기서
상술한다는 것은 어쩌면 불가능한 일인지도 모르겠다.

　또한 중국의 역사에 관한 저술은 그들 역사 속 왕조의 수많은
부침처럼 서점에 쏟아져 나와 있다. 그래서 여기서는 명(明)·청(淸)
이후부터 현재까지의 역사를 간단히 정리하면서 그들이 지금의 모습
을 보이게 된 흐름을 짚어보고자 한다.

1. 전제통치의 강화와 자본주의 열강의 침입

1) 명(明), 청(淸) 시기의 정치

　원(元) 말기에 농민봉기를 일으킨 몇 개의 세력 가운데 주원장(朱元
璋)의 군대가 비교적 많은 인재를 망라(網羅)하고 있었다. 그의 세력
은 갈수록 강성해져 1368년에 마침내 주원장(朱元璋)이 남경(南京)
에서 명조(明朝)를 개창함과 동시에 원(元)을 멸망시키고 중원을

손에 넣었다.

명왕조(明王朝)는 정치적으로 봉건전제주의 중앙집권을 강화하는 데 힘쓰면서 승상(丞相)제도를 폐지하고 황제(皇帝)가 직접 중앙 각부를 통제하는 방법을 취하였다. 이후 영락제(永樂帝)는 수차례나 친히 병사를 이끌고 출정하여 북방에 남아 있던 원나라 세력들을 몰아냈다.

그러나 명왕조(明王朝)는 극단적인 전제정치를 펴게 되고, 환관(내시)들의 손에 대권이 넘어가는 경우가 빈번히 발생하면서 사회적 모순이 첨예해져 농민들이 봉기하고, 설상가상으로 왜구와 몽고족의 침입까지 받았다.

혼란한 틈을 타서 누르하치가 이끄는 만주족들이 명(明)을 서서히 잠식하면서 청나라를 세웠다. 백두산 남쪽에서 궐기한 만주족(滿洲族)은 1636년에 국호를 '대청(大淸)'으로 바꾼 후, 군사를 이끌고 입관(入關)하여 중원지역을 점령하고 청왕조(淸王朝)에 의한 대륙통치가 시작되었다.

청나라는 명(明)의 제도를 그대로 계승하여 정치적으로 한족(漢族)들의 반발을 최대한 무마시키려는 정책을 구사(驅使)하였다. 이에 따라 한족(漢族)들을 최고위층 관직을 포함한 여러 관직에 등용되었으며 대부분의 지방행정을 한족(漢族)에게 위임하였다.

청대(淸代) 전기(前期)의 몇몇 황제(皇帝)들은 모두 능력이 있는 군주들이었다. 그중에서 강희(康熙)와 건륭(乾隆)은 모두 60여 년간 제위에 있었다. 그러나 청대(淸代) 중엽(中葉) 이후 인구가 급속히 증가하고 사회의 모순이 나날이 심해지는 가운데 관리들의 탐오(貪

汚)가 극성을 부려 유민(流民)들이 증가하는 등 사회가 불안정해지자 왕조의 통치력이 현저하게 떨어졌다.

2) 명(明), 청(淸) 시기의 사회경제

명조(明朝) 초년에는 장기적인 전란(戰亂)으로 인하여 주인 없는 황량한 땅이 많았으나 정부의 감세(減稅)조치와 유망(流亡)인구의 정착을 적극 장려하는 정책으로 자경농(自耕農)의 숫자는 서서히 증가하였다.

이때 적지 않은 노예들도 자유를 얻었을 뿐 아니라, 소작인(小作人)과 지주(地主)의 종속적인 관계가 과거에 비해 많이 개선되었다. 그리고 전국에 면화 같은 각종 경제작물의 재배가 널리 보급되고 담뱃잎, 고구마, 옥수수, 땅콩 등도 외국으로부터 들어왔다.

수공업은 하북(河北)의 준화(遵化)와 광동(廣東)의 불산(佛山)지역에서 발달하였던 제련(製鍊), 북경(北京) 서산(西山)의 석탄채굴(石炭採掘), 강서(江西) 경덕진(景德鎭)의 자기(瓷器), 소주(蘇州)의 사직업(絲織業), 양쯔강(長江) 삼각주의 면포업(棉布業) 등이 발달하였다.

당시 상업 분야는 발달된 농업과 수공업의 기초 위에서 상품의 종류가 많아져 대외무역을 비롯한 각종 상업거래가 활발히 이루어졌다. 그리하여 북경(北京), 남경(南京), 소주(蘇州), 항주(杭州), 광주(廣州), 한구(漢口), 불산(佛山) 등의 번화한 상업 중심지가 생겨났다.

청조(淸朝)에 들어서는 농업 중심의 경제생활을 영위하는 한족(漢

族)에 대한 지배를 공고히 하기 위해 생산확대, 경제발전, 노역경감, 구휼활동 등의 정책을 추진함과 동시에 고구마와 옥수수 등의 경제작물을 보급하고 감세정책을 펼쳤다.

청대(清代)에는 강남(江南)의 면직업이 크게 발달하여 면포(綿布)의 판매량이 기하급수적으로 불어났다. 그 예로 소주(蘇州), 항주(杭州), 남경(南京) 등지에서는 수백 대 이상의 방직기를 보유한 업체들로부터 매점상인들이 직접 생산품을 구입하여 내다 파는 경우도 허다하였다.

당시 운남(云南)지역에서 성행하였던 동(銅)을 이용한 제련업(製鍊業)은 그 정교한 기술과 우수한 품질로 유명하였으며, 분공(分工)도 세밀하게 이루어져 노동자의 수가 10만에 이르는 곳도 있었다. 청대(清代) 수공업의 특징이라면 생산규모(生産規模), 자금(資金), 고용인력(雇用人力), 기술수준(技術水準), 상품(商品)의 질(質) 등의 다방면에서 세계 최고 수준을 구가하였다.

3) 명(明), 청(淸) 시기의 사상문화

남송(南宋) 이후부터 명대(明代)에 이르는 동안 중국사회에서 널리 만연하였던 사상이 바로 주희(朱熹)[일명, 주자(朱子)]가 완성시킨 성리학(性理學)이다. 그러나 명대(明代)에 와서는 그렇게 확고하던 성리학(性理學)이 왕양명(王陽明)에 의해 완성된 양명학(陽明學)에게 자리를 내주었다.

양명학(陽明學)은 '심즉리(心卽理)', 즉 마음이 똑바로 서야만 세상만사(世上萬事)가 올바르게 선다는 이론으로 마음을 통한 인격수양(人格修養)을 주장하였다. 이런 사상은 화폐경제가 성립되고 신분의 질서가 와해되던 시기의 사회변화에 걸맞는 이론으로 평가받았다.

왕양명(王陽明) 외에도 명(明)·청(淸) 시대에는 사회의 발전에 따라 황종희(黃宗羲)와 고염무(顧炎武), 왕부지(王夫之), 안원(顔元) 등의 탁월한 사상가들이 나타났다. 그들은 역사를 간파하는 시각으로 당시의 사회변화를 꿰뚫어 전제정치를 비판하고 경세치용(經世致用)을 제창하여 사상계에 활기찬 생기를 불어넣었다.

청조(淸朝)의 기반이 안정된 후 통치자들은 의식형태의 통제를 강화하여 청조(淸朝)를 모욕하는 말이나 문장을 쓰는 사람에 대해 엄한 처벌을 내렸다. 고로, 이 시대의 사상학술(思想學術)은 부득이하게 현실정치에서 벗어날 수밖에 없었다.

이러한 연고(緣故)로 당시의 학자들은 주로 문자학(文字學), 음운학(音韻學), 변위학(辨僞學) 등의 연구에 전념하여 유가경전(儒家經典)의 진실성을 추구하는 학술적 해설을 통해 간접적으로 자신들의 사상을 표현하였다. 이것이 바로 유명한 '건하한학'이다.

명(明)·청(淸) 시대의 문학은 희곡(戲曲), 소설(小說) 등이 가장 특색 있는 것으로 꼽힌다. 명(明) 중엽 이후 탕현조(湯顯祖)의 <목단정(牧丹亭)>으로 대표되는 우수한 극작(劇作)들이 많이 쏟아졌다. 청대(淸代) 초기에는 공상임(孔尙任)의 <도화선(桃花扇)>과 홍승(洪升)의 <장생전(長生殿)>이 나왔다. 그리고 모두에게 잘 알려진 소설 <서유기(西遊記)>, <수호기(水滸記)>, <금병매(金甁梅)>, <홍루몽(紅樓夢)> 등도 이때 씌여졌다.

4) 서방세력의 동래(東來)와 자본주의 열강의 중국침략

중국 역사상 명대(明代) 이전에는 외세의 군사압력이 서북지역에 집중되어 있었다. 그러나 명대(明代) 이후에는 서양열강에 의한 동남 해상의 위협이 서서히 증가되어 중국은 앞뒤로 적을 둔 불리한 형세에 몰렸다.

명대(明代) 초기 항해가이자 환관이었던 정화(鄭和)가 방대한 함대를 이끌고 동아시아와 서양을 항해하며 중국 정부의 위상과 해군력을 과시하기도 하였다. 명대(明代) 중기부터는 일본의 일부 무사(武士)와 낭인(浪人)들이 중국 연해로 들어와 장기적이고 대규모적인 약탈을 일삼아 명대사회(明代社會)의 불안요소로 떠올랐다.

서방세력의 동래(東來)는 16세기 초부터 시작되었다. 최초로 포르투갈인이 중국으로 침투해 조차(租借)라는 이름으로 마카오(澳門)를 점령하였다. 이후 네덜란드인 역시 한동안 대만(臺灣)을 짓밟았다. 이에 뒤질세라 제정 러시아 세력들마저 외흥안령(外興安嶺)을 넘어 흑룡강유역까지 침범하였다. 이와 동시에 한 무리의 서양 예수회 전교사들이 해상을 통해 중국으로 들어왔다.

18세기, 대중국무역(對中國貿易)을 독점(獨占)하였던 열강(列強)은 영국(英國)이었다. 당시(當時) 중국(中國)의 대영국무역(對英國貿易)은 장기적(長期的)으로 수출(輸出)이 수입(輸入)을 초과(超過)하여 무역흑자(貿易黑字)를 보였다. 중국은 찻잎, 생사(生絲), 토포(土布) 및 약재(藥材) 등을 대량수출하였고, 산업혁명 이후 급속도로 발전한 영국(英國)은 기계방직품 등을 중국시장에 상륙시켰다.

그러나 중외무역 항구지로 광주(廣州)만을 개방하고 외국 상인이 중국에서 무역을 하려면 반드시 '행상(行商)'이라는 정부의 공인중개상(公認仲介商)을 통해야 한다는 등의 쇄국적인 무역정책으로 말미암아, 창고에 쌓여 있는 상품을 소비시킬 수요국을 개척하지 못하고 있던 영국(英國)은 청조(淸朝)에 대해 강한 불만을 품었다.

이러한 일련의 과정으로 인해 중(中)·영(英) 간의 갈등은 갈수록 심화되었다. 급기야 19세기 초에는 영국(英國)이 무역적자를 줄이기 위해 동인도회사를 통해 중국으로 아편을 유입시키기에 이르고 그 유입량은 갈수록 늘어났다.

영국(英國)에 의해 들어온 아편(阿片)은 당시 중국에서 화폐로 사용되고 있던 백은(白銀)의 해외유출 주범이 되었으며, 국민건강을 크게 해치는 등 여러 가지 폐단을 낳았다.

이에 맞서 청정부(淸政府)는 아편(阿片) 유입 금지조치를 내리고 민족의식이 강한 신하 임칙서(林則徐)를 광동지방에 파견하여 아편(阿片)의 중국 내 유통을 근절시키는 강경한 대책으로 일관하였다.

이 과정 속에서 중국(中國)과 영국(英國) 간에 아편전쟁(阿片戰爭)이 일어나 결국 청조정(淸朝廷)은 2년 후 영국(英國)과 남경(南京)에서 치욕적인 〈남경조약(南京條約)〉을 체결하기에 이르렀다.

그 내용은 '중국(中國)이 영국(英國)에게 전쟁배상금(戰爭賠償金) 1,200만 달러와 아편배상금(阿片賠償金) 600만 달러를 지불하며 홍콩(香港)을 영국(英國)에게 넘겨주고 5개 항구를 개방한다'는 것이었다.

〈남경조약(南京條約)〉은 중국 정부가 중국 주권 범위 내에서 발생하는 사건들을 독립적으로 처리할 수 없음을 나타냈으며 반식민지국가로의 전락을 의미하였다.

영국(英國)은 또 1856년에 중국 관리가 영국상선 '애로호'에 대해 해적혐의를 내세워 영국 국기를 끌어내린 사건이 발생하자 이것을 빌미로 프랑스와 연합하여 다시 중국에 전쟁을 일으켰다. 영(英)·불(佛) 연합군은 순식간에 광주(廣州)를 정복하고 북상하여, 북경의 관문인 천진(天津)을 점령한 뒤 〈천진조약(天津條約)〉의 체결을 강요하였다.

청조(淸朝)가 조약에 응하지 않자 영(英)·불(佛) 연합군은 대규모 공격을 실시하여 1860년에 북경을 함락하고, 청조(淸朝)의 '겨울궁전'으로 불리던 '원명원(圓明園)'에 불을 질러 소각시키고 강요에 의해 〈북경조약(北京條約)〉이 체결되었다.

이 조약으로 말미암아 청정부(淸政府)는 양쯔강(長江)연안의 항구를 비롯한 화북(華北)연해의 주요 항구 10개를 추가로 개방하고 홍콩섬 위에 위치한 구룡반도에 대한 주권을 영국에게 내주었다.

청왕조(淸王朝)가 영(英)·불(佛) 연합군과 맞서 곤혹을 치르고 있을 때, 제정 러시아는 군사를 파견하여 흑룡강(黑龍江)을 따라 남하하면서 '군사력 위협'과 '중재국 역할'을 병행하는 작전을 펴 청정부(淸政府)로부터 중국 흑룡강(黑龍江) 이북과 오소리강(烏蘇里江) 이동의 넓은 영토를 러시아에 귀속시켰다.

이 밖에도 중국은 서태후(西太后)와 주화론자(主和論者)들이 프랑스와 협상을 벌여 〈중불조약(中佛條約, 1885년)〉을 체결하고, 일본(日本)과 청일전쟁(淸日戰爭)을 벌이는 등 서구열강들과의 계속된 마찰로 막대한 이권을 그들에게 내주고 갈갈이 찢기는 처지에 놓이는 굴욕적인 상황에서 20세기를 맞았다.

5) 아편전쟁(阿片戰爭) 이후 농민군중들의 부단한 반항과 청정부(淸政府)의 대처

1850년에 홍수전(洪秀全)과 양수청(楊秀淸)을 대표로 하는 농민들이 광서성(廣西省) 계평(桂平) 금전촌(金田村)을 거점으로 하여 '태평천국(太平天國)의 난(亂)'을 일으켰다.

주동자(主動者)들은 평등사상과 마음의 일치를 내세우며 조직을 확대시켜 관군(官軍)과의 전투(戰鬪)에서 승리(勝利)를 거두었다. 1851년에는 광서성(廣西省) 계평현(桂平縣) 금전촌(金田村)에서 태평천국(太平天國)이란 나라를 세워 중국의 전통인 전족(纏足)을 없애고, 남녀차별(男女差別)을 폐지하였다. 또한 토지를 공평히 분배하고, 사유재산을 인정하지 않는 정책을 밀고 나갔다.

이들은 광서성(廣西省), 호남성(湖南省), 호북성(湖北省), 강서성(江西省), 안휘성(安徽省) 등지에서 출발하여 곧바로 강소성(江蘇省)에 있는 남경(南京)까지 승승장구(乘勝長驅)해 2년 2개월 만에 태평천국(太平天國)의 열풍(熱風)이 절반의 중국(中國)을 휩쓸었다. 그들은 다시 남경(南京)에 정부(政府)를 세운 후 대군(大軍)을 파병(派兵)하여 북벌(北伐)과 서벌(西伐)을 실시하고 10여 년 동안 양쯔강(長江) 중상류의 광활한 지역을 손에 넣어 청나라 조정(朝廷)에 전에 없던 충격(衝擊)을 안겼다.

비록 '태평천국(太平天國)의 난(亂)'이 이들을 달갑게 여기지 않는 영국과 프랑스의 협조하에 청나라 정부에게 평정되지만, 사회 내부에 남아 있던 민중의 불만은 여전해 1860년대부터 90년대까지 중국 각지에서는 서양종교에 반대하는 투쟁이 빈번히 일어났다.

1907년에 '중국혁명의 아버지'라 불리는 손문(孫文)이 중국 내 여러 개혁파들을 모아 '중국동명회(中國同盟會)'를 결성하고, 청조정(淸朝廷)에 대항하는 무장봉기를 준비하는 등 새로운 세상을 만들기 위해 많은 활동이 추진되었다. 그러던 가운데 1909년부터 호북(湖北)·호남(湖南)철도 건설을 둘러싼 청정부(淸政府)와 지방세력 간의 이견이 생기면서 급기야 무장봉기를 촉발시켰다.

이 무장봉기의 화염 속에서 1911년 '신해혁명(辛亥革命)'이 일어나고 청왕조(淸王朝) 2백여 년의 중국통치가 끝나는 동시에 2천여 년 동안 지속되었던 군주정치가 막을 내렸다. 그 후 국부(國父)로 불리는 손문(孫文)이 임시총통으로 선출되고 '중화민국'이 탄생하였다.

2. 자산계급의 형성 및 변화

1) 중화민국의 성립 (1912~1949년)

1870년대부터 외국 자본주의 경제의 자극 아래 중국의 일부 상인들과 지주, 관료들이 근대상공업에 투자를 하였다. 이에 중국에도 자본계급의 대오(隊伍)가 서서히 형성되었다. 당시 자본계급을 대표하는 정치세력은 '평화개혁파(平和改革派)'와 폭력개혁파('暴力革命派)'가 있었다.

'평화개혁파(平和改革派)'는 평화적인 방식과 합법적인 수단으로, 현존하는 정권을 인정하는 범위 내에서 중국을 서서히 근대화하자는 주장을 펼쳤다. 이들은 대개가 19세기 말부터 20세기 초까지 '무술개혁(戊戌改革)'과 '입헌개혁(立憲運動)'을 전개하여 국내 자산계급의 힘을 동원하고 조직화시킨 세력들로 상당한 정치적인 영향력을 가졌다. 그러나 청조(淸朝)를 인정하는 전제하에서 입헌정치를 실현하자는 이들의 꿈은 끝내 실현되지 못하였다.

반면, 손문(孫文: 일명 孫中山)을 대표로 하는 혁명파(革命派)는 폭력적(暴力的)인 방법(方法)을 동원하여 공화제도(共和制度) 건립에 장애가 되는 청정부(淸政府)를 전복시키겠다는 의지를 나타냈다.

당시 폭력혁명파(暴力革命派)에 속하였던 인물들은 대부분 근대 서양의 정치와 민주주의에 밝아 중국의 봉건정치를 개혁해야 한다는 강렬한 염원을 표출하였다. 즉 해외 화교, 국내의 공회당(共會黨),

해외에서 유학하거나 신식교육을 받았던 지식인들, 신식군대(新軍)에 재직 중인 일부 세력들이 주축이었다.

혁명파(革命派)는 전국적인 성격을 띤 '동맹회(同盟會)'를 건립하여 혁명간행물인 '민보(民報)'를 발행하면서 10여 차례에 걸친 크고 작은 무장폭동(武裝暴動)을 일으켰다. 1911년 10월 양쯔강(長江)유역의 중심 도시인 무한(武漢)에서 일어난 폭동은 군대가 주체가 된 것으로 즉시 각 성(省)에 있던 반청세력(反淸勢力)들에게 큰 호응을 얻었다.

이들은 해외에서 귀국한 손중산(孫中山)을 임시대총통(臨時大總統)으로 선출하여 1912년 1월 1일 남경(南京)에서 취임식을 갖고 중화민국성립(中華民國成立)을 선포하는 한편, 임시정부(臨時政府)를 조직하여 〈중화민국임시약법(中華民國臨時約法)〉도 제정하였다. 중화민국의 성립은 중국 역사의 중대한 전환점으로 전제정치의 종결과 민주정치의 시작을 의미하였다.

천신만고 끝에 수립된 남경임시정부(南京臨時政府)는 불행하게도 3개월밖에 존속하지 못하였다. 1912년에 임시대총통(臨時大總統)의 자리가 북양(北洋) 군벌세력인 원세개(袁世凱)에게 넘어갔기 때문이다.

원세개(袁世凱)는 '광서제(光緒帝)'를 배신해 무술개혁[(戊戌改革): 변법자강운동(變法自強運動)]을 실패로 끝나게 하였던 인물로서, 혁명세력을 이용해 청대(淸代)의 마지막 황제인 '부의(溥儀)'를 강제 퇴위시키고 자신이 황제가 되기를 꿈꾸던 사람이었다.

2) 북양군벌(北洋軍閥)의 통치(統治)

1913년 손중산(孫中山)이 이끈 '2차혁명'을 진압하던 과정에서 원세개(袁世凱)는 국회를 해산시키고 〈임시잠정헌법(臨時約法)〉을 폐지하는 한편 총통으로 하여금 무한한 권력을 행사할 수 있도록 하는 〈잠정헌법(暫定憲法)〉을 내놓았다. 1915년 12월, 원세개(袁世凱)는 국호를 '중화제국(中華帝國)'으로 바꾸고 이듬해 설날(1916년)에 제위의식(帝位儀式)을 거행하고 황제(皇帝)에 즉위(卽位)하였다.

그러나 전국적인 반발과 외국열강의 반대에 부딪혀 그는 겨우 83일밖에 제위(帝位)하지 못하고 국민들의 항의를 받으며 하야(下野)할 수밖에 없었다. 1916년 6월, 원세개(袁世凱)는 믿었던 사천장군(四川將軍) 진환(陳宦)으로부터 결별선언(訣別宣言)을 받고 고립 상태에 빠져 결국 사망(死亡)하였다.

이후 중국은 북양군벌(北洋軍閥) 가운데 풍국장(馮國璋)을 우두머리로 하는 '직계(直系)' 집단과 단기서(段祺瑞)를 우두머리로 하는 '환계(環系)' 집단으로 나뉘게 되고 동북지방(東北地方)의 장작림(張作霖)과 사천(四川), 운남(雲南) 등지의 지방군벌(地方軍閥)을 비롯한 크고 작은 세력에 의한 분할통치가 시작되었다.

3) 중국(中國) 공산당(共産黨)의 건립(建立)과 국민혁명(國民革命)

제1차 세계대전이 연합군의 승리로 막을 내리자 중국은 축제 분위기였다. 파리평화회담에서 미국 대통령 윌슨이 '민족자결원칙

(民族自決原則)'을 제창하였기에 연합군의 일원이었던 중국도 외세를 배제한 독립국가가 세워질 것으로 믿었다.

그러나 파리평화회담에서 중국의 요구는 묵살되고 패전국이었던 독일의 이권(利權)을 일본에게 넘겨주는 결의가 통과되었다. 파리평화회담 결정은 중국민으로부터 반민족적인 외교정책을 펴왔던 군벌 집단들과 외국세력들에 대한 강한 반발을 이르켰고, 마침내 1919년 5월 4일 북경 천안문광장에서 세계를 놀라게 한 '5·4운동'으로 폭발하였다.

이 같은 애국적인 분위기 속에서 중국의 지식인들은 러시아에서 일어났던 '10월 혁명'의 성공을 지켜보고 공산주의라는 새로운 사회 제도를 간접적으로 인식하게 되었다. 그것은 중국인들이 공산주의를 선호해서라기보다 1919년 7월 5일 중국에 대한 모든 이권을 포기한다는 러시아의 '카라한 선언(Karakhan宣言)'이 있었기 때문이다.

공산주의 국가인 러시아의 중국 내 이권포기는 '파리평화회의'에서 보여줬던 자본주의 열강들의 '잇속 차리기'와 좋은 대비를 이루었다. 이와 같이 공산주의에 대한 호감은 1921년 중국 공산당이 창당되는 데 든든한 국민적 기반이 되었다.

1921년 창당된 중국 공산당은 1919년 세워진 국제공산주의조직(코민테른)과 소련의 지지하에 손중산(孫中山)이 이끄는 국민당(國民黨)과 같이 국민을 저버린 군벌집단을 타도하기 위해 통일전선을 구축하게 되었다. 이것이 바로 '제1차 국공합작(國共合作: 1924년)'이다.

이 과정에서 국공합작(國共合作)을 이끌었던 손문(孫文)이 갑자기 세상을 뜨자(1925년), 군관학교 교장이었던 장개석(蔣介石)이 1927년 4월 손문(孫文)의 뒤를 이어 국민당(國民黨)의 실권을 장악하였다. 이에 장개석(蔣介石) 국민당(國民黨) 대표는 공산당원들의 국민당(國民黨) 내 활동을 제한시키고 공산당 조직을 파괴하면서 '제1차 국공합작(國共合作: 1924년)'은 실패로 끝날 수밖에 없었다.

공산당을 축출한 국민당은 이종인(李宗仁), 풍옥상(馮玉祥), 염석산(閻錫山)이 이끄는 군대와 연합작전으로 군벌(軍閥)에 대한 토벌을 지속하여 1928년 북경에서 마침내 북벌(北伐)에 성공하였다.

4) 국민당(國民黨) 정부(政府)의 통치(統治)

국민당(國民黨)은 지지기반이 농촌에 기초를 둔 지주와 지방유지였기에 봉건 토지 소유관계의 개혁을 반대하고 나섰다. 이와는 상반되게 유격전술로 국민당(國民黨)에 대항하던 중국 공산당은 농촌을 시작으로 토지개혁을 시행하였다.

이에 따라 모택동(毛澤東)을 대표로 하는 공산당(共産黨)이 양쯔강(長江) 중류의 산간벽지에 넓은 근거지를 만들고 농민들의 호응도 크게 받았다. 그런데 장개석(蔣介石)은 국민당(國民黨) 내의 모순을 대대적으로 정비한 후 다시 공산당(共産黨)에 대한 탄압에 나서 공산당(共産黨)이 이끄는 홍군(紅軍)을 양쯔강(長江) 중류에서 섬북(陝北)고원으로 몰아넣었다.

국민당(國民黨)과 공산당(共産黨)의 내전이 계속되어 국력의 소모가 극심한 상황에서 일본은 1931년 9월 18일 '만주사변(滿洲事

變)'을 일으켜 청대(淸代) 마지막 황제인 부의(溥儀)를 앞세워 만주국(滿洲國)을 건설하고 만리장성(萬里長城)을 넘어 화북(華北)을 점령하였다.

이에 중국 공산당은 단호히 내전을 중지하고 힘을 합쳐 일본과 항쟁할 것을 국민당(國民黨)에 주장하였지만, 장개석(蔣介石)은 국제여론으로 일본을 몰아내려 할 뿐, 적극적인 대응을 하지 않았다. 1936년 12월 장개석(蔣介石)의 정치에 불만을 품은 국민당(國民黨) 내 군벌에 의해 장개석(蔣介石)이 감금되는 '서안사건(西安事件)'이 일어났고, 이를 계기로 '제2차 국공합작(國共合作: 1936~1939년)'이 이루어져 항일전쟁(抗日戰爭)이 시작되었다.

5) 항일(抗日) 민족해방전쟁(民族解放戰爭)

패배의 행진만을 계속하면서도 완강하게 저항하는 중국의 항전으로 일본과의 지루한 대립상태는 1945년 일본의 항복선언 때까지 이어졌다. 항일전쟁 중에도 국민당(國民黨)과 공산당(共産黨)의 대립은 여전히 존재하였다.

중국 공산당이 유격전을 전개하고 민간인들을 무장시키는 등 항일 근거지를 건립해 나가자, 공산당(共産黨)의 세력 확대에 불안을 느낀 국민당(國民黨)은 1939년 11월 회의를 열어 반공 군사방침을 확정하고, 공산당(共産黨)의 팔로군(八路軍))과 신사군(新四軍)을 습격하여 '제2차 국공합작(國共合作: 1936~1939년)'을 붕괴시켰다. 이에 맞서 중국 공산당은 '항전고수, 투항반대' '단결고수, 분열반대'`진보고수, 도태반대`를 내걸고 지속적인 항전을 펼쳤다.

1943년은 제2차 세계대전에 중대한 변화가 있었다. 일본의 동남아 진출을 우려하던 미국이 전쟁에 가담하였다. 미국이 세계대전에 참여하자 국민당 정부도 연합군의 일원이 되어 항일전쟁이 세계대전의 성격을 띠게 되었다.

그 당시 장개석(蔣介石)은 겉으론 항일전쟁을 수행하였지만 속으로는 일본과 미국의 중간에서 `간에 붙었다. 쓸개에 붙었다` 하는 태도를 보였다.

더욱이 일본이 중국에서 물러난 후 중국의 실권을 장악하기 위해 미군이 제공하였던 무기들을 사용하지 않고, 후에 있을 공산당(共產黨)과의 혈전(血戰)에 대비하는 모습이었다. 이에 모택동(毛澤東)은 〈국민에게 묻는다〉라는 성명을 발표하여 국민당(國民黨)의 일본과의 공모 및 반공정책을 강력하게 비판하였다.

1943년 2월 소련군이 독일군을 크게 무찔러 승리를 거두고, 영(英)·미(美)연합군은 동년(同年) 7월에 이탈리아 남부를 점령하였다. 이때 중국(中國)·미국(美國)·영국(英國) 연합군이 9월에 미얀마에서 반격에 나서는 국면이 형성되자, 중국 공산당의 해방구(解放區)와 전선(戰線)도 활기를 되찾고 공산당(共產黨)의 해방구(解放區)도 증가하였다. 1945년 초 전국에 이미 19개의 해방구(解放區)가 생겼으며 총면적 95만㎢, 인구 9,550여 만 명에 이를 정도였다.

그 당시 공산당이 이끄는 팔로군(八路軍), 신사군(新四軍)과 기타 인민군대는 91만 명으로 발전하였으며 민병은 220만 명에 육박하였다. 한편 국민당(國民黨)은 전쟁에서 일본군에게 밀려 하남(河南)에서 귀주(貴州)까지 퇴각하게 되자 국민들의 국민당(國民黨) 내 부패와 무능을 내세우며 정부와 총통의 교체 요구가 빗발쳤다.

1945년 5월, 유럽의 반파시즘전쟁은 연합국의 승리로 끝나고, 태평양전쟁에서 미군은 일본 본토를 위협하기에 이르렀다. 중국 전장(戰場)에서 공산당(共産黨)이 이끄는 군대가 일본군을 몇몇 도시와 연해지방으로 몰아가고 있을 즈음인 8월 15일 일본은 무조건 항복선언을 하였다.

6) 중화민국(中華民國) 시기(時機)의 경제(經濟)와 문화(文化)

고대 이래 중국의 정치제도로 굳어져 내려오던 군주전제가 중화민국의 성립과 더불어 역사 속으로 사라지면서 중국은 정치, 경제, 사회, 문화 등 모든 분야에서 새로운 질서가 요청되었다. 그 가운데 중화민국에게 가장 시급하였던 개혁 부분은 바로 자본주의 열강들이 유린한 경제였다.

1912년 중화민국의 성립과 동시에 중화민국 정부는 공업발전을 위한 86개 항목의 법률을 제정하여 민족경제의 기초를 다졌다. 한편, 중화민국을 탄생시켰던 손중산(孫中山)은 토지개혁을 실시하여 경제에 활력을 불어넣었다.

그러나 기득권자들의 옹호 속에서 존립하던 군벌들의 방해로 토지개혁은 실현되지 못하고, 소수의 있는 자만이 생산수단을 소유하는 관료자본주의 경제체제를 잉태하였다. 또한 군벌이 손아귀에 쥔

민·군 공업들과 정치적 특권 및 각종 혜택을 이용하여 설립한 기업들은 많은 이윤을 모아 군벌의 재벌화를 가져왔다.

사태가 악화되면서 1927년 남경국민당정부(南京國民黨政府)가 성립된 후에는 힘 있는 권력자들이 전국의 경제를 독점하게 되고, 30년대 이후에는 국가권력과 결탁한 국가독점자본이 뿌리를 내려 일반 국민들과의 빈부격차는 날로 심해졌다.

그러나 중화민국 시기의 문화사상 방면은 봉건주의적 문화와는 완전히 다른 색채를 가진 소위 신문화의 형성기를 맞았다. 이 시기에 이루어졌던 문화사상의 주류는 '민주와 과학'이라는 의식이 중심이 되어 민중들 속을 파고들었는데, 1915년 진독수(陳獨秀)에 의해 발행된 〈신청년(新靑年)〉은 이러한 신문화운동(新文化運動)의 부흥을 반영한 것이다.

'5.4 운동' 이후 중국 역사에 지대한 영향을 미친 '마르크스 사상'이 중국으로 전파되어 역사학, 사회학, 경제학 등의 학문에까지 깊은 영향을 미쳤다.

그리고 이 시기에는 사회과학과 문학예술을 중심으로 한 교육, 과학, 출판이 크게 발전하였을 뿐만 아니라, 서양과학 지식과 문화를 구비하고 민주와 자유를 부르짖던 '문화지식인'들이 각자의 영역에서 능력을 나타냈다.

7) 중화민국(中華民國)의 종말(終末)과 중화인민공화국(中華人民共和國)의 성립(成立)

1945년 8월 15일 일본의 무조건 항복이 있은 후, 우리나라와 마찬가지로 중국 역시 국가의 발전 방향에 관심이 집중되었다. 국민당(國民黨)을 이끌던 장개석(蔣介石)은 삼민주의[三民主義: 민족(民族), 민권(民權), 민생(民生)]와 미국의 지원을 내세우며 유교적인 도덕윤리 회복을 통해 국력을 강화시키자는 방안을 내놓은 반면, 중국공산당(中國共產黨)은 신민주주의(新民主主義)의 강령을 제출하고 '연합정부론(聯合政府論)'을 주장하였다.

1946년 1월 중국의 각 당파 및 무소속 인사들이 정치협상회의(政治協商會議)를 열어 평화적이고 민주적인 방법으로 미래 중국을 건설하고자 노력하였다. 그러나 모택동(毛澤東)과 장개석(蔣介石)의 회담이 성과 없이 끝난 뒤, 1946년 7월 국민당(國民黨)은 회의 결의사항까지 저버리며 미국의 도움 하에 공산당(共產黨)에 대한 전면적인 공격을 감행하였다.

공산당(共產黨)과 국민당(國民黨)의 내전이 다시 시작되면서 처음에는 공산당(共產黨)이 군사력의 약세로 인해 밀리기 시작하였지만, 1년이 지난 47년에는 국민당(國民黨) 내부의 부패가 심해져 국민들의 민심이 공산당(共產黨) 쪽으로 기울자 전세(戰勢)도 공산당(共產黨)에 유리해졌다. 내전 발발 3년이 채 되기 전에 국민당(國民黨) 군대는 인민해방군(人民解放軍)에게 철저히 패하고, 1949년 4월 남경까지 함락되면서 22년간 지속되었던 국민당통치(國民黨

統治)에 종지부를 찍었다.

1949년 9월 공산당(共產黨)은 북경에서 중국인민정치협상회의(中國人民政治協商會議)를 개최하여 모택동(毛澤東)을 주석으로 하는 중앙인민정부위원회(中央人民政府委員會)를 구성하고 1949년 10월 1일 천안문(天安門) 성루(城樓)에서 모택동(毛澤東)에 의해 중화인민공화국성립(中華人民共和國成立)이 선포(宣布)되었다.

3. 역사(歷史)의 전환점(轉換點: 1949년~현재)

　1949년 10월 중화인민공화국성립(中華人民共和國成立) 이후 1956년까지 중국공산당(中國共產黨)이 이끄는 전국(全國)의 각 민족(民族)들은 단계적(段階的)으로 신민주주의(新民主主義)에서 사회주의(社會主義)로의 변환(變換)을 꾀하며 전쟁기간(戰爭期間) 동안 심하게 손상(損傷)된 국민경제(國民經濟)를 회복(回復)시키기 위해 노력(努力)하였다.

　이 시기(時期)에 신중국(新中國)은 전국토지(全國土地)에 대한 공유제개혁(共有制改革)을 실시(實施)함과 동시(同時)에 각지(各地)에 인민정부(人民政府)를 수립(樹立)하여 관료자본기업(官僚資本企業)들을 몰수(沒收)하거나 사회주의국영기업(社會主義國營企業)으로 개조(改造)시키면서 국가계획경제체제(國家計劃經濟體制)를 마련하였다.

　또한 전국(全國)의 재정경제(財政經濟)를 통일(統一)시켜 물가(物價)를 안정(安定)시키고 신중국성립 이후(新中國成立以後) 해방[(解放): 공산화(共產化)]된 지역(地域)에 대한 토지제도개혁(土地制度改革)을 시행(施行)하였으며 구중국(舊中國)의 교육과학문화사업(敎育科學文化事業)도 혁신(革新)해 나갔다.

　1950년 10월에는 한국전쟁(韓國戰爭)에 인민군(人民軍) 60만 명을 지원(支援)하여 한때 서울을 위협(威脅)하기도 하였다. 그 당시(當時) 중국(中國)의 군사지원(軍事支援)은 '입술이 없으면 이가 시리다(脣亡齒寒)'라는 판단(判斷) 아래 이루어졌는데, 오늘날에도 중국(中國)에서는 한국전쟁(韓國戰爭)을 '반미지원전쟁(反美支援戰爭)'이라고 표현(表現)한다.

이런 일련(一連)의 역사과정(歷史過程)을 거치면서 신중국(新中國)은 국가정권(國家政權)을 안정(安定)시켜 나갔다. 1952년 중국공산당(中國共產黨)은 과도기(過渡期)를 넘기기 위해 '제1차5개년계획(第1次5個年計劃)'을 세우고 농업(農業), 수공업(手工業), 자본주의상공업(資本主義商工業)에 대해 단계적(段階的), 자발적(自發的), 평화적(平和的)이라는 원칙(原則)을 가지고 사회주의(社會主義)로의 개조(改造)를 실현(實現)해 나갔다.

1956년 9월에는 중국공산당(中國共產黨) 제8차 전국대표자대회(全國代表者大會)가 성공적(成功的)으로 열려 사회주의제도(社會主義制度)가 중국(中國)에서 정착(定着)되었다는 평가(評價)가 내려지면서 중국(中國)은 전면적(全面的)이고 대규모적(大規模的)인 사회주의건설(社會主義建設)에 돌입(突入)하여 문화대혁명이전(文化大革命以前)인 1966년까지 비약적(飛躍的)인 발전(發展)을 이룩하였다.

1966년 5월~1976년 10월은 중국(中國)의 동란기(動亂期)라고도 불리는 문화대혁명(文化大革命)의 10년이었다. 문화대혁명(文化大革命)이란 모택동(毛澤東)이 사회주의(社會主義)를 공고(鞏固)히 하고 반대파(反對派)들과 자본주의(資本主義)를 옹호(擁護)하는 세력(勢力)을 청산(淸算)할 목적(目的)으로 실시(實施)된 폭압적(暴壓的) 정책(政策)을 말한다.

'문혁(文革)'이 일어나게 된 직접적(直接的)인 계기(契機)는 1959년 당시(當時) 북경시(北京市) 부시장(副市長)이었던 오함(吳晗)이 〈해서(海瑞), 황제(皇帝)를 질책(叱責)하다〉라는 글을 인민일보(人民日報)에 싣게 되면서였다. 여기서 '해서(海瑞)'라는 사람은 명대(明代)의 관리(官吏)로 황제(皇帝)를 비난하는 글을 썼던 사람이다.

그 글에는 "과거(過去)에 당신은 사람들에게 적지만 말할 자유(自由)를 주었습니다. 그러나 지금은 어떠합니까? 당신의 마음은 혼미(昏迷)해지고 독단(獨斷)에 빠져 편견(偏見)이 가득합니다. 하지만 당신은 스스로가 옳다고 생각하며 그 비판(批判)을 받아들이지 않고 있습니다. 당신의 결점(缺點)은 셀 수없이 많습니다. 백성(百姓)은 당신에게 불만(不滿)을 가지고 있으며, 관리(官吏)와 대신(大臣)들도 모두 알고 있습니다"라는 내용(內容)을 담고 있었다.

비록 오함(吳晗)이 해서(海瑞)의 말을 인용(引用)하였지만 속마음은 당시(當時) 최고권력자(最高權力者)였던 모택동(毛澤東)을 비판(批判)하고 있음을 쉽게 알 수 있다. 이런 일이 있은 2년 후인 1961년에는 오함(吳晗)의 〈해서면관(海瑞免官)〉이라는 작품(作品)이 연극(演劇)으로 상연(上演)하게 되자, 모택동(毛澤東)은 〈5·16통지(通知)〉를 내려 '문화혁명5인소조(文化革命5人小組)'를 철폐(撤廢)하고 유소기(劉少奇), 등소평(鄧小平), 팽진((膨疹) 등의 세력(勢力)을 약화(弱化)시켰으며 반면(反面) 모택동(毛澤東) 자신(自身)은 인민(人民)들에 의해 신격화(神格化)되었다.

이 같은 중국(中國) 내 권력층(權力層)들의 사상(思想)이 첨예(尖銳)한 대립(對立)을 보이고 있을 때, 1965년 요문원(姚文元)이 〈해서(海瑞)의 면관(免官)을 평(評)한다〉라는 글을 써, 오함(吳唅)이 쓴 〈해서면관(海瑞免官)〉을 비난(非難)하게 되고, 이에 자극(刺戟)받은 청화대(清華大)와 북경대(北京大) 학생(學生)들이 홍위병(紅衛兵)을 조직(組織)하여 10년 동란(動亂)의 시작(始作)을 알렸다.

이렇게 시작(始作)된 문혁(文革)은 모택동(毛澤東)이 어떤 투쟁(鬪爭)으로도 해결(解決)할 수 없었던 어두운 문제(問題)들을 군중(群衆)을 동원(動員)하여 공개적(公開的)으로 비판(批判)함으로써 반대파(反對派)에 빼앗겼던 권력(權力)을 다시 찾을 수 있었다.

그러나 폭력적(暴力的) 방법(方法)이 지도(指導)했던 소위(所謂) '문화대혁명기간(文化大革命期間)'은 중국(中國)과 인민(人民)들에게 재난(災難)의 동란기(動亂期)로 변(變)하였으며, 1976년 모택동(毛澤東)이 죽을 때까지 계속(繼續)되었다. 현재 '문화대혁명(文化大革命)'에 대한 중국(中國)의 평가(評價)는 '극좌(極左)에 치우친 모택동(毛澤東)의 착오(錯誤)였다'라는 것이다. 하지만 일부(一部)에서는 '문혁(文革)'을 옹호(擁護)하는 사람도 있어 이에 대한 평가(評價)는 역사(歷史)의 심판(審判)을 기다리는 수밖에 없다.

그러나 중국인(中國人)들이 공통적(共通的)으로 인정(認定)하는 것은 '만약(萬若) 문화대혁명(文化大革命)이 없었더라면 중국(中國)의 경제발전(經濟發展)은 현재 수준(現在水準)을 크게 앞질렀을 것이다'라는 점이다.

지루하고 암울(暗鬱)하였던 10년 동란(動亂)이 끝난 후 중국(中

國)의 권력(權力)은 모택동(毛澤東)의 아내인 강청(江靑)을 포함(包含)한 '4인방(四人幇)'에게 넘어갔지만, 권력다툼의 소용돌이 속에서 모택동(毛澤東)을 계승(繼承)하였던 화국봉(華國鋒) 주석(主席)과 섭검영(葉劍英)을 포함(包含)한 비4인방(非四人幇)에 의해 장악(掌握)되었다. 4인방(四人幇)을 제거(除去)한 화국봉(華國鋒)의 권좌(權座)는 다시 등소평(鄧小平)로 이어져 이때부터 중국(中國)은 과거(過去)와는 다른 길을 걸었다.

1978년 12월에 열린 '중국공산당제11기삼중전회(中國共產黨第11期三中全會)'에서 중국(中國)은 역사적(歷史的)인 전환기(轉換期)를 맞았다. 역사적(歷史的)인 전환(轉換)이란 '계급투쟁강령(階級鬪爭綱領)'이라는 사회주의구호(社會主義口號)를 버리는 대신(代身) '실사구시(實事求是)'와 '일치단결(一致團結)'이라는 지도방침(指導方針)을 확정(確定)하고 사회주의현대화(社會主義現代化)에 총력(總力)을 기울이는 '개혁개방정책(改革開放政策)'의 실시(實施)를 의미(意味)한다. 그 유명(有名)한 등소평(鄧小平)의 '흑묘백묘론(黑描白描論)'이 여기서 나온 말이다.

중국공산당(中國共產黨)은 개혁개방정책(改革開放政策)의 추진과제(推進課題)를 '국민경제(國民經濟)의 균형(均衡)'과 농업발전('農業發展)의 가속화(加速化)', '건전(健全)한 사회민주주의(社會民主主義)와 사회주의법제강화(社會主義法制强化)'에 두었다. 그리고 회의석상(會議席上)에서는 문화대혁명(文化大革命) 당시(當時) 억울(抑鬱)하게 형사처리(刑事處理)되거나 직위(職位)에서 쫓겨났던 사람들의 오명(汚名)을 씻어주고 원래(原來)의 직책(職責)에 복위(復位)시키는 노력(努力)도 기울였다.

그 결과(結果) 개혁개방정책(改革開放政策)을 발표(發表)하였던 '제11기 삼중전회(三中全會)' 이후 20년 동안 중국(中國)은 사회주의국가(社會主義國家)들이 공멸(攻滅)하는 상황(狀況)에서도 중국(中國)만의 독특(獨特)한 사회주의(社會主義)를 실현(實現)하였고 경제발전(經濟發展)을 거듭하며 체제(體制)를 안정(安定)시켰다.

그리고 최근 1998년 3월 5일에 열렸던 '제9기 전인대(全人大) 1차회의'에서 등소평(鄧小平) 사망(死亡) 이후 제3대 지도자(指導者)로 떠오른 강택민(江澤民) 주석(主席)을 핵심(核心)으로 하는 새로운 정치판도(政治版圖)가 굳혀졌다. 아울러 경제전문가(經濟專門家)로 알려진 주용기(朱容基) 총리(總理)의 주도(主導)하에 개혁개방 이후(改革開放以後) 최대규모(最大規模)의 행정개혁(行政改革)과 중국경제(中國經濟)의 운명(運命)이 달린 국유기업개혁(國有企業改革)을 진행(進行)하면서 시장경제체제구축(市場經濟體制構築)이라는 큰 획을 그었다.

현재 중국(中國)은 자국역사상(自國歷史上) 유례(類例)없는 경제부흥운동(經濟復興運動)을 추진(推進) 중이다. 급속(急速)히 공유화(共有化)를 바탕으로 한 사유화(私有化)의 경제(經濟) 틀로 전환(轉換)하고 있어, 제2의 붉은 혁명(革命)으로까지 불린다. 이러한 중국(中國)의 빠른 성장(成長)은 과거(過去) 당대(唐代)의 번영(繁榮)을 재현(再現)하려는, 그들의 국토면적(國土面積)만큼이나 광대(廣大)한 포부(抱負)에 뿌리를 두고 있음을 우리는 쉽게 확인(確認)할 수 있다.

4

새로운 도전,
중국인의 정치 현주소

중국은 1949년 자본주의(資本主義) 이념을 고수하던 국민당(國民黨)을 대만(臺灣)으로 내몰고 사회주의(社會主義)라는 새로운 이데 올로기로 국가를 세운 지 50년을 맞았다. 그리 길지 않은 기간 동안 중국은 문화대혁명(文化大革命)과 같은 강압적인 정치 암흑기를 맞기도 하고, 국제정세의 변화에 발맞춰 과감한 개혁개방정책을 시행하기도 하는 등 파란 많은 '사회주의(社會主義) 국가건설(國家建設)'의 길을 달려왔다.

이 같은 풍운의 중국 정치와 행정체계를 되짚어보는 것도 중국을 이해하는 좋은 방법이 될 것이다.

1. 국체(國體)와 정체(政體) 진단

1) 인민주의전정(人民主專政)

중국은 노동자계급을 중심으로 공농연맹(工農聯盟)이 합쳐진 인민민주전정(人民民主專政)의 사회주의 국가를 국체(國體)로 하고 있다. 인민민주전정(人民民主專政) 정치란 일종의 새로운 사회주의 민주정치로 인민이 국가의 주인이라는 전제하에 인민들에게 광범위한 민주를 누리게 하고 극소수 적대분자에게는 필요악인 전정(專政: 독재, 간섭)을 실시한다는 것이 핵심 내용이다.

이를 위해 중국 정부는 노동자계급에게 힘을 실어주고, 사회주의 사상으로 무장된 지식인을 늘려가고 있다. 또한 노동자, 농민, 지식인이 사회주의 사상으로 철저히 무장하고 각계 각층에서 공동체사회 건설을 위해 노력하는 모습을 애국자의 형상이라고 선전하며 진정한 국가의 주인이라고 추켜세웠다.

그리고 중국 내에 있는 모든 외국인들은 합법적인 권리와 이익이 보호되는 동시에 반드시 중화인민공화국의 법률을 준수해야 한다고 못박고 있다. '중국의 사회주의 민주정치는 사회주의 제도를 보장하고 있다'는 말을 통해 알 수 있듯이 국가는 국유자산과 사회주의의 공공재산을 보호하며 법에 의해 존재하는 사영경제, 개체경제, 합자기업, 외자기업의 재산을 보호하지만 반사회주의 세력의 활동은 강력히 제재하였다.

아울러 중국의 '국체(國體)'에 의해 전체 인민의 각종 조직과 정치활동 참가와 같은 '정치권리'뿐만 아니라 전체 인민의 '경제, 과학문화, 사회사무에 대한 권리'도 보장되었다. 중국의 이 같은 사회주의 사상은 인민의 평등과 개인·사회 간의 정확한 관계를 체현하여 민주원칙에 따른 민족평등, 남녀평등을 포함한 각종 평등한 사회정치 관계를 규정하고 있다.

또한 공민(公民)은 법률 앞에서 평등하며 공민(公民)이 누리는 권리와 이행해야 하는 의무는 일률적이다. 공민(公民)이 자신의 자유와 권리를 행사할 때 국가와 사회의 이익이나 타인의 이익에 손해를 입혀서는 안 되며, 개인의 이익은 국가와 사회의 이익에 차선(次先)되어야 한다고 선포하였다.

2) 인민대표대회제도(人民代表大會制度)

'정체(政體)'란 정치체제를 말하는 것으로 중국의 '정체(政體)'는 인민대표대회제도(人民代表大會制度)'로 '국체(國體)'인 인민민주전정(人民民主專政)의 실현을 위한 구체화된 제도이다.

'인민대표대회제도(人民代表大會制度)'란 중국 공산당의 영도하에 전국의 각 민족과 인민이 자신들의 대표를 민주적으로 선출하여 각급 인민대표대회를 조직하고 이를 통해 간접적으로 인민이 국가권력을 행사케 하거나 인민대표대회(人民代表大會)로 하여금 기타 국가기관을 구성하여 인민이 국가의 주인임을 실현시키는 정치를 말한다. 다시 말해 우리의 국회와 행정부의 역할을 한꺼번에 수행하는 입법기구인 동시에 행정기구인 것이다.

구체적으로 살펴보면, 각급 인민대표대회는 인민의 직·간접적인 선거로 조직된 국가권력기관이다. 인민대표대회(人民代表大會)는 인민의 의지와 이익에 부합되게 국가 대사(大事)를 결정함으로써 인민에 대해 책임을 지는 동시에 인민들의 감독하에 놓이게 된다. 반면 인민은 법률에 의거하여 인민대표를 파면하거나 불성실한 대표를 새로운 인물로 교체할 권리를 가진다.

아울러 국가행정기관, 심판기관, 검사기관, 중앙군사위원회는 모두 인민대표대회(人民代表大會)에 의해 조직되며, 구성된 권력기관은 인민대표대회(人民代表大會)의 결정에 책임을 지고 지속적인 감독활동을 한다.

지방의 각급 인민대표대회와 그 상무위원회는 모두 헌법규정에 명시된 직권만을 행사할 수 있다. 그 직권범위 내의 권리에 대해서는 자율적이고 능동적이며 적극적인 직권수행 능력을 보장받는다. 그리고 지방의 각급 인민대표회의에 의해 조직된 각급 인민정부는 상급기관의 결정에 복종하여야 하며, 지방은 중앙인민정부의 원칙에 일률적으로 따라야 한다는 법률이 제정되었다.

인민대표대회(人民代表大會)는 합일제(合一制)를 실시하고 있다. 중대한 사무에 대해서는 집단토론을 거쳐 다수결 원칙에 의해 합의를 이끌어낸 후, 각급 정부와 기타 국가기관이 그 결정을 집행하는 의사결정 방법을 취하고 있다. 하지만 세계는 이러한 중국의 전인대(全人大:전국인민대표대회) 의결과정을 공산당이 사전(事前)에 결정한 사항을 추인(追認)하는 '고무도장'이라고 평가 절하한다.

그러나 1997년 3월에 열린 제8기 5차회의에서 표결에 부쳐진 최고인민검찰원 검찰장에 대한 임명동의안에서 무려 40%가 넘는 반대표가 나와 중국 지도부를 긴장시키는 등 과거와는 달리 개선된 입법기능과 견제기능을 수행하는 방향으로 흐르는 추세이다.

또한 외국 기자들에게는 공개되지 않았던 전인대(全人大) 의사진행 과정이 1997년부터 개방되어 중요 의제에 대해서 분과별로 활발한 공개토론이 펼쳐지는 등 시간이 흐를수록 자주적인 민주주의

의회의 모습을 띤다. 다만, 전체 대의원의 80% 이상이 공산당원으로 구성되어 획기적인 정치개혁이 없는 한 전인대(全人大)는 이렇다 할 만한 혁신을 이루지 못할 것으로 전망하는 사람도 많다.

〈중국인민공화국선거법〉은 "만 18세 이상의 공민은 민족, 종족, 성별, 직업, 출신 가문, 신앙종교, 학력, 재산상태, 주거 기한을 불문하고 모두 선거권과 피선거권을 가진다"라는 규정과 "법률에 의거하여 정치권리를 박탈당한 사람에게는 선거권과 피선거권이 없다"라는 규정에 의해 각급 인민대표대회를 조직한다.

'중화인민공화국 공민'이란 중화인민공화국의 국적을 가진 모든 사람을 지칭한다. 만약 중국 국적을 가지고 외국에 사는 공민이 현급(縣級) 이하의 인민대표대회(人民代表大會) 선거기간 중에 귀국하였다면 본적지나 출국 전 거주지에서 선거에 참가할 수 있다. 또한 선거에 드는 모든 비용은 국가가 부담하고 개인이나 단체가 자금을 조달할 필요는 전혀 없다.

민주적인 선거로 선출된 인민대표는 광범위한 대표성을 가지며 공인, 농민, 지식인, 기타 노동자와 각 소수민족 구성원, 화교, 각종 직업의 대표인물들로 구성한다.

1993년에 열린 제8회 전국인민대표대회는 모두 2,977명의 대표로 구성되었다. 그 가운데 공농(工農) 대표가 612명으로 전체의 20.03%를 차지하였고, 지식인 대표는 649명으로 21.8%, 간부 대표는 841명으로 28.5%, 민주당파와 무소속 대표는 572명으로 19.21%, 해방군 대표는 267명으로 8.97%, 화교 대표는 36명으로 1.21%, 부녀자 대표는 626명으로 21.03%, 소수민족 대표는 439명으로 14.75%로 짜여졌다.

대표들은 인민들의 위탁을 받아 각급 인민대표대회에 출석하여 국가관리업무를 수행한다. 중국 법률은 전국인민대표대회의 대표자 수를 3,000명을 초과하지 못하도록 규정하고 있으며, 대표자의 임기 는 5년이다.

그리고 전인대상위회(全人大常委會)와 같은 상설기구의 조직은 전인대(全人大) 대표 중에서 또다시 선출된 대표로 구성하며, 이렇게 구성된 상위회(常委會)는 전인대(全人大) 폐회기간 동안 국가 최고 권력을 행사한다.

전인대상무위원회(全人大常務委員會)는 전국인민대표대회(전 체 회의)의 일정과 회의소집 등의 제반사항을 계획·진행하는 직무를 맡는다. 전인대(全人大)는 상위회에 대해 감독권을 갖지만, 상위회 의 구성인원에 대한 파면권과 상위회에서 통과된 결정을 바꾸거나 철회시킬 권리는 없다.

성(省), 자치주(自治區), 직할시(直轄市), 자치주(自治州), 구(區) 를 설치한 시(市) 등의 인민대표대회는 한 등급 아래의 인민대표대회 에서 선출된 대표로 구성하며 임기는 5년이다. 현(縣), 자치현(自治 縣), 구(區)를 설치하지 않은 시(市), 시할구(市轄區), 향(鄉), 민족향 (民族鄉), 진(鎮)의 인민대표대회는 일반 인민의 직접선거에 의해 선출된 대표로 이루어지며 임기는 3년이다.

중국의 헌법은 전국인민대표대회에서 국가주석과 부주석을 선출 한다고 규정하고 있다. 그렇다면 중국에서 국가주석이나 부주석이 되기 위해서는 어떤 조건이 필요할까? 중국 헌법은 이에 대해 "주석과 부주석의 자격은 선거권과 피선거권을 가진 만 45세 이상의 중화인민공화국 공민이어야 하며, 국가주석과 국가부주석의 매 임기는 전인대(全人大) 대표자의 임기와 동일한 5년이고 연임은 두 번을 넘지 못한다"라고 규정하고 있다.

이렇게 선출된 국가주석은 ① 전인대(全人大)와 전인대상무위원회(全人大常務委員會)의 결정에 따라 대내적으로 법률을 공포하고 ② 전국인민대표대회에서 국무원총리를 임명하며 ③ 전인대(全人大)와 전국상무위원회(全國常務委員會)의 결정에 따라 국무원총리 및 부총리, 기타 국무원 구성인원을 임면(任免)할 수 있을 뿐 아니라 ④ 특별사면령과 계엄령, 전쟁선포, 동원령을 선포할 권한이 있는 등 우리나라의 대통령과 비슷한 의무와 권한을 가진다.

또한 중국 헌법은 중화인민공화국 중앙군사위원회가 전국의 군대를 통솔한다고 규정하고 있다. 중앙군사위원회의 구성인원은 국가주석을 포함한 부주석 약간 명, 위원 약간 명으로 구성된다.

주석은 전인대(全人大)에서 선출되며, 부주석과 그 위원들은 전인대(全人大)에서 중앙군사위원회 주석의 제명(提名)을 거친 후 선출한다. 중국에서 국가가 이끄는 군사력과 중국 공산당이 통할(統轄)하는 군사력은 일치하며, 중공중앙군사위원회와 국가중앙군사위원회는 동일한 기구로 당과 국가에 의해 전국의 군사력이 통일적으로 통솔된다.

중국에서는 인민법원이 국가의 심리기관이다. 최고인민법원은 국가의 최고 심리기관이며, 기층인민법원과 중급인민법원, 고급인민법원을 포함한 지방 각급 인민법원은 지방 각급 국가심리기관의 임무를 수행하고 있다.

　인민법원이 국가심리권을 행사할 때는 일률적으로 ① 법률규정에 의거하여 독립적인 심리권을 행사하며 ② 행정기관이나 사회단체, 개인의 간섭을 절대 받지 않고 ③ 법률 평등원칙의 적용을 통한 독립심리원칙, 공개심리원칙, 변호제도, 심리위원회제도, 회피제도, 이심제(二審制), 심리감독제도 등의 주요 원칙과 제도가 준수된다.

3) 공산당(共產黨)이 이끄는 다당합작(多黨合作)과 정치협상제도(政治協商制度)

　중국공산당(中國共產黨)이 이끄는 '다당합작(多黨合作)'과 '정치협상제도(政治協商制度)'는 중국(中國)의 기본정치제도(基本政治制度)이며 중국정치(中國政治)의 가장 큰 특징(特徵) 중 하나이다.

　중국(中國)에는 8개(個) 당파(黨派)가 있다. 이들 중에는 ① 원래(元來)의 국민당인사(國民黨人士)와 국민당(國民黨)과 역사적(歷史的)인 연계(連繫)가 있는 인사(人士)로 구성(構成)된 중국국민당혁명위원회(中國國民黨革命委員會) ② 문화교육분야(文化敎育分野)에 종사(從事)하는 중·상층지식인(中上層知識人)으로 구성(構成)된 중국민주동맹(中國民主同盟) ③ 경제계인사(經濟界人士)와 전문학자(專門學者)로 구성(構成)된 중국민주건국회(中國民主建國會) ④ 교육(敎育)·문화(文化)·과학(科學)·출판(出版) 및 기타분야(其他分野)의 지식인(知識人)으로 구성(構成)된 중국민주추진회(中國民主推

進會) ⑤ 의학위생계(醫學衛生界)와 과학기술(科學技術), 문화교육계 (文化敎育界)의 중·고급지식인(中高級知識人)들로 구성(構成)된 중국농공민주당(中國農工民主黨) ⑥귀국교포(歸國僑胞)와 해외동포 (海外同胞)의 중국거주가족(中國居住家族)으로 구성(構成)된 중국치공당(中國致公黨) ⑦ 과학기술계(科學技術界)의 중·고급지식인 (中高級知識人)들로 구성(構成)된 구삼학사(九三學社: 중국의 민주당파 정당 가운데 하나) ⑧ 대륙(大陸)에 거주(居住)하는 대만동포 (臺灣同胞)로 구성(構成)된 대만민주동맹(臺灣民主同盟) 등이다.

이러한 당파(黨派) 가운데 대다수(大多數)는 중국공산당(中國共産黨)의 통일전선정책(統一戰線政策)의 영향(影響)으로 항일전쟁 (抗日戰爭)과 국민당반동통치(國民黨反動統治)에 반대(反對)하는 투쟁과정(鬪爭過程)을 거치면서 구성된(成立) 것들로 이들은 원래(原來) 민주자산계급(民族資產階級)과 도시소자산계급(都市小資產階級), 지식인(知識人)을 비롯한 기타애국민주인사(其他愛國民主人士)들을 주체(主體)로 한 계급동맹성질(階級同盟性質)의 정당(政黨)이었다. 이들 당파(黨派)가 만들어질 때 내세운 정치적(政治的) 주장(主張)을 보면, 주(主)로 반제애국(反帝愛國)과 민주(民主)를 주장(主張)하며 중국공산당(中國共產黨)의 신민주주의혁명계급 (新民主主義革命階級)의 기본강령(基本綱領)과 일치(一致)하고 있다. 이러한 공통(共通)된 정치적(政治的) 토대(土臺) 위에서 이들은 합작(合作)을 통해 인민민주통일전선(人民民主統一戰線)을 건립 (建立)·발전(發展)시켜 나가면서 사회주의건설(社會主義建設)에 동참(同參)하게 되었다.

다당합작(多黨合作)의 주요합작방식(主要合作方式)은 각당파(各黨派)와 무소속파인사(無所屬派人士)가 인민대표대회(人民代表大會)나 정협참정의정(政協參政議政)에 참가(參加)하여 공산당(共產黨)과 여러 경로(經路)를 통해 정치협상(政治協商)과 감독역할(監督役割)을 하게 되는데, 정부(政府)는 이러한 과정(過程)에서 각당파(各黨派)와 무소속당파(無所屬黨派) 중에서 우수(優秀)한 인재(人才)를 흡수(吸收)하여 국가기관(國家機關)의 업무(業務)를 맡겼다.

정치협상(政治協商)은 중국(中國)이 주장(主張)하는 사회주의적(社會主義的) 민주주의(民主主義)를 추구(追求)하는 하나의 방법(方法)으로 중국공산당(中國共產黨)과 각당파(各黨派), 인민단체(人民團體) 및 다방면(多方面)의 대표인물(代表人物)이 국가사무(國家事務)나 지방사무(地方事務)를 처리(處理)할 때, 다양(多樣)한 토론(討論)을 통해 의견(意見)을 총괄수렴(總括收斂)하고 협상(協商)을 통해 마련된 최종결론(最終結論)을 모두에게 찬반(贊反)을 물어 대표자(代表者)의 의견(意見)을 일치(一致)시키는 사무처리방식(事務處理方式)을 일컫는다. 오직 '대표자(代表者) 모두가 헌법(憲法)과 사회주의건설(社會主義建設)을 위한 기본노선(基本路線)을 공동(共同)으로 준수(遵守)해야 한다'는 전제조건(前提條件)이 붙어 있다.

중국인민정치협상회의(中國人民政治協商會議)는 중국공산당(中國共產黨)이 이끄는 다당합작(多黨合作)과 정치협상제도(政治協商制度)의 중요(重要)한 조직(組織)이다. 인민정협(人民政協)은 전국위원회(全國委員會)와 지방위원회(地方委員會)를 두는데, 전국정협(全國政協)의 위원(委員)은 1949년 9월의 제1차전체회의(第1次全體會議)에서 180명에 불과(不過)하였지만, 1993년 3월에 열린 제8차전체회의(第8次全體會議)에서는 2,093명으로 늘어났고 그 가운데에서 당파구성원(黨派構成員)과 각방면(各方面)의 당외인사(黨外人士)가 대략(大略) 60%를 차지하였다.

인민정협(人民政協)의 주요기능(主要機能)은 '정치협상(政治協商)'과 '감독(監督)'이다. '정치협상(政治協商)'은 위에서 설명(說明)한 것처럼 여러 방면(方面)의 의견(意見)을 중앙(中央)에 전달(傳達)하고 의견(意見)을 수렴(收斂)하는 기능(機能)을 담당(擔當)하며, '감독(監督)'이란 국가헌법(國家憲法)과 법률(法律)의 집행(執行), 각종정책집행(各種政策執行) 및 담당인원(擔當人員)의 직무이행상황(職務履行狀況)을 감시(監視)·감독(監督)하는 것을 가리킨다.

인민정협(人民政協)의 이러한 기능(機能) 때문에 정협(政協)의 구성(構成)은 대부분(大部分) 각방면(各方面)의 우수(優秀)한 인재(人才)나 전문가(專門家)로 이루어져 있다. 이들은 비교적(比較的) 풍부(豊富)한 최신 과학문화 지식(最新科學文化知識)과 정치경력(政治經歷), 광범위(廣範圍)한 사회관계(社會關係)를 가지고 있어 중국(中國)의 정협(政協)은 '씽크뱅크(Think Bank) 또는 인재창고(人才倉庫)' 역할(役割)을 담당(擔當)한다.

2. 국가행정관리시스템

1) 행정기구의 구성

중국에서는 중화인민공화국 국무원, 즉 중앙인민정부가 최고 국가권력의 집행기관이며 최고 국가행정기관이다. 국무원의 주요기능은 전국인민대표대회와 그 상무위원회(常務委員會)에서 제정된 헌법과 법률을 집행하며, 반드시 전국인민대표대회와 그 상무위원회(常務委員會)에 공무집행 과정을 보고해야 하고 이들의 감독을 받는다.

국무원(國務院)은 모든 국가행정기관 체계에서 가장 정점에 위치하며 전국·지방 각급 국가행정기관의 공무를 통일되게 관리한다. 국무원 구성인원은 총리, 약간 명의 부총리, 각부 부장, 각 위원회 주임, 회계검사장, 비서장으로 이루어진다.

국무원(國務院) 구성원의 임기는 5년이며 총리, 부총리, 국무위원의 연임은 2회를 넘지 못한다. 중국은 총리책임제를 실시하고 있는데, 정부 수뇌인 총리는 국무원(國務院)의 사무처리에 대해 전적인 관리권과 최후 결의권 및 인사제청권을 가지는 동시에 국무원의 공무처리에 대한 책임도 혼자 떠맡는다.

1998년 3월 5일에 개최되었던 제9기 전국인민대표대회 1차 회의에서 방대하고 비효율적이었던 국무원(國務院)에 대한 구조조정 결의안이 주용기(朱鎔基) 총리에 의해 통과되면서 기존의 41개 부서가 20개 정도로 축소되었다.

이 때문에 여러 부서의 고위 간부들이 해임되거나 정치협상위원회에 편입되는 진통을 겪었다. 국무원(國務院)의 감축 조치는 효율성을 생명으로 하는 시장경제체제로의 전환을 위한 포석으로, 개혁의 칼을 쥐고 있는 주용기(朱鎔基) 총리에 의해 독자적으로 단행되어 향후 귀추가 주목된다.

주용기(朱鎔基) 총리는 모택동(毛澤東) 시절의 주은래(周恩來) 전 총리에 버금가는 인민들의 사랑을 받고 있다. 그 이유는 총리로 취임한 주(朱) 총리가 중국 내 실세 중의 실세라고 알려진 '태자당(太子黨: 고위직 간부들의 2세 집단을 빗댄 말)'의 비리를 파헤치고 파면시키는 등 과감한 개혁을 진행하고 있기 때문이다.

이처럼 중국은 경제발전에 부정적 영향을 미치는 요소에 대해서는 이유를 불문하고 과감한 개혁을 단행하였다. 이 정책이 주효하여 중국경제의 발전 가능성을 높이고 있으며, 투명한 시장을 찾고 있는 글로벌 투자자들의 발길을 유혹하기에 충분하다.

2) 민족구역(民族區域) 자치(自治)

1990년에 있었던 제4차전국인구조사통계(第4次全國人口調査統計)에 의하면, 소수민족(少數民族)의 인구(人口)는 모두 9,120만 명으로 중국 총인구(中國總人口)의 8.04%를 차지한다. 이들은 대부분(大部分) 변경지역(邊境地域)에 살고 있으며 거주면적(居住面積)은 전국 총면적(全國總面積)의 62%에 이른다.

이러한 연고(緣故)로 중국(中國)은 민족문제(民族問題)를 중시

(重視)하지 않을 수 없다. 민족문제(民族問題)는 중국(中國)의 통일유지(統一維持)와 국경지대(國境地帶)의 안전(安全)과 관계(關係)가 있다. 게다가 현재(現在) 추진(推進) 중인 사회주의현대화건설(社會主義現代化建設)의 승패(勝敗)와도 관련(聯關)되어 있기 때문이다.

중국(中國)은 민족문제(民族問題)를 소리 없이 잘 해결(解決)하기 위해 '민족(民族) 간의 평등유지(平等維持)'를 가장 중요시(重要視)하고 있다. 비록 이들 간의 생활습관(生活習慣)이나 언어(言語) 등이 다르다고는 하지만, 민족(民族) 간(間)의 우열(優劣)과 귀천(貴賤)이 존재(存在)해서는 안 된다는 것이 중국(中國)의 일관(一貫)된 소수민족평등정책(少數民族平等政策)이다.

실제(實際)로 중국(中國)에서는 소수민족 학생(少數民族學生)들에게 정부보조금(政府補助金)이나 장학금(奬學金), 입학우대(入學優待) 등을 실시(實施)하여 소수민족(少數民族)들의 수적(數的)·심리적(心理的)인 열등감(劣等感)을 많이 배려(配慮)하는 정책(政策)을 펼친다.

아울러 '민족단결(民族團結)과 합작(合作)'이라는 정책(政策)도 중국(中國)이 실시(實施)하는 대소수민족정책(對少數民族政策)이다. 이는 각민족(各民族)들에게 있을 수 있는 지역적(地域的)·경제적(經濟的) 우열감(優劣感)을 해소(解消)하기 위(爲)하여 내세운 민족정책(民族政策)으로 각민족(各民族) 간의 단결(團結)과 합작(合作)을 통한 공동번영(共同繁榮)을 이루고자 하는 중국정부(中國政府)의 의지(意志)가 담겨있다.

이 밖에도 중국(中國)은 민족대통합(民族大統合)을 위해 1951년 〈소수민족(少數民族)을 멸시(蔑視)하거나 모욕(侮辱)하는 명칭(名稱), 지명(地名), 간판(看板), 비석(碑石) 등에 대한 처리강령(處理綱領)〉, 1952년 〈중화인민공화국민족구역자치실현강요(中華人民共和國民族區域自治實現綱要)〉, 1984년 〈중화인민공화국민족구역자치법(中華人民共和國民族區域自治法)〉을 통과(通過)시키는 등 소수민족(少數民族)의 평등(平等)한 권리(權利)와 민족언어(民族言語), 문화(文化), 풍속습관(風俗習慣) 등을 계승(繼承)시킬 자유(自由)와 평등(平等)한 정치참여기회(政治參與機會)를 보장(保障)한다.

현재(現在) 중국(中國)이 의욕적(意慾的)으로 실시(施行)하고 있는 '민족구역자치(民族區域自治)'는 민족문제(民族問題)를 해결(解決)하기 위한 기본정책(基本政策)인 동시(同時)에 중요(重要)한 정치제도(政治制度)의 하나이다. 이 정책(政策)의 요체(要諦)는 중국정부(中國政府)의 통일(統一)된 관리(管理)하에 각 소수민족(少數民族)이 거주(居住)하는 지방(地方)에 구역자치(區域自治)를 실시(施行)하고, 자치기관(自治機關)을 설립(設立)하여 자치권(自治權)을 행사(行使)한다는 것을 의미(意味)한다.

이에 따라 건국전(建國前)이었던 1947년 5월 1일 '내몽고자치구수립(內蒙古自治區樹立)'을 시작(始作)으로 1995년 초까지는 모두 5개(個) 성(省)의 1급(級) 자치구(自治區), 30개(個) 자치주(自治州), 122개(個)의 자치현(旗)이 생겨났다. 현재(現在) 민주자치(民族自治)를 실시(實施)하는 지역(地域)과 그 행정구역(行政區域)의 총면적(總面積)은 약 617만㎢로 중국 총면적(中國總面積)의 60% 이상

(以上)을 차지하고 있다. 인구(人口)는 1억 2천만 명, 그 가운데 소수민족(少數民族)은 약 5,000만 명 정도(程度)이다.

민족구역자치(民族區域自治)의 성공여부(成功與否)를 판가름하는 관건(關鍵)은 실질적(實質的)으로 공무(公務)를 수행(遂行)하는 간부(幹部)라고 할 수 있다. 중국(中國)은 민족구역자치행정(民族區域自治行政)의 원활(圓滑)함을 위해 다양(多樣)한 방법(方法)을 강구(講究)하는 동시(同時)에 교육(敎育)을 발전(發展)시켜 국가(國家) 또는 행정부서(行政部署)가 필요(必要)로 하는 인재(人才)를 양성(養成)한다. 더불어 소수민족(少數民族) 각급간부(各級幹部)와 각종전문인력(各種專門人力), 기술자(技術者)들을 선발(選拔)하여 자주적(自主的)인 행정권행사(行政權行使)에 결여(缺如)되어서는 안 될 주인의식(主人意識)을 심어주고 있다.

3) 일국양제(一國兩制)

일국양제(一國兩制)가 '하나의 국가에서 두 가지 제도를 실시한다'는 뜻이라는 것은 다들 아는 사실이다. 이 획기적인 제도는 중국이 영국과 홍콩 반환 문제에 대해 열띤 신경전을 벌이는 과정에서 등소평(鄧小平)에 의해 제기된 것으로 중국이 주장하는 대만(臺灣) 통일의 핵심방법으로 알려져 있다.

일국양제(一國兩制)는 ① 사회주의 국가인 중국에서 홍콩(香港), 마카오(澳門), 대만(臺灣)을 특수지역으로 정하고 최소 50년 동안 현존하는 자본주의 체제를 그대로 유지한다는 것, ② 일국양제(一國兩制)의 전제는 사회주의제도를 실현함에 있다는 두 가지 함의를 지닌다.

실제 1997년 반환된 홍콩(香港)은 현재 중국 정부에 의해 특별행정구역(特別行政區域)으로 지정되어 기존의 모든 권익을 그대로 누리고 있으며, 홍콩(香港) 시민들에 의해 홍콩(香港)이 다스려지는 고도의 자치권을 행사하고 있는 중이다. 행정관리권, 입법권, 사법권과 종심권(終審權) 등의 권리를 자체적으로 보유하고 있을 뿐만 아니라 재정관리도 독자적으로 행사한다.

특별행정구(特別行政區)에 대해 부여되는 고도의 자치권은 중국의 숙원사업인 홍콩(香港)과 마카오(澳門) 반환, 그리고 대만(臺灣)과의 통일과정에서 발생할 수 있는 현지(現地)의 반발과 동요를 최소한으로 줄이기 위해 실시되는 제도일 뿐이다. 향후 50년간의 자치가 끝나면 사회주의를 견지하는 현 체제의 중국에 환원되는 것으로 영구적인 자본주의화를 의미하는 것은 아니다.

4) 군사력

우리의 남북분단에 직·간접적인 원인을 제공하였던 중국의 군사력은 중국인민해방군(中國人民解放軍), 중국인민무장경찰대(中國人民武裝警察隊), 중국민병(中國民兵)으로 구성되어 있다.

(1) 중국인민해방군(中國人民解放軍)

'중국인민해방군(中國人民解放軍)'은 육·해·공군으로 편성된 중국 군사력의 핵심이다. 중국에 공산당이 창립되면서 공산당 산하의 인민군대로 1927년 8월 1일 창군된 이래 1946년 10월 '인민해방군

(人民解放軍)'이라는 명칭으로 개칭되기까지 중국공농혁명군(中國工農革命軍), 중국공농홍군(中國工農紅軍), 팔로군(八路軍), 신사군(新四軍) 등으로 불려 왔다.

인민해방군(人民解放軍)은 두 번에 걸친 국내혁명전쟁(國內革命戰爭)과 항일전쟁(抗日戰爭), 공산화해방전쟁(共産化解放戰爭)이라고 불리는 한국전쟁(韓國戰爭)을 수행(遂行)하면서 국내외적군(國內外敵軍)을 상대(相對)로 패배(敗北)도 있었지만 승리(勝利)를 거둔 적도 많다.

중국 군사력은 규모 면에서 세계 최고를 자랑하지만 총체적인 화력과 기동력을 고려하면 여전히 낙후된 편이다. 중국은 1987년 군대체제에 대한 개혁을 단행하면서 군대 기구를 간소화하고 군대조직을 재편성하였다. 현재 300여 만 명의 병력을 보유하고 있으며, 현대 정규전에 알맞은 군대 체제를 유지하기 위해 다양한 조치를 시행 중이다.

중국은 장비의 현대화에 최우선 목표를 두고 1993년에 채택된 '해·공군 현대화 우선정책'을 실시하면서 군사력 발전을 도모한다.

국방비 지출 면에서 근 10여 년 동안 연 12% 이상의 증가율을 보이며, 국방비가 재정지출에서 차지하는 비율이 10% 정도로 알려졌다. 그러나 실제 군사력 증강에 지출하는 액수는 공식 발표액인 84억 달러의 4~5배 수준일 것이라는 게 군사 전문가들의 예측이다.

중국은 1964년 핵실험에 성공한 이래 1971년에는 수소폭탄실험까지 완성함에 따라 명실상부한 핵강대국의 자리를 굳혔다. 또한 현재 중국은 대륙간탄도미사일(ICBM)과 중거리탄도미사일

(IRBM)을 포함한 약 100기(탄두 450발)의 핵미사일과 중거리폭격기(Tu-16) 120대를 보유하고 있다. 특히 핵전력의 현대화를 위해 1995년 6월과 10월, 두 차례의 지하 핵실험을 실시하였다.

중국 해군은 북해, 동해, 남해의 3개 함대로 구성되어 있다. 이들 함대가 보유하고 있는 함정은 모두 1,100척(총배수톤 1백만 톤)이나 된다. 이 중에는 94척의 잠수함이 포함되어 있고 해군작전기도 945기에 이른다. 중국이 보유하고 있는 함정은 대부분 오래된 구형인 동시에 소형에 속한다.

하지만 군사력 현대화의 노력에 발맞춰 헬리콥터 탑재가 가능한 신형 구축함과 호위함을 비롯한 최신형 미사일 탑재함을 점진적으로 영해에 배치 중이다. 또한 원래 2001년부터 시작되는 10차 5개년 계획으로 추진하려던 항공모함 건조계획을 러시아의 기술을 이전받아 2000년까지 마무리하기로 계획을 바꿨다.

중국 공군은 최근 들어 F-8-II기 등의 신형 전투기가 배치되고 있으며, 러시아로부터 Su-27 전투기를 도입한 데 이어 신형 지대지 미사일 도입을 추진하는 등 발 빠른 현대화가 이루어지고 있다.

육 군		해 군		공 군	
병 력	230만	항공모함	0	폭격기	470기
전 차	10,000대	잠 수 함	94척	전투기	4,500기
장갑차	2,800대	주 력 함	56척	지원기	640기
화 포	14,500문	전 투 함	824척		
		보 조 함	339척		
		항 공 기	945척		

(2) 중국인민무장경찰대(中國人民武裝警察隊)

중국인민무장경찰대(中國人民武裝警察隊)은 국내의 안전과 수비를 주요 임무로 하며 사회치안유지, 주요시설수비, 인민들의 생명과 재산을 보호하는 것으로 1983년 성립되어 '내위부대(內衛部隊)', '변방부대(邊方部隊)', '소방부대(消防部隊)'로 나누어져 있다.

내위부대(內衛部隊)의 임무는 ① 정부기관과 외국대사관·영사관, 비행장, 방송국, 국고(國庫) 등의 경비업무 수행 ② 주요 교량과 터널 경비 ③ 범죄자 간수(看守) ④ 주요 과학연구시설 보호 ⑤ 도주범 추격체포 ⑥ 중·대도시 또는 특정지구에 대한 치안순찰 ⑦ 긴급사태 대처 등을 주 임무로 한다.

변방부대(邊方部隊)는 ① 국경지역의 치안관리 ② 대외 개방된 항구, 비행장, 국경역, 동굴, 도로 및 특별 허용된 수출입 항구의 출입국 인원과 교통수단에 대한 검역실시 ③ 국제·국내 항공기 승객과 휴대물에 대한 안전검사 ④ 영해 내에서의 해상순찰 등을 주 임무로 한다.

소방부대(消防部隊)는 ① 일반인을 상대로 한 화재교육 ② 화재진화 ③ 기업체의 방화조치 협조 ④ 국가경제 건설과 인민들의 생명, 재산보호 등을 주임무로 한다.

(3) 중국민병(中國民兵)

중국민병(中國民兵)은 생산활동에 종사하면서 인민해방군(人民解放軍)을 돕는 병력으로 우리나라의 향토예비군(鄕土豫備軍)에 해당한다. 현재 중국 전역에 등기된 민병(民兵)의 숫자는 약 1억명 정도이다.

민병(民兵)은 일반적으로 '기간민병(基幹民兵)'과 '보통민병(普通民兵)'으로 나눈다.

'기간민병(基幹民兵)'이란 28세 이하의 퇴역사병과 현역에 복무하지 않았던 사람들이 기본적인 군사훈련을 수료한 후 편입되는 제1예비역이다.

'보통민병(普通民兵)"은 28~36세에 속하면서 민병(民兵)의 부합조건을 갖추었지만 기간민병(基幹民兵)에 편입되지 않은 남성들로 이루어진 제2예비역이다.

민병(民兵)의 기본임무는 ① 중국사회주의 현대화 건설에 적극참여 ② 솔선수범하는 자세로 생산과 기타 임무 완성 ③ 국경수비, 사회치안 유지 등이다.

경제발전으로 인한 중국의 지위 향상과 군사력의 현대화는 주변국과 강대국들의 우려를 낳고 있다. 비록 중국이 패권주의의 길을 걷지 않겠다고 번번이 천명하고 있으나, 중국 남해에서 벌어지는 동남아 국가들과의 무력충돌 등은 여전히 이러한 걱정을 낳게 한다.

세계의 많은 군사 전문가들은 현재와 같은 추세로 중국의 군사력 현대화가 추진된다면 머지않아 미국과 군사 대결을 할 수 있는 유일한 나라로 급부상할 것이라는 게 통설이다.

3. 법률제도 시스템

중국은 사회주의 국가로서 사회주의 법제를 실시하고 있다는 것은 누구나 잘 아는 사실이다. '사회주의법제'란 국가의 주인인 노동자계급과 인민이 국가정권을 통해 자주적으로 제정한 법률제도와 법률을 집행하는 원칙을 말한다. 즉 국가기관, 공무원, 각 정당, 각 사회단체와 공민들이 법에 따라 사무를 처리할 수 있도록 하는 법적이 체제를 말한다.

중국 법제는 유법가의(有法可依, 모든 법률행위는 법에 의거한다), 유법필의(有法必依, 모든 법률행위는 반드시 법에 의거해 처리되어야 한다), 집법필엄(執法必嚴, 법률집행은 엄격하게 처리한다), 위법필구(違法必究, 법률을 위반하면 반드시 법률에 의거해 처벌한다)라는 네 가지 기본원칙이 있다.

사회생활과 경제발전에 밀접한 관계가 있는 사회주의법제를 강화시키기 위해 중국은 1949년 9월에서 1963년 말 사이에 〈공동강령〉과 〈제1부 헌법〉을 포함하여 각종 법률, 법령, 법규 1,488건을 연속해 제정·반포하였다. 개혁개방이 실시된 1979년 이후 중국의 입법사무는 건국 이후 30년간 쌓아왔던 업무실적의 10여 배 분량을 처리하는 등 큰 진전을 보였다.

1996년에는 다시 15개의 법률과 법률관련 문제가 상위회(常委會)에 의해 통과됨과 동시에 700여 개의 행정법규가 국무원에 의해 제정되었을 뿐만 아니라 같은 해에 3,000여 개의 지방규칙마저 지방입법기관에 의해 새롭게 단장을 마쳤다.

현재 시행 중인 중국 헌법은 1982년에 제정되었던 헌법을 기초로 1988년, 1993년 두 차례 수정을 거친 후 제정한 것으로 과거의 불완전한 법률체계를 대대적으로 일신시켜 경제, 형사, 민사, 소송, 국가기구 등의 관련법규가 정비되었다.

하지만 중국의 법제는 경험 부족, 입법조건 미성숙 등의 원인으로 여전히 보완해야 할 법규들이 많이 산재되어 있으며, 이들의 보완을 위해 중국 정부는 불철주야 심혈을 기울이고 있다.

1) 중국 법률제도의 형성과 변천

(1) 구중국(舊中國)의 법률(法律)

중국 최초의 성문화된 법전이 탄생하게 된 시기는 춘추전국시대(春秋戰國時代) 위국(魏國)이 〈법경(法經: 위나라의 이회(李悝)가 지은 법률책)〉이라는 법전을 제정하면서부터이다. 이후 진시황(秦始皇)이 중국을 통일하고 한(漢), 위(魏), 진(晉), 남북조(南北朝), 수(隋) 등의 여러 왕조를 거치면서 중국의 봉건제 법률은 지속적인 발전을 보였다.

637년에 당(唐)태종이 〈정관률(貞觀律)〉을, 651년에 당(唐)고종이 〈영휘률(永徽律)〉을 제정하였는데, 이들을 〈당률(唐律)〉이라 부른다. 이들 법전(法典)들은 중국 봉건제도 법률을 대표할 뿐만 아니라 당대(唐代) 이후 중국 왕조는 물론 한반도, 일본, 월남 등 여러 나라의 법제에도 많은 영향을 끼쳤다.

그리고 청건융(淸乾隆) 5년에는 중국 봉건사회 최후의 법률로 알려진 〈대청률례(大淸律例)〉가 제정되었다. 이렇게 중국에서는 2천여 년의 세월을 지나면서 서양의 법률과는 또 다른 〈중화법계(中華法系)〉가 형성되었다.

청(淸) 말기에 들어 부득이 변법(變法)을 실시하게 되고, 서양과 일본을 비롯한 여러 국가들의 법률을 참조하면서 〈대청률례(大淸律例)〉에 수정을 가해 〈대청신형률초안(大淸新刑律草案)〉과 〈대청민률초안(大淸民律草案)〉, 〈대청상률초안(大淸商律草案)〉 등의 신법률을 만들었다. 이러한 신법률 초안의 탄생은 전통적인 법제체계를 와해시켰으며 중국 봉건법률에 현대적인 색채를 가미시켰다.

이후 '신해혁명(辛亥革命: 1911년 청나라를 멸망시키고 중화민국을 성립시킨 중국의 혁명)'이 1912년에 일어나고 손중산(孫中山)을 총수(總帥)로 하는 남경임시정부(南京臨時政府)가 수립되면서 중국 최초의 자산계급 헌법인 〈중화민국임시약법(中華民國臨時約法)〉이 제정되었다. 이어 국민당 정부에 의해 〈육법(六法)〉이라 불리는 헌법, 민법, 형법, 민사소송법, 형사소송법과 행정법이 만들어졌고 대만(臺灣)에서는 현재도 이 법률을 시행하고 있다.

(2) 신중국(新中國) 사회주의(社會主義) 법률(法律)

신중국(新中國)이 수립되어 사회주의제도(社會主義制度)를 정비하던 1949~1957년은 구시대(舊時代)의 사법제도를 폐지하고 새로운 사회주의 법제를 구축하던 과도기로 1954년 9월 20일 신중국(新中國) 〈제1부 정식헌법〉이 '제1기 전국인민대표자대회 제1차 회의'에서 통과되었다.

이후 무법지대를 방불케 하던 문화대혁명(文化大革命)이 끝나고 1978년 중국 공산당 11기 3중전회(中全會)가 열렸다. 이로부터 경제개혁을 중심으로 한 현대화 건설이 당면과제로 떠올라 건전한 사회주의를 유지시킬 법제가 절실히 요구되었다. 이에 1978년을 시점으로 1997년까지 1,600여 항의 법률을 제정하였다. 이때 만들어진 법률은 중국 특색의 사회주의 건설을 뒷받침하는 중추적인 역할을 수행하고 있으며, 나날이 성숙된 법체계(法體系)의 모습을 보인다.

2) 중국 법률의 연원(淵源)

모든 국가와 마찬가지로 각종 성문법은 중국 법률의 중요한 근원이 되고 있으며, 법률을 제정하는 중국의 입법체제는 중앙과 지방이 결합된 형태를 취한다. 중국의 헌법과 관련 법률의 입법권은 전인대(全人大)와 전인대(全人大) 산하의 상무위원회(常務委員會)가 공동으로 행사하고, 이들은 헌법과 법률의 제정·개정권까지 틀어쥐고 있다.

그리고 지방성이 강한 각종 법규들은 각 성(省), 자치구(自治區), 직할시(直轄市) 등의 지방인민대표대회와 그 산하 상무위원회에서 독자적으로 제정하고 있을 뿐만 아니라, 국가의 행정을 책임지고 있는 국무원 역시 행정법규 등의 법률을 제정할 권한을 가졌다.

중국에는 크게 헌법과 법률, 행정법규, 지방 성(省) 법규와 경제특구법규, 특별행정구의 법률 등으로 구성된다.

법률은 기본법과 기본법 이외의 법률로 나누는데 중국이 제정·실행하고 있는 기본법은 선거법, 인민대표대회 조직법, 국무원 조직법, 인민법원 조직법, 인민검찰원 조직법, 형법, 형사소송법, 민법통칙, 민사소송법(시험 시행 중), 행정소송법 등을 가리킨다.

그리고 특이할 만한 사실은 전인대(全人大)에서 권한을 부여받은 국무원이 경제체제 개혁을 비롯한 대외 개방에 대한 문제를 해결하기 위해 자체적으로 '수권입법(授權立法)'이라 불리는 규정 또는 조례를 제정하여 반포할 수가 있다.

또 하나 특이한 점은 1979년 이후 경제특구로 지정된 광동(廣東), 심천(深圳), 주해(珠海), 산두(汕頭)와 복건성(福建省)의 하문(廈門)에 대해 각 경제특구의 구체적인 상황과 특수 수요에 대처할 수 있도록 자율적인 경제법규 제정권을 광동성(廣東省)과 복건성(福建省), 해남성(海南省) 등에 부여하여 특별한 권리를 인정하였다.

그리고 1997년 7월 1일을 기해 특별행정구(特別行政區)로 지정된 홍콩(香港)에 대해서는 〈중화인민공화국 홍콩특별구 기본법〉을 제정하고 미래 50년간 기존에 있던 홍콩(香港)의 보통법, 형평법, 조례, 부속입법, 관습법 등은 그대로 유지된다.

3) 중국의 민법, 경제법, 상법

(1) 민법과 민법통칙

중국의 민법은 상품경제 관계를 조정하는 중요한 역할을 하고 있다. 그러나 오랜 기간 상품경제에 대해 경시와 배척을 해왔던 연유로 민법이 그다지 발달하지는 못하였다. 이 때문에 과거 중국은 민사사무를 처리하는 데 각종 정책과 단편적인 단행 법규에 의존하는 불완전함을 보였다.

민법의 기초(起草)작업이 이루어진 것은 11기 3중전회(三中全會) 이후 전인대 상무위원회 산하에 법제사무위원회의 소그룹이 조직되면서부터였다. 1986년 앞다퉈 〈혼인법〉, 〈경제계약법〉, 〈섭외경제계약법〉, 〈특허법〉, 〈상표법〉, 〈상속법〉 등의 민사법률이 반포되고 1986년 4월 12일에 열린 제6기 전인대(全人大) 제4차 회의에서 〈중화인민공화국 민법통칙〉이 통과되었다.

중국의 〈민법통칙〉은 모두 9장, 156조로 구성되어 있으며, "민법은 평등주체인 공민, 법인, 공민과 법인 간의 재산관계와 인신(人身)을 조정하는 법률이다"라고 규정하고 있다.

(2) 중국의 경제법

중국은 급변하는 경제법률 수요에 따라 11차 3중전회(三中全會)를 거치면서 경제 관련 법률들을 대량으로 제정하였다. 그 후에도 계속해서 많은 경제법률과 법규 등이 쏟아져 나왔다. 이들 중에는 중외합작경영기업법, 삼림법, 환경보호법, 외환관리조례, 물가관리

잠행규정, 전인민소유제공업기업법, 광동경제특구조례, 통계법, 기업법인등기관리조례, 세법 등이 있다.

경제 관련 법률은 주로 정부의 경제관리, 국가와 기업 간 또는 기업 내부의 상하관계와 행정관리관계를 조정하는 역할을 담당한다. 중국의 경제법은 서방의 경제법에 비해 내용과 범위가 넓은 편으로 서방국가의 상법과 행정법의 일부 내용을 포함한다.

(3) 상법

1929년 국민당 정부에 의해 스위스 등의 민법과 상법 통일법제를 참고하여 상법의 기본내용을 민법전(民法典)에 편입시켰다. 그 후 지속적으로 공사법(公司法), 어음법, 해상법, 보험법, 파산법, 은행법, 증권교역법 등의 상사(商事) 단행법규를 민법의 특별법으로 제정하였다.

신중국(新中國)이 성립된 후에는 전통적 의미의 상법이 오랫동안 무시되어 상법이 상품매매와 교환, 서비스 영역 등의 법규인 상업법으로 축소 해석된 적도 있었다. 그러나 근래 들어 상품경제 발전에 부합하기 위해 많은 상사입법(商事立法) 의사일정에 올라 있으며 그중 해상법, 회사법, 보험법이 최근에 입법법규로 포함되었다.

4) 중국의 사법제도

(1) 인민법원의 조직

중국의 인민법원은 최고 인민법원, 지방 각급 인민법원 및 전문인민법원으로 나눈다.

최고인민법원은 국가의 최고 심판기관으로 지방 각급 인민법원과 전문인민법원의 심판업무를 감독하고 중요한 형사사건과 전국적으로 중대한 영향을 미치는 민사사건, 경제분쟁 심판, 법률문제에 대한 사법해석 등의 역할을 수행한다.

한 명의 원장과 부원장, 정장(庭長), 부정장(副庭長), 심판원 약간 명으로 구성되며 하부에 형사심판제1정(刑事審判第1庭), 형사심판제2정(刑事審判第2庭), 민사심판정(民事審判庭), 경제심판정(經濟審判庭), 행정심판정(行政審判庭), 고소신소심판정(告訴申訴審判庭)을 두고 있다.

지방 각급 인민법원은 기층인민법원, 중급인민법원과 고급인민법원으로 구분한다. 기층인민법원(基層人民法院)은 현급(縣級) 행정구획에 설치되어, 주로 형사·민사의 1심 심판과 개정(開庭)심판이 불필요한 민사분쟁이나 경미한 형사사건, 그리고 인민조정위원회의 업무지도를 책임진다.

중급인민법원은 지구급(地區級) 행정구획에 설치되며 해외 관련 또는 그 지역에 중대한 영향을 미치는 1심 사건, 기층인민법원에서 넘어온 1심 사건, 기층법원이 행한 판결과 재정(裁定)에 대한 상소사건(上訴事件)과 항소사건(抗訴事件)을 심판하고 기층법원 판결의 적법성과 정당성 여부를 판결한다.

고급인민법원은 성(省), 자치구(自治區), 직할시(直轄市) 고급인민법원을 포함하는 것으로 성(省) 전체에 영향을 주는 중대한 1심 민사사건, 중급인민법원의 판결과 재정(裁定)에 대한 상소와 항소사건을 맡는다.

(2) 민사 경제사건의 재판제도

〈민사소송법(試行)〉 규정에 따라 인민법원은 민사사건 심리에 합의제(合議制)를 실시하고 있어 심판원 또는 배심원이 공동으로 재판정을 구성하고 평결은 다수결의 원칙에 따른다. 이외에도 심판위원회(審判委員會)를 두어 중대하고 판결하기 힘든 민사사건의 경우, 법원원장이 심판위원회에 결정권을 위임하기도 한다.

인민법원의 민사사건 심리는 조정에 중점을 두고 있다. 반드시 사실 및 시비(是非)를 확실히 파악한 후 조정을 진행시키며 쌍방 당사자 간에 협의가 이루어진 다음에는 법원에 의해 조해서(調解書)가 작성된다. 이 조해서(調解書)는 쌍방 당사자에게 전달되는 즉시 법률효력이 발생한다.

이처럼 분쟁 발생 시 조정에 중점을 두고 있다는 것이 중국 민사재판의 특징이다. 1989년에 발생한 민사·경제분쟁사건 중 법원의 조정을 통하여 해결된 사건이 전체의 70% 이상이 넘어 다른 나라의 사법 활동에서는 쉽게 찾아보기 어려운 사법제도이다.

4. 정치체제 개혁

사회주의 현대화 사업의 발전에 따라 중국 정부는 경제체제 개혁과 경제발전을 위해 적극적인 정치체제 개혁을 단행하고 있다.

중국 정부가 추진하는 정치체제 개혁의 목표는 인민대표대회제도와 공산당 지도하의 다당합작, 정치협상제도를 개정함으로써 사회주의 민주정치의 확대뿐만 아니라 사회주의 법제를 정비해 안정된 사회발전과 경제건설, 개혁개방정책의 순조로운 추진을 보장하려는 것이다.

정치개혁의 일환으로 중국은 인민대표대회제도의 개혁을 위한 3개 항을 발표하였다. 이 내용은 인민대표대회를 강화하기 위해 입법기능을 비롯한 권한을 늘리고 선거제도를 정비함에 그 목적이 있다. 이런 개혁의 결과로 최근 들어 인민대표대회에 제출된 의안(議案)들의 수와 질 등 모든 방면에서 점진적인 향상을 보여 1996년 8회 4차 회의에서 603건의 의안이 제출되었다.

다음으로 단행된 개혁은 각급 인민대표대회와 그 상무위원회(常務委員會)의 직권에 대한 것이다. 이들은 헌법 및 법률 집행을 감독하고 일반행정, 심판, 검찰기관업무 등을 지도하는 직권을 가지고 있지만, 감독권 행사가 개별적인 안건의 수정에 치우치면서 개혁의 필요성이 대두하였다. 최근 인민대표대회와 그 상무위원회(常務委員會)의 감독권 행사는 국무원, 최고인민법원, 최고인민검찰원을 비롯한 각급 인민대표대회의 법률 집행에 대해 집중적이고 광범위하게 이루어졌다.

정치개혁에 대한 중국의 또 다른 의지는 법제 정비에서 찾아볼 수 있다. 법제가 세워지지 않은 상태에서는 사회적인 부정과 정치권 내부의 부패가 만연하기 쉽다는 판단 아래 입법업무를 강화하여 개혁개방을 추진하는 중국의 사회와 정치 권력의 안정을 도모하고 사회주의 시장경제체제를 확립하고자 하는 신념의 산물이다.

그리고 법제가 세워진 후에도 법률집행 감독을 강화하고, 법률집행 인원들의 업무능력을 향상시키는 동시에, 업무인원과 일반인의 의식 및 법제 관념을 높이는 데 방점이 찍혀 있다.

중국이 현재 실시하고 있는 정치개혁은 한마디로 개혁개방정책의 안정된 추진을 보장하기 위한 보조 수단에 불과하다. 법제를 개편하여 중국이 사회주의 시장경제체제로 발전하는 데 동기를 부여하고 있으며, 후속 조치로 개혁개방을 순조로운 궤도에 올려놓기 위해 감독 활동 강화와 정치체제의 지속적인 개혁을 시행하고 있다.

5

숨가쁘게 달려온
중국 경제의 발자취

　불과 20년 전만 해도 활기라곤 찾아보기 힘들던 중국이 어느샌가 획일화된 정치일변도의 헌옷을 벗고 우리를 비롯한 세계인들에게 두려운 존재로 떠올라 많은 이들을 놀라게 한다. 비록 경제 수준이 아직은 미약하지만, 중국 전역에서 불고 있는 뜨거운 경제 열풍은 중국인들의 노력과 집념이 더해져 21세기 세계경제의 주역자리에까지 오를 수 있다는 전망도 있다.

　이런 중국의 경제 저력이 어디서부터 나오는지 그 기반을 살펴보지 않고서는 우리가 넓디넓은 중국시장에 한 발짝도 들어설 수 없음은 자명한 사실이다. 이제부터 우리는 중국의 경제발전사를 시작으로 현재 중국의 경제발전 정책과 경제발전의 저력을 진단해 보기로 하자.

1. 경제건설의 역사과정과 성과

1) 경제건설의 역사과정

중국의 경제는 1949년을 기점으로 크게 자본주의 경제와 사회주의 경제로 나눈다.

구중국(舊中國)이라 불리는 공산정권 이전(1949년)의 중국 경제는 소수의 자본가들이 경제를 장악하고 있어 사회전반의 빈부격차가 심하였다. 그리하여 상대적으로 못 가진 사람의 유효소비가 낮아 상공업을 비롯한 생산기술력과 기초산업 등 경제 전반의 발전이 더디기 짝이 없었다.

국민경제의 기반이라 할 수 있는 생산재료공업영역은 아예 전무(全無)한 상태였다. 기계공업도 간단한 부품제작과 수리작업만이 가능하였을 뿐 정밀한 기계설비류는 대부분 수입에 의존하였다.

국가의 동맥으로 일컬어지는 통신, 교통부문 또한 극도의 낙후상태를 보였다. 농업 역시 80% 이상의 농민들이 자신의 토지를 소유하지 못하는 기형적인 현상도 나타났다. 운 좋게 자신의 농지를 가지고 있다 하더라도 노동집약적인 경작이 행하여져 사회경제에는 그다지 도움을 주지 못하였다. 아울러 상품유통분야 역시 1차 산업과 간단한 가공품만을 취급하는 초보적 단계에 머물렀다.

낙후라는 말로 대변되었던 중국의 봉건적인 경제체제가 1949년 신중국(新中國) 건립을 기점으로 새로운 전기(轉機)를 맞았다. 이러한 변화는 신중국(新中國)이 수립되면서 농경지를 비롯한 생산 수단들이 모두 국가 소유로 넘어가면서 사회에 새로운 희망을 불어넣었다.

신중국(新中國)이 성립된 지 3년째인 1952년의 주요 농업·공업·생산량은 과거 구중국(舊中國)시대에 기록하였던 최고 생산량을 크게 앞질렀으며, 국민생활안정의 지표라고 할 수 있는 농공업생산까지 안정된 수준에 다다랐다.

아울러 국가재정수지가 적자를 벗어나 균형상태로 돌아가고 국가통제에 힘입은 금융시장의 안정으로 물가도 잡히는 등 사회 전반적으로 큰 변화와 발전을 이룩하였다.

이에, 사유기업(私有企業)이 모습을 감추는 대신 국영기업(國營企業), 사영자본주의경제(私營資本主義經濟), 개체경제(個體經濟), 국가자본주의 경제(國家資本主義經濟)와 합작사(合作社) 등이 사회경제를 주도하면서 경제구조에 큰 변화를 불러왔다.

또한 국가의 계획경제 하에서 경제주체로서 굳건히 자리를 잡았다. 지속적인 성장을 보였던 국영기업은 1952년에 발표된 통계자료에 의하면, 국민경제 총생산액에서 차지하는 국유기업의 생산액의 비율이 56%로, 1949년의 34.7%와 비교해 불과 3년 사이에 괄목할 만한 성장을 나타냈다.

1953년에 들어서 중국 정부는 사회주의 공업화 추진을 위해 '일오(一五)'라고 명명되는 '제1차 5개년 계획(1953~1957년)'을 발표하였다. 이 기간 동안 중국은 '중공업의 우선 발전'에 목표를 두고 구소련(舊蘇聯)의 원조에 의지하며 항공산업, 자동차, 선반, 발전설비 제조, 중형 기계, 정밀측정기구 제조 등의 영역에 기반을 다졌다. 부수적으로 농업, 수공업, 자본주의 상공업에 대한 전면적인 사회주의 개조운동을 지속적으로 전개하여 특히 농업부문에 큰 발전을 이루었다.

1957년 사회주의 개조를 기본적으로 완성시킨 중국은 1956년에서 1965년 사이에 안산(鞍山), 무한(武漢), 빠오또우(包頭)에 철강기지를 구축하는 등 중대형(中大型) 핵심기업의 건설과 확장에 노력을 기울였다. 1960년부터는 대경(大慶), 승리(勝利), 대항(大港) 등의 대형 유전을 개발하기에 이르렀다. 이로써 1965년에 석유자급을 실현하였다.

또한 국가의 동맥인 철로건설에 박차를 가해 서북(西北), 화동(華東) 등지의 철로건설을 비롯하여 사천(四川), 운남(云南), 귀주(貴州), 호북(湖北) 등지를 잇는 철로사업을 추진시켰다.

1964년 10월에는 자주국방의 실현을 위해 자체 기술력으로 원자탄의 제조와 발사를 성공시켜 세계에서 몇 안 되는 핵보유국으로 성장하였을 뿐만 아니라 강대국들의 핵독점과 핵위협에 대항하기 시작하였다.

그러나 1966년에서 1976년 사이에 있었던 문화대혁명(文化大革命)은 중국의 사회주의 건국 이래 가장 큰 좌절을 안겨 주었던 사건이었다. 경제학자들의 계산에 의하면, 문화대혁명(文化大革命) 10년 동안 입었던 국가적 손실(국민소득 부분)이 약 500억 위엔(약 7조 원)으로 집계되었으며, 당시 국민경제가 붕괴위기 직전까지 갔었다는 분석이 나오고 있다.

문화대혁명(文化大革命)의 폐해는 1976년 10월 모택동(毛澤東)이 사망하면서 막을 내리고 중국은 다시금 새로운 발전 대로(大路)에 진입하였다. 그 실현은 1978년 12월에 열렸던 중국 공산당 '11기 3차 중앙전체대표자회의'에서 경제건설이라는 현실적 문제에 중점을 둔 '개혁개방정책(改革開放政策)'이 통과되면서 새로운 발전의 문을 열었다.

  3단계로 나뉜 경제발전을 위한 중점정책은 1단계(1978년 12월~1984년 9월)에서는 개혁의 중점을 농촌에 두고, 다양한 형식의 가정연산청부제(家庭聯産承包制)를 발전시켜 농민들의 적극적인 상품생산 의욕을 고무시켰다. 아울러 외자를 도입하기 위해 연안지방에 경제특구를 지정하고 연해(沿海)에 있는 14개 항구도시마저 문을 열었다.

  2단계(1984년 10월~1991년 12월)는 농촌 우선의 경제발전에서 도시 우선으로 옮겨졌으며, ① 기업활동의 적극 장려 ② 시장건설과 가격개혁 ③ 거시경제 관리체제개혁 등을 밀고 나갔다. 그리고 해남경제특구((海南經濟特區)를 새로이 건설함과 동시에 주강(珠江), 양쯔강(長江), 민남(閩南) 삼각지대를 추가로 개방하였다.

  1992년 이래 3단계(1992년 1월~현재까지) 경제발전정책을 시행하고 있는 중국은 ① 과거의 구체제(舊體制)를 탈피한 신체제(新體制) 건립 ② 조정 위주의 정책에서 과감한 제도건립 위주로의 정책전환 ③ 부분적인 단편 개혁에서 종합적 개혁으로 탈바꿈 ④ 과거의 중점정책 추진방법에서 폭넓은 정책추진의 결합 등 근본적이며 심도 있는 개혁정책과 대외개방을 추진하고 있다.

2) 경제건설의 성과

  중화인민공화국이 성립되었던 1949년 이후, 특히 개혁개방이 실시되었던 1979년부터 이루어진 중국의 경제성장은 '겁없는 경제와의 전쟁'을 선포한 느낌이다.

(1) 농·공업생산 증가와 전 영역에 걸친 경제수준 향상

중국은 '농자천하지대본(農者天下之大本)'을 내건 우리나라와 마찬가지로 농업이 중심인 농경국가였다. 오늘날에도 여전히 전체 인구의 70%에 달하는 인구가 농촌에서 농사나 목축으로 생활을 꾸리고 있다.

1995년 중국의 양식 총생산량은 4,650억kg으로 1949년에 비해 4배 정도 늘었다. 면화(棉花) 총생산량은 역시 450만 톤으로 10배의 증가를 나타냈다. 그리고 대부분의 기타 경제작물 역시 2배 가량의 증가를 보여 농·임·목축·부·어업(農·林·牧畜·副·漁) 등 분야에서 괄목할 만한 성장을 보였다.

경제발전에 기초가 되는 광산자원과 에너지자원의 발전도 두드러졌다. 1995년 중국의 강철 생산량은 9,400만 톤으로 세계 2위를 기록하였다. 이 수치는 구중국(舊中國) 시절의 연 최고 생산량 92.3만 톤의 100배에 가깝다. 아울러 석탄 생산량도 129,800만 톤으로 세계 1위를 차지하여 구중국(舊中國)의 최다 생산량 6,188만 톤의 20배에 해당한다. 원유 생산량은 14,900만 톤으로 1949년 생산량인 12만 톤의 1,200배를 훌쩍 넘어섰다.

그리고 같은 해 중국의 전력 발전량을 보면 10,000억 KW/시(時)로써 세계 2위의 발전량을 자랑한다. 화학비료 생산량 역시 2,450만 톤으로 세계 2위이다. 이렇듯 건국 40여 년 동안 중국 국민경제의 생산능력은 눈부신 증가세를 보여 중국의 국력뿐만 아니라 경제

수준 향상에 크게 이바지하였다.

세계은행 통계에 의하면, 1993년에 중국은 이미 국내 총생산액 5,811억 달러를 넘어 세계 7위였다. 만약 이런 수치를 1987년의 환율금액으로 계산해 보면, 중국 국내생산 총액이 1990년 2.3%에서 1994년에는 3.2%로 상승하였다. 이는 세계경제에서 중국 경제의 역할이 날로 확대되고 있음을 직접적으로 느낄 수 있다.

(2) 독립적이고 안정된 공업체계 성립

두 번째 개혁의 성과는 공업영역에 대한 발전이다. 중국은 공업기초를 개혁하기 위해 제1차 5개년 개혁기간인 1953년부터 1957년까지 156개 대형 기업을 건설하였다. 이 사업의 성공적인 추진으로 강철, 석유, 석탄, 화공, 전력, 기계 등의 대형 기업들이 탄생하여 동북지구를 종합공업기지로 탈바꿈시켰다. 아울러 무한(武漢), 난주(蘭州), 중경(重慶), 성도(成都) 등지에 많은 공업기지를 발전시키는 등 공업 생산력의 합리적인 지역분포와 완전한 공업체계 확립에 힘을 기울였다.

이러한 노력의 결과로 중국은 원자재공업, 에너지공업 등의 기초를 튼튼히 다졌을 뿐만 아니라 기계공업을 육성하여 자동차, 트랙터, 선박, 정밀선반 등을 자체 기술로 제조하는 수준까지 끌어올렸다.

중국의 공업은 최첨단산업 분야에서도 꾸준한 성장을 보였다. 중국의 경제가 발전하던 시기에 전자정보, 생물공학, 신재료개발 등의 첨단기술산업이 태동하였다. 그리고 핵원자력발전소 건설도 순조로웠다.

또한 중국의 우주항공산업은 중국 정부의 적극적인 지원정책에 힘입어 기술과 시설장비 면에서 큰 발전을 나타냈다. 특히 제8차 5개년 개혁 기간 동안 우주산업에 지속적인 투자가 이루어졌다. ① 우주비행선의 설계 ② 예측기기 ③ 실험환경 ④ 가공설비 등 분야에서 끊임없는 노력으로 우주비행선의 제작 주기를 단축시켰다.

2000년에서 2010년까지는 달에 우주선을 발사하여 달의 내부구조를 탐측하고 초보적인 기지와 설비를 구축할 예정이다. 동시에 과학연구 및 인간생존을 위한 기본설비와 에너지 생산라인 설치도 강구 중이다.

특히 2011년에서 2030년까지 인류가 생존할 수 있는 달 기지를 건설한다는 원대한 목표 아래 ① 과학연구 ② 재료가공 ③ 물자수송 ④ 광물자원 개발을 진행하고 있다. 이 같은 우주항공산업의 발전을 위해 중국은 러시아의 협조하에 2000년을 전후하여 유인우주선 개발을 실현시킨다는 각오로 준비작업에 여념이 없다.

(3) 다양한 소유제도가 병존하는 사회건설

중화인민공화국 건국 이후 시작된 중국의 공유제는 지금도 중국 경제를 떠받치는 근간이다. 국유경제(國有經濟)와 집체경제(集體經濟)를 포함한 공유제 경제주체의 총생산액이 국민총생산액의 90% 이상을 차지할 정도로 발전하였다.

그러나 70년대 말 개혁개방정책이 실시된 이후 90년대 중반에 접어들면서 공유제의 비효율성과 폐단을 개혁하기 위해 국유기업의 사기업화를 추진하는 등 변화의 조짐을 보이고는 있지만, 여전히 공유제도가 국민경제의 중추적이고 주도적인 역할을 담당한다.

일반적으로 국유기업 형태로 발전된 영역은 전력, 석유, 천연가스, 석유가공, 야금(冶金), 교통운수업과 대형플랜트설비제조업, 화공(化工) 등의 국가경제와 국민생활에 깊은 관련이 있는 산업들이 대부분이다.

중국 농촌의 발전과 국민경제를 위해 설립된 향진기업(鄉鎮企業)은 도시기업(城市企業)과는 성격이 다르다. 1984년 3월에 처음 농촌집체경제(集體經濟)에 의해 농촌산업의 구조조정과 농촌상품경제의 발전을 기본목표로 설립되었다.

기업의 구조는 합작기업(合作企業)과 개체사영기업(個體私營企業)의 형태를 띠고 있다. 도시기업(城市企業)과 구별되는 향진기업(鄉鎮企業)은 도시기업(城市企業)에 비해 상당한 자주권을 누리고 있다는 점과 기업의 생산체제가 시장변화에 따라 신축성을 가진다는 점이 특이하다.

1995년 통계에 따르면, 전국 향진기업(鄉鎮企業)의 총생산액이 50,000억 위엔에 도달하였으며, 납입한 세금도 1,280억 위엔에 이르렀다. 이 수치는 전체 국가재정 수입 중 1/5이 향진기업(鄉鎮企業)에서 나왔음을 의미한다.

또한 개혁개방 후 성장하기 시작한 3자기업[중외합자(中外合資), 합작경영(合作經營), 외국인독자(外國人獨資)]은 비교적 빠른 성장속도를 보이면서 이미 중국 국민경제에 없어서는 안 될 중요한 경제요소가 되었다.

3자기업은 외국의 자본이 중국에 투자되는 형식으로, 1994년 외국인 투자기업 가운데 공업부문의 총생산액이 5,000억 위엔을 넘어 전국공업 총생산액의 12.2%를 차지하였다. 이들 3자기업은 중국의 외국자금 흡수와 선진기술유치, 외국기업 선진관리 경험을 받아들이는 중요한 수단의 하나이다. 아울러 취업 보장과 수출 확대를 추진하는 등 중국 경제발전에 중요한 역할을 담당한다.

이외에도 중국 경제가 시장경제제도를 모방하면서 출연하게 된 것이 개체경제(個體經濟)와 사영경제(私營經濟)이다. 이들은 개혁개방 이후 중국 정부의 정책적인 관리하에서 가장 큰 발전을 이룩한 경제주체라고 할 수 있다. 대부분 미케팅 활동을 주로 하며 ① 경쟁력 있는 다양한 상품개발 ② 노동력 확보를 통한 취업 확대 ③ 국민생활 수준 향상 위한 이윤의 극대화 등을 촉진하는 개혁의 주체로 성장하고 있다.

(4) 소수민족지구(少數民族地區)의 신속한 경제발전

1949년 이전, 대부분 소수민족지구(少數民族地區)의 경제는 해안을 끼고 있는 연해지구에 비해 상대적으로 생활 여건이 상당히 열악하였다. 특히, 교통의 불편으로 말미암아 격리된 곳이 많아 가난을 숙명처럼 생각하고 살아갈 수밖에 없었다.

하지만, 신중국(新中國) 건립 이후 중국 정부는 소수민족지구(少數民族地區)를 자치구(自治區)로 재편성하면서 이들 자치구(自治

區)에 대한 효율적인 경제정책과 지원을 실시하여 이들 지역에 발전의 불씨를 당겼다.

중국의 서남단에 위치한 서장(西藏: 티베트)은 1949년 이후에도 여전히 농·목축업 경제영역이 원시적인 낙후상태에서 벗어나지 못하고 현대공업이라곤 찾아볼 수 없던 소수민족지구(少數民族地區)였다.

그러나 1959년 이 지역에 민주개혁이 실시되고 백만 명에 달하는 농노들이 신분의 굴레를 벗게 되면서 농목업 생산이 증가하였다. 동시에 전무하였던 현대공업도 하나둘씩 생겨나기 시작하여 1994년에 집계된 국영기업 수만 해도 300여 개에 이르렀다.

게다가 해발이 높은 산지에 둘러싸여 비행기 이외에는 접근조차 힘들던 교통 사정도 해방 이후 건설된 22,300km의 도로망에 힘입어 내지(內地)와의 교류도 활기를 띠었다.

중국(中國)의 서북쪽에 위치하여 실크로드로 연결(連結)되는 광활(廣闊)한 신강지구(新疆地區) 역시 1949년 신강(新疆)이 공산화(共產化)되고 1955년에 신강위구르자치구(新疆維吾爾自治區)가 성립(成立)된 이래(以來), 신강지구(新疆地區)는 전대미문(前代未聞)의 발전(發展)을 이루었다.

신강지구(新疆地區)의 농업(農業)은 거듭되는 풍년(豊年)으로 1994년의 면화생산량(綿花生產量)이 전국(全國)에서 수위(首位)를 차지하였다. 이와 함께 강철(鋼鐵), 석탄(石炭), 석유(石油), 화공(化工), 기계(機械), 방직(紡織), 제당(製糖) 등의 현대산업(現代產業)이 생기면서 초보적인(初步的)인 공업구조(工業構造)를 갖추었다. 특

(特)히 석유탐사개발분야(石油探査開發分野)에서 두각(頭角)을 나타내, 근래(近來) 원유생산증가량(原油生產增加量)이 연평균(年平均) 100만 톤 이상(以上)이다.

이외(以外)에도 신중국(新中國) 건국(建國) 이래(以來) 내몽고자치구(內蒙古自治區), 영하회족자치구(寧夏回族自治區), 광서쮸앙족자치구(廣西壯族自治區) 등을 비롯해 운남성(雲南省)과 청해성(靑海省) 등지에 있는 소수민족(少數民族) 거주지역(居住地區)의 경제(經濟)도 괄목(刮目)할 만한 성장(成長)을 달성(達成)하였다.

(5) 시장번영, 상품성, 국민생활이 개선되었다

농·공업 생산의 발전에 힘입어 중국의 도시·농촌시장도 활성화되어 과거에는 볼 수 없었던 다양한 상품들이 국민의 수요를 만족시키고 있다. 특히 개혁개방정책이 실시된 이후부터 의(衣)·식(食)·용(用) 상품의 가짓수와 그 공급량이 큰 폭으로 증가하여 중국 국민의 생활수준이 한층 높아졌다.

농무자유시장(農貿自由市場)은 '중국 의사의 월급이 자유시장에서 채소나 계란을 파는 사람보다 못하다'는 말이 나올 정도로 발달되어 있다. 이 시장은 농민들이나 상인들이 직·간접적인 경로를 통해 재배지에서 시장으로 농수산물을 운송하여 일반 주민과 거래하는 장소로 과거 배급제에 의존하였던 중국의 실정과 비교해 보면 큰 발전이 아닐 수 없다.

중국은 자유시장의 설치와 더불어 정부 통제하에 있던 채소, 고기,

달걀, 우유, 과일, 수산물 등의 생필품 가격을 점진적으로 자유화하면서 농민들에게 생산경영이라는 개념을 심어줘 시장경제 발전을 가속화시켰다.

또한 다양한 경로를 통한 외자유치와 기술도입으로 방직업, 경공업, 기계 전기공업영역에서 의류, 장난감, 가죽신발, 카펫, 식품, 가정용 전기제품 등의 생산량을 대폭 늘렸으며 품질 역시 크게 개선되었다.

일례로 1995년 한 해에 컬러TV 생산량이 19,580,000대, 가정용 세탁기 9,448,000대, 가정용 냉장고 9,296,000대를 생산하는 수준에 이르렀고, 중국 내수를 만족시키고도 남아 외국으로 수출까지 하고 있다.

① 수입의 증가 ② 소비수준의 향상 ③ 주거조건의 개선 등에서 볼 수 있듯이 중국 국민의 생활은 나날이 발전 중이다. 1996년에 집계된 읍 이상 도시 거주자의 일 인당 평균수입은 4,839위엔으로 95년에 비해 13% 증가하는 추세를 보였다. 소비구조에서도 식품소비 가운데 동물성 식품의 소비가 늘어 주민들의 생활수준이 개선되고 있음을 알 수 있다.

그리고 중국을 찾았던 사람이라면 느낄 수 있는 중국인들의 의류 소비 추세는 과거처럼 보온성, 실용성, 내구성을 중시하기보다는 참신한 스타일의 중·고급품 의류를 선호하는 쪽으로 소비성향이 바뀌었다.

이런 변화는 과거 도시, 농촌의 길거리가 모두 남회색의 군복물결로 뒤덮였던 풍경을 역사 속의 사진이나 영화 속에서나 볼 수 있는 추억으로 만들었다. 현대의 중국인들 특히, 대도시 거주민은 각자의 개성을 중시하여 남과 같은 옷 입기를 꺼리는 경향이 강하게 나타나고 있다.

또한 일반적으로 중국인들은 돈이 생기면 가장 먼저 집을 사거나 가전제품을 산다. 이는 집안에 구비되어 있는 가전제품의 가짓수에 의해 그 집안의 생활수준을 판단하는 사회적 잣대가 될 정도이다. 1994년 읍 이상의 도시에 거주하는 주민 중 100가구당 86대의 컬러TV, 62대의 냉장고, 5대의 에어컨, 75대의 전기취사도구, 25대의 샤워기를 보유한 것으로 조사되어 4년여의 시간이 흐른 지금에는 훨씬 증가된 통계수치를 보일 것으로 예상된다.

좀 더 정확히 중국을 알기 위해 중국에서 경제가 가장 발달해 있다는 상해시의 1997년 기준으로 100가구당 가전제품 보유율을 보면, TV 140대(컬러TV 113대), 녹음기 99대, 사진기 52대, 전기선풍기 224대, 가정용 세탁기 82대, 가정용 냉장고 101대, 비디오 51대, 오디오 15대, 가정용 에어컨 50대, 순간온수기 42대, 전자레인지 45대로 나타났다.

주거문제는 중국인들의 가장 큰 관심사 중 하나이다. 1995년 읍 이상 도시 거주민들의 일 인당 평균 거주면적은 8.5㎡로 1986년의 6㎡에 비해 29.4%가 증가하였다. 즉, 의(衣)·식(食)문제를 기본적으로 해결한 농촌주민들의 주거지출 비용 역시 늘고 있어 농촌 한 가정 평균 주택면적이 20.8㎡를 보였다.

농촌주택 중에서 벽돌과 나무·벽돌구조 및 철근 콘크리트 구조로 지어진 주택이 전체의 68%를 차지하여 과거 형편없었던 농촌 주거환경이 빠르게 개선되고 있음을 알 수 있다.

위 내용에서 볼 수 있듯이 중국이 그동안 이루어낸 경제성과는 중국에 대한 편견을 적은 부분이나마 씻어주기에 충분하다. 사실 우리는 여태껏 중국이라는 이름만 들으면 '못 사는 나라', '문화 수준이 낮은 나라' 등의 인상만을 떠올렸다.

물론 아직 일 인당 국민소득이 700불에도 못 미치지만, 13억에 가까운 인구로 이루어진 나라에서 일 인당 국민소득이 700불이라면 그 수치는 우리의 상상을 초월한다. 만약 중국의 일 인당 GNP가 우리의 절반 정도만 따라온다고 해도 거대한 덩치를 자랑하는 중국은 이미 세계의 정상에 우뚝 서 있을 것이다. 이제 우월감으로 중국을 내려다보기보다는 적극적인 자세로 중국의 깊은 곳까지 이해하려는 자세가 절실히 필요하다.

하지만, 우리가 그러했듯이 급속한 경제성장은 완벽한 경제구조를 만들지 못한다. 중국 역시 예외는 아니어서 급속한 경제발전에 따른 많은 문제점들을 안고 있다. 비대한 인구, 튼튼하지 못한 경제기반, 자원의 상대적 부족, 도시화, 상품경제의 미발달, 갈수록 벌어지는 빈부격차 등으로 대표되는 중국 경제발전의 걸림돌들은 21세기 중엽까지 선진국으로 도약하려는 중국을 위협하고 있어 중국 정부는 새로운 정책과 제도개혁으로 이를 극복하기 위해 많은 노력을 경주하고 있다.

2. 중국의 경제발전 전략 추이

1) 경제건설 추진목표

중국은 현재 서서히 빈곤과 낙후상태를 벗어나 농업국에서 현대화된 공업국으로 변모해 가는 단계이다. 이에 중국은 낙후된 경제체제 탈피를 위해 사회생산력 제고라는 경제목표를 내걸고 세계 여러 선진국들의 경험과 기술을 도입하여 1차 산업 위주의 경제구조를 2, 3차 산업 위주의 경제구조로 바꾸는 싯점이다.

중국 정부가 제정한 경제발전전략은 다음의 3단계로 나눌 수 있다.

① 1단계(1980~1990년)는 국민생산총액(GNP)을 1980년의 2배로 늘리고 인민들의 기본적인 의(衣)·식(食)·주(住)를 근본적으로 해결한다는 목표를 세워 예정보다 2년 앞당긴 1988년에 완성하였다.

② 2단계(1991년~20세기 말) 발전전략은 1980년을 기준으로 국민총생산액을 3배로 늘린다는 목표를 추진하여 이미 예상보다 5년 앞서 달성되었다.

③ 21세기에 시작될 3단계 (21세기 초~21세기 중엽) 계획은 중국인들의 생활수준을 중급 선진국 수준으로 끌어올리고 사회 전반적으로 기본적 현대화를 실현시킨다는 것이다.

1996년 3월 '전인대(全人大) 제4차 회의'에서 비준된 〈구오(九五, 1996~2000년) 5개년 계획〉과 〈2010년의 전망목표강령〉에는 중국 국민경제와 사회발전을 위해 21세기를 위한 경제계획의 마스터플랜 마련과 강력한 인구억제, 국민총생산액의 확충에 의한 국민의 생활수준 보장, 사회주의 시장경제체제 완비 등의 목표가 자세히 규정되어 있다.

2) 중국 경제발전의 지도방침

1996년 〈정치에 대하여〉라는 제목으로 발표된 강택민(江澤民) 주석의 연설문에는 "당의 11기 3중전회(中全會)에서 확정되었던 경제건설 중심전략(개혁개방정책)은 현재의 발전상황이 증명해주듯 우리(중국)가 앞으로도 걸어야 할 길임에 틀림없다.

그리고 우리 앞에 산적해 있는 많은 문제들을 해결하기 위해서는 지금까지 쌓아온 경험을 바탕으로 온 인민이 힘을 합쳐 경제를 발전시켜 나가야 한다. 외래의 침략이 없는 한 이러한 중국의 현대화 과정은 견지되어야 하고 어떠한 동요도 있어서는 안된다"라는 말이 들어 있다. 이처럼 중국 지도부는 경제발전을 최고의 정치과제로 삼고 있다.

중국인들이 염원하는 중국 경제발전의 성공 여부는 다음과 같은 두 개의 고비를 어떻게 잘 넘기느냐 하는 데 달려 있다. 첫 번째는 '어떻게 과거 국가계획 중심이었던 전통적인 계획경제체제를 사회주의 시장경제체제로 변환시킬 것인가'라는 문제이며, 두 번째는 '분산되어 있는 경제성장을 어떻게 집약된 모형으로 전환시킬 것인가'라는 것이다.

중국의 많은 학자들이 예상하는 바와 같이 위의 두 가지 전환을 안정적이고 점진적으로 실현시켜야만, 중국 국민경제의 지속적이고 건전한 발전을 기대할 수 있다는 것이 통설이다.

중국은 이런 지속적이고 건전한 경제발전의 실현을 위해 '적절한 기회 포착, 개혁개방의 확대 심화, 경제발전 추진, 국가안정 도모'라는 방법론을 정해 두고 있다.

중국이 실시하는 중국 경제발전을 위한 중요 방침을 몇 가지로 정리하면 다음과 같다.

(1) 농업발전을 국가 경제발전의 핵심에 두고 전면적으로 농촌경제를 발전시킨다

농업은 어느 나라에서든지 국가경제의 기초적인 역할을 수행하고 있으며 자주적인 국가경제를 이끌어가기 위해서는 소홀히 취급할 수 없는 기초산업이다. 특히 약 80% 정도의 인구가 농촌에 밀집되어 있는 중국의 경우는 그 필요성이 절실하다. 이런 이유로 중국은 12억 인구의 '밥줄'이 달린 농업발전을 위해 가장 먼저 농촌산업 구조조정을 단행하였다.

중국 정부는 가장 시급한 문제로 ① 안정적인 파종면적 확보 ② 단위 생산량 증가 ③ 우량품종 개발 ④ 농업생산물의 상품화를 통해 국민들의 식생활을 최대한으로 보장하는 한편 면(綿), 기름(油), 설탕(糖)과 같은 원료가 될 수 있는 경제작물에 관심을 가지고 농산품의 상품화율을 54%에서 63%로 높여 농수산물의 수출액을 1.5배 증가시켰다.

90년대 들어서는 기존의 상품양식 생산기지 현(縣)을 유지·발전시키고 현(縣) 단위에 226개의 상품양식 생산기지를 구축함과 동시에 상품화 생산단지를 전국적으로 500여 개로 확대하였다. 현재 생산기지에서 출하되는 농산품의 양이 전체 상품양식 판매량의 50%를 넘는다.

두 번째로 1차 산업 간의 관계 정립에 중점을 두고, 입지조건을 중시하는 농업정책을 추진하고 있다. 즉 ① 과수재배가 가능한 곳에는 집중적으로 과수를 ② 강가에 위치한 지역에는 양식업을 ③ 벼농사가 적합한 곳에는 벼농사를 짓게 하는 등 그 지역 농토에 알맞은 1차 산업을 선정하여 집중한다는 것이다.

이런 정책을 뒷받침해 주는 것들을 살펴보면, 인공조림과 수림보호육성을 예로 들 수 있다. 임업정책은 1981년 등소평(鄧小平)이 식목(植木)의 필요성에 대해 강조한 이래 더욱 계획적인 정책이 추진되어 오늘날까지 삼림관리와 임업조성에 큰 영향을 끼쳤다.

또한 중국은 목축업의 발전을 위해 80년대 초부터 청부책임제를 시행 중에 있으며, 수산업은 80년대부터 ① 양식 위주의 어업 ② 가공산업 발전 ③ 특산품 개발 등의 방침을 병행하는 한편, 수산물 가격을 자유화하여 수산업의 발전을 가속화시켰다.

더불어 중국은 농업과 2, 3차 산업과의 관계 정립에 중점을 두었다. 중국의 농촌개발은 개혁개방정책이 실시된 이래 1·2·3차 산업을 동시에 발전시키는 정책을 추진하여 결과적으로 농촌경제 진흥을 위한 정책은 농촌과 관련된 전 업종의 발전을 가져왔고 특히 향진기업(鄕鎭企業)의 성장에 밑거름이 되었다.

향진기업(鄕鎭企業)의 출현은 과거 작물재배를 주로 하던 단일 경제구조의 농촌을 크게 바꾸어 놓았다. 즉 농촌의 자급과 반자급경제를 상품경제로 전환시키는 데 크게 도움이 되었을 뿐만 아니라 농업 현대화를 위한 자금축적에도 긍정적이었다.

1995년 집계된 전국 향진기업(鄕鎭企業)의 총근로자 수는 12,350만 명으로 이러한 발전은 소도시의 건설을 촉진시켰다. 이와 함께 '공업과 농업', '도시와 농촌'을 결합한 중국 특색의 도시화를 추진하는 계기가 되었다.

(2) 기초공업과 기초설비의 발전을 가속화시킨다

중국의 국가산업정책이 중점을 두고 있는 것은 에너지원과 교통·전신·중요원자재 등을 중심으로 하는 기초공업 및 기초설비를 성장시켜 국민경제 전 분야에 발전을 유도한다는 전략이다.

석탄은 중국 내에서 가장 많이 소비되는 에너지원으로 전체의 70%를 차지한다. 제8차 5개년 계획 (1991~1995년) 이래 연 석탄 채광량은 1.4억 톤으로 연간 증가량이 5,400여 톤이나 되었다. 특히 기술혁신과 기계화에 힘입어 연 생산량 300~500만 톤급 대형·특대형 광산도 전국에 수두룩하다. 아울러 준격이(准格爾), 원보산(元寶山)과 같은 노천광산(露天鑛山)이 조만간 개발에 들어가면 연간 6,000만 톤 이상을 생산할 것으로 예상된다.

석유공업은 80년대 이래 빠르게 성장하는 산업이다. 현재 대경(大慶), 승리(勝利), 대항(大港) 유전 등이 안정된 생산량을 유지하고 있으며 신쟝위구르자치구(新疆省)의 탑리목(塔里木), 준갈이(準噶爾), 토합(吐哈)의 3대 유전도 이미 착공에 들어갔다.

특히 해양 석유탐사개발도 활발하여, 1996년 집계로 1,300만 톤의 생산량을 기록하며, 북부의 요동만(遼東灣)에서 남부의 북부만(北部灣)에 이르는 해상에서 시추대가 동원되어 원유생산에 여념이 없다.

중국의 전력공업은 지역 특성상 수력과 화력발전을 병행한다는 방침을 정하고 1979년을 기점으로 외자(外資)와 외국 선진기술 및 설비·관리기술을 도입하여 산업발전에 필요한 전력을 공급하기 위해 도처에 발전소를 지었다.

이렇게 건설된 발전소는 요녕성(遼寧省)의 철령(鐵嶺), 강소성(江蘇省)의 상숙(常熟), 상해(上海)의 석동구(石洞口)발전소 등이 있다. 이들은 모두 120만 킬로와트의 발전용량을 갖춘 대형 발전소들이다.

경제발전 추세와 더불어 전력수요가 증가함에 따라 중국 정부는 발전설비 확대계획을 세워 두고 있다. 즉 96년 말 217GW였던 중국의 총발전용량이 2000년에는 290GW, 2010년 안에는 500~550GW를 훌쩍 넘을 것으로 예상하고 있다.

이 밖에도 환경문제에 대처하기 위한 노력의 일환으로 중국은 2010년까지 현재 76%나 되는 석탄화력 발전량을 72%로 낮추겠다는 의지를 표명한 바 있다. 아울러 수력발전을 집중개발하여 2010년까지 총발전량의 23%(125GW)를 공급할 계획이다.

그리고 현재 일본, 스웨덴, 독일, 미국 등의 여러 나라 기업들이 공동 참가하여 건설 중에 있는 양쯔강(長江)의 삼협댐은 2003년에 첫 가동에 들어가서 2008년까지 완공될 삼협댐의 총발전량은 9,800MW(700MW 14기)로 예상하고 있다.

석탄과 수력 외에 총발전량의 5%를 차지하고 있는 석유, 가스, 원자력, 신재생에너지 등이 중국에서 이용되는 있는 에너지원들이다.

경제발전의 동맥이라고도 불리는 교통운수분야는 그 밀집도에 따라 경제효율이 달라진다. 즉 생산영역에서 가공을 마친 상품들이 일정한 시간 내에 지정된 유통시장으로 이동되지 못하면 기술개발과 막대한 자금을 투자해 만들어 놓은 생산품의 가치가 제대로 발휘하기 어렵다. 이에 중국은 경제발전에 필요불가결한 교통운수설비의 확충에 심혈을 기울이는 중이다.

철로는 하얼삔(哈爾濱)과 대련(大連)을 잇는 동북지역망과 심양(瀋陽)과 북경(北京)을 잇는 경심선(京瀋線), 북경(北京)과 광주(廣州)를 잇는 경광선(京廣線), 북경(北京)과 상해(上海)를 잇는 경호선(京滬線) 등을 비롯해 기타 여러 간선 외에도 경구선(京九線), 난신복선(蘭新復線), 보중선(寶中線) 등의 철로를 개통시켜 중국 철도건설의 절정기를 맞고 있으나, 여전히 넘쳐나는 운송 수요를 충족시키지 못해 추가적인 철도건설사업을 추진 중에 있다.

중국에서 눈에 띄게 낙후된 영역이 바로 도로망이다. 중국의 도로망은 대도시와 몇몇 공업지구, 경제개발지구를 제외한 일반 도시의 도로포장률과 밀집도 측면에서 일반적 수준에도 못 미친다.

이처럼 국가발전의 동맥이 되어야 할 도로망의 낙후상태를 발전시키기 위해 중국 정부는 '부강해지려면 먼저 도로를 닦아라'라는 구호 아래 신도로(新道路) 건설에 열중이다.

현재 중국은 매년 평균 1만여km의 도로를 포장하고 있으며, 그 범위는 전국 대도시뿐 아니라 평야지역 및 고산지대까지 이른다. 특히 심대고속도로(瀋陽-大連), 경진당고속도로(北京-天津-塘沽), 창구고속도로(南昌-九江) 등이 개통되어 경제발전에 일익을 담당한다.

동서남북으로 잘 발달되어 있는 하천들을 이용하는 중국의 수로운송은 개혁·개방 이래 빠르게 발전을 거듭하고 있다.

경제발전에 부응하며 급속한 발전을 보이고 있는 내하운수(內河運輸)는 성도(成都), 중경(重慶)을 중심으로 한 사천분지(四川盆地)를 흘러 무한(武漢)을 중심으로 한 화중분지(華中盆地), 그리고 상해를 중심으로 한 양쯔강삼각주(長江三角洲)를 관통하는 중국 최대 양쯔강(長江)을 통해 중부내륙과 동해연해지역을 연결하는 운수업무가 대한히 분주하다.

한편 근래 들어 경제발전의 중심이 동해연안에서 중부지역으로 옮겨가면서 양쯔강(長江) 유역 공업단지를 비롯한 양쯔강(長江) 주변 경제가 새롭게 부각되고 있어 양쯔강(長江) 항운업의 발전을 가속화시키고 있다.

통계에 따르면, 양쯔강(長江) 전수계(全水系)를 통틀어 국영(國營)이나 집체(集體)에서 운영하는 항운기업의 숫자가 이미 1,000여 개를 넘어섰다. 그들이 보유하고 있는 각종 선박 수만 해도 10만여 척을 헤아린다.

중국 연해에 위치한 주요 항구는 약 20여 개이며, 이들 중에서 상해항(上海港)이 중국 최대의 연해항으로 알려져 있다. 상해항(上海港)은 일찍이 1984년에 화물출입량이 1억 톤을 초과하였으며, 오늘날에는 세계적인 항구도시로 명성이 자자하다. 그리고 진황도(秦皇島)는 산서(山西)지역의 석탄을 외지(外地)로 운반하는 중간 지점이며, 중국의 석탄전문 처리항구로 이름나 있다. 그 석탄 처리능력은 이미 7,000여 만 톤이 넘었다.

또한 국제(國際), 동방(東方), 남방(南方), 서남(西南), 서북(西北), 북방(北方)항공 등 6대 항공회사들을 핵심으로 하는 중국의 민용항공[줄여 민항(民航)이라 함]은 개혁개방 이후 기업화의 길을 걸으며 발전을 거듭하고 있다. 이에 지방의 민간 항공회사까지 합치면 중국은 이미 비교적 체계를 갖춘 항공 서비스를 제공하고 있는 셈이다.

21세기를 코앞에 둔 중국의 통신산업은 현재 고도의 발전 단계를 거치고 있으며, 빠르게 최첨단을 향한 발전을 주요 목표로 사업을 진행시키고 있다. 예를 들면 광케이블통신, 디지털 마이크로파통신, 위성통신, 이동전화통신 등의 선진기술을 광범위하게 활용하고 있을 뿐만 아니라 개인 팩스, 화상전화, 전자우편 등의 업무도 새롭게 선보였다.

1995년 전국 도시·농촌의 전화교환기의 총회선이 8,510만 회선에 달하였다. 전화 보급률이 3.76%, 그중 도시의 전화 보급률이 15%이고 북경(北京), 광주(廣州), 항주(杭州), 복주(福州)를 비롯하여 개방도시 전화 보급률은 30%에 이르렀다.

근래 들어 중국이 새로이 중점을 두고 있는 통신분야는 바로 광케이블 구축사업이다. 현재 중국은 영한(寧漢) 광케이블, 서란오[(西蘭

烏): 서안(西安)-난주(蘭州)-우루무치(烏魯木齊)] 광케이블, 동남연해 광케이블, 북경전신중추공정 등 비중이 큰 사업들이 계속 추진·건설하고 있다.

그중에서 동남연해의 해광(海光) 광케이블선이 양쯔강(長江)·민남(閩南)·주강(珠江)의 3개 삼각주(三角洲)을 통과하여 하문(厦門), 산두(汕頭), 심천(深圳) 경제특구(經濟特區)와 상해포동개발구(上海浦東開發區)로 연결되면서 이 지역들의 장거리통신 병목현상을 크게 완화시켰다. 1996년 통계로 중국 광케이블 총연장이 13만km에 달하며 인터넷을 비롯한 컴퓨터 통신의 발전이 크게 향상되었다.

중국의 원자재공업도 빠른 성장을 보이는 산업 중 하나이다. 상해시 보산구(寶山區)에 위치한 보강제철(寶鋼製鐵)의 제1기 공정(工程)이 1985년 9월 생산에 들어갔다. 이와 더불어 외자도입과 자국의 기술 축적에 따라 국산화율 88%를 자랑하는 제2기 공정이 1991년에 가동되었다. 최근에는 다시 5.2km²의 면적을 점하는 제3기 공정이 건설 중에 있다.

18.9km²의 면적에 세워진 보강제철(寶鋼製鐵)은 132개의 새로운 강철을 시험·제작하는 등 수출에 적합한 고난도 및 고부가가치의 수출전용 강재를 개발하여 그 비중이 전체 강재 생산품의 절반 이상을 차지한다. 보강제철(寶鋼製鐵)의 1994년 강철 생산량이 756만 톤을 기록하였으며 1995년에는 다시 800만 톤으로 늘었다.

보강제철(寶鋼製鐵)의 건설은 중국 강철제품의 품질을 크게 향상시켰다. 더불어 중국 강철공업과 세계 강철공업의 기술 격차를 좁히는 데에도 기여도가 매우 높았다. 최근의 중국은 각종 탄소강, 합금강 등의 생산능력을 갖추었다. 즉, 1,400여 종의 강종(鋼種) 제련기술과 2만여 개의 규격 강재를 압연제작 할 수 있는 기술을 보유하고 있다.

그리고 최근에 상해포동강철회사(上海浦東鋼鐵會社)와 독일 크로와티슨사가 합자형식으로 상해(上海)에 중국 최대 규모의 스테인레스강 생산기지를 공동 건설하여 스테인레스강용해, 열간압연, 냉간압연 등의 최첨단 생산방식을 활용하여 연 44만 톤의 제품을 생산 중이다.

(3) 국민경제의 지주산업을 진흥시킨다

중국의 산업정책은 기계·전자, 석유·화학, 자동차산업, 건축업을 발전시켜 국민경제의 지주산업(支柱産業)으로 육성하는 데 초점이 맞추어졌다.

첫째, 기계공업은 국민경제 각 부문에 대량의 우수장비를 제공하기 위해 생산품 체계를 재정비하고 있다. 즉 국산기술수준을 한 단계 높여 기초공업분야의 80% 이상을 국산장비로 대체하기 위한 하나의 전략이다.

둘째, 경방직공업은 높은 국산화율을 보이고 있다.

셋째, 농업장비도 거의 중국 국산기술로 제조된다. 이에 따라 소형 트랙터 생산량은 세계 1위를, 금속선반의 생산량은 세계 4위이다.

넷째, 조선업발전에 따라 조선 톤 수가 이미 세계 선두(先頭)자리에 진입하였다. 아울러 조선 설계에서부터 주요 부품 제조에 이르기까지 비교적 높은 기술수준을 보인다.

넷째, 전자공업은 마이크로전자를 기초로 한 통신, 컴퓨터 등의 신흥정보산업을 육성하기 위해 심혈을 기울인다.

다섯째, 중국의 통신유도공업은 태평양을 향해 발사한 적재미사일과 수중발사미사일 개발에 밑거름이 되는 전자설비기술을 제공하고 있다.

여섯째, 석유화학공업은 '대형화, 선진화, 계열화, 집약화'라는 방침을 견지하며, 외국기술 도입과 플랜트 생산 위주의 발전계획을 가지고 있다.

일곱 번째, 자동차공업은 해마다 연평균 19%의 발전을 거듭하면서 1979년 자동차 생산량이 185,000대였던 것이 1995년에는 1,500,000대로 증가하였다.

여덟 번째, 건축업은 개혁·개방의 기치(旗幟) 아래 활발한 투자와 발전을 보이며 국민경제의 중요한 지주산업(支柱産業)으로 자리를 굳혔다.

(4) 방직업과 경공업 등을 포함한 전통산업과 첨단기술산업의 발전을 도모한다

방직업과 경공업을 포함한 중국의 전통산업은 제품개발과 품질향상 등의 개혁을 통해 부단한 발전을 보여 1989년 방직공업의 총생산액이 2,109.57억 위엔으로 중국 공업 총생산액의 12%에 이르렀다.

90년대에 들어서 방직업은 위탁가공 위주에서 탈피하고, 자체 상표의 개발을 활성화시켜 시장점유율을 확대하고 있다. 1996년의 방직의류 수출액이 중국 수출 총액의 24.6%를 차지하였다.

중국은 첨단기술의 발전을 통해 국민경제의 현대화를 이루려는 산업정책을 펴고 있다. 80년대 이후부터 첨단기술의 발전을 위해 첨단기술산업개발구를 단계적으로 지정해 왔다. 즉, 1995년 6월까지 건설된 국가급 첨단기술개발구는 52개이며, 지방정부에서 자체적으로 건설한 개발구도 100개를 넘어섰다.

이들 개발구에서는 주로 ① 전자정보 ② 신재료 ③ 생물유전자기술 ④ 전자기계 ⑤ 신에너지 ⑥ 환경보호산업 등을 적극 유치하고 있다. 1994년 통계에 따르면, 52개의 국가급 첨단기술개발구에서 거둬들인 수입이 1,000억 위엔을 넘었으며 그중 80%가 첨단기술 분야에서 올린 수입이다.

이러한 첨단기술산업은 궁극적으로 기술의 상품화와 산업화, 대기업화, 국제화를 지향한다. 그 예를 몇 가지 들어보면 다음과 같다.

첫째, 상해첨단과학기술개발구(上海尖端科學技術開發區)의 109개 첨단기술기업에서 생산된 제품이 국제시장에서 첫선을 보였다.

둘째, 소주첨단과학기술개발구(蘇州尖端科學技術開發區)는 일본을 필두로 많은 외국인들의 투자가 이루어져 중국은 이들과 공동으로 레이저프린터, 집적회로 등의 고부가가치 제품을 생산하였다.

중국의 대표적인 첨단과학 산업지대로는 소주(蘇州), 무석(無錫), 상주(常州), 주강삼각주(珠江三角洲), 산동성(山東省) 제노(齊魯), 섬서성(陝西省)의 관중(關中), 복건성(福建省) 민남(閩南), 북경(北京), 천진(天津), 당고(塘沽)를 비롯하여 호남성(湖南省)의 악양(岳陽)에서 형양(衡陽)에 이르는 산업공단 등이 현지 전통산업의 구조를 새롭게 개조시키는 작용을 하고 있을 뿐만 아니라 경제 효율적 측면에서도 지역경제에 크게 도움이 되었다.

(5) 구역경제 간의 협조를 확대시켜 지역 격차를 점진적으로 해소시킨다

중국이 개혁개방을 처음 실시할 당시의 발전계획은 경제발전에 유리한 조건을 갖춘 동해 연해지역을 먼저 개발한 후 그 기술력과 자금력으로 내지(內地)를 개발할 계획을 세웠다. 경제발전계획의 선후(先後)가 필요하였던 이유는 동부지역이 공업기반과 교통, 과학기술, 지리 등의 모든 면에서 내지(內地)보다 우세를 보였기 때문이다.

비록 중국이 연해지역의 '선부론(先富論)'을 주장하고 있지만, 현실은 갈수록 벌어지는 지역 간의 격차를 더 이상 견디지 못하고 노동력의 연해지방 이동현상과 지역의 빈부격차가 나날이 벌어지는 폐단을 낳았다.

이에 중국은 중부지역과 서부지역을 동시에 발전시키는 정책을 구사하게 되었다. 이러한 정책의 변환을 성공적으로 이끌기 위해 근래 중국 정부가 내륙에 위치한 비발달지역에 지원한 금액만 해도 200여 억 위엔에 달하며, 중서부지역에 대한 지속적인 시설 및 건설투자를 진행하고 있다.

직접적인 지원 외에도 중국 정부는 세계은행으로부터 빌린 외자(外

資)를 내륙개발로 투자전환을 시도하여 1996년까지 하남성(河南省)이 차입한 외자만 20여 억 달러에 이른다. 1994년 이래 중서부지역에 대한 일 년 빈곤지원금과 대출금이 각각 10억 위엔에 다다랐다.

현재 중국은 자금지원과 외자도입, 중서부지역의 풍부한 자원매장량, 동부연해지역과의 연합 개발, 개방의 확대 등을 통해 동부지역과 중서부지역 간의 격차를 줄이는 데 힘쓰고 있다.

3. 대외개방 정책

1) 대외개방 정책의 실시

대외개방은 중국의 경제발전 전략과 떼어놓을 수 없는 중요한 부분으로 장기적인 계획 아래 시행되는 기본국책이다. 대외개방의 시행은 자력갱생(自力更生)과 독립자주의 기반 위에서 국내외 자원의 효율적인 이용을 통해 글로벌 시장을 개척하는 것을 가리킨다. 즉, 외국 선진기술과 외국자금을 적극적으로 유치함과 동시에, 해외 선진 관리경험을 참고하여 국내외 경제를 서로 연결시킨다는 원대한 목표하에서 추진되고 있다.

1979년 이래 중국의 대외개방은 눈부실 정도의 빠른 속도이다. 1980년 광동성(廣東省)의 심천(深圳), 주해(珠海), 산두(山頭), 하문(廈門)과 해남성(海南省)에 5개의 경제특구(經濟特區)를 먼저 지정하였다. 이어서 1984년 5월 또다시 대련(大連), 진황도(秦皇島), 천진(天津), 연태(烟台), 청도(青島), 연운항(連雲港), 남통(南通), 상해(上海), 영파(寧波), 온주(溫州), 복주(福州), 광주(廣州), 담강(湛江), 북해(北海) 등의 14개 연해도시를 추가로 개방하는 등 모두 26개의 연해경제개발(沿海經濟開發)이 이루어졌다.

제2단계로 1990년 6월, 상해(上海)의 포동(浦東) 신개발구(新開發區)의 건설(建設)을 선두(先頭)로 6개 도시(都市)와 4개 성도(省都) 소재지(所在地)가 개방(開放)의 혜택(惠澤)을 누렸다. 1992년에는 다시 내륙(內陸) 18개 성도(省都) 소재지(所在地)와 자치구(自治區) 수도(首都)를 비롯한 13개 변경도시(邊境都市)를 개방(開放)하는 등(等), 비내륙지역(非內陸地域)의 개방정책(開放政策)에 새로운 이정표(里程標)를 세웠다.

이렇게 중국(中國)은 경제특구(經濟特區) → 연해개방도시(沿海開放都市)의 연해경제개발구(沿海經濟開發區) → 내지(內地) → 변경(邊境)으로 이어지는 다단계(多段階)·다경로(多經路)를 통한 전지역적(全地域的)인 대외개방(對外開放)의 기본골격(基本骨格)이 형성(形成)되었다.

중국의 대외개방은 중국 경제를 국제무대로 진출시켰을 뿐만 아니라 현재까지 미국, 유럽, 일본 등 200여 나라의 다국적기업들이 1,600억 달러에 이르는 투자를 하였다.

개방 이후 외국인들의 중국 투자영역이 점차 확대되어 자연히 투자구조도 많은 개선을 보였다. 개방 초창기 중국에서 외국 투자가들에게 인기있었던 분야는 기초설비, 에너지원, 교통 등이었지만 근래 들어서는 전자, 통신설비, 기계, 화공 등 종목에도 투자 신장이 두드러졌다.

중국 개방의 가장 큰 효과는 외국기업으로부터 많은 선진설비와 기술을 받아들여 중국 경제의 기술 공백을 메우고 생산품질의 향상을 도모하였다.

예를 들면 컬러브라운관, 자동전화교환기, 에스컬레이터, 광케이블 등의 제품들이 모두 중국에 투자된 3자기업(中外合資, 中外合作, 外國獨資)에 의해 생산되어 수입대체 효과를 가져왔다. 또한 과거 수입에만 의존하였던 스피커, 컬러TV, 카메라 등의 제품도 근래 들어 오히려 외국으로 대량 수출되고 있다.

이런 추세에 따라 중국 정부가 자국기업의 수출경쟁력을 키우기 위해 보조해 주던 '수출보조금(輸出補助金)'마저 완전히 사라졌다. 아울러 쿼터제와 수출허가증 관리를 받는 상품의 숫자도 큰 폭으로 줄어드는 등 대외무역체제에 큰 변화를 나타냈다.

개혁개방을 거치면서 중국의 무역액도 발전에 발전을 거듭하고 있다. 1979년 수출입무역 총액이 240억 달러에서 1996년의 2,899억 달러로 크게 증가하여, 1990년 이후 93년을 제외하고 지속적인 무역흑자를 이룩하였다.

이에 따라 대외무역에 있어서 세계 순위가 11위로 껑충 뛰었다. 이런 자신감을 바탕으로 1996년 4월 1일 중국은 건국 이래 가장 파격적이고 가장 대폭적인 관세조정을 단행하였다. 즉, 4,000여 개 세목(目)의 관세율을 내리는 등 총관세 수준을 30% 감소시켰으며 176개 세목의 수입규제조치를 취소시켰다.

중국의 대외개방은 연평균 10%를 웃돌고 있는 중국 경제성장에 활력을 불어넣으면서 최근에는 농업과 공업 위주의 대외개방에서 탈피하여 점차 금융, 보험, 상업, 관광업 등의 3차 산업으로 확대되는 추세이다.

2) 경제특구

초기의 개혁개방은 주로 외화를 들여 기술을 도입하는 방법을 사용하였지만, 시간과 경험이 축적됨에 따라 외국인에 의한 직접투자(합작, 합자, 독자기업) 방식으로 경제발전 방향을 바꾸었다. 이와 동시에 선진과학기술 및 관리방법의 도입을 통해 국내외 시장개척에 많은 성과를 거두었다.

중국 경제특구의 특징은 공업과 경제·금융·무역, 첨단산업 등으로 나누어져 있다. 가장 먼저 경제특구로 지정되었던 심천(深圳)은 원래 국경 근처에 위치한 작은 어촌에 불과하였다. 그러나 개방특구로 지정된 이후 15개의 공업지구와 50여 개의 주택지구, 그리고 많은 상업·무역·금융·관광·문화·교육 등의 시설이 연이어 건설되었으며 18층 이상 고층빌딩 610여 동(棟)이 도처에 우뚝 솟았다.

심천(深圳)은 공업을 위주로 하면서 무역, 기술을 동시에 발전시키는 모델을 채택하였다. 이에 따라 1994년 심천(深圳)지역의 총생산액은 560억, 대외무역 수출입 총액은 183억을 기록할 정도로 커졌다.

90년대 들어 개방된 상해포동신지구(上海浦東新地區)는 단시일 내에 상해(上海)를 국제경제·금융·무역의 중심지로 부상시키기 위해 350㎢의 면적에 조성된 경제특구이다.

양쯔강(長江)삼각주와 광범위한 양쯔강(長江)유역지구 경제의 비약적인 발전을 도모하기 위해 전초기지 역할을 수행하고 있다. 포동(浦東)의 개발은 1·2차보다 3차 산업에 개방의 중점을 두고 3자기업이 주(主)가 된 상업·무역·금융·증권 등의 3차 산업으로 확대·추진되었다.

1995년 3월 포동(浦東)의 각 은행 예금잔액이 930억 위엔으로 1990년과 비교하여 10배가 넘었다. 이와 같은 빠른 발전에 힘입어 신지구(新地區)에 있는 4만여 개 공업무역회사들의 국내 총생산액이 매년 30%의 증가를 보이는 쾌거를 보였다.

산업기반시설(産業基盤施設) 및 설비(設備)의 발전(發展)에서도 남포대교(南浦大橋), 양포대교(楊浦大橋), 외고교신항구(外高橋新港口), 포동가스공장(浦東GAS工場), 폐수처리공정(廢水處理工程) 들이 완공(完工)됨과 동시(同時)에 포동국제공항(浦東國際空港), 포동지하철(浦東地下鐵), 복선터널(復線TUNNEL), 통신충추공정 등도 순조롭게 진행 중이다.

포동(浦東)은 또한 첨단기술산업의 선구자적 역할을 수행할 뿐만 아니라 세계적으로 유명한 다국적기업들이 입주하고 있다. 예를 들면 미국의 선진화공기술 및 자동측량기기, 일본 JVC의 전자기술 등이다. 1996년 통계로 상해(上海)에 투자한 국가와 지역의 수가 이미 73개였고 3자기업까지 포함하면 모두 9,157개 기업에 이른다.

그리고 쟝찌앙(張江)과학기술지구가 설립된 이후 스위스의 제약회사, 일본의 파나소닉사 등이 투자를 하면서 1994년 포동신개발구(浦東新開發區) 내의 총생산액이 291.2억 위엔으로 개발 초기였던 1990년과 비교해 1.57배 증가한 수치를 보였다.

3) 연해 개방도시와 경제기술개발구

연해 개방도시는 특수개방정책을 실행하는 연해 항만도시로, 개방 지구의 탄탄한 공업기초와 첨단과학기술, 편리한 교통, 신속한 정보망, 대내 경제의 네트워크화, 대외무역 경로 등의 장점을 충분히 발휘하여 외국인 투자를 적극적으로 유치하기 위한 하나의 교두보이다. 동시에, 해외의 선진기술과 선진관리 경험을 배워 신흥산업을 발전시키고 수출능력을 배가하여 경제발전에 초석으로 삼고자 하는 곳을 일컫는다.

중국 정부는 연해 개방도시에 대해 특별한 우대정책으로 외자를 유치하고 있다.

첫째, 새로운 공장을 건설하는 데 필요한 심사와 허가권한을 완화하고, 비생산성 품목에 대한 투자는 각 시(市)가 자율적으로 심사·비준하게 하는 등 대외 경제활동의 자주권을 보장해 주었다.

둘째, 기술집약, 지식집약형 분야와 에너지, 교통건설 분야에 대해 기업소득세를 감세해 주었다.

셋째, 외국상인이 수입하는 기계설비나 수출생산품의 원자재, 기업자체 용도의 교통수단과 공용품에 대해 관세를 면세해 주었다.

하지만, 중국의 자체 기술력이 웬만큼 자리잡은 종목에 대해 이러한 우대혜택을 취소하고 있다. 예를 들면, 1996년 4월 외자기업의 기계설비 수입에 대한 면세 우대조치를 유예하는 방침을 정한 바 있었다. 그러나 이러한 여파로 97년의 외국투자액이 두드러지게 감소하는 역작용을 보여 중국은 울며 겨자 먹기식으로 우대조치 유예방침을 철회할 수밖에 없었다.

또한 비디오카메라, 음향설비, 에어컨, 냉장고, 세탁기, 카메라, 복사기, 전화교환기, 마이크로컴퓨터, 전화기, 팩스, 전자계산기, 워드프로세서, 자동차, 오토바이를 포함한 일부 설비기술과 세트부품, 예비부품에 대해서는 면세 우대를 하지 않고 있다.

외국인 투자에 대한 중국의 태도 변화는 95년 6월부터 나오기 시작한 것으로 외국자본이라면 맹목적으로 받아들이던 종래의 자세를 지양하고, 첨단기술 등의 중국 경제발전에 도움이 되는 외자를 선별 도입하겠다는 의지의 표명이다.

하지만, 여전히 중국 정부는 농업신기술, 하이테크산업, 자원종합이용, 환경오염대책 신기술 등과 같은 업종에 대해서는 우대정책을 실시하고 있다.

'경제기술개발구'는 '첨단과학개발구'라고도 불리며 신흥공업과 과학연구 분야를 획기적으로 발전시켰다. 즉, 개발구는 외국과의 합작생산, 합작연구, 신제품에 대한 합작설계·개발을 통해 그 지역과 중국의 기술진보 및 경제발전에 크게 기여하였다.

개방지구에 있는 '보호관세구역'은 가공수출과 종합적인 대외 무역능력을 갖추고 특수관세정책과 특수관리체계를 실행하고 있는 세관관리 구역으로, 관리의 편리성을 위해 사방에 담을 둘러 봉쇄하고 '일반세관구역'과 구별하고 있다.

이 구역은 특구(特區)에 비해 개방 정도가 확대된 모습을 보일 뿐만 아니라 보다 융통성 있는 관리방법을 취한다. 즉, 중국은 일반적으로 보호관세 구역 내에서 기반설비를 건설하는 데 소요되는 기계·설비·기타 기초건축자재 등의 수입에 대해 면세 혜택을 부여한다. 게다가 보호관세구역 내에 입주한 업체가 생산·가공한 제품들이 관세구역을 통해 수출될 때 수출관세와 생산 부분의 공상통일세(생산물세 또는 증가세) 등에 대해서도 면세 혜택이 있다.

4) 연변(沿邊) 개방도시, 현(縣), 진(鎭)

내륙 국경지방에 인접한 개발지구(이하 '연변지구')의 개방은 내륙의 성(省)과 자치구(自治區)들의 대외개방과 경제발전에 기폭제가 되었다.

흑룡강(黑龍江), 내몽고(內蒙古), 신강(新疆), 길림(吉林), 광서(廣西), 운남(云南) 등의 13개 변경도시들이 연속 개방된 이후, 국경무역은 빠르게 발전함과 동시에 변경에 위치한 성(省)들과 인접국들의 경제발전에 긍정적인 신호를 보냈다.

중국 변경도시의 국경무역은 주로 곡물과 설탕, 소비제품, 노무(勞務)수출을 위주로 하고 있으며 각종 합자·합작기업 등을 공동 설립하여 상당한 경제성과를 올렸다. 경제합작은 부수적으로 국가 간의 여행, 문화, 체육, 과학, 교육 등의 교류에도 도움을 주었다.

4. 경제체제 개혁의 방향

1) 농촌경제체제 개혁

중화인민공화국정부는 중국대륙을 통합하고, 제일 먼저 수천 년간 지속되어 오던 가정 위주의 농촌경제체제에 대해 근본적이고 광범위한 개혁이 이루어졌다.

일차적으로 농민들이 국가로부터 토지와 기타 영농기계 및 재료들을 빌리거나 구입하여 농작물을 생산한 뒤, 수확물의 일정부분을 국가에 상납하고 나머지 부분은 개인 소유로 하는 농업생산의 혁신을 단행하였다. 아울러 ① 농업기계화 ② 수리시설 확충 ③ 우량품종 개발 ④ 농업용 전기의 원활한 공급 등 측면에서 특별히 신경을 쓰고 있다.

그리고 농업의 상품화를 실현할 수 있도록 생산에서 가공, 판매에 이르는 유통경로의 규모화를 추진하고 있을 뿐만 아니라 노동집약을 피하면서 전문화와 기계화를 달성하여 단위 생산량을 높이는 농촌경제체제개혁에 매진 중이다.

2) 국유기업 개혁

국유기업 개혁은 1998년에 개최되었던 15차 전인대(全人大)의 결정으로 대대적인 개혁이 시행되었다.

이러한 개혁의 근본원인은 생산수단의 국유화를 견지해 오던 ①

과거 중앙통제식의 경제체제가 비효율성과 기술 낙후 ② 지속적인 적자경영 ③ 세계경쟁력 추락 등을 들 수 있다. 이에 ① 획일화된 관리체제 하에서 생산성 저조 ② 공사 불분명 ③ 경영책임 불분명 ④ 기술개발 의식 저하 등의 폐단을 하루속히 타개하기 위해 선택의 여지가 없었다.

1978년 말부터 1984년 9월까지는 국유기업 개혁의 제1단계로 기업의 자주권을 확대시키고 국유기업이 벌어들인 이익금의 중앙 상납분을 감소하는 개혁이 이루어졌다. 1984년 10월부터 1991년 말까지 2단계 개혁기에서는 정경(政經)을 분리원칙에 따라 소유권과 경영권이 구분되었다.

예를 들면, 국유기업의 자주경영과 이손자기책임제(利損自己責任制)를 새롭게 정비하였다. 즉, 국유기업에 대해서는 경영청부책임제를 도입하고 소형 국유기업에 대해서는 임대경영을 실시하였다. 아울러 시험적으로 일부 국유기업에 대해 주식제도를 도입하는 등 다양한 형식의 경제책임제가 도입되었다.

1992년 이후에 실시된 개혁조치는 정책조정을 통한 기업제도 개혁을 단행하여 '사회주의 시장경제' 건설에 필수적인 현대기업제도 확립에 중점을 두었다. 이 개혁과정의 특징은 국유기업을 국내외 시장에서 독립적으로 활동할 수 있는 법인체 및 시장경쟁 주체로 만들어가겠다는 중국 정부의 희망이 담겨 있다.

이러한 국유기업 개혁의 일환으로 1998년에는 전국에 분포한 13만 개 기업의 56만 명 국유기업 책임자들에 대한 전면적인 심사활동을 실시하였다. 근무성적이 좋지 않은 경영자들에 대한 과감한 조치를 내리는 등 적자경영 상태에 놓여 있던 국유기업에 새로운 활력을 불어넣었다.

국유기업 개혁이 거둔 성과로 첫째, 국유기업의 활동에 새로운 동력을 부여하여 빠른 경제성장의 견인차 역할을 담당하게 만들었다. 둘째, 1996년의 국유공업기업의 숫자가 전국공업기업의 숫자에서 차지하는 비율이 18%에 불과하지만, 자산 60%, 판매수입 55%, 세금납부 전 이윤총액이 60%를 차지함으로써 국가재정수입의 주요 원천이 되었다. 셋째, 기업법률과 법규가 나날이 정비되어 기업개혁의 정당성을 한층 부각시켰다.

3) 가격체계 개혁

과거 사회주의 경제체제 하에서 실시되었던 가격관리제도는 소비자 가격이 생산자 가격보다 싸게 책정되어 국가의 재정부담을 증가시키는 불합리한 문제점들을 안고 있었다. 게다가 국가의 통제에 의한 가격책정은 기업의 경영의욕을 저하시키는 주요 원인이 되었다.

중국 정부는 개혁개방의 추진과 더불어 대부분 상품가격의 규제를 풀었다. 특히 1995년에는 국가 관리의 소매물가 규제까지 풀어 절대다수의 상품가격이 시장의 수급에 의해 조절되는 혁신을 이루었다. 이에 따라 1979년 상품판매 총액의 95%를 차지하던 국가통제 소매총액이 1995년에는 6%에도 미치지 못하였다.

4) 상품유통체제 개혁

중국은 전통적인 계획경제 하에서 전국에서 생산되는 공업소비품을 '일괄구입, 일괄판매' 하는 정책을 고수하였고, 상품유통영역은 국영상업과 공급판매 합작사가 도맡았다. 그리고 기업에 의해 생산된 상품은 1·2·3급의 도매시장을 거쳐 소매상점으로 들어가는 유통경로를 통해 각 단계별로 상품을 분배하였다.

그러나 1979년 이후부터 상품유통에 커다란 개혁을 단행하여 첫째, 1994년 상업경제분야가 사회소비품 소매총액에서 차지하는 비율을 각각 국영 33.7%, 집체 21.4%, 개체(個體)·사영(私營)·연영(聯營)·합자기업(合資企業)이 44.9%가 되도록 유통경로를 혁신시켰다. 둘째, 구매와 판매형식에 다양성을 도입하여 계획수매·주문구매·선택구매·생산자 직접판매 등의 구매와 판매형식에서 새로운 변화의 바람이 불었다. 셋째, 1992년 말에는 계획수매를 취소하고 자유주문구매제와 선택 구매제를 시행하였다. 넷째, 이 밖에도 공장에서 직접 상품을 주문할 수 있게 하는 등 유통과정을 간소화시켰다.

5) 금융체제 개혁

개혁개방 이전의 중국 금융체제는 고도로 집중화된 형태를 띠었다. 중국인민은행이 국가금융관리와 화폐를 발행하는 기관으로서 모든 금융업무를 총괄하였다. 즉, 국유기업 간의 상업 신용거래를 허용하지 않고 국가은행의 지원에 전적으로 의존하도록 만들었다. 그러던 것을 등소평(鄧小平)의 개혁개방정책이 시행되면서 다음과 같이 바뀌었다.

첫째, 전문은행과 기타 금융기구를 설립하여 은행 직능의 점진적 변화를 가져왔다.

1979년 중국농업은행이 새로이 설립된 후 중국은행과 중국인민보험회사가 중국인민은행에서 각각 독립하였다. 이를 바탕으로 중국인민은행은 1983년부터 '화폐정책수립 및 집행, 금융감독의 강화' 등의 업무에 집중하게 되었다. 진정한 중앙은행으로서의 면모를 구축했을 뿐 아니라, 인민은행의 원래 직능이었던 신용대출 업무를 신설된 중국공상은행(中國工商銀行)으로 넘겼다.

그 후 교통은행, 중신실업은행(中信實業銀行)과 여러 개의 신탁투자회사, 도시신용합작사 등의 금융기구가 생겨나 국유전문은행의 상업은행화가 이루어지면서 다양한 신금융체계(新金融體系)가 형성되었다.

1994년 상반기에는 국가개발은행, 중앙수출입은행이 잇달아 개업하여 국가중점 항목건설, 농·부생산물의 수매 및 농업발전, 수출입 업무의 정책성 대출을 떠맡았다. 이러한 추세에 힘입어 과거 수동적이던 은행업무가 은행의 영리성, 안정성, 유동성을 중시하는 방향으로 바뀌었다.

둘째, 개방 이후 중국 정부는 금융시장의 개척과 발전에 노력하고 있다.

금융시장의 발전은 단기자금시장에서 일어났다. 80년대 초에 상해(上海), 심양(瀋陽), 천진(天津) 등의 대도시에서 상업어음과 은행어음 인수 및 할인 업무가 첫선을 보였다. 1985년 4월 초를 기점으로 상업어음의 인수·할인 업무가 전국적으로 확대일로에 들어섰다.

장기자금시장은 우선 1981년부터 중국 정부가 에너지원, 교통 등의 중점항목 건설자금을 모으기 위해 발행한 국채를 필두로, 1984년 7월 북경(北京)의 천교(天橋)백화점이 일반인을 상대로 최초 주식을 발행하였다. 이와 함께 광동(廣東), 요녕(遼寧), 상해(上海) 등지의 국유기업도 부분적으로 주식과 채권을 발행에 들어갔다. 이런 추세는 80년 말경에 이르러 중국 증권발행의 기본적인 골격을 형성시켰다.

1986년 9월 상해(上海) 주식시장이 개방되고 1990년 12월과 1991년 4월 상해(上海), 심천(深圳)에 증권교역소가 개업함에 따라 주식과 기타 증권이 상장되었을 뿐만 아니라, 1992년에 와서는 증권교역소, 증권자동교역처리시스템, 지방증권교역센터 등의 교역체계가 자리잡았다.

셋째, 외화관리체제를 개혁하였다.

중국은 개혁개방 이래 외화관리체제 개혁을 꾸준히 진행 중에 있다. 그중에서 1994년 1월 1일에 발표된 외화관리체제 개혁안을 보면 다음과 같다.

① 외환권(FEC)을 인민폐로 통합하여 단일 환율로 일원화시키고, 환율제도도 일정 범위 내에서 변동을 허용하는 관리변동환율제로 바꾸었다.

② 은행이 외화를 결제하고 자체적으로 외화를 팔 수 있게 하였다.
③ 국가계획에 의한 외화수지(外貨收支)의 통제를 취소시키고, 국가는 주로 경제·법률 수단을 통해 대외 국제수지에 대한 거시적인 조절과 통제를 맡도록 하였다.

넷째, 은행 간의 외화교역시장을 만들어 외화자금이 전국적인 범위 내에서 유통되도록 방침을 세웠다.

새로운 외화체제의 운용 이래 인민폐의 시장환율이 지속적으로 안정적인 상승세를 보이고 있으며, 국가의 외화 보유도 큰 폭으로 증가하였다. 1998년 초에 집계된 중국의 외환보유고는 1,341억 달러로 알려졌다. 이러한 결과는 통일적이고 안정적인 환율정책이 대외무역수출에 크게 기여하였기 때문이다.

최근 동남아 금융위기로 인하여 중국의 위엔화가 평가절하될 것이라는 소문이 한참 돌았다. 이러한 중국 금융위기설은 중국 금융체제의 불투명성과 산적된 외채, 국유은행의 부실 등이 원인으로 지적되고 있다. 중국에서 가장 취약한 경제 분야가 은행인 것은 사실이다. 특히 은행대출에 대해서는 고위직 공무원들의 정치적 대출압력 등으로 파행적인 운영이 이루어져 부실채권이 남발될 위기가 도처에 산재해 있다.

아울러 태국이나 인도네시아와 견줄 만큼 중국의 금융시스템이 부실하여 97년 상반기 통계로 외채액이 1,186억 달러를 보여 금융위기가 발생하기 전의 태국과 인도네시아보다 더욱 심각하다. 그리고 국유기업의 부채 규모가 GDP의 84%에 이르는 약 8,000억 달러에 육박하고 있다. 이에 회수 불능인 부실채권 규모가 약 2,000억 달러로 사실상 은행권에서는 파산상태라는 게 일반적인 여론이다.

그러나 중국은 금융위기설에 대해 9개월분의 수입대금에 해당하는 외환을 보유하고 있다는 점과 지속적인 무역흑자를 내고 있다는 점을 이유로 자신감을 보였다. 그렇다고 중국 정부가 자국의 금융시스템을 믿고만 있는 것은 아니다. 언제 붕괴될지 모르는 세계금융전쟁에 대비하기 위해 중국 정부는 주룽지(朱容基)를 대표로 하는 중앙금융 업무담당조직을 만들어 새로운 금융개혁을 실시하였다.

① 부실대출의 온상이 되고 있는 중국인민은행의 지방지점을 축소한다.

② 난립된 금융사를 축소 정리하거나 관리를 강화한다,

③ 분산된 대출권에 대한 중앙통제를 강화한다.

④ 중앙은행의 시중은행 감독권을 강화한다.

⑤ 금융영역의 대외개방 일환으로 보험회사의 전액출자를 허용한다.

⑥ 금융제도의 투명성을 위해 금융활동의 법제화와 규범화를 실시한다.

결론적으로 말하면, 이러한 금융위기설의 압박 속에서도 중국경제체제의 개혁은 국민경제를 진일보시켰다. 그러나 총체적으로 본다면, 여전히 중국의 사회주의 시장경제체제는 아직 걸음마 단계에 머물러 있으며, 완벽한 현대기업제도 수립을 위해 넘어야 할 산들이 수두룩하다.

6) 중국의 최신 경제동향

(1) 중국의 외자유치정책

우리나라의 최대 투자대상국이자 3대 수출대상국인 중국은 1998년 7월 이후 아시아 금융위기의 여파로 외자유치에 겪는 어려움을 타개하고자 4개항에 달하는 대책을 내놓았다.

첫째, 적극적이고 체계적으로 서비스, 무역영역을 개방하여 외자유치의 중점으로 삼는다.

이를 위해 상업, 대외무역, 여행사 등에 대한 시험실시의 범위와 숫자를 확대하고 회계, 법률자문, 항공운수 등의 영역으로 개방범위를 넓힌다. 그리고 금융, 통신 영역의 시험개방도 단계적으로 실시한다.

둘째, 국유기업들의 외자유치를 적극 장려하는 동시에 사영기업(私營企業)에 대해서도 외자를 유치하여 경제를 활성화시킬 수 있도록 허용한다.

셋째, 외국기업의 투자를 적극 유치하고 국유기업과 외국기업 간의 합작을 추진한다.

넷째, 중서부지역의 외자 이용을 촉진하기 위해 현지의 유망한 산업 프로젝트를 허가하여 외국투자기업에 대해 특혜를 부여한다.

현재, 이런 대책과는 반대로 외국기업에 주어지던 세금혜택이 하나둘 사라지는 추세이다. 98년 4월에 발표된 중국 정부의 입장에 따르면, 2000년부터 외국기업에게 주어지던 소득세 감면혜택을 폐지하고 외자기업과 중국 기업의 소득세 체계를 단일화시킨다.

이유는 소득세 감세혜택으로 인한 탈세 행위가 증가일로에 있으며, 생산성 향상은 무시하고 세제감면에만 혈안이 된 상황을 타개하기 위한 방책에 불과하다. 그러나 표면적으로는 세계무역기구(WTO) 가입을 앞두고 차별적 세금적용은 불가피하게 폐지해야 할 입장이라고 중국정부는 밝히고 있다.

현재 중국은 자국기업에 대해서는 33%의 기업소득세를 적용하는 반면, 외자기업에 대해서는 지역과 업종에 따라 제로세금을 적용하거나 최고 5% 안팎의 세금을 부과한다. 아울러 중국은 외국인 투자에 대한 구조조정을 실시할 계획을 세워 두고 있는데 이 역시 자국산업 보호책으로 알려졌다. 참고로 1998년 5월 말까지 중국 정부의 비준을 받은 외국투자기업은 모두 31만 200개이며, 실제 이용 외자액은 2,367억 5,600만 달러에 육박하였다.

(2) 세계 최대시장으로 부상하는 중국

거대한 몸뚱이를 이끌고 빠른 성장을 보이고 있는 중국은 최근 발생한 동남아 금융위기에도 불구하고 여전히 최대의 잠재력을 가진 시장으로 손꼽힌다. 세계은행의 예측에 따르면 중국은 앞으로 10년 동안 8%의 고도성장을 이룩할 것이며, 5년 이내에 고정자산 투자총액이 1조 5,000억 달러에 이를 것으로 전망하고 있다.

이러한 전망과 더불어 중국이 세계 최대시장이 될 수 있다는 증거로, 중국 내 고정자산투자 가운데 외국투자의 비중을 들 수 있다. 즉 중국 고정자산투자 가운데 소요설비의 68%, 자동차설비의 70%, 고정밀설비와 NC공작기계설비 및 핸드폰의 95% 등이 외국에서 투자한 것이다. 그리고 세계적인 다국적 기업인 모토롤라사의 중국 내 연간 매출액이 27억 달러로, 이미 중국 시장의 70% 이상을 장악하여 중국 시장이 세계적인 초대형 시장임을 말해 준다.

현재까지 중국은 직접투자 형식으로 외국으로부터 1,000여 억 달러를 받아들였으며, 전국적으로 경공업, 방직, 기계, 전자, 원자재 공업, 요식업, 숙박업 등의 개방과 함께 은행업, 보험업, 도매업, 대외무역 등도 문호도 곧 해제될 예정이다.

그리고 무엇보다 중국이 큰 시장이라는 것을 실감시키는 것은 엄청난 인구에 의한 소비능력이다. 최근 들어 중국인의 소비성향까지 변하면서 과거 TV, 냉장고 등의 가전제품에 호기심을 나타냈던 중국인들이 전화, 자동차, 컴퓨터, 주택, 교육, 과학, 관광 등으로 관심사항이 바뀌었다.

또한 9억 인구가 살고 있는 농촌의 소비능력은 이미 중국 농촌의 소비품 총소매액이 1조억 위엔에 다다랐다. 즉, 과거 농기구 판매가 기계판매 점유율에서 9위를 보였던 것이 현재는 1위로 급부상하였다. 자동차의 중국 시장은 앞으로 십여 년 동안 빠른 속도로 수요가 증가하여, 불과 몇 년을 앞둔 2000년에는 세계 7위의 수요국으로 등극함과 동시에, 2010년에는 미국, 일본 다음으로 큰 시장이 될 것이라고 이구동성(異口同聲)으로 말한다.

이런 전망은 중국이 현재 진행 중인 '구오계획(九五計劃)' 기간 동안 자동차 수요가 연 9%로 성장하여 '구오계획(九五計劃)' 마지막 해인 2000년 자동차 총수요량은 250만대를 초과할 것이 분명하다. 그리고 2001년에서 2010년까지 중국의 자동차 수요량이 연평균 8%의 증가를 보여 2010년의 자동차 수요량이 550만 대에 이를 전망이다.

이 같은 속도로 중국의 자동차 시장이 확대된다면 2000년 중국의 자동차 보유 대수가 1,800~2,100만 대, 2010년에는 4,400~5,000만 대를 뛰어넘고 있어, 급성장하고 있는 중국 시장의 자동차 수요에 대한 우리의 관심이 절실하다.

(3) 세계 최대의 부동산 시장으로 떠오른 중국

중국 건설부에 따르면 주택이 중국 부동산 시장의 가장 큰 영역이라 할 수 있다. 그렇다면 중국 주택 시장의 규모는 얼마나 될까?

양적인 수요 차원에서 분석해 보면, 95년 말 현재 중국 도시민의 일 인당 거주 면적은 이미 7.9㎡에 달해 2000년에는 8㎡의 목표를 초과할 것으로 예상된다. 중국의 개혁개방 이전 20년 동안 신축한 주택 총면적은 138억㎡로 그 가운데 농촌이 109억 5천만㎡, 도시가 28억 5천만㎡였다. 96년 당시 1인당 주거 면적이 4㎡ 이하인 도시가구가 300여 만개나 되고 도시 재개발 면적은 3천만㎡에 달하였다. 97년 말 중국 도시의 미분양 상품주택 면적은 7천만㎡, 그중에 일반주택이 3,880만㎡이다.

질적인 수요분석에 의하면, 97년 말 12억 중국 인구 가운데 도시인구가 약 3억 5,600만 명으로 일 인당 거주 면적은 8.22㎡를 기록하였다. 중국의 인구는 오는 2000년 13억, 2010년 14억에 달할 것이라고 중국 정부가 예측하고 있다. 2000년이 되면 중국의 도시인구는 약 4억 7,600만 명 정도로 늘어나게 된다.

따라서 일 인당 9㎡ 주거 면적 목표치를 달성하려면, 원래의 도시인구만으로 4년간 새로 수요되는 주택 면적은 10억 8,000만㎡이다. 만약 일 인당 주거 면적을 12㎡에 도달시키려면 전국 도시의 원래 인구 약 4억 7,600만 명을 위해 새로 건설해야 하는 주택 면적은 14억 2,800만㎡로, 수요가 증가한 1억 6,000만 명을 위한 주택 면적은 19억 2,000만㎡로 근 10년간 새로 건설해야 할 총주택 면적은 무려 33억 4,800만㎡에 이른다.

여기서 '구오(1997~2000년)' 기간에 새로 건설해야 할 13억 5,800만㎡를 합하면, 향후 14년간 새로 건설해야 할 주택 면적은 총 47억 600만㎡나 된다. 앞으로 14년간 연평균 3억 3,600만㎡의 주택을 새로 건설해야 한다는 계산이 나오는 것이다.

아울러 중국 경제가 계획대로 경제성장을 이룬다고 가정하면, 주택 수요뿐만 아니라 중요 상업건설, 레저시설 그리고 특수 목적의 부동산 투자의 잠재능력은 엄청나다고 할 수 있다.

6

정신적 교두보,
중국의 교육

1. 근대교육의 역사

1) 고대교육

　중국 교육의 시작은 씨족사회 후기인 하대(夏代)로 거슬러 올라간다. 하지만 하조(夏朝) 시기의 교육은 '학교'라는 말이 생기기 전 초보적인 교육이 실시되었던 시기였다. 상조(商朝)에 들어와서 문자 중에 '대학(大學)', '소학(小學)', '교(校)', '서(序)', '상(庠)' 등의 교육기관 명칭이 사용되었음을 역사적 자료를 통해 알 수 있다. 이후 모든 왕조(王朝)를 막론하고 중국 고대사에서 주요하게 분류되는 교육기구는 관학(官學), 사학(私學), 서원(書院) 등의 3가지 유형으로 나누는 특징을 가지고 있다.

　또 다른 고대교육의 특징은 유교경전을 주요 교재로 한 교육이 오랫동안 시행되면서 '유가교육사상'이 고대 교육의 발전에 지대한 영향을 미쳤다.

　이처럼 유교경전 위주의 교육이 진행되게 된 원인은 교육이 치국(治國)의 근본이며 인간의 심신발달에 큰 영향을 미친다고 생각했기 때문이다. 공자는 '성상근야, 습상원야(性相近也, 習相遠也)'라는 명언을 남겼으며, 공자의 제자였던 자하(子夏)는 '사이우즉학, 학이

우즉사(仕而優則學, 學而優則仕)'라는 말을 남겨 관직과 교육을 밀접하게 연결시켜 유가의 교육목적을 설명하였다.

중국의 전통교육은 중국 역사와 같이 오랜 세월을 보내며 중국뿐만 아니라 동아시아 문화를 지탱하는 중요한 정신으로 자리하고 있음은 의심의 여지가 없다.

2) 근대교육

1840년 아편전쟁(阿片戰爭) 이후 청왕조(淸王朝)가 나날이 쇠퇴하면서 중국 교육은 서방자본주의의 영향을 받으면서 서서히 근대교육으로 전환되었다. 당시 교육사상이 급변하게 된 배경에는 청말기(淸末期)에 이르러 극대화된 과거제도의 폐단과 이름뿐인 관학의 무기력화, 현실과 동떨어진 유가경전 중심의 사학교육 등에 있었다. 결국 선비들은 책만 들여다볼 뿐 국력을 키울 실무적인 재능과 실용적 학식을 탐구하는 사람들이 없었다.

때마침 유럽과 미국에서 온 선교사들이 중국에 학교를 설립하고 서적을 발행하는 등 근대자본주의교육을 보급시키면서 중국 교육사상이 서서히 근대화의 물결을 타기 시작하였다. 또한 중국 자체적인 교육개혁으로는 청말기(淸末期)에 추진되었던 '양무운동(洋務運動)'에 잘 나타나 있다.

당시 양무운동(洋務運動)을 이끌었던 양무파(洋務派)들은 문화교육의 개혁을 주장하여 1862년 북경에 중국 최초의 근대식 학교인 '경사동문관(京師同文館)'을 세웠으며 이를 계기로 도처에 많은 신식

학교들이 문을 열었다.

교육개혁은 중국 내 학교설립뿐만 아니라 외국의 선진기술을 배우기 위해 1872년부터 청정부(淸政府)는 10세에서 16세 사이의 학생 120명을 미국으로 보냈으며, 1876년에도 다시 유학생을 선발하여 독일, 영국, 프랑스 등지로 보내 군사, 제조, 운전 등을 배우도록 하였다.

중국 전통교육이 근대교육 체제로 탈바꿈하려는 노력은 이후에도 줄곧 이어져 20세기 초까지 중국에는 많은 신식 학교들이 생겨났다. 1905년에는 청정부(淸政府)에 의해 문제투성이 과거제도가 철폐되어, 1,300여 년을 이어오던 봉건제도의 산물이 작별을 고하였다. 그중에서 대표적인 것이 바로 1998년 개교 100주년을 맞아 대대적인 행사를 치렀던 북경대학(北京大學)의 전신 경사대학당(京師大學堂)의 설립이었다.

기울어가던 청조정(淸朝廷)이 마침내 1912년 신해혁명(辛亥革命)으로 무너지고, 새로이 성립된 임시정부는 당시 교육가로 잘 알려진 차이위앤페이(蔡元培)를 교육총장으로 임명하였다. 이에 교육개혁령을 선포하고 봉건교육제도를 전면적으로 폐지하는 한편 '덕육(德育), 지육(智育), 체육(體育), 미육(美育)의 균형 있는 발전'을 근간으로 하는 새로운 교육방침을 내놓게 되었다.

그리고 새로운 학제(學制)를 편성하고 대학에 문(文), 이(理), 법(法), 상(商), 의(醫), 농(農), 공(工)과를 두는 한편 법정, 의학, 약학, 농업, 공업, 상업, 외국어 등을 가르치는 전문학교를 설립하기도 하였다.

통일된 틀에서 이루어지던 중국의 교육근대화는 1921년 중국 공산당이 창설되면서 공산당이 주도하는 혁명근거지 교육과 국민당 통치지구가 이끄는 교육으로 양분되었다.

중국공산당이 실시한 교육은 사회주의 사상을 심기 위한 주민교육에 역점을 두었다. 이러한 사상교육을 중심으로 '보습(補習)학원'과 '독학대학'등을 개설하고, 문화사상과 혁명사상을 선전하여 많은 사람들이 공산주의를 이해하고 따르도록 하는 교육사업을 추진하였다.

항일전쟁 시기를 맞은 중국 공산당은 항일 근거지에 항일군정대학(抗日軍政大學), 섬북공학(陝北公學), 노신예술학원(魯迅藝術學院), 연안대학(延安大学) 등을 건립하였으며, 국민당과 혈전을 벌이던 해방전쟁 시기에는 공산해방지구 내부의 교육사업이 한층 확대되었다.

이와는 반대로 국민당은 1922년 국민당 정부의 교육부가 공포하였던 '신학제교육(新學制教育)'을 꾸준히 실시하였다. 하지만 항일전쟁이 시작된 후 국민당 통치지구 내의 많은 학교들은 큰 피해를 입어 정상적 교육을 실시하지 못할 지경이었다. 특히, 북부지역과 연해(沿海) 일대에 자리한 일부 대학들은 일본의 교육 간섭을 피해 내지(內地)로 학교를 옮기기도 하였다.

전체적으로 신중국성립(新中國成立) 전(前)의 근대교육의 특징은 ① 현대과학문화의 기초지식 전파 ② 전국 청장년의 80%에 달하는 문맹률 ③ 낮은 교육보급률 ④ 변경지역과 소수민족지구의 교육 낙후 등이다.

2. 현대교육의 성과

1) 교육사업 발전의 역정(歷程)

신중국(新中國) 교육사업의 발전은 크게 4단계로 나눈다.

첫째, 1단계(1949∼1957년)는 신중국(新中國)이 수립되어 새로운 사회주의체제의 기초를 닦던 시기로 중국 정부는 국민당 정부 시대의 학교조직과 교학과정 및 교학내용을 과감히 뜯어고쳐 과학적이고 대중적이며 민족적인 교육의 기반을 다져 나갔다.
  이 과정에서 중국 정부는 외국의 보조금을 거부하고 정부의 재정을 투입하여 교육주권을 되찾고 특정인에 한해 실시되던 교육을 광범위하게 확대·개방시켰다. 1952년에는 구중국(舊 中國)의 산물인 불합리한 고등교육기관의 분포와 구조를 개선 시켜 시대가 요구하는 인재를 시의적절(時宜適切)하게 배출시 킬 수 있도록 하였다.
  하지만 이 시기 역시 중국의 실제상황을 고려하지 않고 맹목적 으로 소련식(蘇聯式) 교육모형을 흉내냈다는 비판적인 평가도 나오고 있다.

둘째, 제1단계 교육사업 기간 동안 소련(蘇聯)의 교육모형을 맹목적 으로 답습하여 그다지 큰 성과를 거두지 못했던 중국은 2단계

(1957~1965년) 사업시기를 맞아 중국 현실에 맞는 초보적인 교육발전사업을 추진하였다.

즉 1958년부터 1960년 사이에 '교육혁명'을 전국적으로 실시하여 새로운 학교를 건립하는 등 노력을 기울였다. 그러나 근본적으로 중국 정부의 지도사상이 좌충우돌하는 정치 불안 때문에 학교 질서가 문란해졌다. 선생들과 학생들이 정치활동 및 생산활동에 동원되는 시간이 부담으로 작용하여 교육의 질은 더욱 낮아지는 경향을 보였다.

이에 중국 정부는 1961년부터 교육사업을 대대적으로 정돈하기 위해 학교를 감축하거나 규모를 축소하였을 뿐 아니라 노동과 정치활동보다 교학(教學)을 위주로 하는 교육정책과 교육의 질을 제고시켜 교육사업의 안정된 발전을 이룩하였다.

셋째, 1966년부터 1976년까지의 3단계(段階)는 중국(中國)의 동란기(動亂期)로 불리는 문화대혁명(文化大革命)이 있던 시기(時機)로 문혁(文革)은 중국(中國)의 교육발전(教育發展)에 큰 타격(打擊)과 손실(損失)을 주었다.

즉 문혁시기(文革時期)는 사상개조(思想改造)를 최우선(最優先)으로 인식(認識)해 정규학교(正規學校)의 어떤 교육(教育)도 정치적(政治的)인 미명(美名) 아래 배척(排斥) 당하고 전국(全國) 대부분(大部分)의 학교(學校)가 장기간 수업(長期間授業)을 중단(中斷)하고 각종 정치활동(各種政治運動)의 참여(參與)를 강요(強要)받았다.

심지어 교사들에 대한 불공정한 대우가 공공연하게 이루어져 정상적인 교학생활은 거의 마비되었다. 당시 대학은 근 4년 동안 학생들을 모집할 수 없었다. 문혁(文革)이 진행되었던 10년 동안 중국 정부는 모두 10만 명의 석사생, 100만 명의 대학 본과생과 전문대학생, 200여 만 명의 중전(中專) 졸업생을 줄이는 정책을 시행하였다.

문화대혁명(文化大革命) 당시의 여파가 오늘날까지 남아 학생들이 선생님들에게 인사하는 습관은 거의 찾아볼 수 없으며, 거의 동등한 입장에서 수업하는 분위기를 느끼게 할 때도 있다. 중국이 유교의 종주국이라고 이해하고 있는 우리들로서는 좀처럼 이해가 가지 않는 부분이기도 하지만, 이런 현상들의 배후에 문혁(文革)의 아픔이 아직 남아 있는 것이다.

넷째, 제4단계(1977년~현재) 시기에는 문화대혁명(文化大革命) 이후 전면적인 정돈작업이 진행되어 다시 대학에서 전국의 학생을 대상으로 통일적인 학생모집을 시작하였으며, 일련의 교학규정, 학사제도 등을 회복시키기에 이르러, 교육을 문혁(文革)이 실시되기 이전의 상태로 환원시키는 작업을 펼쳤다.

1979년 이래 중국 교육은 개혁개방의 진행에 맞춰 국가가 필요로 하는 경제역군들을 양성하는 데 중점을 두고, 다각적인 교육개혁을 실시하면서 꾸준한 발전을 이루었다.

2) 중국 교육사업 발전의 성과

중국 교육사업이 발전하면서 이룩한 가장 큰 성과는 사회주의 건설을 위한 대량의 인재의 배출이었다. 중국은 현재 국가발전이라는 역사적인 과도기에 처해 국가가 필요로 하는 인력의 공급을 최우선 목표로 잡고 교육의 확대와 교육구조의 합리화를 추진 중이다.

1995년 통계에 의하면 전국의 보통고등교육기관(일반대학, 전문대학)의 숫자가 1,054개에 육박하였다. 이들 기관에 재학 중인 총학생은 290.6만 명으로, 그 가운데 전문대 재학생의 비율이 46%였다. 또한 1978년 재개된 석사·박사과정에서 수학 중인 인원이 1993년 통계로 43.1만 명, 석사학위 취득자가 25.9만 명, 박사학위 취득자가 1.4만 명으로 나타났다.

현재 중국 학생들의 가장 큰 염원은 졸업 후 해외로 유학을 가는 것이다. 1995년 통계로 세계 100여 개국에서 유학한 인원수가 25만 명에 이르렀다. 그중 8만 명이 유학을 마치고 귀국하여 중국 경제발전에 동참하고 있다. 그러나 유학을 갔던 학생들의 귀국률이 30~40% 밖에 되지 않는다.

이 밖에도 중국은 전국에 분포된 많은 교육기관의 수요를 충족시키기 위해 세계 각국의 외국전문가와 외국교수들을 경쟁적으로 초청하였다. 중국대학을 예로 들면, 국가에서 비용 일체를 지불하거나 교환교수 형식으로 교수를 초빙하여 일정기간 동안 학생들을 상대로 영어교습과 전문강좌를 맡겼다.

두 번째 성과로 꼽히는 것은 학교운영 체제개혁으로 다양한 학교운영 방식을 도입하였다. 이로 인해 각급 지방정부에서 자체적으로 학교를 세우고 기초교육, 직업기술교육, 성인교육, 농업과학교육 등 여러 가지 형태의 교육을 실시하여 국민들의 교육률을 높였다.

또한 교사들의 지도능력 향상을 위해 전국 각지에 사범학교가 생겼으며, 대학 등에 중점 교육기관으로 사범대학을 지정하여 우수 인력 배출에 힘쓰고 있다. 이외에도 95개의 사범교육 교류센터, 249개의 교육학원, 2,100개의 교사연수학교가 설립되어 교사들의 교학능력과 업무능력 향상으로 교육의 질이 높아졌다.

그러나 이러한 노력에도 불구하고 중국의 교육사업은 여전히 중국의 현대화 건설과 사회주의 경제체제 확립에 필요한 인재를 충분히 공급하지 못하는 실정이다. 더불어 ① 지역 간 교육수준의 편차 ② 기초교육 소홀 현상 ③ 일부 지역 초·중학생들의 중도 휴학 ④ 교육개혁에 대한 긴장감 부족 ⑤ 학교운영 조건 및 교사 대우 등 아직 풀어야 할 과제가 산적해 있다.

3. 교육의 지위, 방침과 기본제도

1) 교육의 우선정책과 교육방침

중국인들에게 교육은 사회주의 현대화 건설의 성패와도 직결된 것으로, 지속적인 인재를 배출하지 못하고는 경제부흥정책에 크나큰 차질이 빚어질 것은 확실하다. 특히 중국은 나날이 새로워지는 '신기술 혁명시대'를 맞아 종합적인 국가경쟁력이 과학기술 경쟁과 국민소질 경쟁에서 나온다고 생각하고 범국민적인 소질함양과 전문인재 양성에 여념이 없다.

이러한 중국의 교육방침은 '유이상, 유도덕, 유문화, 유기율(有理想, 有道德, 有文化, 有紀律)'이라는 말에 잘 함축되어 있다. 그렇다고 중국이 추구하는 교육방침이 맹목적인 책상공부만을 강요하지는 않는다.

'중화인민공화국교육법'의 5조를 보면 "교육은 사회주의 현대화 건설을 위해 노력해야 하며 반드시 생산노동과 결합하여 지(智), 덕(德), 체(體) 등을 두루 갖춘 사회주의 건설자와 계승자로 육성해야 한다"라고 규정짓고 있다. 이 글에서 우리는 중국의 교육이 개인적 발전을 추구하는 인간형을 배제하고, 미래의 번영된 국가를 만들겠다는 중국인들의 강렬한 의욕을 짐작게 한다.

2) 교육의 기본제도

(1) 취학 전 교육, 초등교육, 중등교육, 고등교육의 학교 교육제도

우리나라의 유치원교육에 해당하는 중국의 취학 전 교육은 유아원교육, 가정교육, 사회교육 등 3가지로 나눈다. 중국은 취학 전 교육을 위해 '공영(公營)'과 '민영(民營)'의 2가지 방법을 동시에 적용하고 있다. 정부에서 통합적으로 실시하는 방법을 지양하고, 지방인민정부 위주의 유아원 건립에 사회 각 단체들이 협력하는 형태로 나아가고 있다.

유아원교육은 보통 3~6세의 유아를 모집하여 나이에 따라 반을 나눠 교육을 실시하며, 일반적으로 보육과 교육을 결합한다는 원칙 아래 연령에 따라 놀이와 신체활동을 통해 손과 뇌를 발달시키는 교육을 진행 중이다.

중국의 '초등교육'은 우리나라의 초등학교에 해당한다. '중등교육'은 중학교와 고등학교를 통틀어 부르는 명칭이다. 초등교육은 우리나라의 경우 6년제를 운영하고 있지만, 중국은 5년제와 6년제를 동시에 실시하고 있다. 중등교육은 다시 '초급중학(우리의 중학교에 해당)'과 '고급중학(고등학교에 해당)'으로 나눈다.

여기에 초급중학은 3년 학제와 4년 학제로 구분된다. 5년제 초등교육을 받은 학생은 4년제 초등중학을 선택해야 하고, 6년제 초등교육을 받은 학생은 3년제 초등중학에 입학한다. 그리고 고급중학의 학제는 3학년제로 우리와 같다.

앞에서 언급한 9년 의무교육제도는 바로 초등학교와 초등중학의 학제를 합친 9년으로, 단계적으로 의무교육을 확대하고 있는 중이다. 초등학교와 초등중학의 학기는 우리나라와 같이 매학년, 두 학기로 이루어져 있다. 그러나 우리가 3월에 새 학년을 개학하는 반면, 중국은 9월에 새 학년이 시작된다.

중국 학생들의 일 년 교학시간은 초등학교 38주, 초등중학 39주, 고등중학 40주로 규정되어 있다. 1995년 9월 1일부터 초등학교와 초등중학 모두 주 5일제 수업을 시행 중이다. 고등중학 과정에는 필수과목과 선택과목이 나누어져, 필수과목은 국가가 지정하고 선택과목은 각 지역의 특성을 감안하여 정한다.

주요 교과내용을 볼 것 같으면 초등학교의 경우 언어, 수학, 자연, 사회, 체육, 음악, 미술, 노동, 사상인품과 덕성 등으로 짜여져 있다, 초등중학은 언어, 수학, 역사, 지리, 물리, 화학, 생물, 외국, 체육, 음악, 미술, 노동기술, 사상정치 등을 가르친다.

그리고 보통고등중학에서는 어문(語文), 수학, 외국어, 물리, 화학, 생물, 역사, 지리, 체육, 노동기술, 정치 등의 과목을 배운다,

중국의 보통고등교육은 한국의 전문대학, 본과, 석박사 과정을 일컫는 말로 그 가운데 전문대학 학제 2~3년, 본과 학제 4~5년, 석사과정 2~3년, 박사연구생과정 3년으로 구성된다.

예를 들면, 본과 과정에서 일반적인 사회과학이나 경제부문 학과는 4년제이고, 중국의학이나 공과계열과 같은 전문적인 교육이 필요한 학과에 대해서는 5년제를 시행하고 있다.

(2) 직업교육제도와 성인교육제도

중국의 직업교육은 직업기술학교나 다양한 직업기술 연수를 통해 이루어진다. 직업교육에는 초등, 중등, 고등직업교육의 세 단계가 있으며, 이 중에서 중등직업교육이 중국직업교육의 주류를 이룬다.

고등직업교육기관은 직업기술사범학원(한국의 대학에 해당함), 고등직업기술학교(한국의 대학에 해당함), 단기직업대학 등이 있다.

'직업기술사범학원'이란 중등직업기술학교에서 교편을 잡게 될 전문교사와 실습지도교사를 육성하는 곳이다. 아울러 보통중학에서 개설된 노동기술과목을 가르칠 교사를 양성하는 한편, 재직 교사들의 연수교육도 책임진다.

'고등직업기술학교'는 국가경제건설에 필요한 중·고급 전문기술 및 관리인력을 양성하는 교육기관으로 응용교육과 실기교육을 중점적으로 시행한다.

'단기직업대학'은 중·대도시에 있는 지방정부가 자체 자금과 인력으로 설립하여 고등중학(고등학교) 졸업생을 교육하고 있으며 2~3년제 학제로 운영된다. 이 기관은 주로 지방 자체 내에 긴급 수요되는 각종 전문인력을 양성하는 역할을 담당한다.

중등직업교육기관에는 중등전업학교, 직업중학과 기공(技工)학교는 초등직업교육에 속한다.

'중등전업학교'는 주로 생산 제일전선에서 일할 중등전문기술인재를 양성하는 곳으로 일반적으로 4년제 학제로 운영된다. 주로 초등중학 졸업생을 대상으로 하고 있지만, 특수한 경우 소수의 고등중학

졸업생을 모집하여 2년제 교육을 시행하기도 한다.

'직업고급중학'은 중급 기술자와 중등기술을 가진 농민, 중등관리인원, 중등기술인원 및 기타 업종에 종사할 중급 인원을 양성하는 기관이다. 이 기관은 주로 초등중학 졸업생을 모집하여 2~4년 동안 직업교육을 진행한다.

'기공(技工)학교'는 3년 학제를 통해 기술자를 양성하는 중등직업학교로 초등중학을 졸업한 사람을 모집하여 기술자와 각종 재직 기술자 및 미취업청년들의 교육을 전담한다.

'초등직업교육'은 대개 초등중학으로 진학하지 못한 초등학교 졸업생들의 직업기술교육을 실시하는 곳으로 주로 농업기술을 가르친다.

이들 교육기관들을 제외하고도 중국은 다양한 형식의 직업훈련과정을 두고 있는데 그 대표적인 것이 2,000여 곳이나 되는 취업훈련센터이다. 주로 컴퓨터, 타자, 미용기술 등을 교육하는 이곳은 정부의 허가를 받아 개인이 직접 설립한 경우가 많다. 최근 중국의 실업률이 가중됨에 따라 이러한 사설기관을 찾아 재취업의 길을 모색하는 사람들이 줄을 잇고 있다.

또한 농민을 주요 대상으로 하는 '초중등 성인기술양성학교'는 성인교육과 직업교육, 기초교육 등의 3자를 결합시킨 것으로 농촌에서 요구되는 초·중급 실용기술인재를 양성하는 곳이다.

이 밖에 '성인고등학력교육'은 대학교가 개설한 방송강의와 야간대학 및 독립적으로 개설된 성인고등학교에서 진행하고 있다. 중앙방송국에서 실시하는 'TV대학'은 전국적인 TV방송 교육 네트워크를 통해, 학력교육(學歷敎育)을 실시하고 있을 뿐만 아니라 직업교육을 중점으로 하는 비학력교육도 함께 이루어진다.

　중국 역시 우리나라와 비슷한 '독학고시제도'를 두고 있는데, 이는 중고등전업학교 고시자들에게 시험을 통과한 인원에 한해 국가가 이에 상당하는 학력을 인정해 주는 제도이다.

(3) 학위제도

　중국의 학위는 학사, 석사, 박사의 3등급으로 나누어져 있다.

　첫째, 고등교육기관의 본과 졸업생으로 성적이 우수하고 규정된 학술 수준에 도달한 자에 한해 학사학위를 수여한다.

　둘째, 고등교육기관과 과학연구기구의 연구생 또는 연구생 졸업과 학력을 소지한 자는 석사학위과정 시험과 논문발표, 성적합격 및 규정된 학술 수준 도달 여부 심의 등을 거친 후 석사학위를 수여한다.

　셋째, 박사학위는 고등교육과 과학연구기구의 석사생 또는 석사생 졸업과 동등 학력을 가진 사람에게 석사학위와 비슷한 과정을 거쳐 수여한다.

　학사학위는 국무원이 권한을 부여한 고등교육기관이 담당하며, 석사학위와 박사학위는 국무원이 권한을 부여한 고등교육기관이나 과학연구기구에서 수여한다.

　학위수여 단위는 '학위평정위원회(學位評定委員會)'를 설립하고 관련학과의 '학위논문발표위원회'를 조직하게 되어 있다.

(4) 국가 교육시험제도

중국 교육시험의 종류와 방법은 중국 교육행정부서에 의해 확정된다.

중국도 우리나라와 마찬가지로 만 6세가 된 모든 아동은 초등학교
(중국에선 소학교)에 입학 해야 한다. 이미 기본적으로 초등중학교육
이 보급된 지방에서는 학적관리규정에 따라 초등학교를 졸업한 학생
은 무시험으로 초등중학에 들어갈 수 있다.

하지만, 고등중학교 졸업생이 대학에 들어갈 때는 반드시 지방교육
행정부서가 조직한 통일된 시험을 치러야 대학에 입학이 가능하다.

대학에서는 '졸업합동시험제도'를 시행해 국가가 인정한 성급(省
級) 일반대학졸업수평고사합동시험에 참가한 성적합격자에게만 졸
업장을 수여한다.

일반대학의 입학생 선발은 전국에서 통일적으로 실시하는 시험을
거쳐 신입생들을 뽑는다. 이 시험은 국가교육위원회로 하여금 통일
적인 시험과목과 시험일자, 출제문제를 확정하게 하고, 구체적인
시험관리와 답안지 채점은 각 성(省), 자치구(自治區), 직할시(直轄
市)의 신입생모집위원회에서 책임을 맡는다.

석사생과 석사연구생도 전국적으로 신입생을 모집하는데 보통
각 성(省), 자치구(自治區), 직할시(直轄市)의 고등교육 신입생 모집
관리처와 연구생 모집단위에 의해 공동 조직되어 모집한다. 그러나
자체적인 신입생 모집 권한을 가진 단위에서는 자체적인 입학시험을
치를 수 있도록 하고 있다. 반면에 박사생 모집은 보통 모집단위에서
자체적으로 시행한다.

4. 교육발전과 교육개혁

중국은 1979년 개혁·개방 이래 중국 특색의 현대화 건설이라는 시대적 사명에 걸맞는 인재를 양성하기 위해 교육업무개혁에도 심혈을 기울여 왔다.

1993년 2월 국무원이 〈중국교육개혁(中國敎育改革)과 발전강요(發展綱要)〉를 발표해 90년대에서 21세기 초까지의 교육개혁과 교육발전의 청사진을 제정한 후, 1994년 6월에 열린 전국교육업무회의에서 전체 사회의 교육우선발전이라는 기치 아래 보다 효율적인 〈중국교육개혁과 발전강요〉를 추진하자는 의견이 모아졌다.

〈중국교육개혁(中國敎育改革)과 발전강요(發展綱要)〉의 주요 내용을 요약하면 다음과 같다

첫 번째, 20세기 말까지 기본적으로 9년 의무교육을 보급하고 청장년의 문맹을 퇴치한다.

두 번째, 직업교육과 성인교육의 발전을 이룬다.

세 번째, 교육소질 향상과 학교운영효율을 제고하여 고등교육을 중점 발전시킨다.

네 번째, 학교설립체제를 다양화하여 민간의 역할을 강화하고 소수민족(少數民族)의 민족교육(民族敎育)을 활성화시킨다.

다섯 번째, 고등교육 관리체제를 개혁하여 각 성[省: 자치구(自治區), 직할시直轄市)] 의 권한을 늘려 빠른 경제성장에 부응할 교육기관을 설립한다.

여섯 번째, 일반고등교육기관과 중등 이상의 직업학교 학생모집 및 수업료, 졸업생 취업제도 등을 수정·보완하여 유료교육(자비교육)과 장학금, 대학금(貸學金), 학비보조금 등을 결합한 일련의 제도로 3D전공(남들이 회피하는 학과) 지원자들에게 혜택을 준다.

일곱 번째, 교육투자를 늘리고 학교설립 조건 완화로 교육의 발전을 꾀한다.

7

4대 발명을 빚어낸
중국의 과학기술

1. 고대 과학기술

15세기 이전의 중국 과학기술 수준은 세계를 선도하는 입장이었다는 것에 이견을 달 사람은 아무도 없을 것이다. 이런 주장을 반증하는 것이 바로 중국의 4대 발명이다.

중국인의 손에 의해 발명된 나침반, 화약, 제지술, 인쇄술은 세계문명의 진보, 특히 세계과학기술분야에 지대한 공헌을 한 것으로 평가받고 있다. 그리고 4대 발명에 준하는 농학, 의학, 천문학, 수학, 지구과학 등의 고대 과학지식 역시 고대 중국의 과학 저력을 뽐내기에 충분하다. 이외에도 중국이 기타 국가들에 비해 상당한 기술수준을 보였던 야금(冶金), 건축(建築), 수리(水利), 방직염색, 도자기, 양조(釀造)분야 등이 중국의 고대 과학을 대표하고 있다.

1) 농학

우리가 잘 알고 있듯이 고대 중국은 농업 위주의 경제를 지향한 나라였기 때문에 농업기술의 발전은 당시 고대사회의 명운(命運)이 달린 문제였다.

지금으로부터 7,000년 전의 원시고대 문화유적지에서 출토된 유물들을 살펴보면, 중국의 선조(先祖)들이 일찍이 채집과 수렵경제에서 벗어나 황하(黃河)와 양쯔강(長江)유역의 넓은 지역에 정착하고 조, 보리, 벼 등의 작물재배와 돼지, 소, 양 등의 가축을 사육하였다.

중국은 벼, 보리, 콩, 조, 수수 등 주요 재배작물의 세계적 원산지 중 하나이며 과일, 채소, 꽃, 약재들의 고향이다. 중국 고대인들은 인류역사상 최초로 뽕나무를 재배하여 양잠기술을 발명하였다. 오랜 세월 동안 농업생산에 종사하면서 터득한 풍부한 경험과 농업문화 유산들을 후대에 물려주고 세계 각지로 전파시켰다.

통계에 의하면, 현재 중국에 남아있는 유명한 농업학 전문서적만 약 500~600권이나 된다. 그 가운데 기원전 239년에 씌어진 〈여씨춘추(呂氏春秋)〉의 '상농(上農)', '임지(任地)', '변토(辨土)', '심시(審時)' 등의 책이 현존하는 최고(最古)의 농서(農書)이다.

또한 기원전 1세기경 서한(西漢)시대에 씌어진 〈사승지서(氾勝之書)〉와 서기 1세기 동한(東漢)의 반고(班固)가 쓴 〈한서(漢書)〉의 '예문지(藝文志)'는 각각 당시의 선진농업 생산기술과 경영관리 방법을 논술하고 있다.

서기 6세기 초 북위(北魏)시대의 가사협(賈思勰)이 저술한 〈제민요술(濟民要術)〉은 윤작(輪作) 방법을 총정리한 농업과학서적으로 모판을 이용한 육묘법(育苗法)과 나무접목기술, 훈연방상법(薰煙防霜法, 연기를 피워 서리를 예방했던 농업기술) 등이 전한다.

이 밖에도 서기 13세기 왕정(王禎)이 저술한 〈농서(農書)〉는 북방의 가뭄지대와 남방의 수전(水田)지대에서 행하여졌던 경작기술을 종합 정리하였다. 특히, 각종 작물과 채소, 과일, 약재 등의 재배보호기술과 보관이용방법이 기술되어 있을 뿐만 아니라 당시까지 개발된 농업기계들도 그림으로 소개하는 모습이 보인다.

가장 최근인 서기 17세기 초 명대(明代)의 서광계(徐光啓)가 쓴 〈농정전서(農政全書)〉에는 '농본(農本)', '전제(田制)', '농사(農事)', '수리(水利)', '농기(農器)', '수예(樹藝)', '잠상(蠶桑: 누에치기와 뽕나무 재배)', '종식(種植)', '목양(牧羊)', '제조(製造)', '황정(荒政: 기근구제정책)' 등을 소개하는 10여 개 분야 60권이 있다. 그 분량만 해도 70만 자 이상으로 중국 농업과학을 집대성한 거작(巨作)이라 하지 않을 수 없다.

2) 천문학

중국은 천문학에 관심을 가지고 세계에서 가장 먼저 학문으로 발전시킨 나라이다. 그래서 중국에는 수천 년 동안 쌓인 세계적인 귀중한 천문자료들이 많다.

상서(尙書), 요전(堯典)〉의 기재에 따르면, 기원전 24세기경 제요(帝堯)시기에 천문관(天文官)을 두어 전문적으로 천문을 관찰하고 시간을 알리게 하였다는 내용이 전한다. '요전(堯典)'에는 1년을 366일로 나누고, 해 질 무렵 남쪽 하늘에서 관찰된 항성(恒星)을 근거로 1년을 4계절로 나누었다. 아울러 윤달을 사용하여 월과 계절을 조정하였다는 내용도 있다.

기원전 21세기에서 기원전 16세기에 존립하였던 하조(夏朝)시기의 것으로 알려진 〈하소정(夏小正)〉이라는 책에는 12달의 순서에 따라 매달의 성상(星象), 기상(氣象), 물후(物候)의 특징과 그달(月)에 맞춰 종사해야 할 농업활동과 정치활동을 기재하였다.

또한 기원전 16세기에서 기원전 11세기에 나타났던 은상(殷商)왕조의 것으로 보이는 갑골문자(甲骨文字)에는 숫자를 사용하여 월(月)을 기록하고, 간지(干支)를 활용해 날짜를 기록한 자료가 남아있다. 일식(日食), 홍염(紅焰), 월식(月食)과 신성(新星)을 관찰한 기록도 있을 정도로 중국의 천문학은 역사가 깊다.

춘추전국시대(春秋戰國時代)에 들어 중국 천문학은 이미 일반 관찰에서 벗어나 보다 체계적이고 과학적인 수량화된 관찰을 시작하였다. 그 후 2,000여 년 동안 발전을 거듭하여 중국의 고대천문학은 천상관측, 천상기록, 천체측량, 역법편제, 우주이론 및 관측측량기기의 제조 등 여러 방면에서 큰 성과를 거두었다. 이미 기원전 613년〔노문공(魯文公) 14년〕에 처음으로 헬리혜성에 관한 기록이 남아 있고 춘추전국시대(春秋戰國時代)에서 청조(淸朝) 말까지 약 2,500여 년 동안 혜성에 관한 기록이 모두 500여 차례나 언급한다.

이 밖에도 기원전 13세기의 상대(商代)에서 서기 1700년까지의 3,000년 동안 중국은 모두 90개의 신성(新星)과 초신성(超新星)을 발견하였다. 천문학뿐만 아니라 중국인들은 우주이론 방면과 고대우주이론에 정통하여 하늘과 땅의 관계, 우주의 본질, 우주의 구조, 우주의 크기, 우주의 변화 등 다방면에 걸친 풍부한 유산을 남겼다.

중국 고대천문학에 이처럼 많은 성과가 있었던 것은 역대 천문가들의 관측대 건설과 관측측량기계의 연구제작 결과이다. 중국에 현존하는 유명한 고대천문관측대로는 하남(河南)의 '등봉관성대(登封觀

星臺)'와 북경의 '고관성대(古觀星臺)'가 있다.

오늘날까지 남아 있는 등봉관성대(登封觀星臺)의 유적은 원조(元朝) 초년에 건립된 것으로 이미 700년의 역사를 자랑한다. 고관성대(古觀星臺)는 서기 12세기 금대(金代)에 세워져 원·명대(元明代)를 거치면서 서서히 개조되어 오늘날의 모습을 갖추었다. 현재, 우리가 볼 수 있는 고관성대(古觀星臺)는 서기 15세기에 세워진 것으로, 이미 550년의 역사를 가진다.

3) 수학

중국 고대과학 가운데 수학은 지금으로부터 7,000년 전인 앙소문화(仰韶文化: 중국 황하유역 신석기시대의 문화)에서 출토된 도기(陶器)에 이미 숫자를 표시하는 부호가 새겨져 있는 것으로 보아 유구한 역사를 가진 학문임을 알 수 있다.

그리고 기원전 16세기 상대(商代) 중기의 것으로 알려진 갑골문자(甲骨文字)에는 십진수 숫자와 그 숫자 기록법이 기재되어 있다. 가장 높은 숫자가 3만이었다고 한다. 기원전 11세기에서 기원전 8세기 서주(西周)시대에는 수학이 이미 당시 선비계급들이 습득해야 하는 '육예(六藝)'의 하나로 중시되었으며 간단한 4칙연산도 운용되기 시작하였다.

기원전 8세기에서 기원전 3세기의 동주(東州)시기에는 '구구단(九九段)'을 암기하는 것이 일반 상식화되었다. 또한 분수(分數)와 각도(角度), 표준양기용적(標準量器容積)계산 등의 수학 지식이 널리 유행하였다. 기원전 2세기 이후에는 중국 최초로 많은 수학 전문서적이 앞다퉈 쏟아져 나와 산술(算術), 대수(對數), 기하(幾何) 등의 수학 지식을 포함한 실제 문제의 계산과 해결을 특징으로 하는 수학체계가 서서히 형성되었다.

서기 10세기에서 14세기, 송원(宋元) 시기에는 고차방정식(高次方程式) 해법과 다원고차방정식(多元高次方程式) 해법, 일차동여식(一次同余式) 해법과 고차유한차분법(高次有限差分法) 등이 나와 중국 고대수학 발전의 절정기로 불리고 있다.

4) 지구과학

〈죽서기년(竹書紀年)〉의 기록에 따르면, 기원전 1590년[하대(夏代) 제발(帝發) 7년)] 태산(泰山)에서 지진이 발생하였다는 내용이 전하고 있다. 기원전 5세기에서 기원전 3세기의 전국시대(戰國時代)에는 〈산해경(山海經)〉, 〈우공(禹貢)〉 등의 지구과학 전문서적이 편찬되었다.

〈산해경(山海經)〉 속의 '오장산경(五藏山經)'에는 중국 각 지방의 주요 산맥과 하천 그리고 70여 종의 광산자원들이 기록되어 있으며 〈우공(禹貢)〉에는 각 지방의 토양, 광산자원 및 동식물자원 등을 소개하는 모습이 보인다.

1972년 호남(湖南)의 장사(長沙)에 자리한 '마왕퇴서한묘(馬王堆西漢墓)'에서 그 정밀도가 현대의 지도와 거의 흡사한 유물이 출토되었다. 이 문화재는 산맥을 표시할 때 현재 사용하는 등고선과 유사한 화법을 활용해 지도를 만들었는데, 세계적으로 현존하는 지도 중에서 가장 높은 가치를 지닌다.

동한(東漢)시기 왕충(王充)에 의해 저술된 〈논형(論衡)〉에는 '조석현상(潮汐現像)'과 '달운행'에 대한 기록이 남아 있다. 더불어 장형(張衡)이라는 사람은 세계 최초로 지진측정기기인 '지동의(地動儀)'를 제작하였다.

그리고 반고(班固)가 쓴 〈한서·지리지(漢書·地理志)〉에 석유에 대한 기록이 있어 석유의 가치를 그 당시에 이미 깨우친 것으로 추측된다. 한편 사천(四川)에서는 천연가스를 이용하여 소금을 구웠다는 기록이 남아 있을 뿐만 아니라 화석이 생물유체의 부식과정에서 형성되었다는 인식이 나타나기 시작하였다.

서기 6세기 초 북위(北魏)의 도원려(道元驪)는 〈수경주(水經注)〉라는 책을 빌어 1,252개 하류의 수원(水源)과 하도(河道), 지류(支流), 유역수문(流域水文), 지형(地形), 기후(氣候), 토양(土壤), 산물(産物) 등에 대해 광범위한 기록으로 종합적 성격을 띤 지리서로 평가받고 있다. 이외에도 송대(宋代)에는 세계지도에 상당하는 '화이도(華夷圖)'와 중국 지도에 상당하는 '우적도(禹迹圖)'가 뛰어난 정확도를 자랑한다.

5) 기술성과

중국의 야금기술은 기원전 4000년에 존립하였던 용산문화(龍山文化: 기원 전 2300년경~기원 전 1800년경 중국 북부의 황하 중류에

서 하류에 걸쳐 퍼져 있는 신석기시대 후기의 문화) 시기부터 발전이
시작되었다. 하북성(河北省) 고성현(藁城縣)에서 출토된 '철인동월
(鐵刃銅鉞)'이라는 청동 도끼는 날이 철(鐵)로 만들어져 이미 기원전
14세기에 철(鐵)이 사용되었음을 증명하고 있다.

철(鐵)이 처음으로 사용되었던 시기에는 청동기(靑銅器)와 철(鐵)
을 섞어 이용하였으나, 기원전 5세기 전국시대에 들면서 제철, 주철,
제련, 담금질 등 철(鐵)을 대상으로 하는 기술이 하나둘씩 발명되면서
순수한 철(鐵)만을 활용하였다. 서기 10세기에는 담수침동법(膽水
浸銅法), 즉 세균작용을 이용한 야금기술이 세계 최초로 응용되었다
는 점에서 그 의의가 크다.

중국 고대의 도자기 제조기술은 기원전 5000년 앙소문화(仰韶文
化) 시기에 이미 채문도기(彩文陶器)를 제조하는 기술을 가지고
있었다. 중국을 최초로 통일하였던 진(秦)나라의 진시왕릉(秦始皇
陵)에서 출토된 대형 병마도용(兵馬陶俑)은 당시 도자기 제조기술이
상당한 수준이었음을 보여준다.

고대 과학기술의 성과에서 빼놓을 수 없는 수리기술(水利技術)은
4000여 년 전에 기록된 '대우치수(大禹治水)'라는 전설에서, 잦은
물난리와 가뭄으로 흉작을 거듭하던 중국 고대인들이 하류(河流)에
둑을 쌓고 물을 막아 하도(河道)로 물꼬를 트는 등의 치수공수(治水供
水)를 시작하였다.

기원전 7세기에서 기원전 3세기의 춘추전국시대(春秋戰國時代)
에는 촉국(蜀國), 오국(吳國), 위국(魏國)이 도랑을 파서 논으로 물을
관개하였다는 기록이 전해오고 있어 치수관개기술(治水灌漑技術)

이 오랜 시간을 두고 발전되었음을 알 수 있다.

진대(秦代)에 들어서는 이빙부자(李氷父子)에 의해 역사적으로 길이 남을 '도강언[都江堰: 중국 사천성(四川省)에 있는 수리시설]'이 시공되었다. 이 공사는 성도(成都) 평야 일대의 홍수예방, 농사용수 공급이라는 작용을 하여 이 지역을 혜택받은 땅으로 만들었다.

기원전 2세기에는 한무제(漢武帝)가 영하평원(寧夏平原)과 관중평원(關中平原) 곳곳에 용수로를 뚫어 영하(寧夏)와 관중(關中) 일대에 관개지구(灌漑地區)를 형성시켰다. 그 후 서기 7세기 초 수대(隋代)에는 기존의 관개통로(灌漑通路)를 기초로 하여, 낙양(洛陽)을 중심으로 북으로는 북경(北京), 남으로는 항주(杭州)에 이르는 총연장 2,000여km의 대운하(大運河)를 개통시켜 해하(海河), 황하(黃河), 회하(淮河), 양쯔강(長江) 등 4개의 수계(水系)를 연결시켰다.

이 같은 대운하 건설은 세계 역사상 최초이자 최대 규모이며 최대 연장(最長)을 자랑하는 인공운하라는 점에서 의의가 크다.

고대 중국의 건축문화 또한 만리장성(萬里長城), 진시황릉(秦始皇陵)을 비롯하여 항우((項羽)에 의해 불태워진 아방궁(阿房宮)에 이르기까지 역사에 길이 남을 건축물이 만들어져 고대 중국 건축기술의 심오한 깊이를 느끼게 한다. 이 밖에도 세계적으로 유명한 중국의 비단은 이미 2,000여 년 전부터 고대 방직기술 발달로 시작된 것이며 칠기(漆器), 제염(制鹽), 항해(航海), 제차(制茶), 양조(釀造) 등에서도 눈부신 기술성과를 보였다.

6) 4대 발명

(1) 제지술(製紙術)

중국의 문자인 한자(漢字)는 이미 6천 년의 역사를 가지고 있다. 종이를 발명하기 전에는 '거북의 등'이나 '우골(牛骨)'에 새기거나, 죽편(竹片)이나 목판(木板)에 주로 기록을 남겼고, 후대에 와서는 실이나 마(麻)로 만든 섬유종이를 사용하기도 하였다.

그러나 옷을 만들어 입기도 빠듯한 당시의 생활 여건에 섬유를 종이로 사용한다는 것은 비현실적이었을 뿐 아니라 대량으로 생산할 수도 없었던 단점을 가지고 있었다.

마침내 동한(東漢)시대에 들어 채윤(蔡倫)이라는 사람이 역대 종이 만드는 경험을 연구하여 서기 2세기 초에 나무피와 낡은 포(布), 어망(漁網) 등을 이용하여 새로운 제지법(製紙法)을 발명하기에 이르렀다.

이렇게 만들어진 종이는 가격이 저렴할 뿐 아니라 무엇보다 얇고 질겨서 많은 사람들의 환영을 받아 빠른 속도로 전국 각지로 퍼져나갔으며, 얼마 지나지 않아 다시 한반도와 일본, 유럽 등지로도 전해졌다.

(2) 인쇄술

책을 만드는 인쇄기술은 인류 진보의 척도로 인쇄기술이 발명되기 전에는 손으로 책을 쓰는 방법을 사용하였기에 그 불편함과 비효율성은 일일이 다 말할 수가 없었다.

서기 4세기에 접어들면서 사람들은 석비(石碑)를 탁본하는 기술을 습득하였다. 그리고 당대(唐代)에 와서 조판(雕版)인쇄술이 발명되어 목판 위에 글자를 새기고 먹물을 묻혀 종이를 한 장씩 인쇄하기에 이르렀다. 그러나 이러한 인쇄방식이 인쇄 속도를 향상시키기는 하였으나, 한 번 새긴 글자를 두 번 다시 사용하지 못한다는 단점이 있어 새로운 인쇄술의 출현이 요구되었다.

드디어 11세기 북송(北宋)시대에 필승(畢升, ?~1051년)이라는 사람이 활자인쇄술(活字印刷術)을 발명하였다. 활자인쇄술은 찰흙을 아교로 굳혀서 만든 활자를 하나의 목판 위에 배열한 후 먹을 발라서 인쇄하는 방법으로 인쇄를 마친 활자를 다시 사용할 수 있다는 장점이 있었다. 이 시기에 필승(畢升)이 활용한 재료는 점토활자로 후대에 나타난 연자(鉛字)활자 인쇄의 기초가 되었다.

(3) 나침반

나침반은 2천여 년 전 중국인이 자성(磁性)을 가진 천연의 광석(鑛石)인 자철석(磁鐵石)을 발견한 후, 자석(磁石)을 실에 매달아 걸어두었다가 남과 북을 가리키는 성질을 발견하고 이를 응용하여 만든 것이다.

최초의 나침반(羅針盤)은 국자 모양이었고, 후대에 가서는 고기 모양의 지남어(指南魚)가 널리 사용되다가, 마침내 현대의 나침반(羅針盤)으로 탄생하였다. 나침반(羅針盤)은 북송(北宋)시대에 아라비아와 일부 유럽국가에 전해져 항해기술의 발달과 각국 간의 문화교류 증진에 적지 않은 공헌을 하였다.

(4) 화약

화약(火藥)의 발명은 도가(道家)에서 만드는 불로장생약(不老長生藥)의 연단술(煉丹術)과 직접적인 관계가 있다. 근본적으로 연단술(煉丹術)을 이용하여 불로장생약(不老長生藥)을 만든다는 것은 불가능한 일이었지만 이러한 과정을 거치면서 야련(冶鍊)기술을 비롯하여 다양한 화학지식(化學知識)을 자연스럽게 습득하게 되었다.

이런 경험을 기초로 후대인들이 초석(硝石)과 유황(硫黃), 목탄(木炭)을 일정한 비율로 배합하여 흑화약(黑火藥)을 제조하였다. 당대(唐代) 초기에 불로장생약(不老長生藥)의 제조과정으로 화학제조법(火藥製造法)이 기록에 의해 전해지고 있지만, 무기(武器)로 처음 사용된 것은 당대(唐代) 말기였다. 그리고 본격적인 화약(火藥)의 제작과 사용법의 보급은 송대(宋代)에 들어서면서 이루어졌다.

이렇게 만들어진 화약(火藥)은 남송(南宋) 때 아라비아에 전래되었으며, 후에 다시 유럽으로 전해져 유럽의 군사공업과 경제발전을 가속화시켰다.

2. 현대의 과학기술

1) 과학기술의 발전방침과 그 전략

서기 14세기 후반부터 20세기 초까지 500여 년간 중국 봉건사회가 나날이 쇠퇴함에 따라 중국 과학기술 발전도 침체일로에 빠졌다. 결국 중국은 동양을 훨씬 앞지른 서양의 근대 과학기술을 받아들이지 않을 수 없었다.

서양의 과학기술이 중국으로 전래된 시기는 16세기 말로 기독교 선교사가 중국에 들어와 선교하면서 시작되었다. 이러한 경로를 통해 300여 년 동안의 완만한 서양 과학기술 흡수와 융합으로 중국의 과학기술도 점진적으로 발전을 시작하였다. 그러나 빠른 성장을 보이는 서방의 과학기술과 비교해 보면 구중국(舊中國)의 과학기술은 여전히 낙후된 수준을 벗어나지 못하고 있었다.

공산화 이후 중국은 과학기술 사업발전에 중점을 두고 신속한 발전을 위해 1949년 11월, 중국과학원(中國科學院)을 설립하여 자연과학과 사회과학의 연구사업을 총괄하도록 맡겼다. 그리고 1956년 중국은 '1956~1967년 과학기술발전청사진강요(科學技術發展靑寫眞綱要)'를 제정하였으며, 1958년에는 '중화인민공화국 기술위원회'와 '중화인민공화국 과학기술협회'를 만들었다.

이 시기가 바로 중국 과학기술사업이 체계적으로 발전하는 단계에 접어든 때이다. 1950, 60년대 중국은 원자력, 전자공학, 반도체,

자동통제, 계산기, 제트엔진기술, 레이저 등의 신흥과학기술을 태동·발전시켰다. 또한 수학, 물리학, 화학, 천문학, 지구과학, 생물학 등의 기초과학을 충실히 발전시켜 나가는 등 과학기술 현대화의 노력으로 국제 선진기술 수준과의 격차를 점차 줄여 나갔다.

문화대혁명(文化大革命)이 끝난 1977년 이후부터 중국은 농업, 공업, 국방, 과학기술의 현대화를 주요 목표로 하는 새로운 시대가 도래하였다. 1978년에 열린 전국과학대회에서 '1978~1985년 전국 과학기술발전계획강요(全國科學技術發展計劃綱要)'가 제정되고, 얼마 지나지 않아 개혁개방정책의 확정으로 중국의 과학기술 발전은 일반적 발전개념에서 국가의 운명을 책임지는 전략적인 위치로 발돋움하게 되었다.

즉 과학기술의 발전을 통한 경제발전을 추진한다는 기본적 방침이 수립된 것이다. 1985년 9월 중국은 경제발전을 실현하기 위한 전략목표의 하나로 1985년부터 1990년까지를 과학기술발전전략기간(科學技術發展戰略期間)으로 확정하였다.

이 내용을 요약하면 다음과 같다.

첫째, 보급성이 높고 효과가 빠른 과학기술을 꾸준히 개발한다.

둘째, 경제건설과 사회발전 중에 나타났던 기술 미비점을 해결하는 데 총력을 기울이면서 이와 상응하는 기술을 개발·보급한다.

셋째, 적극적으로 새로운 고급기술을 개척하여 신흥산업발전에 이바지한다.

넷째, 국내과학연구를 외국에서 도입한 외국 선진기술과 융합할 수 있도록 적절한 방법을 강구한다.

다섯째, 지속적인 응용연구와 기초과학연구를 강화하여 장기적
발전을 도모한다.

이처럼 신중국 수립으로 시작하여 개혁·개방이 실시된 이후부터
중국은 자체적인 과학기술 개발에 국가의 명운을 걸고 있다. 특히,
외국의 선진기술을 적극적으로 도입함과 동시에 중국 실정에 맞는
생산기술을 개발하여 낙후된 중국 사회를 한 단계 높이는 데 여념이
없다. 이는 신형설비 연구제작, 신상품 개발, 현대과학 기술력 향상
등을 통해 찬란했던 고대 중국의 영화를 되찾으려는 의지가 엿보인
다.

2) 과학기술의 성과

중국은 농업 분야에서 전반적인 기술발전을 꾀해 농작물 가운데
우량종(優良種) 비율이 80%에 육박한다. 특히 선택배양과 비닐하우
스 재배, 다모작(多毛作) 등에 과학기술을 응용하여 비교적 높은
생산효율을 이룩하고 있다.

중국은 농업영역 외에도 과학기술을 임업(林業), 어업(漁業), 목축
업(牧畜業) 등과 결부시켜 고품질(高品質), 다생산(多生産)을 추진
중이다. 일례로 적도를 기준으로 남북 15도 사이에서 재배된다는
고무나무를 과학기술을 이용하여, 북위 18도에서 24도 사이의 광범
위한 지역으로 재배지를 넓혀 중국을 고무생산 세계 랭킹 5위로

끌어올렸다.

이처럼 중국의 공업기술은 서방선진국들의 60년대 기술 정도에서 세계 선진기술 수준에 이르기까지 불균형한 기술력을 나타내고 있다. 이 가운데 야금산업(冶金産業)은 이미 서방선진국을 모방하여 대형화, 고효율화, 자동화가 실현되었고, 제강기술도 세계 선진기술에 근접하였다.

또한 석유공업과 전력공업, 석탄공업, 기계공업에서 눈에 띄는 성과를 보이고 있다. 한창 발전 중인 자동차공업은 주요 차종의 국산화율이 지속적으로 높아지면서, 상해(上海)에 세워진 샌터너(Santana)자동차회사의 국산화 비율이 80%를 웃돈다.

중국 정부가 계획하고 있는 중점 과학연구부문은 80년대 초에 발표된 '과학기술 발전에 의한 경제건설 및 경제건설을 위한 과학기술발전' 방침을 위주로, 과학기술 성과와 과학기술의 분산된 문제점 등을 효율적으로 관리·해결하고 있다.

1997년 통계에 따르면, 매년 고등연구기관과 기업체에 투입되어 과학기술연구에 몰두하는 인원만 해도 10만 명에 이른다. 지난 10여 년간 이룩한 과학 성과를 현실경제에 응용하여 400억 위엔의 직접적인 경제성과도 창출하였다. 이처럼 중국의 과학기술은 막대한 투자와 광범위한 지원으로 그 효과를 보이고 있는 중이다.

8

신비스러운
중국의 한의학(漢醫學)

1. 중의학(中醫學)의 어제와 오늘

1) 의학(醫學)의 기원(원시시대~기원전 21세기)

의약의 발전은 인간의 활동과 생활 여정 중 겪게 되는 질병과 치료의 과정으로부터 얻게 되는 하나의 실천적인 학문으로써 중국에서 원시인(原始人)이 활동하던 시기부터 중의학(中醫學)이 발전하기 시작하였다는 추측에 의문을 제기하는 이는 없다.

고대 원시의 일상생활 속에서 기초를 닦아가던 중국의 의학은 약물(藥物)의 발견과 침구(鍼灸)의 사용으로 발전되어 오늘날의 중의(中醫)에 근접하는 형상을 띠게 되었다.

약물(藥物)의 기원은 여러 가지 주장이 있지만, 그중에서 우리도 잘 알고 있는 '복희씨(伏羲氏)와 신농씨(神農氏)'를 기원으로 한다는 2가지 주장이 가장 설득력 있게 받아들여지고 있다.

이것은 원시목축업과 원시농업의 시조로 알려진 이 두 사람이 농·목축업의 발전을 이루어내는 과정에서 원시 중의학(中醫學)의 재료가 되는 약물을 제공하였다는 가설로, 최초로 사용하였던 약물(藥物)이 식물이었다는 점이 이를 잘 반영해준다.

서양의학과 비교해 중의(中醫)라면 빼놓을 수 없는 것이 바로 침구(鍼灸)를 이용한 치료법이다. 이런 독일무이(獨一無二)한 침구(鍼灸)의 기원은 신석기시대로 추측하는 것이 중국학계의 다수 의견이지만, 신석기시대보다 몇 만 년 전인 구석기시대로 거슬러 올라간다는 학설도 있다.

기원이야 어떻게 되었던 최초의 침구(針具)는 쐐기형태를 한 날카로운 돌조각으로 후대에 나타날 금속 침구의 전신(前身)이 되었다는 것에는 모두가 동의하는 부분이다. 신석기시대 침구(針具) 모양은 칼(刀), 검(劍), 침(針) 등의 다양한 형태를 보이고 있지만, 이들은 대부분 종기라든지 고름 같은 것을 터트리는 단순한 역할만을 해, 오늘날의 침술(鍼術)과는 조금 거리가 있는 초보적인 단계이다.

'침구((鍼灸)'에서 '구(灸)'라는 말은 우리말로 '뜸'을 의미한다. 잘 아는 사실이지만 뜸이란 고정된 부분에 일정한 열을 가해 질병을 치료하는 것으로 뜸의 기원은 인류가 불을 사용한 이후의 시기일 것이다.

또한 고대 의학서적을 분석해 보면, 뜸이 비교적 한랭한 기후 속에서 생활하던 북방인들에 의해 제일 먼저 사용되어 서서히 질병치료의 한 부류로 각지에 보급된 것으로 나타나고 있다. 오늘날에도 중국에 거주하는 어룬춘족(鄂倫春族)과 장족(藏族)들은 땅바닥에 앉거나 수면을 취하는 야외생활에서 발생할 수 있는 관절염 같은 질병을 예방·치료하기 위해 수면을 취하기 전, 복부와 등에 뜸을 들이는 모습을 찾아볼 수 있다.

결론적으로 원시시대에 이루어졌던 의학에 대한 인류의 인식은 무의식적 생활 속에서 자생적인 발전을 이룬 하나의 행동철학으로, 쥐가 독(毒)을 마시면 흙탕물을 마셔 토하는 동물적 본능과 같은 단계에서 탈피하여, 보다 적극성을 띤 생활의학을 터득하려고 노력하던 '의학의 기원' 시기이다.

2) 초기의학과 위생활동[기원전 21세기~기원전 476년, 하조(夏朝)~춘추시대(春秋時代)]

이 시기를 대표하는 갑골문자(甲骨文字)에 숨어 있는 질병에 대한 한자(漢字)를 보면, 당시 의학에 대한 인식도를 간접적으로나마 알 수 있다. '蠱(벌레 고 또는 독충 고)'라는 한자를 표기한 글자는 그릇(皿) 안에 벌레들이 들어 있는 모양을 하고 있어, '뱃속에 든 기생충'을 나타내는 것임을 알 수 있으며, '충치 우(齲)'를 나타낸 글자는 이빨 위의 구멍을 가리킨다.

이는 세계 의학사에서도 큰 의의를 가지는 것으로 이집트, 그리스, 인도 고대서적에 기재된 '충치'의 역사보다 무려 700~1,000년이나 앞선다.

주대(周代)에 들어서면서 질병에 대한 병명(病名)이 고정화되기 시작하였다. 고서(古書)인 〈시경(詩經)〉에는 모두 40여 종(種)이, 〈산해경(山海經)〉에는 38가지의 병명(病名)이 기재되어 있다. 병명의 고정화는 체계화된 중의학(中醫學)의 발전에 적지 않은 공헌을 하였다.

또한 〈묵자·겸애상편(墨子·兼愛上篇)〉과 〈주례·천궁(周禮·天

宮〉〉 등의 문헌을 보면, 당시의 진단방법을 발견할 수 있을 것이다. 즉 "모든 질병은 그 근원이 어디인지를 파악하는 것이 선행되어야만 그 질병을 치료할 수 있다"는 것과 "환자의 오장(五臟)에서 나오는 기운과 말소리, 안색 등으로 환자에 대한 병의 경중(輕重)을 가려내며, 반드시 몸에 있는 9개 구멍과 오장육부(五臟六腑)의 반응을 반복적으로 관찰하여 치료를 하여야 한다"는 기록이 있다.

이 같은 진단법은 현대 중의학(中醫學)과 근본적으로 통한다는 점에서 중국 의학의 유구한 역사를 대변한다고 하겠다. 아울러 이 시기는 정(精), 기(氣), 신(神)이라는 인체와 우주의 관계를 정립하여 〈주역(周易)〉에 기원을 둔 음양오행(陰陽五行)이 중국 의학에 응용되기 시작하였다.

이외에도 질병의 근원을 연구하는 병인학(病因學)과 예방의학(豫防醫學)사상이 대두된 때이다. 약물(藥物) 지식은 전 시기에 비해 보약(補藥), 피임약(避姙藥), 예방약(豫防藥), 독약(毒藥), 해독약(解毒藥), 미용약(美容藥), 살충제(殺蟲劑) 등의 수량이 증가하였을 뿐만 아니라 약물(藥物)에 대한 임상경험이 풍부해졌다.

또한 원시 공동체사회에 기원을 둔 술(酒)이 가지는 흥분작용(興奮作用), 마취작용(痲醉作用), 강장작용(强壯作用), 살균작용(殺菌作用) 등을 무속형식(巫俗形式)을 통한 의학이 진행되던 이 시기에 치료제로 사용하는 방법을 깨우치게 되었다.

'의(醫)'라는 한자를 보면 '유(酉, 닭울음 유)'가 밑받침에 자리하고 있음을 볼 수 있다. 이는 환자의 신음소리와 치료 시 없어서는 안될 술(酒)의 중요성을 회의(會意)적인 조합구성으로 당시 질환치료와 술(酒)의 밀접한 관계를 잘 반영해 주고 있다. 이외에도 〈한서(漢書)〉에 기재된 술(酒)에 대한 약물작용은 '백약지장(百藥之長)'이라는 표현으로 마침표를 찍고 있어 가히 그 쓰임을 짐작하게 한다.

3) 의학이론 체계의 초보적 형성시기(기원전 475년~서기 265년, 전국시대~삼국시대)

이 시기 중국의학의 특징은 첫 번째로 의약(醫藥)에 대한 임상경험이 부단히 축적되는 기초 위에 이론을 집대성하는 단계에 접어들면서, 유명한 〈황제내경(黃帝內徑)〉과 〈상한잡병론(傷寒雜病論)〉, 〈신농본초경(神農本草經)〉 등이 집필되었다.

두 번째 특징은 편작(扁鵲), 순우의(淳于意), 화타(華佗), 장중경(張仲景)과 같은 유명한 명의(名醫)들이 나타나 임상의학 방면에 탁월한 업적을 남겼다. 특히 화타(華佗)는 일찍이 마취술을 사용하여 여러 차례에 걸친 복부 외과수술을 성공시켰다.

이때 씌어진 의학서를 간단히 살펴보면, 〈황제내경(黃帝內徑)〉은 21종에 달하는 고대의학서를 참고하여, 전국시대(戰國時代)와 진(秦)·한(漢) 왕조를 거치면서 여러 의학자들에 의해 공동으로 집대성되었다. 즉, 인간과 자연의 관계, 사람의 생리, 병리, 진단, 치료, 질병예방 등에 걸친 풍부한 내용들을 포함하고 있다. 그리고 이 책은 음양오행학설(陰陽五行學說)의 영향을 받았을 뿐 아니라 계절, 풍토, 사람의 체질에 따라 병을 다스리는 원리를 설명하고 있으며, 인체와 외부환경의 통일적 개념을 운용한 의학서이다.

〈상한잡병론(傷寒雜病論)〉은 장중경(張仲景)에 의해 씌어진 책으로, 저자 장중경(張仲景)은 대략 서기 150~219년에 살았던 의학자로 이 책의 서문에 서술한 것을 보면, 당시 장중경(張仲景)의 가족은 200여 명에 이르렀으나 서기 196년부터 10년 동안 2/3의 가족들을 전염병으로 잃었다. 이때, 사망자 중 7/10이 상한병(傷寒病)이라 불리는 오늘날의 장티푸스로 죽었다는 것이다.

　이에 자극을 받은 그는 장티푸스에 대한 연구에 몰입하여 마침내 〈상한잡병론(傷寒雜病論)〉이라는 책을 저술하였지만, 아쉽게 책은 전해지지 않고 있으며 후대사람에 의해 그중의 일부인 '상한(傷寒)' 부분과 '잡병(雜病)' 부분이 수집되어 〈상한론(傷寒論)〉과 〈금궤요략(金匱要略)〉의 2권으로 만들어져 현재에 전한다.

　이 책은 후대에 나올 당(唐)의 손사막(孫思邈), 송대(宋代)의 전을(錢乙), 한지화(韓祗和), 금대(金代)의 성무이(成無已) 등의 의학자들에게 큰 영향을 미쳤으며, 멀리 일본에까지 전파되어 임상(臨床)에 사용되었다.

4) 중의학(中醫學)의 전면적 발전 (265~960년, 서진(西晉)~오대(五代)

(1) 의학이론과 약재학의 발전

　이 시기 중의학(中醫學)은 임상의학이 주류를 이루면서 풍부한 의학 경험이 축적되었고 새로운 약재도 발견하였다. 또한 중국 내외로 의학 교류가 활발히 전개되었을 뿐만 아니라 수(隋)·당(唐) 시기에 들어서는 의학교육도 꾸준히 진행되었다. 아울러 맥학(脈學)의 연구에서 보였던 성과도 무시할 수 없다.

중의학(中醫學)에서 맥(脈)을 통해 질병을 다스린 역사는 일찍이 주대(周代)로 거슬러 올라간다. 즉 〈주례(主禮)〉에는 진맥(診脈)을 통해 오장육부(五臟六腑)의 질병(疾病)을 알아냈다는 기록이 남아 있다. 전국시대의 의학자인 편작(扁鵲)은 진맥(診脈)의 달인(達人)이었다.

그리고 〈내경(內徑)〉과 〈난경(難經)〉 등의 유명(有名)한 의학서적(醫學書籍)에도 상당(相當)한 분량(分量)의 맥학(脈學)과 관련(關聯)된 내용(內容)이 기록(記錄)되어 있는 것으로 봐서 맥(脈)을 이용(利用)한 의술(醫術)이 지속적(持續的)인 발전(發展)을 보였음을 알 수 있다. 한말(漢末)에서 진초(晉初)까지 활약(活躍)하였던 왕숙화(王叔和)라는 사람은 〈상한잡병론(傷寒雜病論)〉을 정리(整理)하고, 〈맥경(脈經)〉을 저술(著述)하는 2가지 업적(業績)을 남겼다.

'병인병후학(病因病候學)'이라는 연구분야의 발전도 빼놓을 수 없는 성과이다. 병인병후학(病因病候學)은 질병의 원인을 비롯하여 발병의 메커니즘을 분석하는 학문으로 수(隋)왕조에 들어서 이 분야에 대한 상당한 진전이 있었다.

또한 중국의 역사에서 여러 민족이 융합을 이루었던 위·진남북조(魏晋南北朝)시대에는 많은 소수민족(少數民族)들이 대륙으로 내천(內遷)하는 과정에서 다양한 의약경험과 약재를 들여와 당시 약재(藥材)에 대한 인식이 크게 발전하였다. 고로, 수·당((隋唐) 시기의 사회안정과 지속적인 대외교류에 힘입어 약재의 전입(轉入)도 중의학(中醫學)의 치료영역을 크게 확대시켰다.

(2) 임상의학(臨床學)의 발전

이 시기의 중의학(中醫學)은 침구학(鍼灸學), 내과(內科), 산부인
과(產婦人科), 소아과(小兒科), 외과(外科), 안마과(按摩科), 골상과
(骨傷科), 오관과(五官科)의 개별적인 전문화를 띠는 분업화의 길로
들어섰다.

침술(鍼術)의 집대성은 위·진(魏晉)시대에 들어 실현되었다. 황보
밀(皇甫謐)의 〈침구갑을경(鍼灸甲乙經)〉이 바로 그것이다. 당대(唐
代)에 들어와서는 천연색으로 된 '경락혈위도(經絡穴位圖)'와 중의학
(中醫學)의 독립된 분야로서의 침구학((鍼灸學)이 등장하였다는 사
실에서 당시 침구학(鍼灸學)의 발전을 대변한다.

〈침구갑을경(鍼灸甲乙經)〉을 저술한 황보밀(皇甫謐)을 제외하고
도 유명한 침구의(針灸醫)로는 갈홍(葛洪), 포고(鮑姑), 손사막(孫思
邈) 등이 있다. 특히 '포고(鮑姑: 309~363년)'는 중국 의학사의 최초
여성 뜸질 전문가로 질병치료 외에도 미용술(美容術)에 일가견이
있어 오늘날 중국 광주(廣州)에서 그녀를 추모하는 사당(祠堂)을
보존 중이다.

내과(內科)에 관한 전문서적은 아직 나오지 않은 시기였지만 내과
관련 내용을 포함하는 서적은 풍부하여 〈제병원후론(諸病源候論)〉
에 기재된 내과 관련 질병이 27권이나 되며, 784항에 달하는 내과
질병을 다루고 있다.

일례로, 이 시기 각기병((脚氣病)에 대한 인식은 쌀을 주식으로

하는 남방에서 많이 발병하며, 심장이 커지고 인체 내의 순환기 이상으로 사망에 이른다는 것을 알아냈을 정도였다. 그 처방으로 돼지 간, 팥, 콩 등을 먹으면 건강에 좋다는 결론까지 덧붙였다.

이는 각기병((脚氣病)이 비타민 B의 부족으로 야기된다는 오늘날의 연구결과와 상통하는 것으로, 치료 음식물에 '비타민 B'가 풍부한 것으로 나타나 당시 중의학(中醫學)의 고견(高見)을 느낄 수 있다. 반면 서양의학의 각기병((脚氣病) 인식은 네덜란드 의학자인 'Chxistiaan Eijkman'에 의해 1886년에 이루어졌다. 이로부터 8년 뒤에 각기병((脚氣病) 원인이 비타민 B의 결핍임을 밝혀내 1929년도 노벨의학상을 수상하였다. 중국의 의학과 무려 1천 수백 년의 차이를 보이는 대목이다.

중국 의학의 산부인과(產婦人科)에 대한 최초 기록은 갑골문자(甲骨文字)에서 찾아볼 수 있다. 전국시대(戰國時代)에 들어서는 이미 부인병(婦人病)을 치료하는 '대하의(帶下醫)'가 있었다고 전한다.

그리고 고대 유적지에서 출토된 〈태산서(胎產書)〉라는 책은 10개월의 임신 기간에 태아(胎兒)를 양(養)하는 방법이 기재되어 있어, 후세 산부인과(產婦人科)의 발전에 기초를 닦았다. 북제(北齊)의 서지재(徐之才)에 의해 씌어진 〈천금요방(千金要方)〉이라는 책은 부녀자의 위생문제와 557가지의 처방, 30여 가지의 뜸질법을 소개하였다.

또한 당나라 말기(唐末)에 이르러 전대(前代)의 저서들을 총결산한 〈경효산보(經效產寶)〉라는 산부인과(產婦人科)전문서가 나왔다. 여기에는 폐경(閉經), 대하(帶下), 임신(姙娠), 난산(難產), 산후

조리(産後調理) 등에 관한 자료와 임신 기간 중에 걸릴 수 있는 잡병(雜病)과 난산(難産), 산후증(産後症)을 다스리는 처방전(處方箋)도 보인다.

이때 들어 중의학(中醫學)의 전문과목으로 발전한 소아과(小兒科)는 〈맥경(脈經)〉에 이미 소아(小兒)의 맥법(脈法)에 대해 논하였다. 〈제병원후론(諸病源候論)〉에는 소아질병에 관한 6권의 서적과 255가지 질병을 기술하고 있다. 특히, 이 시기에 출산 시 탯줄을 절단하는 과정에서 파상풍(破傷風)이 발생한다는 사실을 알았다. 당대(唐代)에는 전문적으로 소아(小兒)를 치료하는 소아과(小兒科)가 설치되어 소아과(小兒科)의 독립적인 발전에 기본적 조건을 갖추었다.

외과(外科)는 일찍이 주대(周代)에 하나의 독립된 학문으로 인정받은 의학부문으로 진한(秦漢) 시기에 상당한 수준에 이르렀다. 〈삼국지연의(三國志演義)〉에도 화타(華佗)가 관우(關羽)에게 시술하는 장면이 자세히 묘사되어 있다. 특히, 조조(曹操)에게 머리의 외과수술을 권하였다가 죽임을 당하는 장면도 자세히 구술되고 있을 정도로, 외과(外科)는 이미 중국에서 광범위한 치료 방법으로 인정받았다.

이 밖에도 오관과(五官科)는 오늘날의 이비인후과(耳鼻咽喉科)에 해당하는 것으로 오관학(五官學) 역시 그 역사가 은상(殷商)시대의 갑골문자(甲骨文字)에서 흔적을 찾아볼 수 있다. 진·당(晉唐) 시기의 오관학(五官學)은 전대(前代)의 성과를 바탕으로 새로운 발전을 나타냈다. 특히 언청이에 대한 수술이 실시되어 미용의학의 선구자적 역할을 하였다.

수대(隋代)의 〈제병원후론(諸病源候論)〉에는 36종의 구강질환(口腔疾患)을 제외하고도 구강보건술(口腔保健術)을 소개하고 있다. 아울러 중이염(中耳炎)에 대해서도 기술하고 있을 뿐만 아니라 백내장(白內障) 치료와 사마귀 제거, 결막군살 제거, 첩모난생증(睫毛亂生症: 눈썹이 거꾸로 자라 눈을 자극하는 증세) 치료를 비롯해 심지어는 가짜 눈(假目)을 해넣는 기술도 생겨났다.

(3) 당시의 의학교류

이 시기 중국 의학교류는 동남아시아(東南ASIA), 중동지역(中東地域), 일본(日本), 한반도(韓半島) 전역까지 이루어졌는데 간단히 한반도(韓半島)와의 의학교류를 살펴보면 다음과 같다.

중의학(中醫學)이 한반도(韓半島)와 밀접한 관계를 갖기 시작한 것은 일찍이 진·당(晉唐)시대 이전으로 알려졌다. 즉 서기 541년에 사신(使臣)을 한반도(韓半島)에 파견하였다는 기록이 전해지고 있다. 당대(唐代)에는 〈소문(所聞)〉, 〈상한론(傷寒論)〉, 〈갑을경(甲乙經)〉, 〈신농본초경(神農本草經)〉, 〈제병원후론(諸病源候論)〉, 〈천금요방(千金要方)〉, 〈외태비요(外台秘要)〉 등이 전래되었다.

아울러 당조(唐朝)의 제도를 모방한 의학(醫學)과 박사(博士)가 설치되어 중의(中醫)를 폭넓게 연구하였다고 전한다. 반면에, 우리의 한의(韓醫) 지식을 포함하여 다양한 약재들이 중국으로 전래되어 도홍경(陶弘景)이 저술한 〈본초경집주(本草經集注)〉에 '오미자(五

味子), 곤포(昆布), 무이(蕪荑)' 등의 적지 않은 우리 약재들이 수록되었다.

이외에도 당대의 〈신수본초(新修本草)〉, 〈해약본초(海藥本草)〉에는 우리의 품종인 '백부자(白附子)와 현호색(玄胡索)' 등의 약재가 기재되어 있다. 각기병(脚氣病)을 치료하는 처방인 '고려노사방(高麗老師方)'을 비롯하여, 약효가 뛰어난 '신라인삼(新羅人蔘)'도 중국에 전해져 질병치료(疾病治療)에 많이 활용되었다.

5) 중의학(中醫學)의 탁월한 성과와 의가(醫家)의 형성(960~1368년)

송대(宋代)에 이르러서는 사대부가(士大夫家)의 선비들이 의학(醫學)을 겸하는 '유의(儒醫)'가 나타나 의학이론의 발전과 의학 경험의 집대성을 촉진시켰다. 또 송·금·원(宋金元)시기에는 국가에 의해 의약위생 행정기구와 관리체계가 생겨났으며, 의료제도와 관련 법규가 제정되어 당시 의약위생 상황이 개선(改善)의 일로(一路)를 보였다.

한편 의학 분류가 더욱 세밀해지고 침구과(鍼灸科), 산부인과(產婦人科), 소아과(小兒科), 골상과(骨傷科), 법의학(法醫學)의 발전이 빠르게 이루어졌다. 법의학(法醫學)은 특수한 형식의 응용의학으로 서기 951년에 편찬된 〈의옥집(疑獄集)〉이 중국 최초의 법의학(法醫學) 저서로 알려져 있다. 이 같은 법의학(法醫學)의 발전은 송대(宋代)에 들어 의학(醫學)이 현저히 발전하면서 일어난 일련의 범죄와 의료사고에 대한 송나라 조정의 의지를 담은 것으로 의학의 발전과

의료사고에 의한 범죄를 엄한 처벌로 다스렸다.

이외에도 1247년 법률집행 경험이 있는 송자(宋慈)에 의해 〈세원집록(洗寃集錄)〉이라는 책이 저술되었는데 ① 시체해부(屍體解剖) ② 검시(檢屍) ③ 현장검증(現場檢證) 등의 방법이 매우 구체적이다. 특히, 시체(屍體)의 상처가 피부 속으로 수축(收縮)되어 있으면 자살(自殺)이고, 반대면 타살(他殺)이라는 검시법(檢屍法)도 소개하고 있다. 원대(元代) 1279년에 이르러서는 〈세원집록(洗寃集錄)〉을 발전시킨 〈결안식(結案式)〉이라는 책이 나와 법의학(法醫學)의 완선(完善)에 기여하였다.

6) 중의학(中醫學)의 실천과 이론상의 새로운 발전 (1368~1804년, 명대(明代)~청대(淸代)·아편전쟁(阿片戰爭) 이전)

명·청대(明淸代)는 중국 봉건사회의 후기로 특이할 만한 것은 중의학(中醫學) 발전에 중요한 의의를 지니는 창조와 발전이 이루어졌다. 더욱이 많은 학자들에 의해 전대(前代)에 이룬 중의학(中醫學) 성과를 집대성하여 대량의 의학서적이 편찬되었다는 것과 외국과의 의학교류가 더욱 빈번해졌다는 것이다.

명·청(明淸)시기 본초학(本草學)을 다룬 저서들은 수량이 많고 대부분 개인에 의해 씌여졌다. 그 내용이 풍부하다는 특징을 가지고 있을 뿐만 아니라 원대(元代) 이전의 수준을 크게 뛰어넘었다. 이러한 본초학(本草學) 저서들 가운데 우리에게 낯익은 중의학(中醫學)의 베스트셀러가 〈본초강목(本草綱目)〉이다.

〈본초강목(本草綱目)〉은 16세기 이시진(李時珍)에 의해 완성된 것으로 이시진(李時珍)은 ① 전대(前代)의 본초서(本草書)에 잘못된 것 ② 중복된 것 ③ 빼먹은 것들이 많은 것을 알아차리고, 34세부터 27년 동안 800여 종의 문헌을 참조하여 마침내 60세 되던 1578년에 〈본초강목(本草綱目)〉을 세상에 내놓았다.

〈본초강목(本草綱目)〉은 모두 52권으로 이루어져 있는데 다음과 같이 중의학사적(中醫學史的)인 의의(意義)를 지닌다.
① 16세기 이전 중국의 약재학을 총결산하였다.
② 체계적으로 각종 약물의 지식을 기록하고 있다.
③ 당시 최신의 약재분류법이었던 '종천지귀(從賤至貴: 가치가 싼 것에서 비싼 순으로 정리하는 분류법)'를 보여주고 있다.
④ 수은(水銀)이나 웅황(雄黃)을 먹으면 신선(神仙)이 될 수 있다는 비과학적(非科學的)인 견해(見解)를 일소(一掃)시켰다.
⑤ 이 저서는 약재학뿐만 아니라 인체생리, 병리, 질병상태, 위생예방 등도 거론하고 있다.
즉 식물학, 동물학, 광물학, 물리학, 천문학, 기상학 등 다방면의 과학자료를 종합한 것이다.

명·청(明淸) 시기에 두드러진 것은 '급성열병(急性熱病)'에 관한 연구로 이론과 구체적인 치료법에 관한 성숙되고 독립적인 열병학체계(熱病學體系)가 형성되었다. 이 같은 전염병에 대한 의학적 인식의 발견은 인간에 의해 세균과 기타 미생물이 발견되기 200년 전에 이루어진 성과이기에 의미가 지대하다.

게다가 이 시기에 와서 오랜 세월 인류의 생명을 위협하여 오던 천연두(天然痘)의 예방법인 인두접종법(人痘接種法)이 나왔다. 중국에서 천연두에 대한 최초의 기록은 서기 4세기경의 의학서적에서 발견되는데 천연두(天然痘)에 걸려 운 좋게 죽지 않고 사는 사람도 곰보가 된다고 할 정도이다.

인두접종법(人痘接種法)이 처음 실시된 시기에 대해서는 2가지 기록이 전한다.

첫 번째, 송대(宋代)에 아미산(峨眉山)에서 온 신의(神醫)가 천연두접종(天然痘接種)으로 병을 예방하였다는 것인데, 증거가 불확실하다는 단점이 있다.

두 번째, 명대(明代)인 1567~1572년 사이에 인두접종법(人痘接種法)이 행하여졌다는 기록을 여러 서적에서 찾아볼 수 있어 비교적 믿을 만한 시기로 인정받는다.

이처럼 중국에서 인두접종법(人痘接種法)이 실시된 시기는 늦어도 16세기로, 그 후 한반도, 일본, 유럽 등지로 전파되어 18세기 프랑스의 유명한 계몽사상가이자 철학자인 볼테르는 중국의 인두접종법(人痘接種法)을 높이 찬양하였다.

7) 근·현대의 중의학(中醫學: 1840년~현재, 아편전쟁~현재)

중국에 외국의 의학이 유입되기 시작한 것은 남북조시대(南北朝時代)로 거슬러 올라가지만, 아편전쟁(阿片戰爭) 이전까지는 그 영향이 크지 않았다. 하지만 19세기 들면서 서양열강 세력의 중국 공세와 더불어 서양의학이 중국 사회 깊숙이 영향을 미쳤다.

이런 영향으로 1827년 최초로 마카오(澳門)에 서양진료소가 선을 보였다. 뒤이어 선교사들에 의해 크고 작은 병원을 비롯한 서양의학 교육기관까지 문을 열게 되었다. 이러한 일련의 변화는 중의학(中醫學)과의 모순과 충돌을 빚으며 당시 의학계에 큰 혼란을 주기도 하였지만, 서양의학의 장점을 인정하는 입장에서 양자 간(兩者間)의 공존시대가 막을 올렸다.

1930년대 초에 들어서 중의학계(中醫學界) 내부(內部)에는 '중의 과학화(中醫科學化)' 바람이 일어, 서양의학(西洋醫學)의 발전(發展)에 반해 상대적(相對的)으로 쇠퇴(衰退)의 길을 걷던 중의학(中醫學)을 보호(保護)·발전(發展)시키고자 하였다. 이 같은 움직임은 '중의 현대화(中醫現代化), 중의개량(中醫改良), 중의개조(中醫改造)' 등의 구로(口號) 아래 '중의과학연구사(中醫科學研究社)' 등의 많은 학술단체(學術團體)들이 생겨났다. 더구나 〈중의과학(中醫科學)〉이라는 잡지(雜誌)도 출현(出現)하여 중의(中醫)의 현대화(現代化)를 이끌었다.

이러한 유지(維持)와 발전(發展)의 길을 걸어온 중의(中醫)는 현대(現代)에 들어서도 널리 세계각국(世界各國)으로 전파(傳播)되어 서양의학(西洋醫學)이 불치병(不治病)으로 진단(診斷)한 질병(疾病)들을 기적적(奇跡的)으로 치료(治療)하는 경우(境遇)가 가끔 나타나면서 '중의(中醫)의 과학화(科學化)' 물결이 '서양의학(西洋醫學)의 동양화(東洋化)'라는 새로운 사조(思潮)를 형성(形成)시켰다.

결국(結局), 중의학(中醫學)은 서양의학(西洋醫學)과의 오랜 동반자관계(同伴者關係)를 유지(維持)하면서 상호보완적(相互補完的)인 종합의학(綜合醫學)으로 발전(發展) 중에 있다. 고로, 세계(世界) 어느 나라보다 신치료법(新治療法)의 개발가능성(開發可能性)이 높다는 평가(評價)이다. 그 대표적(代表的)인 것이 바로, 세기(世紀)의 불치병(不治病)으로 알려져 있는 '암(癌), AIDS[후천성면역결핍증(後天性免疫缺乏症)], 마약중성제(痲藥中性劑)' 등으로 인류(人類)의 의술(醫術)에 의해 이러한 불치병(不治病)들이 정복(征服)될 날이 가까움을 느끼는 것은 중의학(中醫學)의 미래(未來)가 밝기 때문이다.

2. 노벨상을 노리는 우리의 한의학(韓醫學)

　우리는 언제부턴가 훈훈한 정이 느껴지는 한약방(韓藥房) 문턱보다 소독약 냄새가 물씬 풍기는 병원(病院)을 더 의지하며 살아왔다. 그런데 또 언제부턴가 우리는 약국에서 간편하게 사서 복용할 수 있는 양약(洋藥)에 대해 많이 먹으면 건강에 좋지 않다는 각성도 일어났다.

　반면에, 한약(韓藥)은 '보약(補藥)'을 상상할 정도로 먹으면 좋다는 생각을 하게 되었다. 이런 현상은 차츰 서양문화에 찌들려가는 우리의 정신을 우리의 한약(韓藥)으로 돌이켜 옛날의 향수를 되찾으려는 노력처럼 느껴진다. 그러나 분명한 것은 세계의 시각에서 알 수 있듯이 우리의 한의학(韓醫學)이 살아나고 있다는 것이다.

　얼마 전 중국(中國)에 살고 있는 조선족(朝鮮族) 류해봉 〈(柳海峰 : 중국(中國)) 삼화그룹(三花集团) 회장)〉이 98년 노벨의학상 중국후보(中國候補)로 올라섰다. 이분은 가문(家門)의 비방(祕方)으로 내려오던 '골절치료약(骨折治療藥)'을 연구(硏究)·개발(開發)하여 과학적(科學的)이면서 체계적(體系的)으로 증명(證明)함으로써 대사업가(大事業家)로 변신(變身)함과 동시(同時)에 의학계(醫學界)의 신기원(新紀元)을 이루어, 이 같은 영광(榮光)과 명예(名譽)를 누리게 되었다.

　우리가 기뻐해야 할 이유는 이처럼 신비스러운 처방전(處方箋)이 바로 우리의 한의학(韓醫學)에서 전해진 것이기 때문이다. 등잔 밑이 어둡다고 우리는 한동안 남의 것만을 너무 사랑하고 진흙 속에 파묻힌 진주 같은 우리 문화유산의 귀중함을 잘 활용하지 못하였다.

"시대의 흐름이 기회를 낳고, 그 기회를 볼 줄 아는 사람만이 성공을 낳는다"는 말이 있다. 오늘날 세계는 서양에서 뜨던 태양이 또다시 동쪽으로 뜨고 있다. 이는 해가 지평선을 뚫고 높이 오를수록 뿌리 깊은 동양(東洋)의 문화(文化)가 세계에서 으뜸가는 문화로 거듭남을 의미한다.

이러한 좋은 기회를 포착한 우리는 자랑스런 우리 문화를 발굴하여 세계화시켜야 한다. 그중의 하나가 바로 한의학(韓醫學)이다. 오늘날 우리 주위에는 서양의학(西洋醫學)의 한계를 느끼는 질병들이 너무나도 많다. 그렇다고 해서 불치병(不治病)이 영원한 불치병(不治病)일 수는 없다. 다만 인류의학(人類醫學)의 인식(認識)이 미치지 못할 따름이다.

가을의 한가로운 바람에 떨어지는 낙엽을 바라보면서 우리의 선조(先祖)들은 가만히 고개만 끄덕임으로써 '낙엽의 이치'를 꿰뚫고 있었다. 반면에, 서양사람들은 그 낙엽을 주워서 현미경으로 들여다보고 갖가지 약품을 뿌려보고서야 물질적인 구성을 알아내고 거기에다 '아무개' 하며 발견한 사람의 이름을 붙여 댔다.

바로, 이러한 비유(比喩)가 불치병치료(不治病治療)와 인류(人類)의 건강(健康)을 위해 한의학(韓醫學)이 일어나야 하는 이유(理由)이다. 아울러 서양(西洋)의 물질적(物質的)인 시각(視覺)으론 풀리지 않는 불치병(不治病)을 보다 차원(次元) 높은 동양의학(東洋醫學)과 서양의학(西洋醫學)이 공동(共同)으로 풀어야 하는 과제(課題)이기도 하다.

그러기 위해서는 동양의학(東洋醫學)인 한의학(韓醫學)과 중의학(中醫學)의 공동노력(共同努力)도 요구(要求)된다. 피 한 방울 섞이지 않은 서양의학(西洋醫學)과도 보조(步調)를 맞추는데, 형제간(兄弟間)인 한의학(韓醫學)과 중의학(中醫學)이 사이좋게 발전(發展)하지 못할 이유(理由)가 없다.

동양의학(東洋醫學)이 진정(眞情)으로 빛을 발하기 위해서는 우리의 한의학(韓醫學)이든, 중국(中國)의 중의학(中醫學)이든 세계(世界)를 놀라게 하는 성과(成果)를 거두어야 한다. 그 목표(目標)를 위해서 형제간(兄弟間)에 모르는 게 있으면 가르쳐 주고, 부족(不足)한 게 있으면 보태 주기도 하는 아량(雅量)과 상호관심(相互關心)이 절실(切實)하다.

이러한 자세(姿勢)가 바로 오늘날 경쟁력(競爭力) 있는 아이템(ITEM)이 필요(必要)한 우리에게 피가 되고 살이 되는 것일 뿐만 아니라 한 번도 올라서 보지 못한 노벨상 시상대(施賞臺)에 올라가는 지름길이다.

9

세계 문명의 발상지,
중국의 문화

1. 문화의 발전

세계 여느 민족과 마찬가지로 중국문화의 기원도 중국인의 발자취와 그 궤적을 같이 한다.

첫 번째, 장기적인 유랑생활이 상대(商代)의 10대 황제에 의해 정착생활로 바뀌면서 중국의 문화발전이 시작되었다. 이 시기에 갑골문자(甲骨文字)와 청동기문화(靑銅器文化) 그리고 중국 최초의 수도(首都)인 은[殷, 하남성(河南省) 안양현(安陽縣)]이 출현하면서 고대 중국은 문명 시기에 접어들었다.

두 번째, 주(周)나라는 상(商)을 이은 왕조(王朝)로써 중화민족의 문화형성에 많은 영향을 미쳤다. 기원전 722년 주(周)나라 평왕(平王)이 오늘날의 낙양(洛陽)으로 천도한 후 중국은 춘추전국시대(春秋戰國時代)로 접어들게 되었다. 비록 이 시기의 정국은 매우 불안정하였지만, 당시의 문화는 '백가쟁명(百家爭鳴)'이라고 불릴 만큼 번영기를 누렸다.

세 번째, 춘추전국시대(春秋戰國時代) 말기에는 진국(秦國)이 천하를 평정하고 진(秦)왕조를 세워, 국토뿐만 아니라 중국문화의 통일을 맞아 오늘날의 중국을 지탱하는 문화적, 역사적인 지주

역할을 하는 시대적 과업을 이루었다.

네 번째, 서한(西漢)왕조는 정국을 안정시키면서 유교를 숭배하는
정책을 실시하여 유교 중심적인 중국문화 형성에 시발점 역할을
하였다.

다섯 번째, 수·당(隋唐)시대에는 중국문화의 절정기를 맞아 시가
(詩歌), 서법(書法), 회화(繪畵), 산문(散文), 음악(音樂), 무도
(舞蹈) 등에 많은 성과를 거두었다.

여섯 번째, 수·당(隋唐) 이후에는 천리(天理)를 강조하던 송리학
(宋理學) 위주의 송대문화(宋代文化)가 형성되어 한 시기를 풍
류하는 문화사조가 되었다.

일곱 번째, 명·청(明淸) 시기는 중국의 역사상 군주정치제도가
가장 잘 발달되었던 시기인 동시에 문화의 발전도 전대미문(前
代未聞)의 향상을 보였다.

여덟 째, 마침내 중국에 사회주의를 신봉하는 신중국(新中國)이
성립되어 과거와는 색다른 공동체문화가 형성되고 있는 중이다.

이처럼 중국 내에 수많은 제국과 문화사조가 명멸을 거듭하면서
중국의 문화도 발전을 이룩하면서 오늘에 이르고 있다.

2. 문화의 교류와 융합

인류문화의 발전이 또 다른 문화와의 교류 및 융합과 떨어질 수 없는 밀접한 관계를 가지고 있듯이, 중국문화 역시 많은 내외와의 문화교류 과정을 거치면서 오늘날의 중화문화(中華文化)를 만들어 냈다. 광활한 국토에 56개 민족으로 이루어진 중화민족은 단일민족임을 자랑하는 우리 민족과 비교해 광범위하고 복잡한 문화교류역사를 가지고 있다.

중국 민족은 원래 황하 유역에서 기원하여 점차 양쯔강(長江) 유역으로 활동 범위를 넓혀가면서 찬란한 중원문화(中原文化)를 꽃피웠다. 게다가 북방에 자리하였던 초원유목민족(草原遊牧民族)들은 유목생활을 중심으로 하는 초원문화(草原文化)를 형성시켰다. 중국에 이 같은 2개의 상이(相異)한 문화(文化)들이 대립하면서 상호 간에 전쟁(戰爭)과 충돌(衝突)이 빈번하여 졌고, 그 과정에서 민족융합(民族融合)과 문화교류(文化交流)가 이루어졌다.

그러나 중국의 북방민족문화(北方民族文化)들이 한족문화(漢族文化)와 만났을 경우, 대부분이 한족문화(漢族文化)로 흡수되어 버리고 자신들의 문화는 소멸되는 현상이 나타났다. 그 대표적인 예가 바로 청나라를 세웠던 만주족(滿洲族)을 들 수 있다.

중국의 문화교류는 중국대륙 내부에서만이 아니라 외래문화와도 빈번한 교류가 형성되었다. 지리적으로 가까운 중앙아시아의 유목문화 그리고 페르시아문화, 인도불교문화를 비롯한 아라비아문화와 유럽문화에 이르기까지 광범위한 교류가 있었다.

일반적으로 중국의 문화교류는 크게 세 가지 시기로 구분한다.

첫 번째 한·당(漢唐)시기에는 한대(漢代)부터 서역(西域)이라 불리던 서아시아문화(중앙아시아, 서아시아)와 남아시아대륙문화 간에 교류가 있었다. 이 시기에 남아시아대륙에서 불교(佛敎)가 전래되어 중국문화에 새로운 장르를 열었다.

두 번째로는 명·청(明淸)시기를 들 수 있다. 이 시기는 유럽의 고전철학, 논리학, 미술학, 음악학, 자연과학 등의 서방문물들이 전래되었던 시기로 이들은 모두 중국의 학문발전에 큰 기여를 하였다. 그러나 19세기 중엽 이후 강제적인 대외 개방이 이루어져 일반 백성들이 많은 서양문물과 문화를 접하게 되면서 전자와는 또 다른 문화교류의 성격을 띠게 되었다.

세 번째는 개혁개방정책(改革開放政策)이 실시된 후 많은 서양의 선진기술과 관리기술, 문화 등이 중국대륙으로 쏟아져 들어와 자주적인 경제발전정책에 도움을 주고 있다.

3. 언어, 문자, 서적

1) 언어와 문자

세계(世界)의 다양(多樣)한 어계(語系) 가운데 한어계(漢語系)는 서방어계(西方語系)와 비교(比較)해 독특(獨特)한 형식(形式)을 띠고 있다. 즉 한어(漢語)는 독특(獨特)한 활용성(活用性)으로 유명(有名)한데 한어구조(漢語構造)의 단순화(單純化), 문법(文法)의 간결성(簡潔性) 그리고 무궁무진(無窮無盡)한 변화성(變化性)을 특징(特徵)으로 한다.

중국(中國)의 문자(文字)인 한자(漢字)는 세상만물(世上萬物)의 형상(形象)을 본떠 만든 것으로, 반복적(反復的)인 진보화(進步化) 과정(過程)에 힘입어 오늘날의 한자(漢字) 형태(形態)로 발전(發展)하였다. 그리고 이러한 간결화(簡潔化)의 과정(過程)을 거치면서 상형문자(象形文字), 표의문자(表意文字) 등으로 대표(代表)되는 문자기능(文字機能) 역시 부단(不斷)한 성장(成長)을 보였다.

한자(漢字)는 단순(單純)한 문자(文字)로서의 의미전달(意味傳達) 역할(役割)뿐만 아니라 한자(漢字) 속에 내포(內包)되어 있는 중국역사(中國歷史) 및 중국문화(中國文化)의 발전과정(發展過程)이 문자(文字)에 농축(濃縮)되어 있는 소위(所謂) '하나의 역사부호(歷史符號)'이다.

근래(近來) 들어 한국청소년(韓國靑少年)들이나 일부(一部) 대학생(大學生)들의 한자(漢字) 실력(實力)이 지속적(持續的)인 퇴보현상(退步現象)을 보이고 있다. 이러한 현상(現象)은 한자문화권(漢字文化圈)에 속해 있는 우리나라의 문자의미(文字意味) 전달경로(傳達經路)에 불리(不利)한 장애요소(障礙要素)가 될 것이라는 우려의 목소리가 들린다. 그리고 한국어(韓國語)의 56% 정도(程度)가 한자어(漢字語)라는 사실(事實)을 인식(認識)한다면, 이런 한자어(漢字語)를 모두 순수(純粹)한 우리말로 바꾸기 전에는 한자교육(漢字教育)이 불가피(不可避)하다.

최근(最近) 중국(中國)에는 세계(世界) 각국(各國)에서 모여든 약 13만 명(1997년 통계)의 해외유학생(海外留學生)들이 중국어(中國語)를 배우고 있다. 그 가운데 한국유학생(韓國留學生)의 숫자는 1만 2천 명에 이른다. 이처럼 많은 유학생(留學生)들이 중국(中國)을 찾아 중국문화(中國文化)와 언어(言語)를 배우는 이유(理由)는 근래(近來) 들어 급성장(急成長)을 보이고 있는 중국경제(中國經濟)의 전망(展望)이 밝기 때문이다.

특히, 오늘날 경제(經濟)의 어려움을 겪고 있는 우리나라가 어려움을 슬기롭게 이겨내기 위해서는 우리와 가까운 거리(距離)에 위치(位置)한 중국시장(中國市場)에 대한 이해(理解)가 뒤따라야 한다. 그러기 위해서는 먼저 중국(中國)의 문화(文化)가 스며들어 있는 한자교육(漢字教育)과 중국어교육(中國語教育)이 중시(重視)되어야 함은 두말할 나위가 없을 것이다.

하지만 오늘날 우리 사회(社會)를 보면, 서양문화(西洋文化)에 대한 사대주의적(事大主義的) 사상(思想)에 빠져 영어교육(英語教

育)만을 맹목적(盲目的)으로 실시(實施)하고 있다는 생각이 들 때가
많다. 물론(勿論) 경제(經濟)를 선도(先導)하는 서양문화(西洋文化)
를 이해(理解)하기 위해서는 영어교육(英語敎育)에 중점(重點)이
두어야 하겠지만, 근시안적(近視眼的)인 세계관(世界觀)으로 영어
교육(英語敎育)만을 고집(固執)하며 급부상(急浮上)하는 중국(中
國)에 대한 이해(理解)와 중국어교육(中國語敎育)이 뒤따르지 않는
다면, 이는 우리 민족(民族)의 미래(未來)를 봐서도 그다지 현명한(賢
明)한 처사(處事)가 아니다.

2) 서적

중국의 역사적 유물에서 볼 수 있는 상대(商代)의 기재방식은
대부분 청동에 새긴 금각(金刻)과 돌에 새긴 석각(石刻) 형식을 띠고
있다. 그다음으로 나온 것이 '간책(簡策)'이라 하여 대나무를 연결시
켜 책 모양으로 만든 후 문자를 기재하였던 것을 말한다.

'간(簡)'이란 오늘날 책의 한 페이지에 해당하며, 하나의 대나무에
한 줄의 글자를 기재할 수 있었다. '책(策)'은 간(簡)을 연결하여 한
권의 책으로 만든 것을 말한다. 여기서 재미있는 것은 '冊(책)'이라는
한자를 자세히 살펴보면, 2개의 대나무를 실로 연결해서 만든 것이
책이 되었다는 고대 '책(策)'의 제조원리를 한자어로 표기한 것임을
알 수 있다.

간책(簡策)과 같은 시기에 사용되었던 '방(方)'은 간책(簡策)처럼
실로 연결할 필요가 없는 널빤지 형태를 하고 있어 간책(簡策)과

비교해 더 많은 글자를 기재할 수 있다는 장점을 가졌다.

간책(簡策) 다음에 나온 것이 바로 '백서(帛書)'라는 것인데, 이는 비단(絲織物) 위에 글을 쓰던 것으로 춘추시대(春秋時代)와 전국시대(戰國時代) 사이에 나타났던 형식이다. 백서(帛書)는 간책(簡策)에 비해 가볍고 재단(裁斷)이 용이(容易)하다는 장점은 있으나 가격이 비싸다는 단점이 있다.

중국의 서적 역사는 동한시대(東漢時代)의 채윤(蔡倫)이 세계 최초로 제지술을 발명하면서 획기적인 발전을 이루었다. 초기의 서적은 모두 손으로 씌어진 두루마리 형식을 하고 있어 한·당시기(漢唐時期)에 씌어진 서적들 대부분 유실되고 오늘날 많이 전해지지 못하고 있다.

인쇄술이 발전되면서 인쇄판으로 책을 찍어내는 효율적인 방법이 개발되었다. 초창기에는 불경과 역사서적 중심의 인쇄가 주류를 이루었지만 점차적으로 다양화, 규모화된 인쇄가 선을 보였다. 마침내 북송(北宋) 시대에 이르러 활자인쇄술이 등장하여 출판의 신기원(新紀元)을 맞았다.

한자로 기재된 고대 문화서적들은 중국문화의 발전역사를 포함해 매우 풍부한 내용을 담고 있는데, 고대서적은 일반적으로 '경(經), 사(史), 자(子), 집(集)'의 네 부류로 구분한다.

소위 '경서(經書)'란 유가경전과 역대 유가사상을 기재한 서적을 말하는 것으로, 주요 경서로는 〈시경(詩經)〉, 〈서경(書經)〉, 〈예경(禮經)〉, 〈역경(易經)〉, 〈춘추(春秋)〉 등이 있다.

'사서(史書)'란 역사를 기술한 책으로 중국에는 헤아릴 수 없을 정도로 많은 사서(史書)들이 전해진다. 청대(淸代)에 편찬되었던 〈사고전서총목(四庫全書總目)〉의 역사부문을 보면, 역사서적을 다음의 15개로 분류한다. 즉 정사(正史), 편년(編年), 기사본말(記事本末), 별사(別史), 잡사(雜史), 조령주의(詔令奏議), 전기(傳記), 사초(史草), 재기(載記), 시령(時令), 지리(地理), 직관(職官), 정서(政書), 목록(目錄), 사평(史評) 등이 그것이다.

'자서(子書)'란 진대(秦代)에서 한대(漢代) 사이에 흥성하였던 각개 학파들의 저서를 말한다. 〈한서(漢書)〉를 보면 이를 유(儒), 도(道), 묵(墨), 음양(陰陽), 법(法), 명(名), 잡(雜), 농(農), 소설(小說), 종횡(縱橫)의 10가(家)로 구분하고 있으며, 〈사고전서총목(四庫全書總目)〉에서는 다시 14개 부문으로 나눈다.

'집서(集書)'란 시(詩)와 문학(文學), 사(詞) 등을 수록한 서적을 일컫는 것으로 〈수서(隋書)〉의 집부(集部)에는 초사(楚辭), 별집(別集), 총서(總書)로 구분하고 있다. 이와 더불어 〈사고전서총목(四庫全書總目)〉에서는 초사(楚辭), 별집(別集), 총서(總書) 외에도 시문평(詩文評), 사곡(詞曲) 등으로 세분화시켰다.

중국의 고대 저서 중에는 '유서(類書)'라 하여 오늘날의 백과사전과 같은 역할을 하던 책들도 전한다. 유서(類書)는 여러 가지 책들을 한데 모아 항목에 따라 분류하여 검색에 편리하게 만든 책으로, 일반적으로 시문(詩文), 인물(人物), 천문(天文), 지리(地理), 제도(制度), 동물(動物), 초목(草木), 곤충(昆蟲)과 어류(魚類) 등에 대한 자료들이 수록되어 있다.

청대(淸代) 최대 규모를 자랑하는 유서(類書)로는 〈고금도서집성

(古今圖書集成)〉이 있다. 이 책은 강희(康熙)와 옹정(雍正) 황제 시기에 완성되었던 것으로 모두 1만 권, 약 1억 6,000만 자로 이루어져 있어 현존하는 고대(古代) 유서(類書) 가운데 최대 규모를 자랑한다.

인류 역사를 보더라도 중국처럼 많은 역사 자료들이 보존되어 내려오는 경우는 아주 드물다. 더불어 이들이 세계문학사 및 인류문화사에 큰 공헌을 하였다는 점은 높이 평가되어야 할 것이다.

4. 중국 문화전통사상

1) 천인합일(天人合一)

중국의 고대 사상가들은 일반적으로 인간과 하늘의 조화를 최고로 생각하는 천인합일사상(天人合一思想)을 발전시켜 왔다.

'천인합일사상(天人合一思想)'을 제일 먼저 주장한 학자는 북송(北宋)의 철학가였던 장재(張載)이었지만, 천인(天人)을 하나로 보는 사상은 도가사상(道家思想)과도 일맥상통(一脈相通)하는 이론으로 그 전부터 주장되어왔었다.

이 이론에 의하면 현재 세계 곳곳에서 일어나는 기상이변과 환경오염문제 등은 모두 인간 위주의 사상이 팽배하면서 일어난 부조화현상(不調和現象)이라고 주장한다.

또한 중국의 천인합일사상(天人合一思想)은 인간이 맹목적인 차원에서 하늘로 대표되는 숙명(宿命)과 운명(運命)에 치우친 삶을 살 필요가 없다고 말하며, 인간으로서의 자아(自我)를 형성하고 발전을 꾀하여야 함을 가리킨다. 이러한 사고는 물질 위주의 서양철학과는 또 다른 것으로 동양문화권의 독특한 문화임에 틀림없다.

2) 이인위본(以人爲本)

중국의 역사를 거슬러 올라가면 은대(殷代)는 '존천사귀(尊天事鬼, 하늘과 귀신들을 숭배하던 사상)'를 특징으로 하던 시대였다.

하지만 시간이 흘러 서주(西周)시대를 시작으로 '의천(疑天: 하늘을 의심하다, 즉 무신론의 입장)'과 '경덕보민(敬德保民: 사회도덕을 중시하여 백성들을 편안하게 하다)' 사상이 나타나기 시작하였다.

하지만 인간 중심적인 중국의 '이인위본(以人爲本)'은 우리가 알고 있는 근대 서양자본주의의 인본주의와는 또 다른 의미를 가지고 있다. 즉 중국문화 가운데 이인위본(以人爲本)이란 인간을 윤리와 정치라는 양자의 관계 속에 포함시켜 놓은 것으로 인간이라는 개체는 국가와 사회 또는 가정이라는 큰 울타리 속에서 자기를 찾아야 한다는 '중군체경개체(重群體輕個體: 집단을 중시하고 개체를 경시하다)'의 성격이 강하다.

사람을 중심으로 보던 중국의 사상은 철학(哲學)과 사학(史學), 교육(敎育), 문학(文學), 과학(科學), 예술(藝術) 등에 깊이 파고들어 개인의 완성과 이상의 추구, 자연과의 조화를 중시하는 동양문화의 맥을 형성시켰다.

그러나 이러한 인간 중심적인 사상이 자연과의 조화를 이루지 못하고 고지식한 탁상공론과 이론만이 앞서는 분위기로 흘러 16, 17세기 특히 18세기 서양과학이 크게 발전을 이루던 시기에 중국은 오히려 과학을 경시하고 인간 중심의 내면 성숙을 고수하다가 훗날 서양열강의 침입과 같은 서러움을 맛보다.

현재 중국은 이러한 이인위본사상(以人爲本思想)을 시대에 맞게 재해석하고 과거와 같은 어리석음을 다시 답습하지 않기 위해 과학부흥정책(科學復興政策)을 국시(國是)로 삼고 개혁개방(改革開放)에 몰두하고 있다.

3) 강건유위(剛健有爲)

이 사상은 하늘과 인간의 관계 및 사람 간의 관계를 정립하는 원칙으로 적극적인 자세로 자기가 맡은 일에 임하자는 인생관을 나타내는 이론이다.

중국인들이 자주 사용하는 말 중에 '천행건, 군자이자강불식(天行健, 君子以自强不息)'이라는 말이 있다. 이 말은 〈역전(易傳)〉의 한 구절로 하늘에 있는 천체들이 쉬지 않고 운행을 하며 자신이 맡은 일을 다하니, 우리 인간들도 이러한 자연의 이치를 배워 굳건한 의지력을 가지고 살아야 함을 의미한다.

또한 공자(孔子)는 뜻과 덕이 있는 사람은 굳센 의지력을 구비해야 할 뿐만 아니라 역사적 책임감과 시대적 사명감을 가져야 함을 외쳤다. 그리고 지식인들은 도의(道義)를 가지고 비굴한 삶을 멀리하고 떳떳한 삶을 살아야 하며, 불의에 굽힘이 없어야 한다고 역설하였다. 이러한 중국의 사상들은 과거와 현재의 시간을 뛰어넘어 외국의 침략을 받거나 국가적 어려움이 있을 때 불의에 대항하는 원초적 힘이 되었다.

4) 번역회통(變易會通)

사물[자연(自然)과 인사(人事)]의 변화사상은 고대 상대(商代)와 주대(周代) 사이에 나타난 것으로 춘추전국시대(春秋戰國時代)에 와서 비교적 체계적 이론으로 성장하였다. 이 사상은 고대 사상가들이 자연현상(自然現象)과 사회현상(社會現象)을 관찰하여 얻어낸 결론으로, 고대 사상가 노자(老子)는 풍우(風雨)의 변화(變化)로 천지(天地)의 이치(理致)를 설명하였고, 천지(天地)의 변화(變化)로 인간사(人間事)의 흥망성쇠(興亡盛衰)를 점쳤다.

우리에게 잘 알려진 음양오행사상(陰陽五行思想)이 바로 세상만물의 성질을 목(木), 화(火), 토(土), 금(金), 수(水)라는 오행(五行)과 음양(陰陽)이라는 사상으로 정리해 둔 것이다. 현재 학계에는 이 음양오행사상(陰陽五行思想)이 우리나라에서 만들어져 중국으로 넘어갔다는 설과 중국 종주설 등 여러 가지 이론(異論)이 있지만, 한국인의 한 사람으로서 아무래도 전자(前者)가 기분 좋은 말임에 틀림없고, 사실 그렇다고 믿고 싶다.

음양오행사상(陰陽五行思想)은 우리가 의식을 못할 뿐이지 세상의 모든 변화는 우주의 질서에 따라 진행되고 있다는 것이다. 즉 세상에는 변화하지 않는 것이 없다는 인식에서 출발하여 목(木)으로 대표되는 성장기(成長期), 화(火)로 대표되는 번성기(繁盛期), 금(金)의 수확기(收穫期), 수(水)의 수축기(收縮期)와 토(土)로 대표되는 과도기(過渡期)의 순환(循環)을 계속한다는 이론이다.

그리고 음(陰)이 있으면 양(陽)이 있다는, 쉽게 말하면 "쥐구멍에도 볕들 날 있다"는 단순한 진리를 일상생활에 적용시켜 이들을 종합적으로 확대해석하여 미래를 예측하였다. 중국의 전통문화는 우주와 인간의 조화 및 인간끼리의 화합을 중시하였지만, 현실적으로 봉건사회에서 조화란 하나의 이상(理想)으로 그쳤다.

고대 농경사회는 자급자족의 소농(小農)이 중심이 된 개체 중심의 사회였기에 사람들이 큰 욕심 없이 현실에 안주해 버리는 경향이 많았다. 즉, 나라에서 정한 신분제도, 예절풍습 등의 제한으로 개혁의식이 저하하고 기득권자들의 이익을 위해 현실에 만족하는 인간, 순종하는 인간을 미화시켜 왔다. 이렇듯 중국문화는 사상과 제도, 이상과 현실의 아픔을 견디며 오늘에 이르고 있다.

5. 중국의 문학

1) 고대문학

중국문학은 문자가 발명되기 전에 구전문학(口傳文學) 형태로 생겨났으며 문자로 기재된 역사만 보더라도 이미 3,500여 년이라는 유구한 역사를 자랑한다. 이렇게 유구한 중국문학은 독특하고 중국적인 생동감과 중국인들의 혼이 서려 있다.

중국 문학사는 크게 고대문학, 현대문학, 당대문학사로 나눈다.

고대문학은 고전문학이라고도 하며 주로 '5·4 신문화운동' 이전의 문학을 고전문학에 포함시킨다. 중국의 고전문학 작품은 역사의 흐름과 변화하는 사회 속에서 고뇌하며 살아온 작가의 삶과 이상을 예술적으로 향유하려는 노력의 결정체로 그 시대의 삶과 이상을 표현하였다.

〈시경(詩經)〉에서 볼 수 있는 바와 같이, 주(周)대에 이미 민간가요가 상당히 성숙된 형태로 발전되었을 뿐만 아니라, 전국(戰國) 말기에는 초(楚)나라의 굴원(屈原)이 지은 초(楚)지역의 특유한 무속가요 형식인 〈초사(楚辭)〉가 나타났다.

양한(兩漢: 동한, 서한)시대에는 〈악부(樂府)〉, 위·진남북조시대(魏晉南北朝時代)에는 〈귀족문인(貴族文人)〉, 당대(唐代) 사대부의 〈시가(詩歌)〉, 송대(宋代) 사대부의 〈시가(詩歌)〉와 〈산문(散文)〉, 원대(元代) 도시서민의 〈곡(曲)〉, 명·청대(明淸代) 도시서민의

〈소설(小說)〉 등이 모두 시대를 대표하는 문학 양식들이다.

〈시경(詩經)〉은 중국에서 나타난 최초의 시가총집(詩歌總集)으로 서주(西周) 초년에서 춘추시대(春秋時代) 중엽 (기원전 11세기~기원전 6세기) 사이에 씌어졌던 305편(篇)의 시가(詩歌)를 수록하고 있다.

이처럼 305편에 달하는 시가(詩歌)들은 각기 다른 각도에서 500~600여 년의 사회생활을 반영한다. 특히 주조(周朝)의 역사와 고대 농경, 목축, 수렵생활을 비롯하여 전쟁, 노역, 통치자들의 박해, 애정과 혼인 등의 다양한 생활상을 담고 있다.

〈초사(楚辭)〉는 〈시경(詩經)〉보다 약 200년 후에 출현하였으며, 주요 작가로는 초나라의 귀족이었던 굴원(屈原)을 언급하지 않을 수 없다. 굴원(屈原)은 일찍이 관직을 지내며 내정(內政)과 외교(外交) 활동에 참여하기도 하였다. 그러나 남의 모함(謀陷)으로 관직에서 쫓겨나 초국(楚國)을 위해 충성을 다하고 싶은 마음과 정치의 잘못됨을 한탄하다 물에 빠져 자살한 사람으로 유명하다. 그의 작품 중에서 가장 유명한 것이 정치서정시(政治抒情詩)인 '이소(離騷)'이다.

한나라 말엽부터 혼란스러워지기 시작한 사회는 분열기에 이르러 더욱 심화되었다. 인생무상을 노래한 이 시기의 시가(詩歌)는 악부(樂府)와 고시(古詩)를 막론하고 모두 비애(悲哀)와 우수(憂愁)를 기조로 삼았다. 지식인들은 도가(道家)의 무위사상(無爲思想)을 위주로 하고, 불가(佛家)의 염세사상(厭世思想)과 유가(儒家)의 계급사상(階級思想), 유명론(有命論) 등을 받아들여 현학(玄學: 기원후

3세기~6세기에 성행한 중국철학의 한 학파)을 형성하였다.

'5언 고시(五言古詩)'는 기원전 10~20년에 나타나 서기 100~200년에 성립되었으며, 무명 시인들의 〈고시십구수(古詩十九首)〉는 그 성립을 알리는 주요한 표지가 되고 있다. 또한 '7언 고시(七言古詩)'는 위(魏)나라 때 시작되어 당나라 초기에 완성을 이루었다.

이 시기의 시인들로는 '조식(曹植), 완적(阮籍), 도연명(陶淵明)' 등과 같이 현실적 작품으로 자신의 감정과 사상을 표현한 시인들과 '사령운(謝靈運), 포조(鮑照), 사조(謝照)' 등과 같이 수사법에 심혈을 쏟은 시인들로 크게 구분되었다.

남조(南朝)에서 발달한 운율(韻律)과 대우(對偶)의 수사법은 마침내 당대(唐代)에 이르러 율시(律詩)와 절구(絶句)를 완성시켰다. 절구(絶句)는 남북조(南北朝) 말기에, 율시(律詩)는 당나라 초기에 성립하였지만, 예술적으로는 이백(李白)의 절구(絶句), 두보(杜甫)의 율시(律詩)에서 최고의 경지에 도달하였다.

두보(杜甫)는 여러 가지 면에서 이백(李白)과 대조되는 시인이었다. 이백(李白)이 이전의 시사(詩詞)를 총정리하였다면, 두보(杜甫)는 이후의 시사(詩詞)를 새로이 전개시켰다. '안사의 난(安史之亂)'은 번영으로 치닫던 당나라가 쇠망의 길로 접어드는 고비였을 뿐만 아니라 중국의 중세가 근세로 옮아가는 시기였다.

이백(李白)은 두보(杜甫)와 같은 시대에 살았지만 개성, 사상, 환경이 달랐던 이유로 의식과 감정에 많은 차이를 보였다. 즉 이백(李白)은 자신을 깊고 높게 하는 것에 큰 성과를 거뒀지만, 국가나 사회를 염두에 두지는 않았다. 두보(杜甫)는 사회의 부조리를 고발하였을 뿐만 아니라 그것을 예술적인 시(詩)로 형상화하여 중국 시사(詩詞)에 있어 최고봉이 되었다.

당나라가 멸망하자 중국에는 근세가 시작되었고, 근세의 시사(詩詞)로는 '사(詞)'와 '산곡(散曲)'이 주류를 이루었다. '사(詞)'는 당시(唐詩)가 쇠락하면서 나타났고 '산곡(散曲)'은 사(詞)가 쇠락하면서 일어나기 시작하였다.

사(詞)는 처음에는 시정(詩庭)의 청루(青樓)에서 불렸던 서민의 노래였지만, 얼마 후 궁정(宮亭)이나 귀족의 연회에서 여흥(餘興)으로 쓰였다. 사(詞)를 본격적으로 지은 최초의 시인은 당나라 말엽의 온정균(溫庭筠)이며, 오대십국시대(五代十國時代)의 촉(蜀)과 남당(南唐)을 중심으로 발전해 나갔다.

명나라 초기에는 장편소설이 창작되었다. 대표적 작품이 〈삼국지연의(三國志演義)〉와 〈수호전(水滸傳)〉이다. 청대(清代)에 와서도 명말(明末)에 형성되었던 소설창작의 붐이 그대로 이어져 수많은 중편소설이 창작되어 유행하였다. 아울러 중국소설의 또 다른 걸작품인 〈유림외사(儒林外史)〉는 오경재(吳敬梓)에 의해 지어졌다.

당시 지식인 사회에 대한 통렬한 비판서라고 할 수 있는 이 작품에서 작자는 과거제도(科擧制度)의 불합리성(不合理性), 전통예교(傳統禮敎)의 인간성(人間性) 상실(喪失) 등을 현실감 있게 풍자적(諷刺的)으로 나타냈다. 오경재(吳敬梓)와 마찬가지로 가문의 몰락으로 절망적인 생활 속에서 사회적 불평등과 고질화된 과거제도 등에 대해 불만을 가지고 있던 조설근(曹雪芹)은 자신의 과거 경험과 가문의 역사를 소재로 하여 인정소설의 최고봉인 〈홍루몽(紅樓夢)〉

을 만들었다.

이후로 여전히 소설의 유행은 계속되어 협의소설((俠義小說), 견책소설((譴責小說) 등이 무수히 쏟아져 나와 독자들의 사랑을 받았으나, 6대 소설(삼국지연의, 수호전, 서유기, 금병매, 유림외사, 홍루몽)의 수준을 능가하는 작품은 더 이상 나오지 않고 현대소설의 단계로 접어들었다.

2) 현·당대 문학예술

중국 현대문학의 발단은 '5·4 신문화운동'과 '문학혁명'이었다. 진독수(陳獨秀), 호적(胡適), 노신(魯迅), 이대소(李大釗) 등이 많은 문장을 발표하였다. 중국어의 서면어(書面語)인 문언문(文言文)을 반대하고, 중국어의 구어체(口語體)를 글로 표기한 백화문(白話文) 사용을 주장하는 등 문학 내용에서 형식에 이르기까지 전면적 혁신을 제창하였다.

이어 시가(詩歌), 산문(散文), 소설(小說), 희극(喜劇), 음악(音樂), 무도(舞蹈)와 영화(映畫), 신극(新劇), 희곡(戲曲) 등의 넓은 문학예술 영역 내에서 새로운 역사 시기를 맞는 대량의 창작활동이 진행되었으며, 수많은 우수한 작품과 재능 있는 인재들이 나왔다.

이 시기에는 문학과 서민의 결합이 강화되었으며 진보한 사회사조 및 민족해방, 인민혁명운동의 자각 관계를 집중적으로 표현하기에 이르렀다. 이것이 중국 현대문학의 기본 특징이자 전통으로 인식되고 있는 부분이다.

노신(魯迅)은 중국 현대문학사의 위대한 문학가인 동시에 사상가, 혁명가였다. 노신(魯迅)의 잡문(雜文)은 예술적 색채를 띠고 있었으며 어휘구사와 문장구조, 사상적인 내용, 예술성 등 모든 방면에 깊은 의의를 지닌다.

아울러 곽말약(郭沫若)이 지은 시가(詩歌)인 '여신(女神)'은 참신한 내용과 형식으로 중국의 시가(詩歌)에 새로운 장을 열었다. 특히, 모순(茅盾)의 장편소설 '자야(子夜)'는 30년대 중국 도시와 시골의 생활상을 광활한 화면에 담아 중국 민족 자산계급이 제국주의와 봉건세력의 억압하에서 패배를 겪을 수밖에 없었던 역사적인 비극을 그려냈다.

이밖에 파금(巴金), 빙심(氷心), 문일다(聞一多), 주자청(朱自淸), 욱달부(郁達夫), 전한(田漢), 하연(夏衍), 정령(丁玲), 노서(盧舍), 조우(曹偶), 조수리(趙樹理) 등도 당시 독자들의 사랑을 받던 작가들로 그들은 각기 다른 작품세계를 추구하며 중국 현대문단에 풍부하고 다채로운 예술의 경지로 끌어올렸다.

1949년 중화인민공화국 성립 이후에는 인민들이 문학예술의 주인으로 모습을 드러냈다. 중국문학은 5·4 이래 신문학 전통을 유지 발전시켰으며 사회주의시대의 새로운 면모를 표현하고 있다. 새로운 작가에 의한 투철한 사회 책임감과 예민한 감수성으로 인민들의 숨결과 시대의 맥박을 함께 나누며 당시의 시대상이 담긴 작품들을 창작하였다.

문화대혁명(文化大革命)이 끝나고 중국 전체 사회생활에 큰 변화가 나타났다. 사람들은 4가지 항목의 기본원칙하에 사상 해방의 물결을 타고 굳게 닫혀있던 문호를 열고 개인숭배와 교조주의(敎條主義), 자산계급 사상을 배격하면서 의식형태 영역의 정신적인 때를 씻어냈다.

이렇게 하여 문학은 10년 동안의 긴긴 겨울잠에서 간신히 깨어나 새 출발을 하게 되었다.

이 시기의 창작은 수량과 질적인 면에서뿐만 아니라, 주제의 심각성과 제재의 다양성을 보더라도 과거와는 비교가 되지 않을 정도였다. 많은 중·노년 작가는 다시 문단으로 되돌아와 예술청춘을 불살랐다. 청년작가들은 예술정책의 지도하에 우후죽순으로 문단에 데뷔하기에 이르러 오늘날의 중국 문학을 형성하였다.

6. 중국 문화예술

18,000년 전의 것으로 추정되는 산정동인(山頂洞人)의 장식품에서도 볼 수 있듯이 중국 고대인들은 일찍이 예술에 대한 심미관념(審美觀念)을 가졌으며, 음산(陰山)벽화와 곤륜(崑崙)벽화 같은 생동감 있는 동물그림을 원시예술로 승화시켰다.

중국 고대예술의 절정기라면 역시 기원전 2,000년 전에 형성되었던 청동기문화를 들지 않을 수 없을 것이다. 중국의 청동기문화는 하(夏), 상(商), 서주(西周), 춘추시대(春秋時代)의 15세기 동안을 채색하였던 고대문화로 농기구, 병기, 악기 등이 모두 청동으로 만들어졌을 뿐 아니라 예기(禮器)도 만들어져 당시의 의식수준을 잘 반영하고 있다.

중국의 문화예술은 크게 건축(建築), 능묘(陵墓), 사찰(寺刹), 원림(園林)으로 나눈다.

중국 고대건축은 개개 건축의 규모만을 중시하는 것보다 핵심 건축물을 중심으로 한 건축군의 웅장함과 조화에 치중하는 건축양식을 보였다.

중국 건축의 시조(始祖)로 불리는 춘추시대(春秋時代)의 공수반(公輸班)과 당대(唐代)의 문개(文愷), 북송(北宋)의 이계(李誡), 명대(明代)의 괴상(蒯祥)이 건축가로 유명하다.

당대(唐代)의 '문개(文愷)'는 장안성(長安城)과 낙양(洛陽) 도성

(都城)을 설계하여 당시 최대 규모의 국제도시를 건축하였던 사람이며, 북송(北宋)의 '이계(李誠)'는 오늘날의 건설부 장관 격인 자리에 있던 사람으로 고대건축을 집대성하여 〈영조법식(營造法式)〉이라는 중국 최초의 체계화된 건축서적을 출간하였다.

그리고 명대(明代)의 '괴상(蒯祥)'은 현존하는 가장 완벽한 건축물로 알려진 북경 자금성(紫禁城)과 장릉[長陵; 명성조(明成祖)의 능묘]을 설계한 건축가로 유명하다. 조소(雕塑) 역시 건축의 일부분으로 크게 능묘(陵墓), 종교(宗敎), 건축장식(建築裝飾), 공예(工藝)의 조소(彫塑)를 말하는 것으로 중국의 조소(雕塑)는 전체적인 조화를 강조하는 동시에 생동감 있는 분위기를 삽입시켜 오묘한 동양적 분위기를 표현하고 있다.

중국의 문화와 예술을 얘기할 때 서법(書法)을 빼놓을 수 없다. 중국의 특색 있는 서체(書體)는 글자 유형에 따라 전서(篆書), 예서(隸書), 해서(楷書), 초서(草書), 행서(行書)의 5가지로 나눈다. 이들 서체(書體)들은 자형(字形)의 변화로 다양한 구조미를 표현하고 있어, 마치 하나의 건축을 감상하는 듯한 느낌을 주기도 한다.

진대(晉代)의 왕희지(王羲之)는 공인된 서예대가(書藝大家)로 높게 평가받고 있다. 그의 아들인 왕헌지(王獻之)는 '서성(書聖)'이라는 경지에 이르렀다. 이들 외에도 당대의 안진경(顔眞卿), 유공권(柳公權), 구양순(歐陽詢)과 원대(元代)의 조맹부(趙孟頫)가 독특한 서체를 개척하여 서예(書藝)를 배우는 사람들의 교본(敎本)이 되었다.

중국의 고대회화는 궁정회화, 문인회화, 시민회화, 민간회화로 나눈다. 궁정회화란 정교한 기교를 추구하는 채묵화(彩墨畵)를 주로 하는 것이며, 문인회화는 수묵화를 위주로 서정적인 감정을 그려냈다.

종교회화는 채색벽화의 형식으로 종교 내용을 설명해주는 특색을 지녔고, 시민회화는 소설의 줄거리를 판화 형식으로 나타낸 것이다. 그리고 민간회화는 설날을 맞아 대문이나 실내에 붙이는 연화(年畵) 형식으로 하층민들의 염원을 표현하였다.

중국 회화부문의 유명한 화가로는 위·진남북조시대(魏晉南北朝時代)의 고개지(顧愷之), 수대(隋代) 〈유춘도(游春圖)〉를 그린 전자건(展子虔), 북송(北宋) 〈청명상하도(淸明上河圖)〉를 그린 장택서(張擇瑞)를 들 수 있다. 특히 전자건(展子虔)이 그린 〈유춘도(游春圖)〉는 현존하는 가장 오래 된 산수화(山水畵)로 유명하며, 〈청명상하도(淸明上河圖)〉는 현존하는 가장 완전한 두루마리 풍속화이다.

중국의 음악은 '의식음악(儀式音樂)'과 제사, 종묘, 종교행사에 사용되는 음악으로 분류한다. 예로부터 궁중무악(宮庭舞樂)으로 불렸을 만큼 중국의 음악은 춤의 들러리였다. 즉 〈시경(詩經)〉에서부터 청대(淸代)의 희곡에 이르기까지 문인들의 작시(作詩)나 대사톤의 음조에 타악기와 취악기가 은은히 반주되어 분위기를 고조시키는 역할만 담당하였다.

중국의 희곡(戲曲)은 원시의식과 한대(漢代)의 백희(百戲), 당대(唐代)의 참군희(參軍戲), 송·금시대(宋金時代)의 궁조(宮調)와 원대(元代)의 잡극(雜劇) 등을 빼놓을 수 없다. 그리고 명대(明代)에 들어와서는 한국의 판소리에 비유되는 중국 특유의 소리들이 나타나기 시작하여 청대(淸代)로 이어져 경극(京劇), 곤곡(昆曲)으로 진화하였다. 이렇게 생성된 희곡은 과장된 표현법과 규격화된 동작 및 창법 등으로 오늘날의 연극과는 또 다른 희곡만의 영역을 개척해 나갔다.

이밖에 곡예(曲藝)라는 전통예술과 서양문화의 영향을 받은 가극(歌劇), 신극(新劇), 무용극(舞踊劇)은 현대에 들면서 더욱 발전된 형태를 보이고 있다. 또한 영화는 발명된 그다음 해에 중국으로 전래되었으며, 10년 후인 1905년에 중국 최초의 영화가 만들어졌다. 현재 홍콩 및 중국 영화 모두 각각 상업성과 예술성 측면에서 세계적으로 유명하다.

재미있는
중국의 민속풍습

1. 중국의 명절

중국에 와 많은 사람들과 면식(面識)을 넓혀가다 보면, 빠질 수 없는 것이 명절에 대한 이해이다. 특히 중국의 큰 명절이 다가오는 때가 되면 여지없이 물어오는 질문이 바로 "한국에도 춘절(春節: 음력설)이 있습니까, 추석은요?"라는 것들이다.

중국에서 크게 지내는 국경절(國慶節; 중화인민공화국 탄생일 10월 1일)과 세계노동절(5월 1일) 등을 빼고 나면, 중국인들 역시 우리와 비슷하다 못해 똑같은 명절을 지내고 있다는 문화적 동질성을 발견하고 그들에게서 뜻 모를 친근감까지 느끼곤 하였다.

세계에서 자신들만의 민속명절을 가지고 있지 않은 나라가 없겠지만, 중국 역시 한족(漢族)을 주체로 하는 유구한 문화전통에 뿌리를 둔 민속명절들이 많다.

가장 일반적인 중국의 명절은 우리나라와 거의 흡사한데, 그것은 중국을 포함한 동아시아 국가들이 옛부터 농업을 기본 경제수단으로 하는 사회였던 것에서 원인을 찾을 수 있을 것이다.

중국이 가장 중시하는 명절은 우리의 음력설과 비슷한 '춘절(春節)'이다. 중국의 춘절(春節)은 이미 1,100년 정도의 역사를 가졌으며,

송구영신(送舊迎新)의 의미를 지니고 있다. 그러나 한국의 짧은 경축 분위기와는 다르게 중국의 춘절(春節)은 음력 12월 23일부터 그다음해 정월 15일까지 근 한 달 동안 떠들썩한 분위기가 연출된다.

특히 섣달그믐날 밤에 폭죽을 쏘아 사기(邪氣)를 쫓아내는 풍습이 있었으나, 최근에는 안전사고 위험과 자원 낭비를 이유로 북경과 같은 대도시를 중심으로 서서히 사라지고 있다.

음력 12월은 중국에서 납월(臘月)이라 하여 한국의 섣달과 같은 의미를 지녔다. 특히 12월 8일은 중국인들에게 중요한 날로 기념한다. 중국에 불교(佛敎)가 전래되면서 12월 8일에 목녀(牧女)가 유미죽(乳糜粥)으로 석가모니(釋迦牟尼)의 생명을 구해 성불(成佛)케 하였다는 얘기가 전해져, 이날을 석가모니(釋迦牟尼)의 성불(成佛)을 기념하는 날로 삼고 있다.

그리고 우리의 정월 대보름은 중국에서 원소절(元宵節) 또는 명등절(明燈節), 도교(道敎)에서는 상원절(上元節)이라 하는데, 춘절(春節) 때 쏘아올리는 폭죽과 마찬가지로 등(燈)을 피워 사기(邪氣)를 쫓는다는 의미를 지닌 명절이다.

또한 한식(寒食)과 청명(淸明)은 춘추시대의 진(晉)나라 문공(文公)이 그의 신하인 개자추(介子推)가 불에 타죽으며 남긴 "근정청명복청명[勤政淸明復淸明: 꾸준하고 쉼없이 치국(治國)에 노력하다]"이라는 혈서에 탄복한 문공(文公)이 개자추(介子推)가 죽은 날을 기려 백성들에게 그날만큼은 불을 피우지 말고 찬 음식을 먹게 하였다는 유래에서 생겨났다.

한식(寒食)과 청명(淸明)은 하루를 사이로 둔 명절로서, 후대에 와서 청명(淸明)이 한식(寒食)을 대신하고 있어 대부분의 중국인들은 한식(寒食)은 잘 모르고, 청명(淸明)을 주로 조상의 묘를 정리하고 교외로 답청(踏靑)을 나가는 전국적인 명절로 알고 있다.

단오절(端午節)은 하지(夏至)와 밀접한 관계를 가지는 절기(節氣)로써, 하지(夏至)가 되면 기온이 상승하여 세균이 쉽게 번식하고, 농민들은 비를 기다리는 시기이기 때문에 역병퇴치와 비를 기다리는 2가지 행사에 중점을 두는 명절이 단오절(端午節)이다.

아울러 견우와 직녀의 러브스토리로 잘 알려진 칠월칠석은 우리가 알고 있는 줄거리와 일맥상통하는 유래를 가지고 있다. 그래서 칠석날이 다가오면 부녀자들은 각자의 손재주를 살려 여러 가지 수공예품을 만드는 것으로 직녀의 베짜기 전설을 되새긴다.

8, 9월, 중국 북방지역의 농작물이 수확기로 접어들면서 중추절(仲秋節)과 중양절(重陽節)이라는 큰 명절이 다가온다. 중추절(仲秋節)은 우리의 추석에 가까운 명절로, 우리들이 먹는 송편과 비슷한 '월병(月餠)'이라는 명절 떡을 먹는 풍습을 갖고 있으면서 풍성한 수확을 서로 기뻐한다.

'중양절(重陽節)'은 높은 곳에 올라 사기(邪氣)를 쫓는다는 의미에서 청명절(淸明節)과 흡사하며, 국화주를 마시고 산수유나무를 머리에 꽂는 등의 놀이로 하루를 즐기는 명절이다. 하지만 현대에 들어서면서 중국인들은 중양절(重陽節)인 9월 9일을 '노인절'로 바꾸고 이날을 노인 공경하는 날로 삼고 있다.

이외에도 중국에는 소수민족(少數民族)들의 생활상과 밀접한 관련을 가진 명절들이 많다. 몽고족(蒙古族)은 매년 7, 8월에 풀이 무성히 자란 초원에서 경마, 씨름, 활쏘기, 가무활동 등을 열고, 상품교역을 주로 하는 '나다무(那達慕)'라는 행사도 펼쳐진다. 또한 백족(白族)의 '삼월가(三月街)', 태족(傣族)의 '물뿌리기' 등 각양각색의 명절 행사는 지방마다의 색다른 풍속을 느끼게 하기에 충분하다.

2. 혼례 및 장례풍습

1) 혼례풍습

중국의 전통 혼례제도는 우리나라의 고대 결혼제도와 비교해도 결코 생소하지 않은 다양한 형식을 가진 동시에 봉건적 사회제도의 특성이 잘 나타나 있다. 물론 우리가 그동안 영화나 소설 등의 매체를 통해 접해 왔던 중국의 결혼풍습을 생각한다면 중국 전통혼례의 형식과 내용을 쉽게 이해할 수 있을 것이다.

중국 전통혼례에서 가장 흔한 형태로 생각해 볼 수 있는 것이 부모에 의한 독단적인 혼인결정 풍습과 매매혼, 일부다처제, 민며느리제, 데릴사위제 등을 가리킨다.

이것들은 우리나라의 전근대사회에서도 찾아볼 수 있는 혼인형태로, 부모에 의한 독단적인 혼인 결정과 일부다처제에 대해서는 봉건사회의 가부장적이고 권위적인 특성을 감안하면 이해가 가능한 풍습이다.

1949년 이후 인민혁명에 성공한 중국 정부는 새로운 결혼법을 제정하여 수천 년 동안 핍박과 비인간적인 대우 속에서 수난을 받아오던 여성들의 결혼권리를 크게 신장시켰고 남녀 간의 혼인 자유, 일부일처제, 남녀평등이 법적으로 보장되기에 이르렀다.

현대 중국의 도시에서는 자유결혼과 자유연애의 물결이 당연시 받아들여지고 있지만, 여전히 과거의 결혼사상이 잔재해 있는 농촌에서는 전통사상의 영향으로 '중매인 + 부모 + 당사자'에 의한 결혼형식이 유행하고 있다.

즉 중매인의 소개로 다리가 놓여지면 부모가 주(主)가 되어 자녀에게 알리고, 자녀는 그 부모님의 의사를 선별적으로 받아들이는 반(半)자주적인 결혼 형태를 가리킨다.

고대 중국의 배우자 선택을 보면 '고문 대 고문, 자문 대 자문(高門對高門, 紫門對紫門)'이라 하여 자신의 가문과 비교해 경제 능력과 사회적 지위가 비슷한 배우자 선택을 중시하였다. 하지만 현대에 들어와서는 여러 가지 사회적 요소에 의해 배우자 선택이 이루어지고 있다.

중국 젊은이들이 선호하는 배우자상은 개괄적으로 '재능이 있는 남자, 용모가 단정한 여자'로 함축할 수 있다. 여기서 '재능'이란 사업심, 진취심, 좋은 학벌 등을 의미한다.

50년대에는 공산국가의 기초건설을 부르짖던 시기라는 특성 때문에 사회적으로 지도자 위치에 있던 남성들이 뭇 여성들의 선망 대상이 되었다. 이는 정치적인 요소를 배제할 수 없었던 시대적 결과의 소산이다.

50년대를 살았던 결혼적령기 여성들의 선망순위를 직업별로 알아보면 '노동자-농민-군인-학자-상인'의 순서였으며, 남자들이 여성을 선택하는 순서로는 '군인- 국가 간부-각계 당원(黨員)'의 순이었다.

60~70년대 문화대혁명(文化大革命) 시기에 들어서면서 정치적 요소가 한층 더 부상되어 여성들은 군인 남편을 둔 것만으로도 큰

위안과 영광으로 생각하였다. 여자 집안을 보더라도 '군대 간부-노동자-농민'의 순으로 남성들에게 선망의 대상이 되었으며, 그 외에는 별 볼 일 없는 집안으로 치부(置簿)되곤 하였다.

70년대 후반 '문화대혁명(文化大革命)'이 끝나고 개혁의 바람이 불자 사람들의 관념 속에 있던 정치적 조건은 서서히 퇴색되어 갔다. 오히려 가장 천대시되었던 경제조건이 급부상하기에 이르렀다.

'문혁(文革)'이 끝난 후 초반기에는 원래 관직에 복직한 간부들 중에서 집과 배식표, 자동차가 있는 집안의 자제들이 여성들의 목표가 되었다. 그러나 얼마 지나지 않아 지식과 학식을 높이 평가하는 사회풍조에 동승하여 지식인을 비롯한 엘리트가 여성들의 인기를 한몸에 받았다.

80년대에 들어서 본격적으로 개방의 문이 열리고, 과거에 숙청의 대상이었던 '해외관계'가 여성들의 선망의 대상으로 부각되었다. 이러한 현상을 반영해 주는 것으로 외국인이나 화교들과 결혼해 바다를 건너가는 여성들이 많았다.

그리고 돈을 많이 버는 택시기사나 호텔관리인, 합자기업의 노동자들이 배우자로 인기를 끌었다. 그래서 많은 아가씨들이 개인사업을 하는 '개체호(個體戶: 개인사업을 하는 사람)' 또는 농촌의 '전업호(專業戶: 전문적 농업에 종사하는 사람)와 농민기업가'들을 배우자로 선택하였다.

90년대 들어 중국 남녀들이 선호하는 배우자상은 남자의 경우 반드시 지식과 재능을 갖춘 사람이어야 하며, 여성의 경우는 생활형의 아내를 좋은 배필감으로 생각되었다.

그리고 중국인들의 마음 깊은 곳에는 여자가 남자보다 학벌, 경제력, 신장, 연령이 좋거나 많으면 결혼생활이 행복할 수 없다는 통념(通念)을 가졌다. 아울러 많은 고학력 여성들 대다수가 자기보다 고학력 적어도 동등한 학력을 이수한 남자와 결혼하기를 원하고 있다. 게다가 신장은 남자의 키가 여성 자신보다 5~10cm 더 큰 배우자를 선호하는 것 등은 우리나라와 비슷하다.

이런 모습이 남자의 키가 170cm 이하이면 '1급 장애인', 175cm 이하면 '2급 장애인'이라는 우스개 소리가 생길 정도로 배우자의 기준이 경제적, 사회적 능력뿐만 아니라 외형으로까지 변하고 있음을 보여준다.

또한 아직까지도 나이에 대해 '남자가 10살 많은 것은 괜찮아도 여자가 한 살 더 많은 것은 안 된다'는 고정관념이 결혼할 때 배우자 선택에 기본적인 판단기준으로 작용한다.

한국의 문화와는 또 다른 현대의 중국문화를 설명해 주는 것이 신문 일 면에 여러 형태의 구혼광고가 버젓이 실린다. 아울러 중국의 구혼광고는 초혼자들만을 위해서 이루어지는 것이 아니라 합법적인 이혼 남녀들의 만남의 플랫폼이다.

이들은 대부분 전문적으로 짝(배우자, 친구)을 찾아주는 결혼상담소에 가입비를 내고 회원으로 등록한다. 이에 상담소는 다시 이들의 신상명세를 신문광고에 올려 한 달에 두세 번씩 특별한 자리를 만들어 여러 사람들이 춤을 추고 대화를 나눌 수 있는 행사가 공개리에 진행된다. 중국인들은 이 자리를 진지하고, 거리낌없이 생각하며 서로에게 유익한 만남이 되게 하려고 노력한다.

"결혼증이 없는 남녀는 숙박시설에 동숙(同宿)할 수 없다"는 조항이 담긴 법률 때문에 중국인들을 볼 때, 가끔 안타까움이 느껴졌다. 중국의 연인들은 데이트를 하려 해도 마땅한 자기들만의 공간이 없다. 그래서인지 우리로서는 낯뜨겁기 짝이 없는 '길가에서 버젓이 벌어지는 열애장면' '공공장소에서 행해지는 적극적인 애정표현' 등을 목격하기가 어렵지 않다.

근래 들어 중국의 공원이나 길거리를 걷다 보면 중국의 자유연애관을 적나라하게 볼 수 있다. 남을 의식하지 않는 대담한 장면들이 도처에서 연출되기 때문에 길을 걷던 순진한(?) 우리 한국인들이 의식적으로 길을 돌아가야 하는 경우가 많을 정도이다.

최근 중국에도 서서히 자유연애가 뿌리내려 가는 것을 느낄 수 있다. 사천성(四川省)은 중국에서 처음으로 숙박시설을 이용할 경우에 결혼증 제시를 없애버렸다. 적어도 사천성(四川省) 연인들은 추운 겨울날 찬바람을 맞으며 공원을 방황하지 않아도 될 성싶다.

중국에 '이혼'이라는 말이 등장한 시기는 신해혁명(辛亥革命) 이후의 일이지만, 남녀평등의 기초 위에서 이혼 자유화가 이루어진 시기는 1950년 〈혼인법(婚姻法)〉이 제정된 이후이다. 이혼법이 제정되고도 중국은 다른 나라에 비해 이혼율이 낮은 편이었다. 그런데 80년대 들어 이혼율이 급증하면서 1983년 북경의 이혼율은 4.8%를 기록하였다.

이런 추세는 1980년 이후 〈신혼인법(新婚姻法)〉이 제정되어 남녀 모두에게 평등한 이혼의 자유가 주어지고 부부간의 감정분열이 이혼의 사유로 받아들여졌다. 아울러, 이혼 수속이 간편화되는 등의 이유로 1983년 법정이혼율이 7,885건으로 79년의 3,845건과 비교하여 105%나 증가되었다.

최근의 중국 이혼 사유는 대체로 다음과 같다.
① 문화혁명(文化革命) 시기에 오직 정치적 이유로 결혼하여 십여 년을 살다가 이혼을 신청하는 경우
② 개혁개방의 흐름에 편승하여 경제적 여건만을 고려해 결혼하였다가 성격 차이 등의 원인으로 이혼하는 경우
③ 과거에는 이혼 사유로 인정되지도 않고 전통사상의 영향으로 체면을 지키며 살아왔던 경우가 대표적이다.

1991년 북경시에서 이혼을 신청하였던 100쌍을 보면, 이혼율이 제일 높은 연령은 30~40세로 전체의 55%를 차지하였다. 더욱이 여자의 이혼 제기율이 남자의 제기율을 초과하여 옛날과는 상반되는 현상을 보였다.

중국인들의 이혼에 대한 시각도 많이 개선되어 요즘은 즐거운 분위기에서 친구들까지 초대하고 이혼식을 거행하는 부부들도 있다. 소위 말하는 '합의이혼'으로 결혼생활 3~5년, 연령 25~30세 전후의 젊은 노동자계급의 부부들이 제일 많다. 비록 1981년부터 중국의 이혼율이 늘어나는 추세에 있지만 아직까지는 사회문제로 드러나지 않고 있다.

2) 장례풍습

중국의 기본적인 장례의식은 주대(周代)에 와서 형성되었는데, 오랜 세월 동안 민간인들 사이에서 불문율(不文律)로 지켜졌다. 또한 불교, 도교와 각종 미신사상이 장례 풍습에 미친 영향도 무시할 수 없어 종교의식과 미신사상이 혼합된 종합적인 장례형식으로 발전하게 되었다. 그러나 전체적인 절차나 의식 면에서는 혼례풍습의 비슷함과 마찬가지로 우리나라와 닮아 있는 점이 많다.

독특한 장례풍습으로는 '도상(跳喪)'이라는 것이 있다. '도상(跳喪)'이란 사자(死者)를 위해 노래를 부르고 춤을 추는 장례의식을 말한다. 복건성(福建省) 혜안현(惠安縣)에 있는 마을에는 사당(祠堂)이 있는데, 덕망 높은 노인이 병에 걸려 임종이 가까워지면 마을 사람들이 그 노인을 모시고 사당(祠堂)으로 가서 몇 명의 악사(樂師)를 초청하여 노래를 부르고 노인을 즐겁게 해준다.

이와 동시에 한 명의 여자가 '탄반(檀板)'이라는 타악기를 노래에 맞춰 연주한다. 이 지방에서는 임종이 가까운 노인에게 노래를 부르는 것이 최고의 예의(禮儀)로 알려져 있다. 이 노래를 듣는 노인으로서는 가장 영광스런 일로 받아들인다. 안휘성(安徽省)과 호북성(湖北省) 일대에는 아직까지 이런 '도상(跳喪)' 풍습이 보전되어 있다.

3. 음식문화

1) 중국의 음식

중국은 오랜 역사를 가진 나라로서 다양한 기후와 광활한 국토에 여러 민족이 함께 모여 살고 있다. 이에 풍부한 재료와 각기 다른 문화의 손맛들을 바탕으로 융합을 거듭하면서 수많은 요리를 만들어 냈다.

중국의 각종 음식을 다 합치면 대략 5,000여 종에 달한다. 중국인들은 침대, 의자, 장롱, 자동차를 뺀 네 발 달린 물건은 다 먹는다고 할 정도로 중국 요리의 재료가 많다. 근래에 와서는 '프랑스의 의류, 중국의 요리'라는 말이 생길 정도로 중국요리가 세계적으로 알려지면서 장래성이 유망한 아이템으로 떠오르고 있다.

중국인들은 쌀과 밀가루를 주식으로 한다. 그중에서 남쪽 사람들은 쌀과 쌀가루로 만든 쌀밥, 떡 등을 즐겨 먹고, 북쪽 사람들은 우리나라의 찐빵같이 생긴 만토우(饅頭: 속에 아무런 내용물 없이 소금간만 된 빵), 찌엔삥(煎餅: 밀가루를 프라이팬에 넓고 얇게 편 다음 파, 계란, 양념소스 등을 넣어 만든 빈대떡), 만두와 비슷한 빠오즈(包子), 요우탸오(油條: 밀가루를 반죽해 꽈배기 모양으로 만들어 튀긴 음식, 대개 아침 식사용으로 먹는다), 우리나라의 물만두와 흡사한 쟈오즈(餃子: 빠오즈가 둥근 모양으로 빚어 증기로 찌는 반면, 쟈오즈는 송편 모양으로 만들어 끓는 물에 삶는다), 만두국과 흡사한 훈툰(餛飩: 얇고 부드러운 밀가루 피를 네모나게 잘라 가운데 손톱 크기만 한 속을 넣고 특이한 방식으로 모양을 접어 만든 음식) 등 밀가루 음식을 즐겨 먹는다.

중국인들이 부식(副食)으로 즐겨 먹는 돼지고기, 생선, 닭고기, 오리고기, 소고기, 양고기와 야채요리, 콩제품은 각 지방마다 입맛이 다르기 때문에 요리법과 맛에 있어서 지역차가 크다. 일반적으로 남방(南方) 사람들은 단맛을, 북방(北方) 사람들은 짠맛을, 산동(山東) 사람들은 파 같은 매운맛을, 산서(山西) 일대의 사람들은 식초의 신맛을 좋아한다.

'아침은 간단히 먹고, 점심은 배부르게, 저녁은 적게 먹는다'는 것이 일종의 중국의 식사원칙이다. 사실 필자도 중국에 온 후로 아침을 든든하게 먹어본 기억이 별로 없다. 아침에 식당가와 길거리 음식점을 찾아도 밥을 준비해 둔 곳은 한 군데도 없으며 그저 빠오즈(包子), 요우탸오(油條), 죽(粥) 등이 고작이다.

중국인들은 평상시에 비교적 형편에 맞게 조촐하게 먹는 반면, 명절이나 사람을 초대할 때는 각양각색의 음식을 성대하게 마련한다. 그래서 요즘 불경기를 겪고 있는 중국 내에서 중국요리의 특색은 크게 '4대 요리'로 구분할 수 있다.

광동성(廣東省)을 중심으로 남쪽 지방에서 발달한 광동요리(廣東料理)와 사천성(四川省)을 중심으로 산악지대의 풍토에 영향을 받은 사천요리(四川料理), 양쯔강(長江)하류의 평야지대를 중심으로 발달하여 상해(上海)로 대표되는 상해요리(上海料理), 수도인 북경(北京)의 고도(古都)를 중심으로 궁중요리(宮中料理)가 발달한 북경요리(北京料理) 등을 가리킨다.

(1) 북경요리(北京料理)

북경요리(北京料理)는 '찡차이(京菜)'라고도 하는데, 황실을 중심으로 발달된 요리이다. 쌀보다 밀을 주로 사용하며, 북경이 비교적 깊은 내륙지방에 속하기 때문에 해산물 요리는 잘 먹지 않는 습관이 있다.

명대(明代)에 시작되어 600여 년의 역사를 가지고 있는 카오야(烤鴨: 오리구이)요리가 북경에서 제일 유명하다. 이 요리에 들어가는 오리는 생후 2개월 정도가 되면 복합사료를 매일 2회씩 강제로 먹여 사육한다. 그러면서 1개월 동안 운동량을 줄이고 살을 찌게 하는데, 이렇게 해야 지방이 온몸에 고르게 퍼진다.

뻬이징카오야(北京烤鴨)의 특별함은 오리를 잡는 방법에도 있다. 우선 오리의 입에 잔 돌을 강제로 넣어 익사시킨 뒤에 요리해야 제 맛이 난다고 한다. 카오야(烤鴨)에 곁들여 먹는 것으로는 얇게 반죽한 밀전병(煎餅), 파, 양념장인데 껍질이나 살코기를 밀전병(煎餅)에 싸 양념장과 파를 넣어 먹는다.

(2) 상해요리(上海料理)

본래 상해요리(上海料理)는 남경(南京)에서 비롯되었다. 남경(南京)은 양쯔강(長江) 주변의 비옥한 땅에 위치해 중국 남부문화의 중심으로 번창하여 음식문화 역시 상당히 발달하였다. 19세기부터 유럽의 압력을 받아 상해(上海)로 그 중심을 옮기면서 오늘날 동서양 사람들의 입맛에 맞는 상해요리(上海料理)로 개선되기에 이르렀다.

이 지방은 비교적 바다가 가깝고 양쯔강(長江) 하구의 남경(南京)이 그 중심이기 때문에 해산물과 미곡(米穀)이 풍부하여 해산물을 바탕으로 한 요리가 중심이다. 아울러 간장과 설탕을 많이 사용하여 달고 진한 맛을 내며 기름도 많이 쓴다. 색상이 진하고 선명한 색채를 띠는 화려한 요리가 많다는 것도 특징 중의 하나이다.

가장 대표적인 요리는 '쌍하이 게요리'이다. 옛날부터 중추절에 손님을 대접할 때 내놓았던 '쌍하이(上海) 게(蟹)'는 9월부터 11월까지가 제일 맛있고, 게(蟹)를 푹 쪄서 생강 조각을 넣은 초간장에 찍어 먹는 게찜을 으뜸으로 친다. 또한 산 게(蟹)를 술에 담아 먹는 '취해(醉蟹, 쭈이씨에)'는 북송 때부터 내려오는 전통적 조리법으로 게(蟹)가 술에 취한다고 붙여진 이름이다.

(3) 광동요리(廣東料理)

'난차이([南菜])'라고도 하는데, 열대기후인 중국 남부지역을 중심으로 향신료를 쓰지 않고 기름에 튀겨 요리의 형태와 맛을 고스란히 살리는 것이 특징이다. 일찍부터 서양문화와 접한 탓에 이국적인 재료를 많이 사용한다. 특히 다른 나라로 이주한 중국인의 대부분이 광동인(廣東人)이기 때문에 서유럽에서는 광동요리(廣東料理)가 중국요리의 대명사로 통할 정도이다.

맛이 싱겁고 기름도 비교적 적게 사용하는 광동요리(廣東料理)의 대표적 음식은 띠앤신(點心, 간식 거리란 뜻)이다. 음식점에 가면 닭발요리나 새우만두, 팥빵, 고구마떡 등의 가벼운 음식을 담은 접시 3~4개를 종업원이 수레에 싣고 왔다 갔다 하는 모습을 쉽게 찾아볼 수 있다.

손님은 자리에 앉아 지나가는 수레에서 음식을 한 접시씩 선택해 먹고, 다 먹은 후 접시로 음식값을 계산하면 된다. 주로 아침식사를 하는 식당에서 많이 볼 수 있으며 죽이나 가벼운 음료도 판매한다.

광동요리(廣東料理)는 중국요리 중에서도 가장 종류가 많으며 뱀요리와 개요리, 비둘기요리와 제비집요리 등 희귀한 요리도 많다. 흙에서 자라고, 땅에서 뛰고, 하늘에서 날고, 물에서 헤엄치는 것들 중에서 인체에 해가 없다면 무엇이든지 요리의 재료가 될 수 있다. 즉, 특이하면 할수록 고급요리가 되는 중국요리의 한 특징을 보여 준다.

(4) 사천요리(四川料理)

서쪽의 양쯔강(長江) 상류 산악지방과 사천(四川)을 중심으로 운남(云南)과 귀주(貴州) 지방요리를 총칭한다. 여름에는 덥고 겨울에는 몹시 추우며 낮과 밤의 기온 차가 많은 악천후의 영향으로 한방에서 이런 날씨를 견디는 데 좋다고 전하는 마늘, 생강, 부추, 고추 등을 섞어 요리한다.

특히 매운 후추 맛이 특징이어서 매운맛을 즐기는 한국 사람이 즐겨 찾는 요리이기도 하다. 김치(泡菜)가 특히 유명해 전채요리(前

菜料理)로 몇 종류의 김치를 내는 것이 특징이다. 토지가 비옥하여
채소가 풍부하고 바다가 멀어서 저장식품인 소금절이 생선을 많이
먹는 것도 이곳 음식의 특징이다.

요컨대 중국의 각 지방요리는 전통적으로 각기 다른 요리법과
독특한 맛을 가지고 있다. 그러나 공통적인 것은 어느 지방, 어떤
종류의 음식이든 '영양'이 가장 우선시되며 '색(色), 향(香), 맛(味),
형(形)'의 4가지를 염두에 두고 요리한다는 점이다.

그리고 생활수준이 높아지고 모든 것이 변화하여도 변하지 않는
5가지 기본적인 요소는 ① 재료의 선택 ② 손질 방법 ③ 불의 세기와
시간의 조절 ④ 재료의 적절한 배합 ⑤ 조리법 등이다. 중국요리의
조리법과 식사법은 그 나름대로의 격식이 있어, 사람들의 식욕을
만족시키는 것으로 끝나지 않고 하나의 중요한 문화 구성요소가
되었다.

중국인들은 집에 손님 초대하기를 좋아한다. 이것은 상대방에
대한 호감의 표시인 동시에 자신이 직접 요리한 중국 음식을 대접하고
자 하는 중국인들의 마음이기도 하다.

2) 차(茶)문화

중국은 차(茶)의 원산지이며 세계에서 제일 먼저 차를 마셨던
국가 중의 하나이다.

진한(秦漢)시대에는 차(茶) 재배지역이 사천(四川), 운남(云南)
일대에서 각지로 전파되어 당대(唐代)에 이르러서는 재배지역이

양쯔강(長江) 유역의 10여 개 성(省)으로 확대되었다. 아울러 여러 권의 차서(茶書)를 집필하기도 한, 당대(唐代)의 육우우(陸羽于)가 서기 780년에 집필한 〈차경(茶經)〉이 대표 저서로 전해지고 있다.

찻잎의 품종은 아주 다양하여 홍차(紅茶), 녹차(綠茶), 오룡차(烏龍茶), 화차(花茶), 백차(白茶), 긴압차(緊壓茶) 등이 있다. 아울러 같은 품종이라도 제조 시 발효 여부에 따라 발효차(醱酵茶)와 비발효차(非醱酵茶)로 나눈다. 오룡차(烏龍茶)는 충분한 발효가 필요 없는 반발효차(半醱酵茶)이며, 화차(花茶)는 홍차(紅茶), 녹차(綠茶), 오룡차(烏龍茶)를 원료로 각종 꽃을 훈제(燻製)하여 만든다.

또한 백차(白茶)는 여러 가지 특수 품종의 여린 차싹과 찻잎을 섞어 직접 불에 쬐어 말린 것이고, 긴압차(緊壓茶)란 여러 종의 모차(毛茶: 가공하지 않은 차)를 배합한 후 증압(蒸壓)처리하여 만든 것으로 원형과 사각형, 기와형 등이 있다.

홍차(紅茶) 중에서는 안휘성(安徽省) 기문현(祁門縣)에서 나는 것이 가장 유명하다. 기문(祁門)지방은 당대(唐代)부터 차(茶)를 생산하였으며, 1876년 파나마에서 열린 국제박람회장에서 금상을 획득하여 영국인들이 가장 즐기는 차(茶)로 알려져 있다.

녹차(綠茶)는 절강성(浙江省)에 있는 서호(西湖)의 용정(龍井), 소주(蘇州)의 벽나춘(碧螺春), 안휘성(安徽省) 황산(黃山)의 모봉(毛峰)과 대별산(大別山)에서 나는 육안과편(六安瓜片) 등이 유명하다. 오룡차(烏龍茶)는 복건성(福建省) 무이산(武夷山)에서 나는 무이암차(武夷岩茶)가 제일 뛰어나며, 복건성(福建省)의 말리화차(茉莉花茶)는 화차(花茶) 중 최고로 꼽는다.

중국의 음차(飮茶) 습관은 이미 중국인들 가운데 하나의 문화로 자리 잡아 학생들이 수업에 참석하거나, 손님을 초대할 때도 시시때때로 차(茶)를 마신다. 그리고 이 음차(飮茶)문화는 지역에 따라 약간의 차이를 보여 북방인들은 화차(花茶)를 즐겨 마시고, 남방인들은 녹차(綠茶)를 애호한다.

그리고 북경(北京), 상해(上海), 천진(天津), 항주(杭州) 등의 도시 인들은 용정(龍井)과 벽나춘(碧螺春)을 선호하며, 복건성(福建省)과 광동성(廣東省) 일대에서는 오룡차(烏龍茶)를 많이 마신다. 변방 지역의 각 소수민족(少數民族)들은 대부분 긴압차(緊壓茶)를 즐기며, 몽고족(蒙古族)들은 차를 마실 때 우유와 소금을 넣어 우유차(牛乳茶)를 만들어 먹는다. 장족(藏族)들은 차(茶)에다가 '쑤요우(酥油: 소·양의 젖을 바짝 졸여서 만든 기름)'와 소금을 넣은 '쑤요우차(酥油茶)'를 마신다.

중국의 찻잎은 1,500년 전부터 아시아지역으로 전파되었다. 300여 년 전 다시 유럽의 일부 국가로 전해져 현재는 전 세계 40여 개국에서 차(茶)를 재배하고, 수출하는 국가도 20여 개국에 이른다.

이들 국가들은 모두 차(茶)의 기원으로 중국을 꼽고 있으며, 영어의 'Tea'는 중국 남부에 있는 하문(廈門)발음 'Te'의 변음(變音)이다. 그리고 차(茶)의 최초 학명인 'Thea Sinensis'는 '중국차(中國茶)'라는 의미를 가진다.

4. 복식문화

중국의 복식재료는 아주 풍부하여 일찍이 4천여 년 전 요순시대(堯
舜時代) 때 중원지방에서는 마(麻), 모시풀, 칡 등의 식물섬유로
견직물(絹織物)을 짜서 입기 시작하였다. 이처럼 중국은 사직물(絲
織物)을 가장 먼저 발명한 나라로 1958년 절강성(浙江省) 오흥(吳興)
전산양(錢山漾) 유적지에서 4,700여 년 전으로 추정되는 사직품(絲
織品)이 출토된 적도 있었다.

세계의 복식문화는 시대의 영향, 즉 정치, 경제, 사상의 영향을
받으며 유행을 창조한다. 이 점에서 중국의 경우는 특출한 면을
보여주고 있다. 비교적 가까운 청대(淸代)를 보면, 만주족(滿洲族)들
이 청나라를 건국하면서 통치기반의 공고화를 위해 황제령으로 한복
(漢服: 한족 복장) 착용을 금지하고, 변발(辮髮: 두발을 길게 땋아
늘인 머리모양)을 강요하였다.

남자는 반드시 안에 장삼(長衫)을 밖에 짧고 작은 검은 마고자(馬褂
子)를 걸쳐야 했으며, 여자는 치파오(旗袍)라고 불리는 중국 옷,
즉 다리 옆이 길게 트인 옷을 입었다. 그래서 장삼마고자(長衫馬褂子)
와 치파오(旗袍)가 청조(淸朝) 시대 복장의 특징으로 대두되었다.
청(淸) 초기에는 입고 있는 옷과 머리 모양만으로 새로운 왕조를
인정하는 사람인지 불순분자인지를 판가름하였다.

1911년 '신해혁명(辛亥革命)'이 일어나 청나라가 전복되면서 사람

들은 너도 나도 변발(辮髮)을 자르고 마고자(馬褂子)와 장삼(長衫)을 벗고 혁명의 상징인 '중산복(中山服)'으로 갈아 입었다. 중산복은 주머니가 많고 커서 착용하기에 편리하고 깔끔한 멋을 주어 광범위하게 유행을 탔다.

1949년 신중국(新中國) 수립 후에는 중산복(中山服) 외에 앞부분에 두 줄의 단추가 장식된 '레닌복'이 유행하기 시작하였다. 이 레닌복은 해방구(解放區)의 여간부(女幹部)와 도시(都市) 자본가(資本家)의 사모님들까지 즐겨 입었을 정도로 널리 보급되었다.

또한 1966년 문화대혁명(文化大革命)이 시작된 후 사회(社會)의 분위기(雰圍氣)는 화려한 옷을 입는 것을 자본계급(資本階級)의 생활방식(生活方式)이라고 규정하였다. 그래서 빛바랜 낡은 인민해방군(人民解放軍)의 군복(軍服)을 입는 것으로 혁명(革命)에 적극 동참(同參)한다는 상징적(象徵的)인 의미(意味)를 부여(附與)하면서, 전국(全國)의 남녀노소(男女老少)가 통일(統一)된 국방색(國防色) 군복(軍服)을 입고 다녀 '녹색의 물결'이라는 말로 중국(中國)을 묘사(描寫)하는 세계적(世界的)인 유행어(流行語)가 생겨났다.

세월이 흘러 개혁개방이 진행된 후에는 양복과 나팔바지, 유명메이커의 청바지가 현대 중국에 살고있는 이들에게 친숙하게 다가섰고, 오히려 군복을 '구식사상에 젖어 개방에 반대한다'는 고리타분한 것으로 낙인찍는 형편이다.

요즘 웬만한 상점에는 외국 유명메이커의 의류가 빼곡히 진열되어 있고, 개성을 추구하는 젊은 세대들 사이에서는 개혁개방의 물결을 타고 화려한 색의 옷과 액세서리가 유행하여 '녹색의 물결'이던 중국

거리를 '엎어진 팔레트의 거리'로 만들고 있다.

　과거 몇 천 년 동안 중국인들은 집에서 스스로 만든 옷을 입었기에 옷감을 선택할 때 오래 입을 수 있는 내구성을 중시하고 눈에 띄는 색상은 꺼렸다. "해진 것은 비웃어도, 기운 것은 비웃지 않는다", "새옷 3년, 헌옷 3년, 기운 옷 3년"이라는 중국 속담에서 알 수 있듯이 고대 중국에서는 아주 검소하며 실용적인 의생활을 영유하였다.

　중국인이 좋아하는 옷의 색상으로 남성들은 대개가 검은색, 남색, 회색, 백색을 선호하고 붉은색이나 녹색, 황색은 꺼리는 색상이다. 반면에 여성들은 남성들보다는 화려하고 담백한 색상으로 작은 꽃무늬가 새겨진 옷을 좋아하지만, 여전히 붉은색이나 녹색 계통 그리고 큰 꽃그림이 가미된 혼란스러운 색은 즐기지 않는다.

　하지만 현대에 들어서서는 개성을 중시하는 풍조가 생겨나 특별하게 구애받는 색은 없어졌고, 세계의 유행에 따라 반짝 유행하는 색상을 많이 찾는 추세이다.

5. 중국의 성(姓)

　12억이 넘는 중국인의 성(姓)은 몇 개나 될까? 명조(明朝)의 통계를 보면 단성[單姓: 성(姓)이 한 자]과 복성[復姓: 성(姓)이 두 자]을 합쳐 3천7백여 개의 성(姓)이 있었다고 전해지며, 후대로 오면서 그 수가 점차 줄어들었다고 한다.

　현재 중국에서 자주 볼 수 있는 단성(單姓)은 537개, 복성(復姓)은 63개로 집계되고 있다. '장삼이사(張三李四)'라는 사자성어와 중국의 왕서방이라는 우스갯소리에서 알 수 있듯이 장(張), 왕(王), 이(李) 씨와 조(趙), 류(柳) 등의 단성(單姓)과 제갈(諸葛), 구양(歐陽), 단목(端木), 공손(公孫) 등의 복성(復姓)이 가장 많이 볼 수 있는 성(姓)이다.

　전통적인 습관에 따라 중국인은 아버지의 성(姓)을 따랐지만, 예외로 어머니의 성(姓)을 따르거나 또는 어머니의 성(姓)으로 이름을 대신하는 경우도 있었다. 중국 근대 문학가로 유명한 노신(魯迅)의 부친 성(姓)은 주(周)씨로 주수인(周樹人)이라 하였지만, 어머니 성(姓)을 필명(筆名)으로 사용하여 노신(魯迅)이라 불렀다.

　중국인들의 이름은 우리와 마찬가지로 특별한 의미를 지닌다. 부(富), 귀(貴), 재(財)를 사용하여 자식들이 부귀영화를 누리기를 바랐으며 강(康), 건(健), 송(松), 수(壽)를 이름에 사용하여 건강하고 장수하기를 염원하였다. 그리고 여자아이의 이름은 남자아이에 비해 예쁘게 작명(作名)하고 있다. 근래 들어서는 쓰기 쉬운 이름을 위해 단명(單名)이 많이 사용되고 있다.

이 때문에 오늘날 중국 호적기록 작업에 많은 혼선이 빚어지고 있으며, 한 동네에 같은 이름을 가진 사람이 많아 관리에도 어려움을 겪고 있다. 이에 중국 정부는 동명이인(同名異人) 현상을 없애기 위해 몇 십 년을 주기로 하는 '이름 견본'을 마련하여 아기 이름을 지을 때 참조하도록 하는 정책을 추진할 정도이다.

6. 중국인들의 특이한 문화습관과 우리들의 자세

1) 관계(關係)문화

동양문화권에서는 어디를 가나 사람과 사람 간의 관계가 그 사람의 성공 여부를 판가름한다고 말한다. 이렇듯 공동체사회의 상징인 인맥 형성은 중국에서 빼놓을 수 없는 중요한 중국 인식의 과정이다. 중국 속어(俗語)에 "집에서는 부모를 기대고, 나가서는 친구를 기댄다"는 말이 있다. 이 말은 동서고금(東西古今)을 통틀어 인간이라면 한 번쯤 동감할만한 경구이다. 사회가 발전을 거듭할수록 인정이 메말라가는 것에 반해, 아이러니컬하게도 인맥의 중요성과 그 필요성은 배가(倍加)되고 있음을 나타낸다.

중국(中國)을 몇 번 다녀온 사람이라면 중국사회(中國社會)에 만연(蔓延)한 관계(關係)의 폐단성(弊端性)과 필요성(必要性)을 동시(同時)에 느낄 것이다. 정(情)을 중시하는 중국사회(中國社會)는 과감(果敢)한 거절(拒絶)이나 직접적(直接的)인 감정표현(感情表現)의 기교(技巧)가 아주 서툰 편이고, 21세기를 앞둔 현재(現在)에도 여전(如前)하다. 몇 년 전 한·중수교(韓中修交)가 이뤄진 후 많은 한국인(韓國人)들이 중국(中國)을 방문(訪問)하여 투자(投資)라는 미명(美名)으로 자본주의적(資本主義的)인 무지(無知)를 반영(反

映)하는 돈 자랑을 많이 하였다.

간단히 중국인을 예로 든다면, 이들은 자신들을 유구한 문화역사를 가진 대국의 국민이요, 중화의식으로 똘똘 뭉친 말 그대로 세계의 중심이라고 착각(?)하고 산다. 더욱이 반세기 동안 사회주의의 영향으로 돈 개념이 자취를 감춰 상대적으로 물질적인 사조에 순수하던 '사회주의 군중들'이다.

그런데 우리 옆집의 아줌마, 아저씨들은 영화에서 많이 봤던 서양의 팁문화를 무모하게 중국에까지 적용시켜 심한 경우에는 식당에서까지 팁을 주는 실수를 범하였다. 누가 그랬던가? 늦게 배운 도둑질이 무섭다고…. 결국 사소한 돈 자랑으로 많은 짠순이, 짠돌이 한국인들이 늦도둑들이 만든 사기사건에 휘말리고, 사업에 실패하는 비운을 겪어야만 했었다.

한동안 한국사회에서 문제점의 하나로 대두되어 "역시 중국인들은 태어날 때부터 장사기술을 배워서 태어나는구나"라는 유머스런 결론에까지 이르게 되었다. 하지만 문제의 정답은 다른 곳에 있다. 중국인들, 특히 중국 인구의 대부분을 차지하는 한족(漢族)들은 우리 민족처럼 정(情)을 몸에 두루 감고 다닌다. 움직일 때마다 몸에서 떨어지는 게 인정(人情)이다. 문제는 돈주머니 찬 우리의 아저씨, 아줌마들이 그 마음을 잘못 받아들이는 데 원인이 있다.

중국인들과 좋은 인맥을 유지하려면, 돈 자랑은 절대 금물이다. 긴 안목을 두고 사람을 사귀어야 한다. 눈앞에 보이는 이익에 눈이 멀어 성급하게 관계를 이끌어나가다 보면 항상 문제는 생기게 마련이다.

중국인들은 친구 관계를 아주 소중히 여긴다. 그들은 멀리서 친구가 찾아오면 몇 달치 봉급을 가불해 친구를 극진히 대접하는 습관이 있다. 그리고 친구의 소개로 어디를 찾아가도 아주 극진한 대접을 받는다. 아울러, 한 번 친구는 영원한 친구라는 게 의리의 민족인 중국인들에게 통용되는 말이다.

이미 무역총액이 한국의 무역총액을 훨씬 넘어선 중국이 과연 우리보다 돈이 없는 나라는 아닐 것이다. 그러니 돈을 앞세워 사람을 사귀려 하거나 돈 자랑을 해서는 사기당하기 딱 알맞다. 물질이 아닌 진정한 친구로서의 만남을 가져야 한다.

대개 중국인 집에 초대를 받았을 때 뭘 사들고 가야할지 난감할 때가 많다. 그럴 때 제일 좋은 선물이 술(酒)과 담배이다. 중국인들은 식사 전에 반주(飯酒)를 하는 습관이 있어 항상 술(酒)을 입에 달고 산다. 중국상점 아무 곳에서나 구입할 수 있는 술(酒)을 들고 찾아가면 만사형통이다. 물론 담배도 마찬가지다.

그리고 식사 전에 술(酒)을 권하는 습관이 있는데 이는 주인이 손님을 환영하는 습관으로 술(酒)을 못해도 받아먹는 시늉을 하는 게 예의이다. 그리고 우리의 식생활과는 다르게 중국은 술(酒)과 더불어 반찬이 먼저 나오며, 술(酒)을 적당히 마신 후에야 밥이 나온다는 사실도 기억해 두는 게 좋다. 즉 밥이 주식이 되는 게 아니라 술(酒)과 반찬이 주식이 되고 밥은 디저트가 되는 꼴이다.

IMF 한파 속에 고난의 행진을 계속하던 얼마 전 중국인의 입에서 이러한 말이 불쑥 나온 적이 있다. "돈 벌 기회가 무진장한 우리나라(중국)에서 유독 한국사람들만 그렇지 못한 것 같다. 중국을 유린한

적이 있는 일본의 경우만 해도 민족 감정을 딛고 중국인들에게 좋은 이미지로 다가서는 판에 참으로 이해할 수 없는 일이다."

필자는 이 말을 듣고 한국인의 한 사람으로 썩 좋지 못한 느낌이 들었지만, 다음 말이 화살이 되어 가슴을 찔렀다. "한국인은 너무 오만하고 자기 중심적인 자신감에 빠져 중국인들을 얕잡아 보기 때문에 한국인에 대한 불신이 깊어지고 당연히 경제합작 문제도 큰 성과를 얻지 못하는 것이다."

이런 주관적 결론이 모든 중국인의 공통된 의견은 아닐지라도 한국인들을 많이 접해 본 사람의 입에서 나온 말인지라 새겨볼 만하다.

2) 중국을 보는 우리의 자세

우리는 중국에 비해 결코 뒤떨어지지 않는 유구한 역사와 문화를 가진 민족이며, 한반도가 어떤 면에서는 중국문화의 발원지라는 주장도 나온다. 다시 말해 우리 민족이 세계문명을 일으켜 세운 민족의 하나로 앞으로 다가올 역사에도 책임의식을 느껴야 한다는 말로 설명할 수 있을 것이다.

불과 몇 년 전만 해도 중국행 유학이니, 여행이니, 투자니 하는 말을 이웃이나 친구들에게 듣게 되면, 우리는 은연중에 국제화에 어울리지 않게 후진국인 중국의 이미지만을 떠올려 부정적인 시각으로 바라보았다. 하지만, 그로부터 3~4년도 지나지 않아 우리들의 눈 밖에 있던 중국의 이미지가 새롭게 다가옴을 매스컴을 통해 간접적으로 느끼고 있다.

이러한 갑작스런 중국의 변화와 때늦은 깨우침은 국제화시대를 살고 있는 우리들의 무지한 세계관과 무관심을 반영한다. 모든 결과는 평소에 준비하는 사람들의 것이라고 말하지 않았던가! 생전에 등소평(鄧小平)이 장기적인 개혁개방정책을 구상할 때 우리나라를 두고 한 말이 있다. "한국은 중국의 일개 성(省)에도 미치지 못하는 면적을 가지고 있지만 비교적 발달된 경제력을 가지고 있으니, 가만있자… 한 20세기 말까지는 이용가치가 있을 거야…."

이 얘기를 비록 비경제학도였던 노인네가 한마디 한 것으로 치부할 수도 있겠지만, 현실은 등소평의 예언처럼 맞아떨어지고 있는 것 같다. 한국에서 IMF 한파가 한창인 지금, 중국은 상대적으로 가치가 오른 '인민폐'를 싸들고 우리나라를 찾아 부도로 쓰러지는 건실한 기업을 인수하기 위한 작업에 들어갔다.

그리고 더욱 우리를 놀라게 하는 것은 자동차공업과 화공공업 같은 우리나라의 근간산업을 노린다는 데 있다. 만약 중국의 이러한 의도가 성공한다면 한국은 더 이상 경제기술의 선배 노릇을 할 수 없는 것은 물론, 오히려 값싼 중국상품의 소비시장으로 전락할 가능성도 농후하다.

이러한 사실을 알고나 있는지? 중국을 찾는 많은 정치가, 사업가, 교육자, 학생을 비롯한 다양한 계층의 한국인들은 중국의 대륙적이고 장기적인 심산에 대처할 '정신무장'이 되어 있지 않은 것 같은 느낌을 많이 받는다. 중국에서 한국인이라면 그저 일확천금을 노리는 '한방짜리 국민', '허풍장이 국민', '물건을 싹쓸이하는 국민', '자신의 말에 책임도 지지 않는 국민', '물불을 가리지 못하는 덜된 국민'으로 낙인 찍혀가고 있다.

사상 유례없는 어마어마한 규모인 삼협댐 건설에 왜 유독 한국의 중장비만이 거부당했는지, 북경의 아파트 가격이 왜 갑자기 뛰었는지, 한 달 임대료가 수천 달러 하는 아파트가 왜 자꾸 생겨나는지, 여성의 퍼머 가격이 왜 1~2만 원에서 4~5만 원으로 뛰었는지를 우리가 '잘 모르겠는데요'라며 발뺌할 수는 없을 것이다.

한국인에 대한 부정적인 인상은 한국상품 경시현상에도 나타나고 있다. 북경을 예로 들면, IMF가 시작되고 얼마 지나지 않아 도처에 한국 옷가게가 들어서 수출증대와 외화획득에 한몫하였다. 그러나 이런 과정에서 한국인들 간의 무모한 과다경쟁으로 한국옷이라면 높게 평가하던 중국인들의 인식을 이제는 아무 데서나 볼 수 있는 값싸고 흔한 의류라는 이미지로 낮춰 버렸다.

만약 한국경제가 다시 활기를 되찾게 된다면 의류를 비롯한 한국상품의 가격이 다시 상승할 것이 불을 보듯 뻔한데, 그때 중국인들이 다시 비싼 돈을 주고 한국상품을 선택할지는 미지수다. 이제는 우리 스스로가 좁은 시야로 개인의 안녕만을 바라는 마음을 접어두고 민족의식과 국가의식 위에서 우리 상품에 우리 혼, 장인정신, 프로정신까지 합쳐 깔끔한 끝마무리, 지속적인 애프터서비스를 추구하는 세계 최고의 첨단상품을 글로벌시장에 내놓아야 할 것이다.

21세기를 맞이하는 어느 모임에서 중국의 중요성을 빗댄 말이 하나 있다. 즉 "21세기 한국에서는 중국을 아는 사람만이 대통령이 될 자격이 있다"라는 표현에서 그 중요성을 미루어 짐작할 수 있다.

11

용트림하는
중국의 외교정책

　중국은 지정학적으로나 경제적으로 외교를 소홀히 할 수 없는 시기를 맞고 있다. 비록 과거 냉전시기와 비교하여 눈에 띄는 강대국들의 위협은 사라졌지만, 주변국가들과 마찰 없는 외교관계를 이끌어내면서 경제를 발전시켜야 하는 부담을 안고 있기 때문이다.

　물론(勿論) 이러한 부담(負擔)은 세계(世界)의 모든 나라가 안고 있는 고뇌(苦惱)이기는 하지만, 중국(中國)의 경우(境遇)는 대만(臺灣)과의 통일문제(統一問題), 소수민족문제(少數民族問題) 등의 무거운 짐을 안고 있어, 보다 계획적(計劃的)이고 차원(次元) 높은 외교기술(外交技術)이 요구(要求)되고 있다.

　중국의 근대외교는 크게 두 가지 형태로 나눈다. 1978년 등소평(鄧小平)이 부각되면서 급속한 방향전환을 하게 된 중국의 외교정책은 경제발전의 필요성으로 말미암아 80년대에 들어 '자주독립 외교노선'과 '선린우호 외교정책'을 함께 추진하게 되었다.

　여기서 우리는 중국이 추진하고 있는 자주독립, 평화공존, 반패권주의 외교를 객관적인 입장에서 살펴보도록 하자.

1. 자주독립의 평화외교정책

1949년 10월 1일 수립(樹立)된 중앙인민공화국(中華人民共和國)
은 자주적(自主的)이고 평화적(平和的)인 외교정책(外交政策)을 견
지(堅持)하며 암울(暗鬱)하였던 냉전시대(冷戰時代)와 이데올로기
시대를 거치면서 오늘에 이르고 있다.

공산당(共產黨)이 국민당(國民黨)을 몰아내고 신중국(新中國)을
수립(樹立)하기 하루 전날 개최된 '신정치협상회준비회의(新政治協
商會議準備會議)' 석상(席上)에서 '중국(中國)은 반드시 독립(獨立)·
해방(解放)되어야 한다고 강력(強力)히 외쳤다. 아울러 중국(中國)
의 국정(國政)은 중국(中國) 인민(人民)들의 주장(主張)에 의해 자주
적(自主的)으로 처리(處理)되어야 할 뿐만 아니라 어떠한 제국주의
(帝國主義) 국가(國家)들의 간섭(干涉)도 용납(容納)하지 않는다'라
고 외교방침(外交方針)을 정하였다.

1949년 9월 29일 개최된 '중국인민정치협상회의 제1차 전체회의'
에서 통과된 〈중국인민정치협상회의공동강령(中國人民政治協商
會議共同綱領)〉을 보게 되면, 중화인민공화국이 중국의 자주와 독
립, 영토주권 보장, 국제간의 지속적인 평화 및 각국과의 우호협력
추진, 제국주의 침략정책과 전쟁정책 반대 등으로 외교관계 정립을
비롯한 무역관계 수립 문제에 대해 중국의 입장을 천명하고 있다.

중국의 자주독립외교는 한마디로 70년대 패권주의를 반대하는

중국의 입장을 고수하는 일환으로 일본, 미국과 수교를 맺어 안보전략상 소정의 목적을 달성하는 데 중요한 작용을 하게 되었다. 1980년대에 들어서는 국가의 역량을 경제발전에 두는 '경제우선정책(經濟最優先政策)'을 실시하는 계기를 마련할 수가 있었다.

여기에서 잘 알 수 있듯이 중국의 자주독립외교는 '패권주의 반대'를 핵심으로 한 '경제발전 추진'에 그 목적을 찾을 수 있다.

2. 외교의 역사과정과 그 성과

1) 외교의 역사과정

중국이 건국 이후 추진하고 있는 외교를 또 다른 각도로 보면 아래와 같이 크게 3단계로 나눌 수 있다.

(1) 제1단계(1949년~50년대 말)

이 시기는 갓 태어난 정부를 세계에 선전하며 합법적인 정부로 인정받기 위해 노력하던 시기로 국민당(國民黨) 시절에 맺었던 국교(國交)를 새로이 정리할 필요성(必要性)에 기초(基礎)를 두고 있다.

이 시기에 진행되었던 외교추진 과정을 보면, 중국은 제일 먼저 공산국가의 종주국인 소련과 국교를 맺고 대사를 파견하였다. 그후 다시 동유럽권과 아시아권의 공산국가인 불가리아, 루마니아, 헝가리, 북한, 체코슬로바키아, 폴란드, 몽골리아, 알바니아, 월남민주공화국 등과 국교를 맺었다.

이들 간의 국교수립(國交樹立)은 국민당(國民黨)이 세운 대만(臺灣)을 부정하고 오직 하나의 중국(中國)이 존재한다는 확인하에서 체결되었다. 반면 같은 시기 자유진영(自由陣營)에서는 미국(美國)의 주도(主導)하에 공산권(共産圈)이 된 중국(中國)을 인정하지 않고 대만(臺灣)을 옹호하여 유엔안전보장이사회의 의석(議席)을 대만(臺灣)에 넘기는 세력(勢力) 할거(割據)가 이루어졌다.

50년대 말까지 중국과 국교를 맺은 나라는 위에 서술한 공산권 국가들을 포함하여 독일연방공화국(옛 동독, 1949년 10월 7일), 유고슬라비아(1955년 1월) 등 33개국으로 이들과의 수교에서도 예외 없이 상대국으로부터 대만(臺灣)을 부정하고 중화인민공화국(中華人民共和國) 중앙인민정부(中央人民政府)만이 유일한 합법정부(合法政府)임을 확답받았다.

(2) 제2단계

중국(中國)의 침체기(沈滯期)라 할 수 있는 문화대혁명(文化大革命)이 있었던 시기로 문혁(文革)기간의 외교업무는 초기의 내부적인 마찰로 인해 정상적으로 이뤄지지 못하였다.

하지만, 1968년 들어 중국은 다시금 외교업무의 편차를 수정하는 등 튼튼한 반석 위에 올려놓기 위한 노력을 기울여 1970년대 초에 중국외교는 많은 발전을 이루었다. 이 시기에 중국이 주력했던 외교사항은 바로 역사적 원인으로 인해 잠재되어 있던 이웃 주변국가들과의 문제점들을 완화시키는 동시에 선린우호 관계를 발전시켜 나가는 것이었다.

또한 화교문제(華僑問題)에 대해 2개의 국적(國籍)을 금(禁)하고 화교(華僑)들이 자발적으로 소재국(所在國)의 국적(國籍)을 선택한 경우, 화교(華僑)는 소재국에 충성을 다해야 함을 표명하였다.

만약 화교(華僑)들이 중국의 국적을 선택한다면, 마땅히 외국인의 신분으로 소재국의 법률을 존중해야 하며 소재국에서의 정치활동을 불허한다고 밝혔다. 이러한 기본원칙의 천명을 통해 중국은 인도네시아 정부와 인도네시아 화교(華僑)들의 이중국적 문제를 해결하게 되었다.

두 번째로 대두된 것은 국경문제(國境問題)로 중국(中國)은 줄기차게 평화우호협상(平和友好協商)과 무력불호소원칙(武力不呼訴原則)을 견지하며 역사 배경과 현실 상황을 동시에 고려하는 기본정책으로 60년대에 미얀마, 네팔, 몽골리아, 파키스탄, 아프카니스탄 등의 5개국과 국경문제(國境問題)를 원만히 해결하였다.

그리고 과거 인도를 식민지로 장악하고 있던 영국인들에 의해 그어진 중국·인도 국경선 문제가 도화선이 되어 발생한 국경충돌에 대해 양국 간의 선린우호를 내세우며 평화적인 해결책을 모색하여 차후 충돌 예방에 대한 만족할 만한 예방책을 얻어내 신속한 양국 간의 관계정상화를 이끌었다.

60년대 들어 제3세계 국가들이 독립을 쟁취하는 과정에서 중국은 제3세계 국가와의 유대를 강화하여 강대국의 패권에 대항하기 위해 이러한 국가들의 독립과 주권유지 투쟁을 전적으로 지지하고 나섰다.

중국의 외교전략은 제3세계 국가들에게만 국한된 것이 아니라 서유럽 및 일본 등과의 관계개선에도 많은 노력을 기울였다. 먼저 프랑스와는 1964년 1월에 대사급 외교관계가 수립되었다. 이러한 외교발전은 서유럽 국가들과의 관계개선에 획기적인 돌파구 역할을 하였다.

또한 일본과의 관계증진은 양국 간의 우호적인 분위기 속에서

일본 수상이 중국을 공식 방문하여 1972년 9월 29일 〈중·일 연합성
명서〉에 서명하고 그날을 기해 비정상적인 양국관계를 끝내고 정상
적인 양국교류의 시작을 선언하기에 이르렀다.

하지만, 우리나라와 일본(日本)의 관계처럼 아직까지 중국인(中國
人)들의 마음속에는 남경대학살(南京大虐殺)과 같은 일제(日帝)의
부정적(否定的)인 잔재(殘滓)가 남아 있어 일본(日本)에 대한 중국인
(中國人)들의 민족감정(民族感情)은 여전히 부정적(否定的)이다.
이처럼 당시의 민족감정(民族感情)을 접어두고 중·일관계(中日關
係)가 정상화(正常化)된 것은 중국 실리외교((中國實利外交)의 단면
(斷面)을 보여준다.

70년대 초부터 시작되었던 중·미 관계의 정상화 과정은 양국
외교정책을 조정하는 산물로 1972년 2월 탁구선수단을 앞세운 미국
대통령 닉슨이 중국을 방문하여 모택동(毛澤東) 및 주은래(周恩来)
와 회담을 가짐으로써 22년간의 양국 대립국면에 종지부를 찍었다.

그 후에도 양국은 연이은 교섭을 통해 같은 해 2월 28일 상해(上海)
에서 〈연합성명(상해성명이라고도 함)〉에 조인을 하게 되었다. 쌍방
은 이 성명에서 "중·미 양국관계의 정상화는 모든 국가의 이익에
부합된다"는 의견을 밝혔다.

"미국은 대만해협양안(臺灣海峽兩岸)의 모든 중국인을 하나의
중국으로 인식하며 대만(臺灣)은 중국의 일부분에 불과하다는 사실
을 받아들였다. 게다가 미국은 중국의 이런 주장에 이의를 제기하지
않는다"라고 말하였다. 〈연합성명〉은 양국관계 정상화 과정의 발단
을 의미하며, 중국외교가 새로운 방향으로 나아가는 역사적 행진이

었다.

70년대 들어 중국은 외국과의 수교에 새로운 호전기를 맞아 우리 나라에서 새마을운동이 한창이던 1970~1972년 사이에 캐나다, 이탈리아, 오스트리아, 벨기에, 아이슬랜드, 몰타, 그리스, 독일연방 공화국, 룩셈부르크 등과 외교관계를 수립함과 동시에 영국과 네덜 란드와는 사무처급(事務處級)에서 대사급(大使級) 외교관계(外交 關係)로 올라섰다.

그리고 오래지 않아 스페인, 포르투칼, 아일랜드와도 수교를 하였 으며, 유럽공동체와도 정상적인 관계를 수립하기 시작하여 유럽국가 와의 국교수립을 기본적으로 완성시켰다.

이처럼 확대(擴大)된 외교관계(外交關係)에 힘입어 중국(中國)은 다시금 대만(臺灣)을 제치고 세계(世界)의 터줏대감격인 UN 안전보 장이사회(UN 安全保障理事會) 상임위원국(常任委員國)으로서의 합법적(合法的)인 자격(資格)을 회복(回復)하였다.

이때가 바로 1971년 10월로 많은 아시아, 아프리카, 라틴아메리카 국가 및 기타 국제세력들의 공동 노력에 힘입어 '제26회 국제연합회 의'를 통해 중화인민공화국의 연합국 내 모든 합법적인 권리회복에 관한 결의를 이끌어냈다.

(3) 제3단계 (1979년~현재)

이 시기는 중국이 건국 이래 외국과의 외교업무가 가장 활발히 전개되는 시기로 특히 개혁개방정책을 지원하기 위해 1982년을 전후로 외교정책에 많은 조정이 가해졌다. 90년대 초 들어 냉전체제가 와해되고 세계 형세는 총체적으로 평화 분위기를 띠게 되면서 다극화와 지역화 경제를 지향하였다.

그리고 대부분의 분쟁과 핫이슈들이 평화적 회담을 통해 해결되는 경향이 선명해졌을 뿐만 아니라 편파적 외교가 구시대적인 외교로 치부되기 시작하면서 중국도 국익을 위해 다각적인 외교전략을 구사하지 않을 수 없었다. 그 단적인 예가 바로 한국(韓國)이다.

그러나 여전히 무장세력의 위협과 국지적인 충돌 등 불안요소가 많이 산재해 있기 때문에 여전히 중국은 패권주의를 반대하는 입장을 고수하며 강력한 이슈 중심 외교로 세계를 주시하고 있다.

2) 개혁개방 이후의 중국 외교성과

(1) 주변국가들과의 관계측면에서 건국 이래 최고의 호전기를 맞고 있다

앞 부분(部分)에서도 언급(言及)하였지만 개혁개방(改革開放) 이후 중국외교(中國外交)는 경제발전(經濟發展)을 최우선(最優先)으로 한 '경제외교(經濟外交)'와 대만(臺灣)과의 통일문제해결(統一問題解決)을 위한 '통일외교(統一外交)'를 지향(指向)하고 있다.

1972년 중·일수교((中日修交) 이후 양국(兩國)은 다시 1978년 8월에 〈중(中)·일(日) 평화우호조약(平和友好條約)〉을 북경(北京)에서 서명(署名)하였다. 이를 기점(起點)으로 양국(兩國)의 지도자(指導者)들의 상호방문(相互訪問)이 빈번(頻繁)해졌으며 중(中)·일

(日) 관계발전(關係發展)을 위한 4개 항의 원칙[原則: 평화우호(平和友好), 평등호리(平等互利), 상호신뢰(相互信賴), 장기안정(長期安定)]이 새로 확정(確定)되어 양국(兩國) 간의 다층적(多層的)인 관계유지(關係維持)와 정기적(定期的)인 접촉(接觸) 및 활발(活潑)한 민간교류(民間交流)가 진행(進行)되었다.

이처럼 중(中)·일(日) 양국(兩國) 간의 이익(利益)이 맞물려 돌아가는 바퀴를 타고 1992년 4월에 강택민(江澤民) 주석(主席)이 일본(日本)을 공식방문(公式訪問)하였으며, 같은 해 10월 일본(日本) 천황부부(天皇夫婦)가 중국(中國)을 방문(訪問)하여 중·일관계(中日關係)가 새로운 지평선(地平線)을 펼쳤다.

이 같은 분위기(雰圍氣) 속에서 양국(兩國) 간의 경제무역협력(經濟貿易協力)은 지속적(持續的)으로 확대(擴大)되어 1995년 쌍방(雙方) 간의 무역총액(貿易總額)이 574.7억 달러에 이르러 일본(日本)은 중국(中國)의 최대무역국(最大貿易國)이 되었으며, 1995년 통계(統計)로 양국(兩國) 간의 자매결연도시(姉妹結緣都市)가 177쌍, 민간교류(民間交流)가 140만 명에 이르렀다.

중국(中國)은 조선민주주의공화국[朝鮮民主主義共和國: 북한(北韓)]과도 오랜 동맹(同盟)으로서 밀접한(密接)한 관계(關係)를 유지(維持)하고 있으며, 여전히(如前)히 친밀(親密)한 형제간(兄弟間)의 우정(友情)을 표하는 우방(友邦)의 위치(位置)에 서 있다. 80년대 이후 북·중(北中) 양국(兩國) 지도자(指導者)는 상호방문(相互訪問)을 통해 다방면(多方面)에 걸친 의견(意見)을 교환(交換)하였다. 최근(最近)에는 북한(北韓)에 대해 식량(食糧) 및 비료(肥料) 등을 무상원조(無償援助)하기로 하는 등 양국(兩國) 간의 유대(紐帶)는 한·중수교((韓中修交) 이후에도 한결같이 돈독(敦篤)한 것으로 알려졌다.

우리 민족(民族)의 숙원사업(宿願事業)인 남북통일문제(南北統一問題)에 대해 중국(中國)은 줄곧 남북(南北) 간의 대화(對話)와 평화적 방법(平和的方法)을 통한 해결(解決)을 지지(支持)한다고 밝혔다. 하지만 언제나 중립적 입장(中立的立場)을 고수(固守)하는 중국(中國)이 앞장서서 우리 민족(民族)의 통일문제(統一問題)를 해결(解決)해주지는 않을 것으로 보인다. 만약 통일(統一)이 되면 되는 대로, 안 되면 안 되는 대로 중국(中國)의 국익(國益)에 부합(附合)되는 중국(中國) 특유(特有)의 외교정책(外交政策)을 구사(驅使)할 것이라는 전망(展望)이다.

한국(韓國)과 중국(中國)은 1992년 9월 2일 수교관계(修交關係)를 맺은 이래 6년이라는 비교적 짧은 수교역사(修交歷史)에도 불구(不拘)하고, 양국(兩國) 간에 최고위급회담(最高位級會談)을 비롯한 지도자(指導者)들의 접촉(接觸)이 빈번(頻繁)해 상호간(相互間) 견실(堅實)한 우호협력(友好協力)의 기반(基盤)을 다지고 있다. 1992년 이후 한국(韓國)과 중국(中國)은 무역(貿易), 투자보호(投資保護), 과학합작(科學合作) 등의 다방면(多方面)에 걸친 협정(協定)을 체결(締結)하였다. 이에 힘입어 양국(兩國)의 상호무역액(相互貿易額)은 빠른 신장(伸張)을 보였다.

쌍방간(雙方間)의 무역액(貿易額)은 1994년에 약 120억 달러였던 것이 1995년에는 150억 달러로 증가하며 지속적(持續的)으로 확대(擴大)되는 추세(趨勢)이다. 중국(中國)에 대한 한국(韓國)의 투자종목(投資種目)도 이미 5,000여 개를 넘어섰으며 금액(金額)만 해도 50여 억 달러에 달해 양국(兩國) 간의 활발(活潑)한 관계발전(關係發展)을 증명(證明)하였다.

최근에는 후진타오(胡錦濤) 중국 국가부주석(中國國家副主席)이 방한(訪韓)하여 중국정부(中國政府)가 중국인(中國人)들의 한 국단체관광(韓國團體觀光)을 허용(許容)하기로 합의(合意)하였다, 아울러 중국동북(中國東北)의 뤼순(旅順)에 안중근(安重根) 의사(義士) 기념성지건설(紀念聖地建設)을 지원(支援)하기로 하는 등 다방면(多方面)에 걸친 교류확대(交流擴大)가 진행(進行) 중이다.

1998년 7월에는 한국외교통상부(韓國外交通商部) 박정수 장관(朴定洙長官)이 방중(訪中)하여 11월의 김대중 대통령(金大中大統領) 중국방문(中國訪問)을 협의(協議)하였다. 김 대통령((金大統領)의 중국방문(中國訪問)은 역사적(歷史的)인 의미(意味) 못지않게 동북아시아 정세변화(政勢變化)에 대처(對處)하여 한·중(韓中) 양국간(兩國間)의 선린우호(善隣友好) 협력관계(協力關係)를 유지발전(維持發展)시킨다는 데 더 큰 의의(義意)가 있다.

그리고 이번 김 대통령(金大統領)의 방중(訪中)에서 예상(豫想)되는 또 다른 수확(收穫)은 그동안 뜨뜻미지근했던 중국정부(中國政府)의 태도(態度)가 보다 적극적(積極的)으로 바뀔 것이라는 점이다. 이처럼 한·중 간(韓中間)의 정부차원교류(政府次元交流)가 공개화(公開化)되는 시점(時點)을 맞아 우리나라와 중국(中國) 간의 관계(關係)가 경제 위주 교류(經濟爲主交流)에서 문화(文化), 교육(敎

育), 체육(體育) 등을 포함(包含)한 전반적(全般的)인 방향(方向)으로 흐를 것으로 보인다.

이 밖에도 중국은 월남민주공화국, 동남아국가연합(ASEAN) 6개국(인도네시아, 말레이시아, 싱가포르, 태국, 필리핀, 브루나이), 미얀마, 라오스, 몽골리아뿐만 아니라 네팔, 부탄, 파키스탄, 방글라데시, 아프카니스탄, 스리랑카 등의 국가(國家)와도 90년대 들어 전통적(傳統的)인 우호관계(友好關係)를 발전(發展)시켰다.

또한 1994년 4월 26일 중국국가주석(中國國家主席) 강택민(江澤民)은 러시아, 카자흐스탄, 키르기스스탄, 타지키스탄의 수뇌(首腦)들과 정상회담(頂上會談)을 가져 중·러·카·키·타 5개국과의 국경지구(國境地區)에 대한 군사부분(軍事部分)의 신뢰도(信賴度)를 강화(强化)시키는 일련(一連)의 협정(協定)을 체결(締結)하였다. 이런 역사적(歷史的)인 문건(文件)은 아시아태평양지구 더 나아가 세계평화(世界平和)와 안정(安定)에 적지 않은 영향(影響)을 줄 것이다.

(2) 평화공존 5원칙의 기초 위에서 북미, 서유럽, 오세아니아주 국가들과의 관계를 발전시켰다

새로운 시작을 의미하였던 70년대가 막을 내리고 80년대에 접어든 중·미(中美) 양국(兩國)의 관계(關係)는 1989년에 있었던 천안문사태(天安門事態)와 중국(中國) 내 인권문제(人權問題) 등이 원인(原因)이 되어 양국 간(兩國間)에 갈등(葛藤) 및 정치적(政治的)인 마찰(摩擦)을 겪었으나, 양국 지도자(兩國指導者)의 상호방문(相互

訪問)과 지속적(繼續的)인 민간교류(民間交流)에 힘입어 비교적(比較的) 안정된(安定)된 발전(發展)을 이룩하였다.

양국 무역액이 1979년의 24억 달러에서 1988년에는 100.11억 달러로 증가하여 연평균 15.1%의 무역교류 신장을 보이면서 미국이 중국의 3대 무역국으로 부상하였다. 그리고 이 시기 양국은 과학기술 협력과 교육, 문화, 군사교류 등에서도 균형 잡힌 발전이 진행 되었다.

90년대 들어 양국관계는 1993년 11월 강택민(江澤民) 주석이 미국 시애틀을 방문하여 클린턴 대통령과 정상회담을 가짐으로써 양국은 새로운 토대를 만들었다. 1994년 6월 미국의 클린턴 대통령 은 중국에 대해 최혜국 대우를 연장하기로 약속하였다. 동시에 양국 간에 문제가 되던 인권문제와 최혜국 대우를 연관시키지 않을 것이라 는 입장도 밝혔다.

이 발표가 있은 후부터 쌍방의 경제무역합작은 더욱 확대되었다. 특히 인력, 경제, 무역, 과학기술 등의 교류와 협력을 계속하여 중·미 간의 무역액은 1993년 276.5억 달러에서 1994년 354.3억 달러로 1979년 수교 때와 비교하여 14배 증가하였다. 한편, 미국의 중국 투자종목의 숫자가 1995년 상반기에 이미 17,572개에 이르렀으며, 대중국 투자협의 금액이 212억 달러로 집계되었다.

그러나 중·미관계(中美關係)에는 여전(如前)히 관계개선(關係改善)에 장애요소(障礙要素)들이 남아 있다. 그중에서 대표적(代表的)인 것이 바로 '대만문제(臺灣問題)'와 소위 말하는 '인권문제(人權問題)'이다.

'대만문제(臺灣問題)'에 대해 미국(美國)은 대만(臺灣)을 온전한

국가(國家)로 인정(認定)하지 않는다고 시인(是認)한 바 있다. 그러나 미국(美國)의 대만(臺灣)에 대한 무기판매(武器販賣)는 오히려 증가(增加)하는 추세(趨勢)를 보인다. 대만(臺灣) 이등휘(李登輝) 총통(總統)의 미국 방문(美國訪問)을 허용(許容)하는 등 미국(美國)이 대만(臺灣)을 독립적(獨立的)인 국가(國家)로 바라보는 징후(徵候)가 여러 곳에서 나타나면서 중국(中國)과 마찰(摩擦)을 일으키고 있다.

특히, 미국이 문제 삼고 있는 중국 내의 인권문제는 중·미관계의 건강한 발전에 영향을 미치는 또 다른 장애요소로 부상하였다. 미국은 끊임없이 중국소수민족지구(中國少數民族地區)인 티베트의 독립요구와 반체제 인사에 대한 정치활동 해제 등을 요구하며 중국의 인권문제를 외교적 이슈화하고 있다. 하지만, 이 문제에 대한 중국의 입장은 내정간섭이라는 주장을 하며 한치의 양보도 하지 않을 것처럼 단호하여, 양국 간의 긴장을 고조시키고 불편한 관계를 만드는 원인이다.

중국과 캐나다는 1970년 10월에 수교한 뒤, 큰 장애 없이 평탄한 관계를 유지·발전시켜 나가고 있다. 양국 수교 25년 만인 1995년 중·캐나다 양국 사이에 이루어진 총무역액은 42.14억 달러에 다다랐다. 더욱이 1995년 말 통계로 캐나다의 재중국 투자항목은 2,727개 항목, 협의투자액은 36.6억 달러였다.

100여 년 전에 아편전쟁(阿片戰爭)을 일으켜 중국을 긴장시켰던 영국과의 외교는 홍콩반환을 계기로 평온하고 우호적인 실리외교가 이어지고 있다.

1964년 1월, 수교를 한 프랑스와 중국은 정치, 경제, 과학기술, 문화 등 다방면에 성과 있는 협력관계를 유지 중이다. 1994년 4월 프랑스 미테랑 대통령이 중국을 방문하였으며, 같은 해 9월 강택민 (江澤民) 국가주석도 프랑스를 공식 방문하여 프랑스 미테랑 대통령과 회담을 가졌다. 이 자리에서 양국 원수는 21세기 양국의 발전을 위한 안정적인 관계발전에 의견을 같이하였다. 아울러 19개 부문의 총액 181억 프랑에 이르는 경제무역합작 및 협의서에 사인하는 등 양국 관계는 새로운 발전단계로 접어들었다.

1996년 4월 이붕(李鵬) 총리가 다시 프랑스를 공식 방문하여 5개 항의 경제무역 합작을 성사시켜 양국 간의 협력은 더욱 확대되었다. 1995년 통계에 의하면 중·불 양국 간의 총무역액이 44.9억 달러로 1994년에 비해 33% 증가하였다.

1990년에 역사적인 통일을 이룬 독일에 대한 중국의 외교 원칙은 ① 장기적 우호관계 중시 ② 상호존중, 상호신임 확대 ③ 평등호리를 기초로 한 경제관계 발전 ④ 교섭강화를 통한 합작영역 확대 등이다.

이러한 원칙을 기초로 양국은 다방면에 걸친 협력을 추진하여 상호 간에 큰 성과를 거두었다. 특히 중국은 독일의 선진과학기술을 받아들인다는 목적으로 폭넓은 무역교류를 추진하여 과학기술발전을 크게 앞당겼다.

이와 더불어 독일도 통일 이후 국내 사정의 악화를 만회하기 위해 많은 자국 기업들의 중국 투자를 주선하여 이미 중국에 투자한 독일 기업 숫자만 해도 570여 개에 이른다. 중국에서 가장 많이 볼 수 있는 자동차가 바로 독일산일 정도이다.

이 밖에도 중국은 서유럽국가들과의 관계발전을 위해 유럽연맹(EC) 가입국뿐만 아니라 비가입국과의 관계 확대에도 적극성을 띤다.

이러한 중국의 노력이 성과를 보이면서 '비시장경제(덤핑수출국)'로 분류되어 심한 경제제재를 받아오던 중국이 97년 12월부로 '덤핑수출국' 명단에서 빠져 활발한 무역교류가 이루어지고 있다.

90년대 초에 들어서 중국과 서유럽국가 간의 관계는 새로운 발전 시기를 맞게 되었다. 오늘날 서유럽은 중국의 2대 무역 동반자로 급부상하여 1995년의 통계로 본 중국과의 무역 총액이 421억 달러로 전년과 비교하여 18.3%가 증가되었다. 서유럽국가의 중국에 대한 투자도 지속적으로 상승하고, 쌍방 간의 교류도 경제방면 외에 문화, 교육, 스포츠 등의 분야로 확대되는 느낌이다.

중국과 오스트레일리아, 뉴질랜드는 70년대 초에 수교를 하였다. 수교 이후 양국의 지도자들은 상호방문을 통해 무역협정을 체결하였으며, 80년대를 거치면서 지속적인 교류 확대가 이루어져 1993년의 중·오 무역액을 30억 달러 선으로 끌어올렸다.

동시에 뉴질랜드와의 무역액 역시 1994년 통계로 10억 NZ$(뉴질랜드 화폐단위)였으며, 중국과 뉴질랜드의 상호직접 투자기업 수가 각각 20여 개와 50여 개 기업으로 늘었을 뿐만 아니라 앞으로도 지속적인 증가가 예상된다.

(3) 동유럽, 구소련(舊蘇聯) 내의 독립국가와 전통적인 우호합작 관계를 지속적으로 발전시켰다

과거 중국과 동유럽 국가들은 이념을 같이하는 동지애(同志愛)를 가지며 중국인민정부가 성립되었을 때, 가장 먼저 중국과 외교 관계를 수립하였다. 그러나 1989년 이후 이들 동유럽국가들이 하나둘씩 와해되면서 모두들 자유화 노선을 걷게 되었다.

이 같은 동유럽국가들의 체제변화는 중국에게 체제고수라는 부담감을 안겨 주기도 하였지만, 반면에 1979년 이후 실시해 오던 개혁개방정책의 시각에서 볼 때, 오히려 중국에게 개혁정책 추진의 당위성을 선전하는 좋은 사례가 되었다.

이러한 입장에서 중국은 평화공존 5원칙을 내세우며 동유럽국가들의 정치안정(政治安靜)과 경제발전(經濟發展), 평등호리(平等互利)를 통한 상호 간의 발전을 희망하는 입장을 표명하여, 동유럽국가들과의 지속적인 우호합작관계를 유지·발전시켰다. 이러한 외교 노력에 힘입어 1991년부터 중국과 동유럽국가 간의 고위직간부들 상호방문이 이루어졌으며, 정치·경제·과학기술·문화 등의 다양한 분야에서도 교류가 활발한 편이다.

과거 수정자본주의와 교조주의를 외치면서 중국과 첨예한 대립을 보이던 구소련(舊蘇聯)이 1991년 말 해체되고 새로이 신생독립국가들이 생겨나면서 사회체제의 문제와 근접국이라는 이유 때문에 중국은 한동안 이들 각국과의 관계 유지에 집중하였다.

이러한 상황변화에 대처하기 위해 중국은 이들 국가와 외교관계를 수립하는 동시에, 이들 국가들에게 알맞는 외교정책의 필요성을 느꼈다. 이에 카자흐스탄을 비롯한 중앙아시아 4개국(우즈베키스탄, 키르기스스탄, 타지키스탄, 투르쿠메니스탄)에 대해 다음과 같은 기본 외교정책을 천명하였다.

① 화목한 연방으로서의 평화공존을 유지한다.
② 호리합작(互利合作)을 개선·진전시켜 공동번영을 추구한다.
③ 각국 인민들의 주체적인 선택을 존중하며, 타국의 내정에 간섭하지 않는다.
④ 독립주권을 존중하고 지역의 안정을 추진한다.
이 4가지 기본원칙을 견지하며 카자흐스탄을 포함한 중앙아시아 5개국과 활발한 무역관계를 유지하고 있다.

마지막으로 우리나라와 같이 분단의 아픔을 겪고 있는 중국(中國)의 통일전략외교(統一戰略外交)를 보면 아주 흥미롭다. 즉 중국(中國)의 통일외교정책(統一外交政策)은 한마디로 대만(臺灣)에 대한 '회유(懷柔)'와 '숨통 조르기'를 동시(同時)에 진행(進行)하는 형국(形局)이다.

이를 엿볼 수 있는 가장 단편적인 예는 중국대륙에 사회주의라는 구호를 내건 중화인민공화국이 들어서면서 대만(臺灣)으로 넘어갔던 'UN 안전보장이사회' 상임위원국 자격을 되찾기 위한 다각적인 외교이다.

1971년 중국은 마침내 미국을 설득하여 대만(臺灣)을 따돌리고 다시 안전보장이사회 감투를 되찾았다. 이 과정에서 대만(臺灣)을 두둔하던 많은 나라들이 중국으로 등을 돌리는 바람에 외교정책에 구멍이 난 대만(臺灣)은 자연히 위기감을 느낄 수밖에 없었다.

이와 유사한 중국의 간접적 통일외교가 바로 1997년 홍콩 회복을 앞둔 시기에 전개되었다. 중국은 당시까지 대만(臺灣)을 인정하는 한편 중국을 부정하는 나라들에 대해 홍콩 반환 이후 홍콩 내 경제이익권과 영사관 설치권을 미끼로 압력과 회유를 가하였다. 중국의 통일외교의 좋은 성공담이 되었던 나라로 중국의 압력에 대만(臺灣)과의 단교를 선언하고 중국과 외교관계를 수립하였던 '바하마'를 들 수 있다.

이처럼 중국의 '목 조르기 통일외교'에 대항하기 위한 대만(臺灣)의 외교는 돈을 들여서라도 국가 이미지를 지켜야만 하는 어려운 상황에 처해 조만간 특별한 대책이 나올 것으로 예상된다.

(4) 개발도상국가와의 단결과 합작을 강화하였다

80년대에 들어서면서 국제형세의 새로운 변화에 따라 중국은 세계평화를 유지하고 공동발전을 추진한다는 슬로건을 내걸고 개발도상국들과의 단결과 협력에 치중하였다.

이러한 노력으로 서아시아, 북아프리카지역의 국가들과 우호협력관계를 발전시켜 상호방문을 통한 이해증진, 경제합작, 쌍방무역을 활성화시켰다. 1992년의 통계를 보면, 중국과 서아시아, 북아프리카지역 국가 간의 무역 총액은 35.25억 달러로 나타났다.

이 지역에 대한 중국 외교정책의 특징은 비동맹운동을 지지하면서 자주독립과 평화외교의 원칙을 지킨다는 것이 대외적인 공식입장이다. 1992년에 중국은 이러한 비동맹운동의 감찰국으로 임명되어 비동맹운동의 전개와 비동맹국가들 간의 협력에 앞장섰다.

그러나 실제 중국이 노리고 있는 것은 제3세계와 비동맹국가들과의 경제협력이다. 이런 이중정책에 의해 중국은 77개 개발도상국과 지속적인 교류를 추진하고 있다.

12

의식주 밑거름,
중국의 경제지리

1. 중국의 자연조건 및 생산분포

1) 토지자원

중국의 토지자원은 농·목·임업 등의 생산에 기본 조건이 되며 공업과 교통 및 도시건설에 없어서는 안 될 중요한 자원이다.

토지유형	면적 (Km²)	국토점 유율(%)	토지유형	면적 (Km²)	국토점 유율(%)
전국토지면적	약960	100	초 원	319	47.9
경 지	95.7	10	가이용면적	224	33.7
산 림	12.5	13	모래황야지	60	9.0
차, 과수, 고무나무 뽕나무 점유지	3.4	0.5	사 막	56	8.4

중국 토지자원의 첫 번째 특징은 960만㎢의 광활한 국토와 농경지, 초원, 임업지, 간석지, 사막 등의 다양한 유형에서 찾을 수 있다. 하지만 농업개발 가능지가 부족하여 일정한 제약요소로 작용한다. 이러한 입지에서 중국은 농지의 확대보다는 과학영농을 발전시켜 농업생산량을 증가시키려는 정책을 추진 중이다.

두 번째 특징은 산지가 많은 반면 평지가 적어 경지 비중이 작다. 중국은 지형학적으로 산지와 구릉이 전체의 66%를 차지하고 있으며, 평지는 34%밖에 되지 않는다. 농경지가 전체 국토면적에서 차지하는 비율이 10%에 머물러 국토에 비해 상대적으로 비효율적인 지형을 가졌다.

세 번째 특징은 절대 토지면적은 넓지만 상대적으로 많은 인구가 집중되어 있어 평균 토지사용량이 적은 편에 속한다. 즉 중국의 토지 총면적은 세계 3위, 경지 총면적은 세계 4위, 초원면적은 세계 3위, 삼림면적은 세계에서 알아주는 수준이지만 일 인당 평균 토지면적은 모든 부문에서 세계평균의 1/3수준이다.

네 번째 특징은 일반적으로 중국의 동부지역은 습윤하고, 서북지역은 건조하고 청장고원(青藏高原)은 한랭하여, 지역에 따라 토지자원 분포가 불균형적이고 토지이용률이 큰 차이를 보인다.

중국은 지역별로 동부지역은 농지와 임지, 간석지(干潟地), 강과 호수, 공장지대, 교통용지가 집중되어 농업·임업·어업의 주요한 생산지(농업인구와 농업생산액의 95%를 차지)이며, 서부지역은 중국의 모든 사막과 황야, 빙산, 산지와 초원이 펼쳐져 있어 목축업과 오아시스 농업이 비교적 발달한 편이다. 이러한 여러 원인으로 중국은 각 지방의 특성에 따라 생산물이 현저히 다르다.

그 외에도 기후(氣候)나 수문(水文) 등의 간접적 영향으로 생산물 분포의 차이가 크다. 예를 들면 경사도가 30도 이상인 지면은 토양 유실량이 심하여 경지로 사용하기에는 큰 어려움이 있으며, 나무재배나 목초지로밖에 사용할 수 없다.

중국의 일 인당 평균 국토점유율과 타 국가와의 비교(단위: ha)

자원유형	중국	세계평균	미국	구소련	일본	인도
경지면적	0.09	0.27	0.77	0.81	0.03	0.21
초원면적	0.2	0.6	0.99	1.3	1.3	0.02
삼림면적	0.11	0.81	1.08	3.35	3.35	0.09

광물자원이 풍부한 횡단산지(橫斷山地)는 지형이 공장을 세우기에 부적합하여 광물 생산지와 가공 산지와의 거리가 멀어짐에 따라 생산비용이 높아져 경쟁력이 떨어지는 단점이 있다.

2) 기후자원

기후자원으로는 태양열, 태양광, 수자원 등을 들 수 있는데 중국은 땅이 넓은 만큼 이러한 기후자원이 풍부한 편이다. 중국은 대부분 지역의 일조량이 길어 태양열 자원이 우수하다. 매 ㎠당 연평균 태양복사량이 80~240kcal로 청장고원이 최고수치를 보인다. 이에 반해 사천(四川)과 귀주(貴州)지역은 일 년 내내 날씨가 흐리고 비나 안개가 자주 일어 연간복사량(年間輻射量)이 100kcal밖에 되지 않는다.

3) 수자원(水資源)

중국의 평균강우량은 648mm로 비교적 풍부한 편이다. 중국의 대부분 지역이 비와 더위가 같은 시기에 집중되어 강수(降水)의 효율성이 뛰어나다. 그러나 바다와 육지의 위치와 계절풍의 영향으로 강우량(降雨量)의 지역분포가 불균형적이다.

또 다른 특이점은 동남해안에서 서북지방으로 갈수록 강우량이 줄어든다. 중국 지도를 펼치고 닭의 머리 부분에서 꽁지 하단부를 비스듬히 이은 선이 바로 강우량 400mm 선이다.

이 선을 경계로 서북단(西北段)은 건조한 기후를 나타내며 남북단(南北段)은 강우량이 풍부하다. 즉, 대만지역(臺灣地域)은 비교적 많은 편이고, 중국의 내륙중부고원지역(內陸中部高原地域)은 4,000mm, 화남연해지역(華南沿海地域)은 1,600~2,000mm, 양쯔강유역(長江流域)은 1,000~1,600mm, 화북·동북지역(華北東北地域)은 400~800mm, 서북내륙지구(西北內陸地區)는 100~200mm의 강우량을 보인다.

중국 수자원의 전반적 특징은 다음과 같다.

첫째, 토지자원과 마찬가지로 수자원의 총량은 풍부하지만 일인당 평균량은 적은 편이다. 통계에 의하면, 중국의 연간총강우량(年間總降雨量) 6.2만억㎡, 지표총경류량(地表總徑流量) 2.7만억㎡을 나타내고 있지만 일 인당 평균은 2,400㎡에도 못미처 세계 평균의 1/4 정도이다.

둘째, 강수(降水)의 연계차(年季差)가 심하여 남방지역의 우기(雨期)는 5~8월로, 이 시기에 내린 강우량(降雨量)이 연간강우량(年間降雨量)의 50~60%이며, 북방지역은 6~9월에 70~80%의 강우(降雨)가 집중된다. 이러한 원인으로 중국은 매년 가뭄과 홍수의 피해를 입는다.

셋째, 수자원의 지역분포가 불균형하다. 중국의 수자원 가운데 강우량(降雨量) 의존율이 동쪽에서 서쪽으로 갈수록 감소하는 현상을 보인다.

넷째, 양쯔강(長江)유역과 양쯔강(長江) 이남지역의 경지면적이 전체의 30% 정도를 차지하고 있지만, 상대적으로 강우(降雨)의 지표총경류량(地表總徑流量)은 전국의 약 75%를 넘는다.

다섯째, 화뻬이(華北)·시뻬이(西北)의 경지면적이 중국 전체의 반 이상을 차지하지만, 강우의 지표총경류량(地表總徑流量)은 전국의 10%에도 미치지 못하고 있다.

이러한 강우량(降雨量)의 지역 차로 말미암아 중국의 농공업 생산과 국민들의 생활이 많은 제약을 받는다.

4) 생물자원

생물자원이란 식물자원과 동물자원으로 구성된 자원을 말하며 삼림, 목초식물, 야생동식물, 수산물이 여기에 속한다. 중국은 비교적 풍부한 생물자원을 확보하고 있으며 국토가 넓은 만큼 희귀생물이 많이 서식한다.

대표적 동물자원으로는 우리에게 익숙한 팬더곰, 따오기, 큰 도롱뇽, 중화철갑상어, 영양 등이 있으며 식물자원은 금전송, 대만삼, 향과수, 수삼, 은행, 은삼 등이 유명하다.

중국의 목지자원(木枝資源)은 상당히 풍부한 편이며, 전국에 펼쳐진 면적만 해도 47.9억 무(畝, 1무당 약 200평)이다. 주요 분포지는 대흥안령(大興安嶺), 음산(陰山), 여량산(呂梁山), 횡단산(橫斷山)을 경계로 하는 서북지역으로 대개 기후가 건조하고 초질(草質)이 불량(不良)한 데다 양(量)도 많지 않아 가축방목에 제한이 많다.

중국은 동남쪽으로 바다와 접해 있고 난류와 한류의 영향을 동시에 받는 천혜의 조건을 갖추었다. 통계에 따르면, 해양 수산자원은 근해에 서식하는 어종만 약 2,000종에 이른다. 그 가운데 경제어류가 300여 종, 새우가 400여 종, 게(蟹)가 600여 종, 연체동물이 5,000여 종이다. 그리고 육지 수산자원은 내륙에 넓은 수역이 형성되어 있어 양식 가능면적이 1억 무(畝)에 가깝고, 중국 내륙에 서식하는 민물 경제어류도 40여 종에 이른다.

중국은 국토면적이 넓고 산지가 많아 식물이 번식하기에 좋은 환경을 가지고 있다. 통계에 따르면, 전 국토의 1/4이 넘는 38.6억 무(畝)의 땅이 식수(植樹) 가능면적이다.

이 같은 좋은 조건에 있는 중국 산림자원의 특징은 수종(樹種)이 풍부하여 세계에서 목본식물(木本植物) 종류가 가장 많은 나라로 꼽힌다. 이미 발견된 목본식물(木本植物: 목질 생체조직을 만들어내는 식물)만 8,000종으로 그중 1,000여 종에 가까운 나무들의 재질이 우수하다.

그러나 조림면적이 매우 낮다. 중국은 원래 다림(多林)국가였지만, 무분별한 벌목으로 식수조림(植樹造林)에 차질을 빚고 있으며 산림면적도 감소하고 있다. 80년대 중국의 조림률은 12.98%로 전 세계적으로 후진국형에 속한다. 이 밖에도 산림자원의 지역분포가 불균형적일 뿐 아니라 산림 파괴현상도 심각한 상태이다.

5) 광물자원

일반적으로 에너지광물, 금속광물, 비금속광물로 나뉘는 광물자원은 중국 내에 160여 종이나 된다. 이 가운데 에너지원으로 사용되는 광물자원은 석탄, 석유, 천연가스, 오일셰일(석유를 함유하고 있는 암석), 토륨(원자력발전에 이용), 우라늄 등이 있으며 금속광물은 세계적인 종류의 다양성과 매장량을 자랑한다. 비금속광물도 석회석(石灰石)나 석면(石綿), 인(燐) 등이 화공원료, 공업광물, 야금보조원료, 도자기, 건축원료로 사용되고 있다.

중국 광물자원의 특징은 종류와 매장량 부분에서 세계적으로 풍부한 편이다. 저장량이 확인된 종류만 150여 종에 이른다. 그중 매장량에서 세계 수위(首位)를 차지하는 텅스텐, 주석, 희토, 유철광, 티타늄, 아연, 바나듐 등과 석탄, 동, 은, 납, 철, 수은, 니켈, 인, 석면 등의 생산량은 세계적 수준이다.

그러나 일부 중요한 광물자원의 매장량이 빈약하고 품질이 떨어지는 단점을 가졌다. 중국의 광물은 순광물(純鑛物)보다 다른 광물과 혼합된 것이 많아 제련과정에서 어려움이 많다. 예를 들면 세계 1위 매장량을 자랑하는 바나듐 같은 경우도 90% 이상이 기타 광물과 혼합되어 있다.

광물자원의 지역분포가 고르지 못해 철광석의 경우, 요녕성(遼寧省), 하북성(河北省)의 동부지역, 사천성(四川省)의 서부지역에 집중되어 있으나 서북지방은 드물다. 인(燐)의 경우도 사천성(四川省), 운남성(雲南省), 귀주성(貴州省), 호북성(湖北省) 등지에 편중되어 화북과 동북, 서북지역은 빈약한 편이다. 석탄은 화북, 서북, 동북, 서남에 많고 동남연해지역에서는 찾아보기 힘들다.

이러한 분포는 중국 경제발전에 많은 불편을 주고 있다. 특히 북쪽지방의 석탄을 남방으로 옮기고, 남방의 인(燐)을 북방으로 옮겨야 하는 운송비가 큰 부담이다.

6) 중국의 생산물 분포

모든 사회의 생산분포는 경제효율과 자체적인 발전규율의 지배와 제약을 받는다.

구중국(舊中國)의 생산분포가 극도로 불합리하였다. 많은 생산 분야들이 원료공급지와 국내시장을 무시하고 전국 공장의 69%가 상해(上海)나 천진(天津), 청도(靑島), 광주(廣州)에 집중되어 있었다. 이러한 생산분포의 문제점을 안고 수립된 신중국(新中國)은 생산구조조정에 들어가 동부지역, 중부지역, 서부지역의 현황을 정확히 파악하여 생산분포의 점차적인 합리화를 추진하였다.

또한 소비시장이나 원재료 공급지에서 근접한 곳에 공업을 발전시켜 사회노동력의 효율성을 제고하고, 집중과 분산을 서로 결합한 경제구조를 갖추었다. 이 밖에도, 자연자원의 합리적 이용과 환경보호, 생태계 형평 유지를 위해 자원의 종합적인 이용을 강화하고 공업분포를 분산시키는 등 정책을 시행 중에 있다.

2. 중국 농업지리

90년대 초 중국인들 수입 가운데 소비구조통계를 보게 되면, 식(食)이 50%, 의(衣)가 22%, 연료소비(燃料消費)가 4.3%로 나타나고 있어 절대적으로 먹고사는 데 치중하는 편이다.

그리고 중국 경공업에서 농산품을 원료로 하는 비율이 69.3%이며, 상업에서 농촌 소매총액이 전 사회 소매총액의 54.5%를 차지한다. 또한 국제무역에서 2/3가 농산물과 그 가공품으로 구성되어 있는 것만 봐도, 중국 경제에서 농업이 차지하는 비중이 얼마나 높은지 짐작이 간다.

1) 중국 농업지리의 특징

대부분 농업지역이 중·저위도 지대에 위치하고 있어 농작물 생장에 필요한 열량조건이 좋은 편이다. 전국이 보편적으로 기온이 높고 비와 더위가 같은 시기에 오기 때문에 기후조건에서는 그 어느 곳보다 농업에 유리하다.

그러나 수자원량이 풍부하다고는 하지만 지역에 따라 수자원 분포가 불안정하다. 이로 인해 북방 서북부 내륙지방은 물이 부족하고 강우량(降雨量)도 여름에 집중되는 계절적 분배의 불균형으로 농업에 부정적인 영향을 미친다. 아울러 농업개간의 역사가 길어 장기간 경작한 경지의 토질이 좋은 편이지만, 잔여 토지가 거의 남아 있지 않아 개간 가능면적이 0.2억㏊ 정도로, 대부분 흑룡강(黑龍江)과 신강(新疆)의 변경지역에 집중되어 있다.

2) 중국 농업생산 발전정책

농업의 중요성에 비해 생산의 비효율과 자연적 제약에 부딪힌 중국정부는 다양한 정책 수립을 등한시한 채, 농업생산의 확대에만 열중한다.

그 대표적인 것이 수리시설(水利施設) 확충에 의한 자연재해 예방이다. 대량의 방파제와 관개설비, 발전소 등의 수리시설을 늘려 자연재해 방지율을 높이고 농경지의 생산안정에 총력을 기울이고 있다. 그러나 이러한 노력에도 불구하고 현재 중국의 수리시설(水利施設)은 1998년 여름, 양쯔강(長江)의 대홍수에서 보듯이 만족할 만한 수준에 이르지 못하였다.

또한 영농의 기계화를 빠르게 발전시켜 전체 경지의 42%를 기계의 힘으로 생산효율을 높이고 있지만, 그러나 부분적인 기계 사용과 단순기계 투입 효과는 그다지 높지 않다.

중국 정부가 농업생산의 발전을 위해 심혈을 기울이는 사업 가운데 하나가 화학비료 살포에 의한 생산성 향상이다. 1978년 전국의 화학비료 사용량이 884만 톤에서 1988년의 2,647.9억 톤으로 늘어나 2.3배의 증가세를 보였다.

이외에도 구중국시대(舊中國時代)의 농업이 양식생산(糧食生產)에 머물러 경제작물과 임업, 목업, 수산업 등에 소홀히 하였던 점을 중시하고, 근래 들어 농촌경제체제 개혁을 통해 농업생산구조에 큰 변화를 가져왔다. 즉 농업의 비중이 점점 낮아지고 있는 반면 임업, 목축업, 수산업 등의 비중이 높아지는 추세이다.

3) 양식작물(養殖作物)

양식은 인류가 생활을 영위해 나가는 데 있어 가장 기본이 되는 생활 자원인 동시에 가축사료업 및 일부 경공업에 없어서는 안 될 중요한 재료가 되고 있어 모든 생산영역의 발전에 전제조건이다.

신중국(新中國) 수립 이후 중국은 양식생산을 경제발전의 선결조건으로 내걸고 대대적인 양식생산 증강에 치중하고 있다. 통계에 의하면 1949년의 양식 총생산량이 11,320만 톤이었던 것이 1988년에 들어 39,408만 톤으로 늘어 3.48배의 신장세를 보여 미국 다음가는 양식 생산국이 되었다.

(1) 벼농사

중국인들은 우리처럼 쌀을 주식으로 하는 민족이며, 세계에서 벼농사를 제일 많이 짓는 나라이다. 1988년 벼농사 면적은 3,200만 ha로 전국 양식작물 재배면적의 29.3%를 차지하며, 벼 생산량은 1.69억 톤(보리의 2배)으로 전국 양식 총생산량의 42.9%에 육박하였다

벼는 고지대, 한대지역, 결수지역을 제외한 중국 전역에서 재배된다. 주요 지역은 중국에서 벼농사에 종사하는 농민이 제일 많은

남방 벼농사지구로 재배면적과 생산량에서 공히 전국의 95%를 차지하며, 당지(當地) 양식 생산량의 60~90%를 뛰어넘었다.

광활한 남방 벼농사지구는 이모작에 적합한 자연조건을 갖추고 있다. 첫째, 멥쌀이 많이 생산되는 광동성(廣東省), 광서쭈앙족자치구(廣西壯族自治區), 복건성(福建省), 해남도(海南島), 대만(臺灣) 등의 화남(華南) 벼이모작 지대를 일컫는다. 둘째, 재배면적이 전국의 66%, 벼 생산량이 전국의 68%를 차지하며 멥쌀 이모작과 벼·보리 이모작을 주로 하는 남령(南嶺)이북을 가리킨다. 셋째, 진령(秦嶺), 회하(淮河) 남쪽에 위치한 성(省)들을 포괄하는 양쯔강(長江)유역 일모작과 이모작지대, 해발 2,000m 이하의 지방에서 메벼를 재배하는 운귀고원(雲貴高原) 벼농사지대 등으로 나눈다.

전국 벼 재배면적의 6% 정도를 차지하는 북방 벼농사 분산지구는 생장기와 하계기온이 벼 생산에 비교적 만족스러운 곳이지만, 수자원의 부족으로 오래된 벼농사 역사에 비해 재배면적이 적다.

길림성(吉林省)의 연길(延吉), 송화강(松花江), 요하연안(遼河沿岸), 하북성(河北省), 산동성(山東省), 하남성(河南省) 등의 3개 성(省), 강소성(江蘇省), 안휘성(安徽省) 북부의 하류양안(河流兩岸)과 저지대(低地帶)가 여기에 속한다. 아울러 분위평원(汾渭平原), 하투평원(河套平原), 은천평원(銀川平原), 하서(河西)일대, 신강(新疆) 내 일부 오아시스(OASIS지역도 포함된다.

(2) 보리농사

보리는 중국에서 벼 다음으로 많이 재배되는 작물이다. 북방주민의 주식으로 중국 양식소비량의 1/4에 가깝다. 1988년 통계에 의하면, 보리 재배면적은 3,000만ha로 전국 양식재배 면적의 26.2%이며, 총생산량은 8,630만 톤으로 전국 양식 총생산량의 21.8%에 이른다.

중국 최대의 보리 생산지역이자 소비지역으로 만리장성(萬里長城) 이남, 육반산(六盤山) 이동, 진령(秦嶺)·회하(淮河) 이북의 각개성(省)이 속하는 북방 겨울보리 재배지구는 전국 겨울보리 재배면적·생산량의 2/3 이상을 차지한다. 이런 이유로 중국에서는 이곳을 '보리창고'라고 부른다.

또한 남방 겨울보리 재배지구는 진령(秦嶺)·회하(淮河) 이남, 절다산(折多山) 이동의 넓은 지대로 재배면적이 전국의 30%에 육박하지만, 이 지역 주민들의 주식이 쌀이기 때문에 재배된 보리의 상품화율이 높은 편이다.

이 밖에 봄보리 재배지구인 만리장성(萬里長城) 이북, 민산(岷山)·대설산(大雪山)의 서부지역은 재배에 필요한 열량조건이 떨어져, 봄에 파종하여 그해에 거두어들이는 일 년 일모작 위주의 보리농사가 행하여진다.

(3) 콩(大豆)

세계에서 콩 재배가 제일 먼저 이루어진 곳이 중국이라고 알고 있는 사람이 많지만, 한반도가 콩 재배의 기원이라는 학설이 과학적·역사적 자료에 의해 근래 밝혀졌다. 콩은 중국에서 중요한 유료작물

(油料作物)과 공업원료 작물로 인식되고 있다. 1988년 총생산량이 1,165만 톤으로 미국과 브라질 다음으로 많은 콩을 생산하였다.

동북 평원지대는 중국 제일의 콩 재배지역으로 콩 파종면적이 전국의 38.8%이며, 생산량은 44.7%를 차지한다. 주요 재배지는 썬양(瀋陽) 이북과 하얼삔(哈爾濱), 따렌(大連)을 연결하는 철로의 양측에 펼쳐진 평원지대에서 주로 재배된다. 이 지대에서 생산된 콩은 양질에 알맹이가 굵고 함유율(含油率)이 높아 국제시장에서 인기가 좋다.

중국의 2대 콩 생산지구로 알려진 황회해평원(黃淮海平原)과 진섬 (晉陝)생산지구는 전국 대비 36.6%의 콩 파종면적을 보이며, 전국 생산량의 30.3%에 육박한다. 이 지구에서 생산된 콩은 주민들의 양식으로 대부분이 소비되어 상품화율이 저조하다.

(4) 잡곡농사

일반적으로 양식과 사료용으로 쓰이는 중국 잡곡의 재배면적은 전국 곡물 재배면적의 40%에 이른다. 동북(東北), 화북(華北), 서남 지역(西南地域)에서 많이 재배되는 주요 잡곡은 옥수수, 수수, 조, 감자, 고구마 등이며 자연조건의 제약을 많이 받지 않는 작물인 옥수수가 그중 많은 부분을 차지한다.

옥수수는 고산 건조지역을 포함한 해발 500m 정도의 산지나 구릉지, 평원에서 고르게 재배된다. 대흥안령(大興安嶺)에서 서남쪽 의 귀주성(貴州省)·운남성(雲南省)의 남부지역까지의 광범위한 지역이 주요 생산지이다. 연생산량(年生産量)은 7,735만 톤 정도로 잡곡 중에서 최대 생산량을 자랑한다.

수수와 조, 감자 등은 동북평원(東北平原), 화북평원(華北平原), 황토평원(黃土平原)에 걸쳐 재배되고 있으며, 고구마는 산동성(山東省), 하남성(河南省), 사천성(四川省), 안휘성(安徽省), 하북성(河北省)을 비롯한 넓은 지역에서 생산된다.

(5) 상품양식기지 건설

상품양식기지(商品糧食基地)란 자연조건과 사회조건의 우세로 현지의 생산량 과다로 잉여양식이 많고 양식의 상품률이 비교적 높은 곳을 일컫는 말이다. 비록 중국의 양식생산은 많은 발전을 보이고 있으나 인구의 급속적인 증가로 인해 양식의 자급에 많은 문제를 야기시켰다.

이러한 이유에서 중국은 상품양식기지를 건설하여 안정된 양식공급을 추진하고 있다. 이미 전국 각지 13개 성에 9개의 상품양식기지가 건설되었으며 전국 농경지 면적의 13.5%, 전국 양식생산량의 18.1%, 양식상품률의 27.6%가 상품양식기지를 통해 생산되고 있다.

4) 경제작물

일반적으로 자연조건과 재배기술의 제약을 많이 받으며, 생산물의 상품화 정도가 높은 경제작물 재배는 중국 정부가 농업경제를 발전시켜 도시와 농촌 간의 빈부격차를 줄이기 위해 중점 유도하는 농업정책 중의 하나이다.

(1) 섬유작물

섬유작물은 중국의 기후조건과 잘 맞아 가장 많이 재배되는 경제작물이다. 이 가운데 면화는 다습다광(多濕多光)한 환경에서 생장하는 작물로, 경제작물 가운데 재배면적이 가장 넓다.

면화의 줄기는 제지(製紙), 씨앗은 기름채취, 기름을 짜고 난 후 남은 찌꺼기는 사료로 사용되기 때문에 경제작물로서 다양한 가치를 지닌다. 주로 방직공업의 원료로 사용되는 동시에 국방과 화공, 의약공업에 있어서도 없어서는 안 될 중요한 원료이다.

자연조건과 재배관리기술 등의 제약은 있지만 재배면적은 넓다.

첫째, 황하유역 면화재배지대인 산동성(山東省), 하남성(河南省), 하북성(河北省), 산서성(山西省), 섬서성(陝西省), 북경(北京), 천진(天津) 등이다.

둘째, 양쯔강(長江)유역 면화재배지대인 강소성(江蘇省), 호북성(湖北省), 안휘성(安徽省), 호남성(湖南省), 사천성(四川省), 절강성(浙江省), 강서성(江西省), 상해(上海), 서북내륙 면화재배지대에 속하는 신강성(新疆省)과 감숙성(甘肅省) 일대 등이다.

중국은 세계적으로 마류작물(麻類作物)을 가장 많이 경작한다. 주로 황마(黃麻), 홍마(紅麻), 영마(薴麻), 아마(亞麻), 열대마(熱帶麻) 등을 재배하는데, 마(麻)로 만들어진 섬유는 장력(張力)이 뛰어나고 흡습성이 강할 뿐 아니라 부식에 강해 농업과 공업생산 및 생활용품, 국방, 교통, 건축재료 등으로 사용된다.

황마(黃麻)는 고온다습한 기후에서 자라는 작물로 중국의 광동성(廣東省), 절강성(浙江省), 광서성(廣西省) 등지에서 많이 경작되고 있다. 황마섬유는 흡습성이 강하여 일반적으로 마대(麻袋)제작에 적합하다.

홍마(紅麻)는 외국에서 도입된 품종이지만 기후 및 토양조건이 까다롭지 않고 환경 적응력이 뛰어나 중국의 서부 신짱(新疆)지역과 동북의 랴오닝성(遼寧省)을 비롯한 전 지역에서 환영을 받는다.

중국 특산품인 영마(薴麻)는 '중국초(中國草)'라고도 불린다. 고온다습한 기후를 좋아하는 다년생 숙근작물(宿根作物: 여러해살이뿌리작물을 가리킴)에 속한다. 영마(薴麻)로 만들어진 섬유는 여름철 옷이나 그물, 공업, 항운업, 국방공업 등에 쓰인다. 주요 산지로는 호남성(湖南省), 호북성(湖北省), 사천성(四川省), 강서성(江西省) 등이다.

아마(亞麻)는 저온다습한 기후에 잘 자라는 작물로 섬유가 가늘고 인성이 뛰어날 뿐 아니라 방수성이 좋아 돛과 천막, 물호스 생산에 이용된다. 주요 산지는 흑룡강성(黑龍江省)과 길림성(吉林省) 연변지역(延邊地域)으로 중국 전체 생산량의 90% 이상을 차지한다.

또한 섬유작물로 빼놓을 수 없는 중국의 양잠업(養蠶業)은 이미 4,000여 년의 역사를 가지고 있으며, '비단의 나라'로 세계에 잘 알려져 있다. 중국 양잠업(養蠶業)은 뽕나무로 기르는 상잠(桑蠶)과 떡갈나무로 기르는 작잠(柞蠶)이 있다.

상잠(桑蠶)은 주로 태호유역(太湖流域)과 사천분지(四川盆地), 주강(珠江) 삼각주(三角洲) 등지에서 많이 행하여지는 작목(作木)으로 1988년 상업 생산량이 39.4만 톤으로 세계 생산량의 50% 이상을 점하였다.

작잠업(柞蠶業)은 요동반도(遼東半島), 산동반도(山東半島), 하남성(河南省) 서부산지 등에서 주로 활용되는 방법으로 그중에서 랴오닝성(遼寧省)의 생산량이 전국의 70~80%를 육박한다.

(2) 유료작물(油料作物)

중국은 땅콩, 유채씨, 참깨, 해바라기, 콩, 면화씨 등을 위주로 한 유료작물(油料作物)이 많이 재배되고 있다.

땅콩은 중국 북방인들이 식용으로 사용하는 고온작물로 중국의 온대지역, 아열대지역, 열대지역에 골고루 분포한다. 함유율(含油率) 47~53%, 단백질 24~36%로 식용 외에도 세탁비누, 윤활유, 양초, 약용기름 등의 재료로도 사용된다.

중국의 땅콩 생산량은 1990년대 이후부터 현재까지 세계 1위의 생산량을 보이고 있다. 중국 유료작물 생산량의 37%를 차지하며 산동성(山東省), 광동성(廣東省), 하북성(河北省), 안휘성(安徽省), 강소성(江蘇省), 하남성(河南省), 요녕성(遼寧省), 복건성(福建省), 광서성(廣西省), 사천성(四川省) 등의 10개 성(省)에서 전국 생산량의 93%를 차지한다.

유채씨는 중국에서 땅콩 다음으로 많이 생산되는 유료작물이다.

자연 적응력이 뛰어나고 토양을 비옥하게 만드는 작물에 속한다. 사천성(四川省), 안휘성(安徽省), 강서성(江西省), 호남성(湖南省), 호북성(湖北省), 강소성(江蘇省), 절강성(浙江省), 상해(上海)에서 주로 재배되며 1981년 이들 지역의 유채씨 생산량이 전국 생산량의 77%를 기록하였다.

이 밖에도 참깨와 해바라기가 중국의 중요한 기름 생산용 작물로 꼽힌다.

(3) 당료작물(糖料作物)

중국에서 생산되는 당료작물(糖料作物)로서는 사탕수수와 사탕무가 있다. 사탕수수는 고온다습한 기후를 좋아하여 열대지방에서 재배되는 경제작물로 북위 24도 이남에 위치한 대만(臺灣), 광동성(廣東省), 사천성(四川省), 광서성(廣西省), 복건성(福建省), 운남성(雲南省) 등을 들 수 있다.

반면에 사탕무는 추위에 강할 뿐만 아니라 건조지역에도 잘 적응한다. 북위 40도 이북지역에서 많이 생산되며 흑룡강성(黑龍江省)의 재배량이 가장 많고 그다음으로 길림성(吉林省), 내몽고자치구(內蒙古自治區), 신강위구르자치구(新疆維吾爾自治區), 영하회족자치구(寧夏回族自治區), 감숙성(甘肅省) 등 순이다.

(4) 기타 경제작물

중국은 차(茶)의 고장으로 남북조(南北朝)시대에 이미 사람들의 기호식품(嗜好食品)이 되었다. 또 명·청(明淸)시대에 들어서는 수출품으로 세계시장을 독점하였다. 차나무는 열대와 아열대 다년생 상록수로, 고온다습한 기후와 비옥한 토양을 요구하는 작물이다.

중국의 차나무는 북위 23~31도, 동경 100~122도 사이에 위치한 절강성(浙江省), 호남성(湖南省), 안휘성(安徽省), 사천성(四川省), 복건성(福建省)의 낮은 산지와 구릉지역에서 많이 경작하고 있다. 중국의 차(茶)는 가공방법에 따라 녹차(綠茶)와 홍차(紅茶), 화차(花茶), 변차(邊茶), 오룡차(烏龍茶), 특종차(特種茶)의 6가지로 나눈다.

미주지역이 원산지인 담배는 17세기 초 중국에 전래된 기호작물이다. 일반적으로 비옥한 토양과 긴 일조량에서 잘 자라는 고온작물인 담배는 1988년 생산량이 233.7만 톤에 이르러 세계 2위를 기록하였다.

5) 임업

중국은 산지면적이 전 국토의 2/3에 이르고 5개 기후대가 골고루 분포되어, 삼림자원 개발에 좋은 조건을 갖추었다. 전국에 분포된 가식수(可植樹) 면적이 2.57억ha로 국토면적의 1/4에 육박하며, 세계의 식물박물관이라 불릴 만큼 다양한 품종의 나무들이 생장하고 있다.

하지만 문제점도 많아 식수면적이 국민 일 인당 0.16ha로 세계평균인 1ha에 크게 못 미치며, 세계 170개 국가 가운데 121위이다.

성숙림(成熟林)과 노화림(老化林)이 전체의 69%를 차지하여 매년 자연고사(自然枯死)에 의한 손실량이 2,700만㎡에 달한다. 또 삼림 분포가 고르지 못하여 대부분 동북, 서남 및 동남지역의 절강성(浙江省), 복건성(福建省), 대만(臺灣) 등 변원지구(邊遠地區)에 편중되어 있다.

중국의 주요 임업지대는 '동북(東北)의 임해(林海)'라고 불리는 대소흥안령(大小興安嶺)과 백두산(白頭山)일대 산지의 동북임업지구와 사천성(四川省), 운남성(雲南省), 서장자치구(西藏自治區)의 횡단(橫斷)산맥과 아노장포강(雅魯藏布江)의 중하류지역의 서남임업지구, 진령(秦嶺)·회하(淮河) 이남지역과 운귀고원(雲貴高原)의 동쪽에 위치한 호남성(湖南省), 호북성(湖北省), 안휘성(安徽省), 강서성(江西省), 복건성(福建省), 광동성(廣東省), 광서성(廣西省), 해남도(海南島), 대만(臺灣), 귀주성(貴州省) 등 11개 성(省)에 이르는 광범위한 지역을 포괄하는 남방임업지구로 나눈다.

동북임업지구는 면적은 3,133만㏊에 달하는 중국 최대의 원시림이 자리한 곳이다. 최근 이곳에 목재 채벌기지를 구축하여 다량의 목재가 수출되고 있지만, 원시림 파괴로 인한 환경문제가 제기되고 있다.

서남임업지구에 속한 시슈앙반나(西雙版納) 일대는 '원시열대식물의 보고(寶庫)'로 불리는 곳으로 마호가니(mahogany: 紅木)나 녹나무 같은 희귀수목이 많다. 그러나 교통이 불편한 곳에 위치하여 개발이 지연되고 있으며, 노화된 나무의 비중이 높아 삼림자원의 손실이 심한 편이다.

남방임업지구는 중국 최대의 경제수림지대로 인공림을 위주로 하는 경제림과 대나무가 큰 비중을 차지하고 있다. 또 이 지역은 아열대와 열대 두 개의 기후대에 속해 있어 임목들의 생장에 적합하고 교통이 발달하여 중국의 주요한 목재·대나무 공급기지로 유명하다..

6) 목축업

신중국(新中國) 수립 이후 목축업이 정책적으로 중시되면서 가축 수는 물론 우량품종이 급격히 증가 하었다. 1988년 통계를 보면 중국의 돼지, 양, 소고기 생산량이 2,193.6만 톤에 이르고, 우유(牛乳)와 양유(羊乳) 생산량도 빠르게 신장되고 있는 중이다.

(1) 농업목축업

목축업뿐만 아니라 농업을 겸함으로써 그 효율성을 높일 수 있는 농업목축업은 농경지의 70% 이상에서 가축을 노동력으로 활용하고 있으며, 농가 비료의 3/4이 두엄(구비: 廐肥)을 중심으로 하는 가축 퇴비이다.

중국의 농업목축업지구는 진령(秦嶺)·회하(淮河)의 이북에 펼쳐진 광대한 농업지구인 북방 농업목축지구가 가장 크다. 돼지와 황우(黃牛), 말, 당나귀, 노새, 면양(綿羊), 닭의 사육을 위주로 하며 그 가운데 돼지와 황우(黃牛), 면양(綿羊)이 비교적 높은 편이다.

또한 남방 농업목축지구는 진령(秦嶺)·회하(淮河) 이남에 자리한 농업지구로 돼지, 물소, 산양, 닭, 오리, 거위 등 특색 있는 가축과

가금(家禽)을 사육하고 있다.

(2) 목축업 위주 지역

중국의 주요한 목축산업지구는 대부분 중국대륙의 서부와 북부에 자리한 몽고(蒙古), 서장(西藏), 위구르(新疆)지역이 대표적이다. 이 지역은 전 국토의 52%를 차지하는 반면 농경지 면적은 고작 10.4%에 지나지 않는다.

천연초원이 3억ha로, 이용 가능한 초원면적은 2.2억ha에 달한다. 이 지역은 양, 말, 소, 낙타 등의 방목과 사육이 주로 이루어지며 국민생활에 필요한 수요를 만족시킬 뿐 아니라 외국으로 수출하여 경제발전에도 도움을 주고 있다.

(3) 근교 목축업

도시의 발전과 공장지역의 확대로 많은 인구가 밀집되어 생활하고 있는 지역들이 갈수록 늘어나면서 우유나 육류, 계란류 등의 식품에 대한 수요도 같이 증가하는 형국이다. 중국은 이런 추세에 발맞춰 도시와 공장지대 부근에 목축업 기지를 건설하여 원활한 식품공급을 도모하고 있다.

7) 수산업

중국의 수산업은 자국민의 식생활과 관련된 산업일 뿐만 아니라 중요한 수출품목 중의 하나이다.

중국은 대륙과 도서해안선의 총연장이 3만여km, 연해어장 면적이 81.8만ha로써 연해에 많은 만(灣)과 항구(港口)들을 보유하여 중국 수산업은 무한한 발전 가능성이 있다.

해수(海水)를 제외한 내륙의 담수(淡水) 총면적은 2,000만ha인데 그중 강, 호수, 저수지에서 양식 가능한 면적이 700만ha이며 현재 양식에 사용되는 면적은 105만ha에 이른다.

비록 중국의 수산업이 아직까지 만족할 만큼 활용되고 있지는 않지만, 해방 전에 비해 24배의 신장률을 보이면서 수산업 생산량에서 일본(日本), 구소련(舊蘇聯) 다음으로 3위이다.

(1) 해양수산업(海洋水産業)

수산업에서 해양수산업이 차지하는 비율은 70% 이상으로 양식(養殖)보다는 고기잡이 위주로 이루어져 있으며, 최근에 들어와 양식업(養殖業)분야에도 신경을 쓰는 모습이다.

중국 연해에서 거둬들이는 수산물은 71.6%가 어류이며 12.3%가 게(蟹), 16.1%가 조개류와 해초류 등이다. 그 가운데 경제어류에 속하는 수조기, 참조기, 갈치, 오징어 등이 전체 어류 포획량의 1/3을 차지한다.

중국 연해의 주요어항(漁港)은 발해연안(渤海沿岸)에 자리한 천진항(天津港), 진황도(秦皇島), 영구(營口)와 황해연안(黃海沿岸)에 있는 단동(丹東), 대련(大連), 연대(烟臺), 석도(石島), 연운항(連雲港) 등이 있다. 상해(上海), 청도(靑島), 연대(烟臺), 대련(大連)은 중국의 4대 어산품 중심지이자 현대화 어업기지이다. 그리고 광주(廣州)와 담강(湛江)은 어업 가공업이 비교적 발달하였다.

중국 해양어업 작업구역은 수심과 해안 거리의 원근(遠近)에 따라 3개의 해양어업 작업구역으로 나눈다. 수심 40m 이내의 연안어업구에는 다양한 경제어류가 번식하고 있으며, 치어(稚魚) 배양소가 분포되어 있어 중국의 중요한 양식구역(養殖區域)이자 포획구역(捕獲區域)이다.

일반적으로 수심이 40~100m에 위치한 근해어업구는 최대의 경제수산품 생산지구로 알려져 있다. 또한 수심이 100m 이상인 대륙붕과 원양해역으로 구성된 원양어업구는 현재 중국 어업이 개발에 노력하고 있는 지역일 뿐만 아니라 최근에는 원양선단(遠洋船團)이 아프리카 연안해역까지 진출하였다.

하지만 여전히 근해에 집중된 어업활동과 양식을 경시하는 풍조가 강해 수산업발전에 저해요소이다. 더욱이 경제발전으로 말미암아 도처에 공장이 생겨나고, 농약의 남용, 생활폐수의 해양유입 등으로 해양자원이 큰 피해를 입고 있다.

이에 중국 정부는 과학적인 관리와 선진기술을 도입하여 인공양식(人工養殖)에 대한 교육실시와 해양오염에 대한 경각심을 심어주는 등 다양한 관심을 쏟고 있는 중이다.

(2) 담수수산업(淡水水産業)

중국에서 제일 큰 양쯔강(長江) 중하류의 하남양식지구(河南養殖

地區)는 진령(秦嶺)·회하(淮河) 이남에 위치한 남령(南嶺) 이북의 넓은 지역을 가리킨다. 담수면적(淡水面積)이 전국의 50%, 담수어(淡水魚) 생산량이 전국의 60% 이상을 차지한다. 이곳은 어묘(魚苗)의 산지(産地)로 중국 어묘(魚苗) 생산량의 70%를 책임지고 있다.

화남지역(華南地域) 양식지구(養殖地區)는 광동(廣東), 해남(海南), 대만(臺灣), 광서(廣西)의 4개 성(省)과 민남지구(閩南地區: 복건성 남부지역)를 포함하는 지역으로 양식(養殖)에 필요한 자연조건이 잘 갖춰져 전국 담수어(淡水魚) 생산량의 20% 이상을 이곳에서 맡고 있다. 특히 이 지역에서 나는 산천어, 연어, 금강바리, 잉어 등이 유명하다.

이외에 진령(秦嶺)·회하(淮河)의 이북, 만리장성(萬里長城)의 이남, 황토고원(黃土高原)의 서단 동부를 포함하는 화북평원(華北平原)과 황토고원(黃土高原)의 저수지양식구(貯水池養殖區), 운귀고원(雲貴高原)의 호수포획지구(湖水捕獲地區)에서 양식발전(養殖發展)을 주도하고 있다.

8) 토산품

토산품이란 토산(土産)과 특산(特産)을 의미하는 것으로, 일반적으로 토산(土産)은 농산물을 말하며 특산(特産)은 각 지방의 독특한 생산품을 일컫는다.

중국에서 경제적 가치가 비교적 높은 토산품(土産品)은 약 2,000여 종에 이른다. 특히 곰발바닥, 녹용, 제비집, 원숭이골 등이 세계적으로 유명하다.

이 밖에 내열성과 내습성이 뛰어난 부도체로, 페인트공업의 중요한 원료로 사용될 뿐 아니라 인조가죽과 인조고무, 인조휘발유, 인쇄잉크 등의 원료로 사용되는 동유(桐油)와 흰참나무버섯(銀耳) 등의 건채류(乾菜類)는 중국의 주요한 특산품이자 수출품이다.

아울러 밤과 대추, 은행 등의 건과류와 감귤, 열대과일인 용안(龍眼), 양귀비가 즐겨 먹었다는 여지(荔枝) 등의 과일은 통조림이나 건과일로 만들어져 시장에 나오고 있다.

특히 중의(中醫)의 본고장인 중국은 중의(中醫)의 원료가 되는 약재가 풍부하다. 그중에서 경제가치가 높은 야생에서 자라는 산삼과 인공재배에 의해 생산된 인삼, 중국녹용 등의 약재류는 세계적으로 뛰어난 약효를 자랑한다.

3. 중국 경공업지리

일반적으로 경공업이란 방직, 식품, 제지, 의학, 일용품 등을 포함하는 제조업으로, 적은 투자로 높은 이윤 창출을 보장하는 경제분야를 말한다. 그리고 대부분 많은 노동력을 필요로 하여 일자리창출이라는 점에서 국민경제에 크게 기여하고 있다.

1978년 개혁개방 이래 중국은 농업과 경공업, 중공업의 비율을서방 선진국 수준으로 끌어올리기 위해 지속적인 노력을 기울여과거와는 비교되지 않을 만큼 큰 발전을 이루었다.

1) 방직공업(紡織工業)

중국은 구중국(舊中國) 시절의 방직기술을 기반으로 국민의 의생활(衣生活) 향상(向上)과 외화획득(外貨獲得)을 위해 불철주야 노력중이다. 원료시장과 소비시장, 노동력, 교통운수 등의 조건을 종합적으로 고려하여 면(綿)이나 모(毛), 마(麻), 사(絲) 등을 이용한 고품질의 천연섬유(天然纖維)와 합성섬유(合成纖維), 인조섬유(人造纖維)등을 생산하고 있다.

(1) 면방직공업(綿紡織工業)

중국의 면방직공업은 이미 근 100년의 역사를 가지고 있으며중국 방직공업 중 가장 큰 규모이다.

면방직공업의 중심지는 상해(上海)를 중심으로 하는 양쯔강(長
江) 삼각주와 그 주변지구로 규모나 기초시설, 생산기술 면에서
제일 좋은 생산여건으로 중국에서 최고 수준을 자랑한다.

양쯔강(長江) 삼각주 외에도 북경(北京)·천진(天津)·석가장(石家
莊)·정주(鄭州)를 중심으로 하는 지역과 서안(西安) · 함양(咸陽)을
중심으로 하는 지구, 무한(武漢)을 중심으로 한 강한평원(江漢平原)
과 그 주변지구, 청도(靑島) 제남(濟南)을 중심으로 하는 산동지구(山
東地區), 심양(瀋陽)·요양(遼陽)·대련(大連)을 중심으로 한 요남지
구(遼南地區)가 상대적으로 면방직공업이 발달되어 있다.

(2) 모방직공업(毛紡織工業)

현재 중국의 모방직공업은 소비지와 원료지 원칙에 따라 효율적으
로 분포되어 있다. 주요 생산지는 북경(北京)·천진(天津)·상해(上海)
의 3대 모방직 공업지를 제외하고도, 내륙의 우루무치(烏魯木齊)·서녕
(西寧)·은천(銀川)·함양(咸陽)·빠오또우(包頭)·후허하오터(呼和浩
特)·라싸(拉薩) 등이 있으며, 무석(無錫)·소주(燒酒)·남경(南京)·제남
(濟南)·보정(保定)·심양(瀋陽)·길림(吉林)·하얼삔(哈爾濱) 등의 소비
지에도 중·대형 모방직공장이 가동 중이다.

(3) 마방직공업(麻紡織工業)

중국은 풍부한 마류(麻類)를 확보할 수 있는 유리한 조건을 갖추고
있으며, 일반적으로 원료공급지에 가깝다.

마대(麻袋)의 원료가 되는 황마(黃麻)의 중국 최대 산지(産地)가 절강성(浙江省)이며, 현대화된 최대 규모의 마방직공장(麻紡織工場)도 항주(杭州)에 자리잡고 있다. 이외에 상해(上海), 대련(大連), 청도(青島), 무석(無錫), 요양(遼陽), 천진(天津) 등도 꽤 유명하다.

중국 정부는 이에 만족하지 않고 광주(廣州), 승덕(承德), 장주(漳州), 남녕(南寧), 유주(柳州), 천수(天水) 등지에 대형 마대공장(麻袋工場)을 세워 수출에 열중하고 있다. 1994년 통계를 보면, 중국의 황마(黃麻) 생산량이 37만 톤으로 인도와 방글라데시 다음으로 많은 양이다.

(4) 사직업공업(絲織業工業)

중국은 '동방비단의 나라'로 불릴 만큼 사직업(絲織業)이 발달된 나라이다. 당(唐), 송(宋)을 거쳐 20세기 초까지 줄곧 세계시장을 독점하여 왔다. 하지만 외국자본의 침략과 약탈로 봉건사회가 파괴되면서 사직업(絲織業)도 쇠퇴하기 시작하여 1949년 각종 잠사(蠶絲) 생산량이 2,000톤에도 이르지 못하였으며, 비단 생산량은 5,000톤에 불과하였다.

신중국(新中國)이 수립된 후 양잠업(養蠶業) 발전에 힘입어 중국의 사직공업(絲織工業)이 또다시 크게 발전을 이룩하였다. 1988년의 생사(生絲)·사직품(絲織品) 수출액도 10억 달러를 넘어서 세계시장에서 중국의 위력이 새삼 느껴진다.

상해(上海)는 중국 최대의 현대화 사직공업기지(絲織工業基地)로 생산품의 품질이 뛰어나고 색상이 다양하여 많은 부분이 수출되고 있다. '비단의 고장'으로 불리는 절강성(浙江省)에는 양잠업(養蠶業)이 잘 발달되어 생사(生絲)의 생산량이 전국 최고를 자랑하고 있으며, 비단방직품 생산량도 상해(上海) 다음이다.

사방직공업(絲紡織工業)의 주요 생산지는 항주(杭州), 호주(湖州), 소흥(紹興), 가흥(嘉興), 온주(溫州) 등이며, 이 지역의 생산량 가운데 1/3 이상이 해외로 수출된다.

항주(杭州), 호주(湖州)와 더불어 중국의 '3대 비단시장'으로 불리는 소주(蘇州)는 비단의 품질이 좋아 강소성(江蘇省) 일대 사직공업(絲織工業)을 주도하고 있다.

(5) 화학섬유공업(化學纖維工業)

중국의 화학섬유공업은 신흥공업에 속하지만 이미 중국 방직공업에서 중요한 위치를 차지한다.

화학섬유는 인조섬유와 합성섬유로 나눈다. 인조섬유는 목재와 목화씨 등을 원료로 사용하여 화학처리와 기계가공을 거쳐 만들어지며 합성섬유는 주로 석유, 석탄, 천연가스 등으로 부터 추출한다.

상해(上海)와 천진(天津), 요양(遼陽), 장춘(長春), 길림(吉林) 등지에 70년대 초 도입된 합성섬유공장이 많고 북경(北京), 난주(蘭州), 악양(岳陽), 석가장(石家莊), 대경(大慶) 등에도 합성섬유공업 기지가 들어서 있다.

2) 식품공업(食品工業)

(1) 양유가공공업(糧油加工工業)

중국의 밀가루공업의 분포 및 규모는 원료운수의 편리와 저장, 소비지역의 분포와 규모에 따라 결정된다. 밀가루공업의 주요 생산지는 상해(上海), 북경(北京), 천진(天津), 정주(鄭州), 서안(西安), 제남(濟南), 태원(太原), 난주(蘭州), 우루무치(烏魯木齊), 심양(瀋陽), 장춘(長春), 성도(成都) 등이 있다. 일부 도시와 남방의 보리 생산지역에도 중소형 밀가루 공장이 가동 중이다.

중국의 정미공업은 '소형, 분산'으로 축약할 수 있다. 인구가 집중된 남방의 도시에 크고 작은 정미소가 분포되어 있을 뿐 아니라 북방의 벼농사지구인 하북성(河北省), 요녕성(遼寧省), 길림성(吉林省) 등지에도 많다.

유지공업(油脂工業)은 식용유와 공업용유로 나눈다. 식용유는 식물유지와 동물유지로 다시 분류된다. 중국의 유지공업은 대부분 식물유지를 주로 하며, 공업지대는 원료 또는 소비지가 인접한 지역에 많다. 동물유지공업은 일반적으로 육류가공 공장과 연합하여 원료의 종합이용을 꾀하고 있다.

(2) 제당공업(製糖工業)

당(糖)은 고열량식품으로써 의약공업의 원료와 보조재료로 사용되는 것으로, 중국의 제당공업은 주로 사탕수수와 사탕무를 원료로 사용하고 있다.

1949년의 중국 설탕 생산량이 26만 톤이었던 것이 1996년에는 640.20만 톤으로 크게 늘어났다. 사탕수수를 이용한 제당은 광동성(廣東省)의 순덕(順德), 강문(江門), 중산(中山), 광주(廣州), 남해(南海)와 광서성(廣西省)의 귀현(貴縣), 남녕(南寧), 계평(桂平), 복건성(福建省)의 선유(仙游), 장주(漳州), 천주(泉州), 하문(廈門) 등의 지역에서 전국의 80%가 넘는 양을 생산하고 있다. 나머지는 해남(海南)과 대만(臺灣) 그리고 일부 기타 지역에서 담당한다.

사탕무를 원료로 하는 흑룡강성(黑龍江省)의 제당공업은 주로 하얼삔(哈爾濱)과 쟈무쓰(佳木斯), 아성(阿城), 치치하얼(齊齊哈爾)을 중심으로 생산되고 있다. 내몽고자치구(內蒙古自治區)의 빠오또우(包頭)·후허하오터(呼和浩特), 길림성(吉林省)의 길림(吉林)·장춘(長春), 신강성(新疆省)의 석하자(石河子) 등지에서도 부분적으로 나온다.

(3) 제염공업(製鹽工業)

중국의 제염공업(製鹽工業)은 공업용과 식용이 각각 50%로 선진국들에 비해 낮은 공업률을 보이고 있다. 중국은 해염(海鹽), 호염(湖鹽), 정염(井鹽), 암염(岩鹽) 등의 소금 종류가 있으며, 분포 또한 광범위하다.

신중국(新中國) 건국 이후 제염업(製鹽業)은 연해 중심에서 차츰 내지(內地)로 옮겨가고 있다. 주요 제염지구(製鹽地區)는 장노(長蘆)·요녕(遼寧)·산동(山東)·소북(蘇北)·포대(布袋) 등이다. 정염(井

鹽)은 사천성(四川省) 일대(一帶)의 자공(自貢)·오통교(五通橋)·염
원(鹽源), 호염(湖鹽)은 주로 서북건조지역, 암염(岩鹽)은 호북성(湖
北省)의 응성(應城)과 운남성(雲南省)의 일평랑(一平浪) 등에 분포
되어 있다.

(4) 담배공업

중국의 담배공업은 오랜 역사를 가지고 있으며 상해(上海)와 청도
(青島), 천진(天津)을 중심으로 크게 발전하였다. 신중국(新中國)
수립 이후에도 지속적인 발전을 보여 1985년 생산량이 2,351만
상자를 넘어, 해방 전과 비교하면 10여 배의 신장이 되었다. 1988년
에는 다시 3,095만 상자로 급증하였다.

주요 담배 생산지는 상해(上海), 천진(天津), 곤명(昆明), 옥계(玉
溪) 등이며, 생산량이 많은 성(省)은 하남성(河南省), 산동성(山東
省), 안휘성(安徽省) 등이다.

(5) 양주공업(糧酒工業)

중국의 양주공업(糧酒工業)은 우리가 잘 아는 고량주(高粱酒)의
원료인 고량(高粱)과 옥수수, 보리, 감자·고구마, 야생식물, 과일
등을 주원료로 만들어지고 있다. 원료 생산지와 가까운 곳에 입지한
것이 특징이다.

노주(老酒)라고도 불리는 황주(黃酒)는 쌀과 기장(黍)을 원료로
양조하는 주정(酒精)이 낮은 술(酒)이다. 음주(飲酒)와 조미품(調味

品), 약용(藥用)으로 사용하며 절강성(浙江省) 소흥(紹興)의 가반주(可飮酒)와 복건성(福建省) 용암(龍岩)의 심항주(沈缸酒)가 특히 유명하다.

중국을 대표하는 독특한 술인 백주(白酒)는 술(酒) 도수(度數)가 평균 45~60도에 이르는 주정(酒精)이 높은 술(酒이다. 유명한 백주(白酒)로는 귀주성(貴州省)의 모태주(茅台酒), 동주(董酒)와 사천성(四川省)의 노주특곡(蘆州特曲), 오량액(五糧液), 검남춘(劍南春), 산시성(山西省)의 분주(汾酒), 섬서성(陝西省)의 봉주(鳳酒), 안휘성(安徽省)의 고정공주(古井貢酒), 강소성(江蘇省)의 양하대곡(洋河大曲) 등이 있다.

과실주(果實酒)로는 산서성(山西省)의 죽엽청주(竹葉靑酒), 요녕성(遼寧省) 심양(瀋陽)의 산사주(山査酒), 북경(北京)의 계화진주(桂花陣酒) 등을 꼽을 수 있다. 약용(藥用)으로 사용하는 인삼주(人蔘酒), 호골주(虎骨酒) 등도 이 부류에 속한다.

(6) 캔식품공업

군수용이나 야외활동, 원양항해, 여행업을 비롯하여 일반 가정용으로까지 발전하고 있는 통조림가공공업은 위생문제와 원료의 신선도를 보장하기 위해 대부분 원료산지에서 가까운 곳에 위치한다. 1985년에 100만 톤을 생산해 건국 초기 생산량과 비교하여 100배의 신장률을 보였다. 현재, 세계 100여 개 국가로 수출되는 중이다.

절강성(浙江省)은 캔식품 생산량과 수출량 부문에서 공히 1위의 자리를 지키고 있다. 채소와 과일, 수산품을 주원료로 한다.

광서성(廣西省)과 사천성(四川省)은 과일캔을 주로 생산하고 있으며, 사천성(四川省)의 육류캔은 전국적으로 알아준다. 또한 복건성(福建省)과 광동성(廣東省)은 채소류 캔이 유명하며, 특히 광동성(廣東省)의 채소캔은 대부분 해외로 수출된다. 이 밖에도 상해(上海)에서는 수산물과 육류캔에 집중하는 편이다.

3) 제지공업(製紙工業)

제지기술(製紙技術)은 중국 고대의 4대 발명의 하나로 오랜 역사를 자랑하지만, 의외로 근대 제지공업은 낙후를 면치 못하고 있다. 몇 년 전까지만 해도 학생 노트의 품질이 너무 떨어져 고급 노트에 적응된 한국인들은 큰 상점에서 수입 노트를 사서 썼다.

1949년의 중국 제지 생산량이 10.8만 톤에 불과하던 것이 1996년에는 2,638.20만 톤으로 성장하여 1949년과 비교하여 244배의 발전을 보였고, 제품의 종류도 수백 가지로 늘었다.

일반적으로 제지업(製紙業)은 원료요소와 소비요소, 교통운수 및 수자원, 환경문제 등을 모두 고려하여야 하는 까다로운 산업에 속한다. 이 때문에 원재료 공급지에서 가까운 곳에 입지해야 함과 동시에 인구가 밀집된 도시에 근접하여 생산설비를 설치하는 것이 기본원칙이다.

또한 연 생산량 200만 톤인 제지공장의 일 년 운수량은 30만 톤에 달하여 교통이 편리하지 않으면 안 된다. 아울러 1톤의 종이를 만드는 데 깨끗한 물 100~600톤이 소요되어 수자원 요소를 반드시 고려한 곳에 공장을 세워야 한다. 이러한 이유로 제지공업의 신속한 발전에 어려움을 겪는다.

중국의 동북지구는 목재와 갈대가 풍부하여 제지공업의 원료를 원활히 공급할 수 있는 조건이 갖추어져 그나마 중국 최대의 제지공업 기지로 성장하고 있다.

동북지구에서 제지 생산량이 가장 많은 지역은 요녕성(遼寧省), 길림성(吉林省)을 들 수 있다. 제지(製紙)로 유명한 주요(主要) 도시 (都市)는 요녕성(遼寧省)의 심양(瀋陽)·영구(營口)·금현(金縣)·단동 (丹東)과 길림성(吉林省)에 위치한 길림(吉林)·석연(石硯)·개산둔(開 山屯), 흑룡강성(黑龍江省)의 치치하얼(齊齊哈爾)·쟈무쓰(佳木斯) 등이다.

화동지구(華東地區)는 중국에서 종이 생산량이 가장 많은 지구이 자 고급 문화용지를 생산하는 기지(基地)이기도 하다. 이 지역에 속하는 산동성(山東省)은 중소형 기업들이 주축을 이루고 있으며, 종이 생산량은 전국 3위이다. 대형 제조공장이 입지한 도시로는 상해(上海), 남평(南平), 복주(福州), 청주(靑州), 장주(漳州) 등을 들 수 있다.

중남지구는 대부분 지역에서 사탕수수로 종이를 만든다. 이곳에 속한 광동성(廣東省)은 남방의 중요한 신문지 생산가지로 발돋움하 고 있는 중이다. 이 밖에도 천진(天津)을 포함한 화북지구와 사천성 (四川省)을 위주로 한 서남지구 등이 제지공업을 주도하고 있다.

4) 생활용품업(生活用品業)

(1) 도자기공업(陶瓷器工業)

중국은 오랜 도자기 제조역사와 제조비법을 가진 나라로 근래에 들어서는 생활 도자기 외에도 공업용과 건축자재용 도자기를 만들어 세계 120여 개국으로 수출하고 있다.

중국에서 도자기공업이 발달하게 된 원인은 도자기 제조의 원료들이 전국적으로 광범위하게 분포되어 있다. 이 때문에 중국의 도자기 공업은 전국적으로 발달된 형태를 보인다.

중국에서 도자기 생산량이 많은 성(省)은 광동성(廣東省), 호남성(湖南省), 강서성(江西省), 하북성(河北省), 산서성(山西省) 등이다. 아울러, 중국 정부가 지정한 중점 도자기기업은 예릉(醴陵), 당산(唐山), 북경(北京), 불산(佛山), 심양(沈陽), 경덕진(景德鎭), 함양(咸陽), 해성(海城), 온주(溫州), 요원(遼源), 장주(漳州) 등에 주로 분포한다.

경덕진(景德鎭)이라는 곳은 이미 1,300여 년의 도자기 생산 역사를 가지고 있는 곳으로 '자도(瓷都)'의 이름으로 널리 알려져 있다. 이곳에서 생산되는 자기(瓷器)는 두께가 종이같이 얇으며, 색은 거울을 쳐다보는 것처럼 맑고 청아한 소리를 내는 것으로 유명하다.

당산(唐山)은 '북방자도(北方瓷都)'로 불리는 곳으로 이미 500여 년의 역사를 가지고 있다. 이 지방에서 생산되는 '백옥자(白玉瓷)'는 세계적으로 널리 알려져 명성이 자자하다. 그 종류는 공업자기, 일용자기, 예술자기 등 3,000여 종이나 된다.

호남(湖南)에서 생산되는 유하오채자(釉下五彩瓷)는 중국 도자기 수출량의 1/10을 차지할 정도로 정평이 나 있다. 아울러 의흥(宜興)의 자사도기(紫砂陶器), 광동성(廣東省) 석만(石灣)의 도조(陶雕), 산동성(山東省)의 우점자(雨点瓷)와 채유(彩釉), 하남성(河南省)의 당삼채(唐三彩) 등이 중국의 전통적인 명품으로 도자기(陶瓷器) 애호가(愛好家)들에게 사랑을 받는다.

(2) 기계공업

중국은 세계에서 가장 많은 자전거를 보유하고 있을 뿐 아니라 자전거 생산량 부문에서도 세계 1위를 차지하고 있어 과히 자전거왕국으로 불릴 만하다. 중국의 각 도시에는 자동차가 다니는 차도(車道) 외에 자전거전용도로를 넓게 포장되어 있어 무공해 교통수단인 자전거 이용을 적극 권장하고 있다.

중국이 보유하고 있는 자전거 수는 4억 5,000만 대로 지구상의 자전거를 모두 합쳐도 중국에 미치지 못한다. 1988년 자전거의 연 생산량이 4,122만 대로 나타났다. 자전거공업이 발달된 주요 지역은 상해(上海), 천진(天津), 산동(山東), 광동(廣東), 요녕(遼寧) 등이다.

방직공업과 의류 생산부문의 발전으로 재봉틀을 생산할 수 있는 자체 기술력을 향상시켜 온 중국은 근래 100여 종의 제품을 생산하여 수출할 수준에 이르렀다. 주요 생산지는 상해(上海)와 천진(天津), 광주(廣州), 서안(西安) 등이 있다.

늦게 시작했음에도 불구하고 빠른 발전을 보이는 시계공업은 중국 내 수요를 만족시킬 뿐만 아니라 외국으로 수출까지 하고 있는 중이다. 상해(上海)는 중국 시계공업의 중심지로 그 생산량이 전국의 1/2을 차지하고 있으며 천진(天津), 섬서(陝西) 등을 비롯한 여러 지역에 시계공장이 두루 분포한다.

중국인의 생활수준 향상에 따라 자전거를 대신하여 오토바이가 일반인들의 생활영역으로 깊이 파고들면서 오토바이공업도 무서운 속도로 발전 중이다. 사천성(四川省)은 오토바이 생산의 중심지로 그 생산량이 전국 최고를 자랑한다. 그 외에도 중경(重慶)의 가릉(嘉陵) 기계공장과 건설선반공장이 전국 2대 오토바이 제조공장으로 알려져 있다.

(3) 가전전기공업(家電電氣工業)

1998년 중국 12개 대도시 가정의 TV 보유율이 97%로 집계될 정도로 국내 수요가 폭증하면서 TV 산업이 크게 발전하였다. 최근 TV 생산에 종사하는 업체만 해도 100여 개에 이른다.

상해(上海), 천진(天津), 북경(北京), 사천(四川)을 중심으로 나날이 국산화율이 높아져 자체 상표를 달고 국제시장으로 진출하고 있다.

시작이 늦었던 녹음기공업은 1985년에 1,000만 대를 돌파하였으며 1996년에는 8,633만 대의 생산량을 보였다. 하지만 여전히 품질이 낮은 저가품 위주의 상품이 많고 부품의 해외의존율이 높다.

주요생산도시는 상해(上海), 천진(天津), 북경(北京) 등이다. 이 밖에도 국민 생활수준이 향상되어 국내 소비가 늘면서 냉장고, 세탁기, 선풍기 등의 가전제품 수요가 갈수록 늘고 있다.

(4) 일용화공공업(日用化工工業)

과거 중국의 플라스틱공업은 전국적으로 상해(上海) 한 지방에서 단추나 머리핀만을 만들 수 있었으나 그마저도 오래지 않아 문을 닫고 말았다.

그 후 신중국(新中國)이 수립되고 일상생활에 필요한 기본적인 플라스틱 제품을 생산하면서 플라스틱공업이 재개되었다. 그러나 불과 몇 년 전만 해도 품질이 형편없고 내구성과 미관을 고려하지 않은 제품이 대부분이었다. 요즘 들어 사회주의 시장경제체제가 자리를 잡아가면서 고품질 제품들이 쏟아져 나오고 있다.

또한 일상생활에 없어서는 안 될 비누, 치약, 화장품, 세척제 등의 일용 화공 제품들도 수량과 품질 면에서 큰 성장을 보였다. '대머리약'으로 우리나라에도 잘 알려진 '101 모발 재생제'도 중국의 화공공업 기술력으로 만들어진 대표적인 제품이다.

5) 전통수공업(傳統手工業)

중국의 수공업은 경공업 발전에 기초를 제공하여 시장경제의 성숙과 더불어 서서히 국제경쟁력을 키워나가고 있다. 또한 중국 전역에 분포된 자연자원의 효율적인 이용에 크게 도움이 되었을 뿐만 아니라 지역민들의 취업에도 이바지하였다.

대표적인 수공업 제품으로는 중국 여인들의 혼과 정성이 담겨 있는 자수(刺繡)가 있다. 외화를 벌어들이는 중요제품 가운데 하나인 자수(刺繡)는 강소성(江蘇省)에서 나는 제품이 국제시장에서 '동방명주(東方明珠)'라고 알려질 만큼 유명하다.

양탄자 역시 중요한 수출상품으로 국제적으로 널리 인기를 모으고 있으며 북경(北京), 천진(天津) 등에서 생산된 양탄자는 유럽과 미주 등지로 수출되고 있다.

중국의 칠기(漆器)는 주로 식기(食器), 옷장 및 가구 등으로 제작된다. 그중 복건성(福建省)의 탈태칠기(脫胎漆器)와 북경(北京), 양주(揚州)에서 생산되는 조전칠기(雕塡漆器)를 가장 알아준다.

중국에서의 '문방사우(文房四友)'란 안휘성(安徽省) 경현(涇縣)의 선지(宣紙), 절강성(浙江省) 호주(湖州)의 호필(湖筆), 안휘성(安徽省) 둔계(屯溪)의 휘묵(徽墨), 광동성(廣東省) 조경(肇慶)의 단연(端硯)을 들 수 있으며, 꼼꼼한 재료선택과 정성이 깃든 장인제품(匠人製品)으로 동남아와 일본에 많은 양이 수출되고 있다.

4. 중국 중공업지리

1) 중국 중공업의 현주소

1949년 이후 중국은 대대적인 중공업 발전을 꾀하였다. 이러한 노력으로 1988년 중공업 생산액이 9,150억 위엔을 기록하였다. 공업부문에서 차지하는 비율이 1949년의 26.4%에서 50.55%로 크게 늘어났다. 중공업의 내부구조에도 많은 변화를 보여 항공산업, 자동차, 전자, 석유화공, 원자력 등의 부문에서 괄목할 성장을 보였다.

그리고 심양(瀋陽), 부순(扶順), 안산(鞍山), 본계(本溪), 대련(大連) 등의 연해지구(沿海地區)와 요남지구(遼南地區)에 집중되어 있는 중공업에 지속적인 지원을 하는 한편, 내륙지방의 중공업 건설을 위해 많은 자금을 투입하고 있다.

2) 에너지공업

(1) 석탄공업(石炭工業)

중국의 석탄공업은 1978년에 생산량 6억 톤을 초과하였으며, 1996년에 와서는 13.97억 톤에 이르렀다.

화북지구(華北地區)는 중국 최대의 석탄생산기지로 매장량과 생산량 모두 전국 1위이다. 이 지역 내에서 연생산량(年生産量) 1,000

만 톤 이상을 기록하는 생산기지로는 대동(大同), 양천(陽泉), 서산(西山) 등이 있다. 이 중 대동탄광(大同炭鑛)은 품질 좋은 석탄생산기지로 널리 알려져 있으며 생산량도 전국에서 수위를 달린다.

화북지역(華北地域)은 지리적 위치와 교통조건도 편리하여 생산된 석탄의 많은 부분이 동북(東北), 화북(華東), 중남지구(中南地區)로 운송돼 외국으로 수출되고 있다. 최근 따퉁(大同)과 후오린허(霍林河) 지역에 화력발전소를 건설하였다. 게다가 현지에서 생산되는 석탄으로 발전을 하고 생산된 전기를 외지로 송전하는 새로운 방식을 취하고 있어 과중한 철로 석탄 운송의 부담을 덜었다.

중국의 동북지구(東北地區)는 석탄자원 매장량뿐만 아니라 중요한 중공업기지로 유명하다. 석탄생산량이 화북지구(華北地區)의 뒤를 이어 전국 2위를 기록할 정도이다. 동북 4대 석탄기지로 부순(順), 부신(阜新), 계서(鷄西), 학강(鶴崗)을 들 수 있다. 이들 지역은 매년 1,000만 톤 이상의 석탄생산량을 자랑한다.

화동(華東)과 중남지구(中南地區)의 회남(淮南), 회북(淮北), 서주(西周), 평정산(平頂山) 등에서 연 1,000만 톤 이상의 석탄이 채굴되고 있으며, 서남지구(西南地區)의 사천성(四川省)과 귀주성(貴州省), 운남성(雲南省)도 대규모로 석탄을 생산한다.

(2) 석유공업(石油工業)

석유는 발열량이 비교적 높은 에너지원인 동시에 응용범위가 넓은 화공원료로 사용되고 있어 20세기의 에너지로 불린다.

중국은 이미 3,000여 년 전에 석유를 최초로 사용한 나라이지만, 석유공업의 발전은 매우 느려 1949년 석유생산량이 12만 톤에 그쳤다. 그러나 신중국(新中國)이 건립된 후 해양과 내륙지대에 동시다발적으로 탐사 작업을 추진하였다. 그 결과 대경유전(大慶油田)과 승리유전(勝利油田) 등을 발견하여 중국의 석유공업은 비약적인 발전을 보였고, 1996년에는 석유생산량이 1.57억 톤에 이르렀다.

(3) 전력공업(電力工業)

중국의 전력공업은 1882년, 외국인에 의해 상해(上海)에 건설된 발전소를 시작으로 1949년의 연발전량(年發電量)이 43억KW를 나타내 세계 25위를 기록하였다. 이런 수치는 현재 중국 대도시 하나의 발전량도 책임지지 못할 수준이다. 그러나 1996년 발전량이 10,813억KW로 껑충 뛰었다.

중국의 전력공업은 크게 화력발전과 수력발전으로 나눈다.

중국 전력발전의 주요 형식인 화력발전은 석탄이나 석유, 천연가스를 사용하기 때문에 일반적으로 원료기지와 가까운 곳에 건설되었다. 원료기지 근접형 화력발전소는 대동(大同), 원보산(元寶山), 부신(阜新) 등이 있다. 전력공급의 안전성을 보장하기 위해 전력 소비지역에 가깝게 건설된 발전소도 있는데, 일반적으로 대도시 부근에 많다.

두 번째로 가장 청결한 발전형식으로 화력발전의 1/2 또는 1/4 비용으로 발전이 가능한 수력발전은 1985년 말까지 수력발전량이 2,600만KW를 보였으며, 나날이 증가하는 추세이다.

3) 제련공업(製鍊工業)

(1) 강철공업(鋼鐵工業)

중국은 철광석자원이 풍부한 나라로 예상 매장량이 496억 톤으로 나타나 구소련(舊蘇聯)과 브라질에 이어 세계 3위의 매장량을 보인다. 그러나 중국에서 생산되는 철광석은 철 함유량이 30% 정도밖에 되지 않지만, 금속량으로 계산을 하면 캐나다와 오스트레일리아에 이어 세계 5위 수준이다.

중국의 강철공업은 계속된 발전에 힘입어 1993년 8,000만 톤이 채굴되었고, 1996년에는 1억 톤을 뛰어넘어 강철생산량 세계 1위를 달성하였다. 생산량의 절대적 증가 외에도 강철공업의 분포가 연해지역에서 내륙지역으로 확대되고, 강철제품의 종류도 지속적으로 증가하여 중국의 경제건설에 지주산업으로 자리를 굳혔다.

강철공업은 북경(北京), 천진(天津), 당산(唐山), 상해(上海), 마안산(馬鞍山), 무한(武漢), 중경(重慶) 등의 대형 강철기지를 중심으로 발전하고 있다. 연간 강철생산량 10만 톤 이상의 중형기업은 전국에 30여 개에 이른다.

상해(上海)에 자리잡은 보산(寶山) 강철연합기업은 연 650만 톤의 철과 617만 톤의 강(鋼)을 생산하여 중국 강철공업의 견인차 역할을 담당하고 있다. 최근에는 서장(西藏)을 제외한 모든 성(省)과 시(市)에 강철기업이 입지하고 있는 중이다.

(2) 유색금속공업(有色金屬工業)

　모든 종류가 잘 구비되어 있고, 전 세계 매장량의 5%를 자랑하는 유색금속 자원을 보유한 나라가 중국이다. 그중에서 티타늄, 주석, 아연, 텅스텐 등의 생산량은 세계 최고를 자랑하며 동, 납, 은 등의 생산량도 수준급이다.

　현재 중국은 각지의 자원특징을 고려하여 유색금속공업을 건설하고 있으며 호남성(湖南省), 강서성(江西省), 광동성(廣東省), 광서성(廣西省), 내몽고자치구(內蒙古自治區) 등지에 유색금속 중점기업들이 위치하고 있다.

　유색금속의 지역분포를 보면 화북(華北)과 화중(華中), 서남(西南), 화동(華東) 등의 많은 지역에서는 알루미늄이 매장되어 있으며, 양쯔강(長江) 중하류지역 쪽에는 전국 매장량의 1/3에 달하는 동(銅)이 분포한다. 그리고 텅스텐의 80%는 남령(南嶺)지구에 집중되어 있는 편이다.

　운남성(雲南省)은 중국 최대의 주석((朱錫) 산지이고, 개구(個舊)지방은 '주석((朱錫)의 고장'으로 불린다.

　또한 니켈(Ni)은 감숙성(甘肅省) 금창시(金昌市)가 세계적으로 유명하며, 수은(水銀)은 귀주성(貴州省)의 생산량이 가장 많다. 마그네사이트는 주로 동북지역(東北地域)과 화동지역(華東地域)에 분포한다. 이외에도 안티몬(Sb)은 주로 호남성(湖南省)에서 많이 생산되고 있는데, 전국 생산량의 80%이다.

　중국에는 산금(山金)과 사금(砂金), 반생금(伴生金) 등의 황금류가 풍부한 나라로, 산금(山金)과 사금(砂金)은 산동성(山東省), 하북성(河北省), 하남성(河南省) 등이 중요한 생산기지이다. 아울러 동북(東北)과 내몽고자치구(內蒙古自治區), 운남성(雲南省), 감숙성(甘肅省) 등지에서도 비교적 많은 생산량을 보이고 있을 뿐만 아니라 전국에 160여 개의 금광(金鑛)이 성업 중에 있다.

4) 기계공업(機械工業)

(1) 공업설비 제조업

중국의 선반공업은 여느 나라와 마찬가지로 정밀선반과 보통선반으로 나누는데, 정밀선반공업은 주로 과학기술 중심지 주위에 자리잡고 있다.

중국의 중형기계 선반제조는 무한(武漢), 상해(上海), 서녕(西寧), 태원(太原), 심양(瀋陽) 등이며 정밀기계선반은 상해(上海), 북경(北京), 성도(成都), 서안(西安)을 중심으로 발달하였다. 그리고 기계공업에 필수불가결(必須不可缺)한 공구제조는 상해(上海), 하얼삔(哈爾濱), 성도(成都), 북경(北京) 등지에서 주로 제조된다.

야금과 광산설비에 필요한 중형기계는 주로 강철생산지에 근접한 곳에서 생산되고 있는데 상해(上海)가 그 대표적 예이다. 상해(上海) 외에도 태원(太原), 북경(北京), 천진(天津), 낙양(洛陽) 등의 대형기계 제조기지에서는 야금설비, 광산설비, 기중기, 압연기 등을 생산한다.

(2) 농업기계 제조업

공업과 더불어 중국은 농업발전을 위해 영농기계화를 추진하고 있으며, 이런 정책에 힘입어 전국에 많은 농업기계 제조기업을 유치 중에 있다. 농업기계 중 트랙터는 낙양(洛陽)을 중심으로 상해(上海), 천진(天津), 안산(鞍山), 장춘(長春), 남창(南昌), 유주(柳州) 등지에서 많이 생산되고 있다. 기타 농업기계들은 북경(北京), 남녕(南寧), 상주(常州), 무석(無錫), 서안(西安), 개봉(開封), 쟈무쓰(佳木斯), 서평(西平), 흑룡강성(黑龍江省), 운남성(雲南省) 등에서 많이 생산된다.

(3) 운수기계 제조업

운수기계 제조공업은 철로기관차, 자동차, 선박, 비행기 등을 제조하는 산업으로 12억 인구와 넓은 국토를 가진 중국이 소홀히 할 수 없는 산업 중 하나이다.

중국 철도의 근간이 되는 내연기관차와 객차생산은 주로 대련(大連), 청도(青島), 당산(唐山), 북경(北京), 자양(資陽), 미산(眉山) 등지에서 이루어지고 있다. 차량은 장춘(長春), 치치하얼(齊齊哈爾), 포진(浦鎭), 무창(武昌), 미산(眉山) 등이 제조창이다.

중국의 자동차공업은 신중국(新中國)이 수립된 후 빠른 발전을 보이고 있는 분야로 외국 자동차 기술을 도입하여 장춘(長春), 남경(南京), 상해(上海), 북경(北京), 광주(廣州), 제남(濟南), 천진(天津) 등에 대규모의 자동차공업이 들어섰다.

중국의 선박제조업은 상해(上海), 대련(大連), 천진(天津), 청도(靑島), 광주(廣州) 등에 대규모의 조선소를 설립하면서 눈부신 발전기에 접어들었다. 이를 바탕으로 1995년 중국의 조선 능력은 250만 톤에 이르렀다. 30만 톤 급의 초대형 선박의 제조 능력과 함께 15만 톤 급 화물선의 대량 제조체제를 갖추고 있다.

중국이 '8차 5개년 계획' 기간을 거치면서 조선공업에서 벌어들인 외화가 27억 달러로 조선공업이 외화창출산업으로 급부상하였다.

중국의 항공제조업은 '1차 5개년 계획' 기간을 시점으로 발전을 거듭하여 상해(上海), 심양(瀋陽), 서안(西安), 성도(成都)), 남창(南昌) 등에 항공제조기지를 두고 국민경제 발전과 자주국방을 위한 전진기지로 활용되고 있다.

(4) 경방직 기계공업

경방직 기계공업은 방직업과 제지, 식품, 제당, 제염 등에 사용되는 설비를 제조하는 공업으로 높은 기술 수준이 필요 없고, 제품의 사용 대상이 한정되어있는 공업이다. 중국 경방직 기계공업의 주요 생산지는 상해(上海)의 방직기계 제조와 유차(楡次), 정주(鄭州), 천진(天津), 함양(咸陽), 청도(靑島) 등에 방직기계 공업기지를 구축하였다.

(5) 전자공업

현재 전국 각 성(省)과 시(市) 등지에 전자공업기업이 있을 정도로 비교적 발전이 빠른 공업군에 속한다. 상해(上海), 강소(江蘇), 북경(北京), 요녕(遼寧), 산동(山東), 천진(天津), 광동(廣東), 사천(四川), 섬서(陝西), 호북(湖北), 귀주(貴州), 강서(江西) 등을 꼽을 수 있다. 주요 생산품은 레이더, 통신유도 항공설비, 전자계산기, 방송국 설비 등이 주를 이룬다.

5) 화학공업(化學工業)

중국의 화학공업은 연평균 성장률이 석유공업 다음이고 생산액은 기계공업과 방직공업 다음일 정도로 탄탄한 성장세와 함께 중국의 3대 산업으로 자리를 굳혔다.

중국 화공공업은 중소형을 위주로 발전하고 있지만, 농업과 경방직공업에 필요한 화공제품 공급량이 턱없이 부족한 형편으로 앞으로 더 발전되어야 할 품목으로 지적되었다. 그리고 외국으로부터 도입한 과학기술이 자국기술보다 점유율이 높은 편이다.

화학공업은 크게 기초화학공업과 비료화학공업, 유기화학공업으로 나눈다.

기초화학공업은 유산[硫酸: 일명 황산(黃酸)이라고도 함], 초산(硝酸), 염산(鹽酸)과 소다, 가성소다 생산 분야로 구분된다.

유산(硫酸)은 화학공업에서 생산량이 가장 많은 제품으로 화학비료, 농약, 석유화학, 화학섬유, 비닐, 의약 등의 생산을 비롯한 국방공업과 원자력공업에도 필수적이다. 유산공업(硫酸工業)의 주요 산지로는 남경(南京), 대련(大連), 주주(株洲), 호노도(葫芦島), 백은(白

銀), 개봉(開封) 등이 있으며 남경(南京)의 생산량이 가장 많다.

초산(硝酸)은 군사공업에 기초원료이며, 염료(染料)와 의약재료로도 사용된다. 감숙(甘肅), 길림(吉林), 요녕(遼寧) 등의 성(省)이 주요 분포지역이며 감숙성(甘肅省)의 산출량이 가장 높다.

소금을 주원료로 생산되는 염산(鹽酸)은 상해(上海)와 천진(天津)을 비롯한 전국 각지에 중소형 염산공장(鹽酸工場)들이 분포하고 있다.

기초화학공업(基礎化學工業)의 중요한 원료가 되는 가성소다는 주로 유리공업과 화학공업, 야금, 방직, 제지(製紙) 등에 활용되는 것으로 화공, 제지, 염료, 화학섬유, 세척제 등에 꼭 필요하다. 중국의 소다공업은 일반적으로 소금산지에 근접해 있어 대련(大連), 당고(塘沽), 청도(靑島), 자공(自貢) 등이 주요 공업지역이다.

화학비료공업(化學肥料工業)은 1995년에 들어 생산량이 2,548만 톤으로 발전하였다. 그러나 인산비료(燐酸肥料)와 칼리비료(kali肥料)의 발전은 비교적 늦은 편이다.

질소비료공업(窒素肥料工業)은 석탄, 석유, 천연가스를 비롯해 물, 공기 등을 주원료로 생산되며, 일반적으로 원료공급지에서 가까운 곳에 입지한다. 근래 들어 일부 변경지역을 제외한 대부분 지역에 중대형 질소비료공장이 들어섰다.

인산비료(燐酸肥料)는 운남성(雲南省), 귀주성(貴州省), 사천성(四川省), 호남성(湖南省), 호북성(湖北省) 등의 5개 성(省)에 많이 분포해 있는 인광석(燐鑛石)을 주원료로 사용하고 있어 자연히 이들 지역을 중심으로 생산이 이루어진다. 생산량의 70% 이상이 남경(南

京), 동관산(銅官山), 주주(株洲), 쿤밍(昆明), 성도(成都) 등 남방에
집중되어 있다.

칼리비료공업(kali肥料工業)의 이상적인 재료는 칼리암염이다.
청해성(靑海省)에 있는 염호(鹽湖)에서 칼리암염을 많이 생산한다.
그 외에도 운남성(雲南省)의 사모(思茅)와 절강성(浙江省), 안휘성
(安徽省), 복건성(福建省) 등지에서도 명반석(明礬石)과 칼리장석
(kali長石)이 생산된다.

유기화학공업(有機化學工業)은 주로 석유, 천연가스, 석탄을 원료
로 하는 공업으로 미국, 일본과 같은 선진국의 경우에는 화공공업
제품의 90% 이상이 유기화학 제품이다. 중국의 유기화학공업(有機
化學工業)은 일반적으로 원료공급지에서 가까운 곳에 입지하거나
아니면, 교통과 수자원 조건이 좋은 소비구역에 입지하는 2가지
형태를 취한다.

유기화학공업(有機化學工業) 하면 떠오르는 것이 합성수지와 합
성고무, 합성섬유들이다. 이러한 중간제품은 대부분 농업, 기계,
야금, 건축, 국방 및 첨단과학기술 등에 중요한 원료로 사용되는
기초산업이다.

석유화학공업(石油化學工業)을 기초로 하는 합성수지공업의 중
심지는 상해(上海)이며 합성섬유공업의 중심지는 북경(北京), 상해
(上海), 요양(遼陽), 항주(杭州), 황석(黃石), 보정(保定) 등이다. 또
한 합성고무의 생산지는 난주(蘭州), 북경(北京), 상해(上海) 등이
유명하다.

6) 건축재료공업(建築材料工業)

(1) 시멘트공업

중국의 시멘트공업은 이미 근 100년의 역사를 가지고 있으나 1949년도의 생산량이 겨우 66만 톤으로 과거의 시멘트공업은 그다지 발달된 형태가 아니었다. 그러나 개혁개방정책이 시작되면서 수요의 급속한 증가로 인해, 1995년에는 4억 7,561만 톤을 생산하여 세계총생산량의 35%를 점하였다.

시멘트공업은 동북지역에 집중되어 있으나, 서서히 기타 지역으로 확대되는 추세에 따라 천진(天津), 영하(寧夏), 서장(西藏)을 제외한 대부분의 지역에 대형 시멘트공장이 들어서 있다. 그중에서 본계(本溪), 북경(北京), 대동(大同), 상해(上海), 남경(南京), 상향(湘鄕), 황석(黃石), 유주(柳州), 아미(峨眉), 영등(永登) 등지에 위치한 시멘트공장의 규모가 큰 편이다.

(2) 유리공업

유리공업이 발달함에 따라 유리제품의 종류도 늘어나 현재는 일반 유리를 포함한 철망유리, 압연유리, 강화유리, 광택유리, 특수유리 등 제품이 다양하다.

유리공업의 발전지역 역시 원료생산지와 소비지역에 근접한 곳에 중점적으로 분포한다. 그러나 예외적으로 특수유리의 생산지는 과학기술력이 집중된 공업중심지역이나 과학연구기지를 중심으로 발전하고 있다.

중국에서 유명한 유리공업기지는 대련(大連), 심양(瀋陽), 진황도(秦皇島), 낙양(洛陽), 주주(株洲), 상해(上海) 등으로 이곳에서 대량의 유리가 생산된다. 그 외 천진(天津), 난주(蘭州), 쿤밍(昆明), 태원(太原), 항주(杭州), 하문(廈門) 등에서도 중형유리공업이 성업중이다.

(3) 신형건축자재공업(新型建築資材工業)

신형 건축자재는 기존 건축자재와 비교하여 중량이 가벼우며, 시공이 간편하고, 원료의 소모량이 훨씬 적다는 장점을 비롯해 지진대처능력, 미관(美觀), 실용성 등 다방면에서 우수하다.

중국의 신형건축자재공업(新型建築資材工業)은 1979년 소주(蘇州)에 세워진 공장을 시작으로 하얼삔(哈爾濱)과 심양(瀋陽), 북경(北京), 석가장(石家莊), 무한(武漢), 중경(重慶), 소주(蘇州), 무석(無錫), 형양(衡陽) 등지에 연이어 새로운 생산시설이 들어섰다.

신형 건축자재의 대표격인 AE콘크리트를 생산하는 도시는 북경(北京), 안산(鞍山), 서평(西平), 하얼삔(哈爾濱), 치치하얼(齊齊哈爾) 등이 있으며, 북경(北京), 천진(天津), 상해(上海) 등지에서는 비닐벽지, 유리섬유접착포와 같은 신형 건축자재를 생산한다. 그리고 상해(上海), 북경(北京), 심양(瀋陽)을 중심으로는 석면공장이 발달되어 있다.

중국의 경제발전에 따라 앞으로 늘어날 신형 건축자재에 대한 수요는 미개발지역이 많은 중국의 실정을 감안한다면, 어마어마할 것으로 예상된다. 이런 현실 수요를 좇아 오늘날 많은 다국적 기업들이 중국에 들어와 앞다투어 투자에 열을 올린다.

그중에 우리 기업도 포함되어 있는데, 중국 진출의 좋은 선례로 지면을 빌어 소개한다.

한·중합자(韓中合資)의 대표적 모델로 등장한 북경의 '북신현대관도유한공사(北辰現代管道有限公司)'가 바로 좋은 사례(事例)라고 할 수 있다

이 회사는 세계적 다국가기업인 'HOBAS 그룹'의 라이센서(LICENSEES) 성원의 하나로, 북경 북신실업집단공사(北辰實業集團公司)와 한국 현대자동차서비스주식회사, 태평양투자유한공사, 중국 흑색금속재료북경공사가 공동 투자한 중외합자기업이다.

이 회사는 북경시 대흥현 황촌((北京市大興縣黃村)에 위치하며 1.4만㎡의 부지면적에 총투자액 1,500만 달러, 1,130만 달러의 자금력을 가지고 연간 1.7만 톤의 관도(管道)제품을 생산하고 있다.

북신현대관도유한공사(北辰現代管道有限公司)가 북경에 입지를 정할 때 교통조건을 중시하였는데, 현재 이 회사는 전용 철도노선과 경노선(京蘆線), 경구선(京九線)과 연결되어 교통이 아주 편리한 곳에 입지하였다.

오스트리아 HOBAS 그룹으로부터 도입한 전문생산기술과 생산설비의 하나인 '이심소주(離心燒鑄) 유리강관 생산라인'을 보유하고, 여기서 생산되는 관(管)을 'HOBAS 송수관'이라 명명하고 있다.

이 생산라인은 폐쇄식 전자자동제어장치로 운영되어 인건비를 대폭 줄였을 뿐만 아니라 여기서 생산되는 DN 600~2,400mm 규격

의 공정관도(工程管道)는 세계적으로 공인된 HOBAS 그룹의 엄격한 공정건설 표준에 따라 생산된다. 원료와 완제품에 대한 자체적인 품질검사체계도 갖추었다.

또한 관도설계와 관도시공 등 저명한 전문가들을 초청하여 관련 설계회사와 소비자에 대한 서비스에 노력 중이다. 특히 'HOBAS 송수관'은 가벼운 재질, 에너지 절약, 내부식성, 내마모성, 오염방지, 긴 수명, 고강도, 저원가, 편리한 시공성, 운수의 편리성 등을 자랑하는 현대 송수관 공정의 이상적인 송수관 자재로 중국을 비롯하여 세계적으로 널리 알려져 있다.

현재 한국 측 대표로 현대자동차서비스(주) 김호철 사장이 부임하여 한국의 국익과 합자회사의 권익을 위해 영업 확대와 마케팅전략 수립에 분주하다.

이처럼 북경 '북신현대관도유한공사(北辰現代管道有限公司)'는 한국의 자금력 및 관리능력과 외국의 최첨단기술에 기초해 값싼 중국의 노동력을 활용하는 방식으로 여타 기업들의 중국 진출에 좋은 본보기가 되고 있다.

앞으로 중국으로 진출하게 될 많은 우리 기업들은 '북신현대(北辰現代)'를 비롯한 여러 첨병기업들의 사례를 참고삼아 투자위험을 최소한으로 줄이면서 최대한의 이윤을 얻는 투자시장 개척방안을 찾아야 할 것이다.

* 북신현대관도유한공사 북경 연락처
① ☎ 직통: 8610-6202-1347
② ☎ 영업부: 8610–6202–1118
③ ☎ 공장: 8610-6924-8892

5. 중국 교통운수 지리

1) 중국 교통운수업의 발전

근래 들어 중국에는 경제의 발전으로 물류량의 증가와 함께 사람들의 활동 범위가 확대일로에 있다. 그 예로, 새로운 교통운수망이 형성되어 사회물자의 생산과 유통, 분배, 소비과정을 원활하게 유지시키는 데 큰 작용을 하고 있으며, 일부 경제 낙후지역과 소수민족(少數民族)지역의 발전에 밑거름이 되었다.

중국 정부교통국의 통계를 보면, 1996년 한 해에 다양한 교통운수를 이용하여 이동한 승객의 숫자가 124억 명으로 95년에 비해 6% 증가하였다. 아울러 총화물운송량(總貨物運送量)도 5% 늘어난 130억 톤에 다다랐다.

2) 육로운수(陸路運輸)

(1) 철로운수(鐵路運輸)

중국의 철로는 1949년 2.2만km였던 것이 1996년에 와서는 5.67만km로 늘어났으며, 복선철로(復線鐵路)의 비율도 32.5%로 증가하였다.

그러나 갈수록 철로이용률이 낮아지는 현상을 보이고 있다. 1985년 철로이용률이 18.1%이었던 데 반해 1995년에는 8.8%로 줄어들었고, 1985년 여행객들의 철로이용률도 54.4%이었으나 1995년에는 39.4%로 떨어졌다.

동북지역 철로망은 하얼삔(哈爾濱)·장춘(長春), 심양(瀋陽)·대련(大連)에 이르는 연장 946km의 복선철로인 합대선(哈大線)과 만주리(滿洲里)·하얼삔(哈爾濱)·수분하(綏芬河)에 이르는 총연장 1,500km의 빈수선(濱綏線)이 지나간다.

이 지역의 철로망은 주로 심양(瀋陽)과 하얼삔(哈爾濱)을 중심으로 기타 지방들과 연결되는 50여 개의 철로간선으로 이루어져 있다. 동북지역의 주요 공업중심지뿐만 아니라 농업, 목축업, 임업기지 등과도 통한다.

경심선(京瀋線)은 북경(北京)을 기점으로 천진(天津), 당산(唐山), 진황도(秦皇島), 산해관(山海關), 금주(錦州)를 거쳐 심양(瀋陽)에 도착하는 복선철로이며, 총연장이 841km에 이른다. 이 철로는 중국에서 운수 부담이 가장 높은 곳으로 최근 여행객실 운행 대수가 가장 많은 간선이다.

경승선(京承線)과 금승선(錦承線)은 북경(北京)·승덕(承德)·금주(錦州)로 이어진 연장 680km의 간선철도로 경심선(京瀋線)의 운수 부담을 완화시켰다.

경광선(京廣線)은 북경(北京)을 기점으로 석가장(石家莊), 정주(鄭州), 무한(武漢), 장사(長沙), 주주(株洲)를 거쳐 광주(廣州)에 종착하는 총연장 2,300km의 복선이며, 중국 종합운수망의 중추역할을 하고 있다.

경노선(京蘆線)은 북경(北京)·천진(天津), 덕주(德州), 제남(濟南),

서주(徐州), 남경(南京)·상해(上海)로 연결되는 연장 1,450km의 복선으로 중국 제2의 남북간선이다. 경노선(京蘆線)은 운행과정에서 해하(海河), 황하(黃河), 회하(淮河), 양쯔강(長江)을 건너고, 많은 공업도시와 석탄, 석유, 양식, 수산물기지 등을 거쳐 물류량이 가장 많은 철로이다.

아울러 집이선(集二線), 동포선(同蒲線), 태초선(太焦線), 초유선(焦柳線)은 중국을 남북으로 가르는 대간선(大干線)으로 중국의 철로운수 방면에 큰 역할을 담당한다.

집이선(集二線)은 남으로 경포선(京包線)을 잇는 지점인 집녕(集寧)에서 출발하여 북으로 중국과 몽고 접경지역인 알렌하오터(二連浩特)에 이르는 총연장 339km의 몽고와 러시아를 잇는 국제철로의 일부분으로 유명하다.

동포선(同蒲線)은 총연장이 883km이며 북으로 대동(大同), 남으로 풍릉도(風陵渡)를 연결하는 철로로 도중에 태원(太原)과 태초(太焦), 석태간선(石太幹線)과 서로 접하며 산서성(山西省) 경계를 지난다.

태초선(太焦線)과 초유선(焦柳線)은 북으로 태원(太原)에서 출발하여 초작(焦作), 지성(枝城), 회화(懷化)를 거쳐 남으로 유주(柳州)에 연결된 전장 2,038km의 간선(幹線)이다. 이들은 모두 5개 성(省)을 지나며, 화북(華北)과 중남지구(中南地區)를 연결하는 역할을 하고 있어 경광선(京廣線)과 나란히 중국 중부의 중요한 동맥이 되고 있다.

경포선(京包線), 포란선(包蘭線)은 북경(北京)·장가구(張家口),

대동(大同), 집녕(集寧), 후허하오터(呼和浩特), 빠오또우(包頭), 은천(銀川)·난주(蘭州)를 연결하는 총연장 1,780km의 화북(華北)과 서북지역(西北地域)을 연결하는 중요한 간선이다.

이외에도 북경(北京)·창평(昌平), 융화(融化), 적봉(赤峰)·통요(通遼)에 이르는 총연장 870km의 경통선(京通線)은 화북지역(華北地域)과 동북지역(東北地域)을 연결하며 목재와 일반화물 운송에 적지 않은 역할을 담당한다.

(2) 도로운수(道路運輸)

중국의 도로는 1913년부터 건설되기 시작하여 1949년까지 13만 km의 개통률을 보였지만 1996년에 집계된 도로연장은 10배 가까이 늘어난 118.6만km로 나타났다.

1995년의 도로여객 운송량은 전체 여객운송량의 88.8%를 차지하고 있으며, 도로운송량도 전체의 51.5%를 넘어 나날이 운송량이 늘어나는 추세이다.

중국의 도로운수는 철도와 수운(水運)을 보조하는 단거리 운수에 많이 이용되며, 인구가 적은 반면 자원이 풍부한 서부 내륙지역에서 간선운수(幹線運輸) 역할을 담당한다.

중국은 현재 진행 중인 '9차 5개년 계획' 기간 동안 지역에 중점을 둔 도로건설사업을 추진하고 있어, 동부와 중부에 치중되었던 도로건설이 서서히 서부지역으로 옮겨감을 알 수 있다.

현재 중국에서 도로가 개통되지 않은 읍이 약 1,400개 정도로 집계되어 있는데, 중국 교통부는 2000년까지 대부분의 읍에 도로를 개통시킬 계획이다. 이러한 계획이 현실화되면 20세기 말까지 중국은 125만km의 도로개통률을 보일 것으로 추정된다.

3) 수로운수(水路運輸)

중국은 호수가 많고 해안선이 길어 수운(水運) 발전에 좋은 조건을 가진 나라이다. 또한 중국은 발해(渤海), 황해(黃海), 동해(東海), 남해(南海) 등의 바다와 접해 있어 해운에 적합한 많은 항구를 보유하고 있다는 것도 중국의 수로교통망(水路交通網) 측면에서 유리하게 작용한다. 1996년 수운(水運)을 통한 여객운송량은 2.3억 명, 화물운송량이 12.74억 톤으로 집계되어 중국의 중요한 운송영역(運輸領域)으로 자리잡았다.

(1) 내륙운수(內陸運輸)

중국에서 최고의 연장을 자랑하는 양쯔강(長江)은 청해성(靑海省)에 위치한 설산(雪山)에서 발원하여 10개의 성(省)을 경유하며, 상해(上海)를 거쳐 동해(東海)로 빠져나가는 총연장 6,300여km의 하천으로 전국에서 흐르는 하천길이의 3/5을 양쯔강(長江)이 점유한다.

양쯔강간류(長江干流)는 사천성(四川省)의 의빈(宜賓)에서 동해(東海)까지를 가리키는 것으로 총연장은 2,813km이며, 일 년 내내 통항이 가능하여 '황금수도(黃金水道)'로 불린다. 그 가운데 해구(海

口)에서 무한(武漢)까지는 5,000톤 급 선박의 통항이 가능하며, 홍수기에 접어들면 만 톤 급도 거뜬히 드나들 수 있다.

또한 무한(武漢)에서 중경(重慶)까지의 구간은 3,000톤 급 선박이 운행이 가능하며, 다시 중경(重慶)에서 의빈(宜賓)까지는 1,000톤 급이 다닌다.

양쯔강유역(長江流域)의 주요 항구는 중경(重慶), 의창(宜昌), 무한(武漢), 구강(九江), 무호(無湖), 남경(南京), 남통(南通), 상해(上海) 등이 있다. 그중 중경(重慶), 무한(武漢), 남경(南京)은 각각 양쯔강(長江) 상류(上流)·중류(中流)·하류(下流)의 최대 항구들이다.

양쯔강(長江)의 하운능력은 10여 개 간선철도의 운수능력과 맞먹는 어마어마한 운수능력을 보여주고 있어 중국의 종합운수망(綜合運輸網) 중에서 횡축운수망(橫軸運輸網)의 중추적인 역할을 수행하고 있다.

양쯔강(長江) 다음가는 하운능력을 지닌 주강(珠江)은 서강(西江), 북강(北江), 동강(東江)을 통칭한다. 주강(珠江)은 중국화남지방(中國華南地方)의 주요하류이자 교통을 책임지는 대동맥 역할을 담당하고 있다. 총연장이 1.4만km로, 선박이 다닐 수 있는 길이는 5천km 정도이다.

세 번째로 흑룡강(黑龍江)과 송화강(松花江)이 있다. 총연장 4,370km를 자랑하는 흑룡강(黑龍江)은 일부가 중국과 러시아를 가르는 역할을 하고 있으며, 수량이 풍부하고 지세가 평탄해 통항조건이 비교적 좋은 하류에 속한다.

송화강(松花江)의 발원지(發源地)는 우리 민족(民族)의 영산(靈

山)인 백두산(白頭山)으로 2,000km의 연장선과 1,500km의 통항 가능 유역으로 이루어져 있다. 송화강(松花江)의 하운능력은 흑룡강 (黑龍江)유역 하운량의 90% 정도이며 동북지역의 주요한 수운간선 (水運幹線)이다.

(2) 해양운수(海洋運輸)

① 주요 항로

해양운수는 연해항로와 원양항로로 나누는데, 먼저 연해항로는 남북의 중요한 해상운수간선과 연결이 되어 있어 다시 남방과 북방으로 갈린다.

북방연해지구는 대련(大連)과 상해(上海)를 중심으로 상해(上海)·청도(靑島)·대련(大連), 상해(上海)·연태(烟台)·진황도(秦皇島), 상해(上海)·연운항(連雲港), 상해(上海)·온주(溫州), 대련(大連)·석도(石島)·청도(靑島), 대련(大連)·연태(烟台), 대련(大連)·용구(龍口), 대련(大連)·천진(天津) 등의 항로가 여기에 속한다.

남방연해지구는 광주(廣州)를 중심으로 광주(廣州)·산두(汕頭), 광주(廣州)·해구(海口), 광주(廣州)·담강(湛江), 광주(廣州)·하문(廈門) 등의 항로가 있다.

두 번째로 원양항로는 상해(上海), 대련(大連), 천진(天津), 진황도(秦皇島), 청도(靑島), 광주(廣州), 담강(湛江) 등의 항구를 기점으로 세계 각국의 중요 항구와 연결하는 항선을 말하며, 크게 4개 항로로 나눈다.

첫 번째는 중국 연해를 출발하여 일본으로 향하는 항로와 태평양을
건너 미주지역으로 향하는 항로가 있다. 중국 대외무역의 주요
항로이다.

두 번째는 중국의 남해안을 출발하여 인도양, 수에즈운하, 지중해,
대서양 또는 흑해로 들어가는 항로와 희망봉을 지나 대서양에
들어가는 항로이다.

이 항로는 남아시아와 서아시아, 아프리카, 유럽의 일부 국가를
지나는 것으로 최근 중국 무역항로로 많이 이용되고 있다.

세 번째는 연해를 출발해 남아시아, 대양주 등지로 향하는 항로이다.

네 번째는 북쪽으로 항해하여 북한과 러시아 동부 연해 항구로
향하는 항로이다.

② 주요 항구

중국의 주요 항구로는 상해(上海), 천진(天津), 대련(大連), 진황도
(秦皇島), 청도(靑島), 광주(廣州), 담강(湛江), 연운(連雲), 석구항
(石臼港) 등이 있다.

상해항(上海港)은 동해에 접한 항구로 연해항선의 중심점이 되고
있으며, 경노선(京蘆線)과 노항선(蘆杭線) 등의 철도와 연결되어
화물집산의 좋은 조건을 갖추었다. 최근 상해항(上海港)의 화물
처리능력이 1억 톤에 육박할 정도로 중국 최대의 항구인 동시에
세계적으로도 유명한 무역항이다.

천진항(天津港)은 발해만(渤海灣) 서안(西岸)에 위치한 수도(首
都)의 출해항(出海港)으로 유명하다. 항구는 하천항구인 당고(塘沽)

와 인공해항(人工海港)인 신항(新港)으로 이루어져 있다.

천진(天津)은 화북평원(華北平原)을 끼고 있으며 많은 인구와 풍부한 자원, 편리한 교통 등의 조건으로 화북(華北) 최대의 수륙교통중심지로서 명성이 자자하다. 중국 최초로 컨테이너 전용부두를 설치한 신항(新港)은 2,000만 톤의 화물 처리능력을 보유하고 있어 북방의 중요한 국제무역항이다.

대련항(大連港)은 요동반도 남단의 대련만(大連灣)에 위치한 항구로 수심이 깊고 항구가 넓으며 연화물처리능력(年貨物處理能力)이 5,000만 톤에 이르는 큰 항구이다. 대련항(大連港)은 합대선(哈大線)과 연결되어 화물의 자유로운 운송이 가능하고 대형 석유 전용부두와 컨테이너부두가 설치되어 있다.

진황도항(秦皇島港)은 발해(渤海) 서안(西岸)에 위치하여 화북지역(華北地域)과 동북지역(東北地域)의 중요한 항만요충지이다. 물이 깨끗하고 사시사철 얼지 않는 부동항(不凍港)이며 화북지구(華北地區)에서 가장 큰 천연항구로 석탄과 석유의 운송을 전담하기 위한 석탄·석유 전용부두를 설치하여 연화물처리능력(年貨物處理能力)이 6,000만 톤에 이른다.

청도항(靑島港)은 산동반도의 남단에 자리하여 석탄과 석유 전용부두를 가지고 산서성(山西省)의 석탄이 상해(上海) 등지로 운반되는 중계항구 역할을 하고 있다. 청도항(靑島港)의 화물 처리능력은 3,000만 톤에 이르는 중국의 주요 무역항 중 하나이다.

광주항(廣州港)은 남해 북쪽에 위치한 주강(珠江) 입구에 자리잡고 있다. 광주항(廣州港)은 중국에서 가장 먼저 개방된 항구의 하나로, 남방연해의 중심 항구이자 남부연해지구의 최대 무역항으로 유명하며 연화물처리능력(年貨物處理能力)이 5,000만 톤이나 된다.

이외에도 동남아시아와 유럽 각국으로 통하는 가장 가까운 항구인 담강항(湛江港)과 강소성(江蘇省) 북부의 황해(黃海)에 접해 있는 연운항(連雲港)은 중국의 중요한 어업기지이자 석탄 중계항의 역할을 하고 있다.

4) 항공운수(航空運輸)와 수송관운수(輸送管運輸)

(1) 항공운수

중국과 같은 넓은 나라에서 항공운수는 필요 불가결한 운송으로 1978년 항공운송량부문에서 세계 33위를 차지하였던 중국민항은 1988년 세계 17위의 항공운송량 국가로 뛰어올랐다.

1996년에는 55.55백만 명의 여객, 115만 톤의 화물을 항공으로 실어날랐으며 항공화물 운송량부문에서 세계의 2.5%를 차지하였다. 또한 중국에 건설된 민간운수용 비행장은 100개에 달하고 그 가운데 50여 개는 보잉 737여객기가 뜨고 내릴 수 있는 대형 비행장이다.

중국민항(CAAC) 관계자들은 2000년대의 중국 연간 항공운송 총량이 140억 톤/km, 고객 운송이 1억 만회에 달할 것으로 보고 있다. 화물과 우편운송량은 200만 톤으로 연평균 14%의 성장세를 보일 것으로 예상된다.

현재 중국 정부와 각 항공사들은 항공사 운영관리체제의 개혁과 대외개방을 지속적으로 추진하면서 항공사 간의 네트워크 구축과 최신형 항공기 구입, 공항건설 등을 지속적으로 추진할 계획이다.

(2) 수송관운수

수송관운수는 현대화된 운수방식으로 많은 운송량을 저렴한 가격에 편리하게 운송할 수 있다는 장점을 가지고 있지만, 투자시설비가 많이 들어 활용성이 떨어진다는 단점도 있다.

중국은 1958년 최초로 컬라마이(克拉瑪依) 유전과 독산자(獨山子) 정유공장을 연결하는 송유관을 건설하여 원유수송에 사용하고 있다. 1988년까지 동북(東北), 화북(華北), 화동(華東), 서남(西南) 등지에 약 20여 개 1.43만km의 수송관을 건설하여 1,56억 톤을 수송하였고 1996년에는 1988년보다 조금 늘어난 1.6억 톤의 수송량을 자랑한다.

중국에 건설된 주요 수송관들은 대부분이 석유와 천연가스 산지에서 정유공장이나 항구 등으로 수송하는 형식을 취하고 있다. 그 대표적인 수송관은 대경(大慶)·대련(大連), 대경(大慶)·진황도(秦皇島), 임구(任丘)·임읍(臨邑), 동영(東營)·의정(議征), 컬라마이(克拉瑪依)·독산자(獨山子), 컬라마이(克拉瑪依)·우루무치(烏魯木齊) 등이다.

현재 중국은 철로운수의 부담을 덜기 위해 석탄의 수송관운수에 대해 적극적인 연구와 노력을 기울이고 있다.

6. 중국 상업지리

1) 중국 상업발전의 역정(歷程)

중국의 상업은 상품생산과 상품교환의 발전을 거치면서 형성된 것으로 일찍이 기원전 16세기의 상조(商朝) 시기부터 상업이 존재하였다.

이렇게 생성된 중국의 상업은 오랜 봉건시대를 지나면서 당(唐), 송(宋) 시기를 거쳐 명(明), 청(淸) 시대에 들어 상당한 발전을 이루게 되었다. 그러던 가운데 아편전쟁(阿片戰爭)이 일어나고 서양의 침략이 시작되면서 서구자본주의 물결이 들어와 상업자본이 형성되면서 빠른 속도의 발전을 보였다.

그러나 그 시기의 상업발전은 서구의 자본에 의한 매판적(買辦的) 성격이 강하였으며, 중화인민공화국 성립 후에는 계획경제라는 제약이 올바른 상품유통을 가로막는 장벽으로 작용하였다.

결국 중국 내에서 진정한 상업 발전기라면 역시 개혁개방이 실시된 이후를 가리킨다. 이때 시행된 상업개혁을 보면, 국가행정부서의 기업경영 간섭을 개혁하고 기업의 자주권을 대대적으로 확대시켜 기업에 활력을 불어넣는 정책을 실시하였다.

중국 정부의 상업개혁에 힘입어 상업을 위주로 한 기업의 숫자가 급속히 불어났을 뿐 아니라, 내륙지방 상업유통망의 비중이 날로 증가하여 결과적으로 연해지역의 무역량을 늘리고 연해지역의 발전을 가속화시켰다.

2) 중국의 주요 상업중심지

(1) 지역분포

중국 상업중심의 지역분포는 주로 연해(沿海)나 대하(大河), 철로 (鐵路)를 따라 발달되어 있다.

양쯔강(長江)과 바다가 만나는 지역에 발달한 상해(上海), 양쯔강 (長江) 하류지역의 남경(南京), 양쯔강(長江) 중류의 무한(武漢), 양쯔강(長江) 상류의 중경(重慶), 황하유역의 난주(蘭州), 서안(西安), 정주(鄭州), 제남(濟南) 등이 대하(大河)를 중심으로 발달된 상업중심지이다. 동북지역은 주로 송화강(松花江)을 따라 상업도시가 분포한다.

또한 경광선(京廣線), 경심선(京沈線), 합대선(哈大線) 등의 철로 주위에 전국 1/3의 도시와 1/2의 대도시 및 20여 개 상업중심이 집중되어 있다.

(2) 상해(上海)

상해(上海)는 중국에서 공상업(工商業)이 가장 발달된 대도시로 중국 최대의 상업중심지(商業中心地)이자 대외무역도시(對外貿易都市)이다. 상업이 발달된 만큼 상품의 시장공급량이 많고 상품 순환속도가 아주 빠르다.

그리고 일용품(日用品)의 유동량(流動量)이 전국의 30%에 가깝고 세계 170여 개국과 무역 관계를 맺고 있다. 동해와 접해 중국 남북항운의 중심지가 되고 있으며 수운망(水運網)이 전국의 16개 성·시(省市)와 연결된다.

아울러 경노선(京蘆線), 노항선(蘆杭線) 등의 철로가 상해(上海)에서 교차를 하고 북경(北京), 천진(天津), 우루무치(烏魯木齊), 쿤밍(昆明), 귀양(貴陽), 복주(福州), 광주(廣州), 심양(瀋陽) 등과 국내 항공이 개통되어있을 뿐만 아니라 세계 여러 나라와도 항공협정을 맺고 있다.

(3) 북경(北京)

북경(北京)은 중국의 정치, 경제, 교통운수, 국제교류, 국내외 무역의 중심지로 전국으로 통하는 철도와 항공운수의 중심지이다. 그리고 면포, 손목시계, 재봉틀, 세탁기, 냉장고, TV 등을 비롯한 여러 생산품이 전국적으로 유명하다. 상업과 서비스업은 상해(上海) 다음으로 발달하여 전국 2위이다.

(4) 천진(天津)

천진(天津)은 화북지구(華北地區)에서 가장 큰 경제 중심지이자 최대 항구도시이며, 유명한 상업무역 중심지로 공업제품의 50%가 전국 각지로 보내진다. 그리고 천진(天津) 생산품의 1/2이 수출되고 있다. 천진(天津)에는 경제개발구가 형성되어 세계 140여 개국과 무역관계를 맺고 있으며 상품의 소비가격 총액이 전국 3위이다.

주요 상업구역으로 화평구(和平區)와 식품가(食品街)가 유명하다.

(5) 광주(廣州)

광주(廣州)는 중국 남방의 최대 경제 중심지이자 국제 무역항구도시로 광동성(廣東省)의 중부, 주강(珠江) 삼각주의 북부에 위치하고 있다.

광주(廣州)는 화남지구(華南地區)의 상품유통의 핵심(核心)이자 전국 각지와 밀접한 상품 수급관계를 맺고 있으며, 상품 소비가격 총액이 상해(上海), 북경(北京), 천진(天津) 다음인 4위이다.

또한 광주(廣州)는 중국에서 가장 먼저 개방된 대외무역항(對外貿易港)으로 세계 133개 국가와 무역 관계를 열고 있다. 매년 봄, 가을에 정기적으로 수출상품 교역회를 개최하여 중국 상품이 세계에 진출하기 위한 주요 근거지 역할을 한다.

(6) 무한(武漢)

무한(武漢)은 화중지역(華中地域)의 최대 도시로 양쯔강(長江)의 중류이자 강한평원(江漢平原)의 동남부지역인 중국 정중앙에 위치해 공업규모가 크게 성장 중이다. 교통이 잘 발달하여 북방의 석탄, 석유, 대형기계, 트랙터 등이 무한(武漢)을 통해 남북 각지로 전해진다. 아울러 남방에서 생산된 철광석, 유색금속, 양식, 특산품, 경제작물 등은 무한(武漢)을 거쳐 북방지역으로 이동하고 있다.

(7) 심양(瀋陽)

심양(瀋陽)은 동북지역 최대의 상업도시이다. 경심선(京瀋線)과 합대선(哈大線), 심단선(瀋丹線), 심길선(瀋吉線) 등과 접해 있어 대량의 금속기재(金屬器材), 화공품, 알루미늄제품, 의약품, 종이류 등이 심양(瀋陽)을 통해 중국 각지로 분산된다.

(8) 중경(重慶)

중경은 양쯔강(長江)과 가릉(嘉陵)이 접하는 곳에 위치한 서남지구 최대의 경제·상업중심지이다. 주요 수출입화물은 강철, 양식, 석탄, 비금속광석, 기계제품, 잡화와 농산물 등을 들 수 있다.

(9) 서안(西安)

서안(西安)은 관중평원(關中平原)의 중부에 위치한 서북 최대의 경제·상업교두보로 기계공업, 방직공업 등이 발달되어 방직품, 재봉틀, 자전거 등의 생산량이 전국적으로 큰 비중을 차지한다.

3) 동방의 진주(東方之珠) 홍콩(香港)

(1) 홍콩(香港)! 이것만은 알아야 한다

1997년 7월 1일 중국 전 인민들의 열렬한 환영을 받으며 중국으로 반환되었던 홍콩(香港)은 1998년 반환 1주년을 맞았다.

홍콩(香港)은 중국 내륙의 남단인 주강(珠江) 입구 동단에 위치하고 있다. 홍콩섬(香港ISLAND), 구룡반도(九龍半島), 신계(新界)의 3개 지구와 230개의 섬으로 이루어진 1,084㎢의 면적을 가진 중국의 특별행정구이다. 홍콩(香港)의 행정구역은 모두 19개로 크게 홍콩섬(香港ISLAND), 구룡(九龍), 신계(新界), 이도(離島)구 역으로 나눈다.

홍콩(香港)의 기후는 봄에는 온화하고 안개가 많으며, 여름에는 덥고 비가 많이 내린다. 가을 날씨는 맑고 온화한 편이고 겨울은 건조하고 추운 날씨를 보여 분명한 사계절을 나타낸다. 그리고 덥고 습윤한 열대 해양성 기후의 영향으로 연평균기온이 22.8도로 전형적인 아열대계절풍기후를 보인다.

1996년 말 홍콩(香港)에 거주하는 인구는 모두 631만 명으로 인구밀집도는 매 ㎢당 5,821명으로 1995년 대비 145명이 늘어났으며, 인구 성비는 남:녀 비율이 50.1:49.9를 보여 안정상태에 있다. 홍콩인(香港人)들은 자기네들이 살고 있는 집을 성냥갑이라고 표현할 만큼 좁은 땅에 많은 사람들이 산다.

이런 밀집도를 반영해 주듯 홍콩(香港)의 아파트들은 산 능선에까지 위태롭게 파고들었다. 홍콩(香港)에 사는 사람들의 얼굴은 하얀 사람(서양인), 검은 사람, 까무잡잡한 사람, 누런 사람 등 가지각색인데 영국, 미국, 필리핀, 태국, 호주, 포르투칼, 말레이시아, 인도, 네팔인들이 특히 많다.

홍콩(香港)의 역사는 기원전 214년 진(秦)나라를 개창한 진시황(秦始皇)이 영남(嶺南)을 공략한 뒤, 홍콩(香港) 일대에 3개의 군(郡)을 설치하며 시작되었다.

그 후 1840년 중국이 아편전쟁(阿片戰爭)에 패하면서 영국과 체결한 〈남경조약(南京條約)〉에 의해 주권이 넘어갔다. 또다시 1856년 제2차 아편전쟁(阿片戰爭)의 결과로 1860년에 체결된 〈북경조약(北京條約)〉으로 구룡반도(九龍半島)의 일부를 영국에게 할양(割讓)하였다.

그리고 1898년 영국의 압력 하에 '조차(租借)'라는 이름으로 심천(深圳) 이남의 나머지 구룡반도(九龍半島)와 구룡반도주위(九龍半島周圍)의 도서(島嶼)들마저 99년간 넘겨주었다.

마침내 대륙에 중화인민공화국이 성립되고 중국은 평화적인 방법으로 홍콩문제(香港問題)를 해결하기 위해 1982년 9월에 당시 중국을 방문한 영국 대처수상과 홍콩문제(香港問題)를 논의한 결과, 1984년 12월 19일 양국 정부의 〈연합성명〉을 발표하였다.

그 후, 1985년 2월 7일 영국의회에서 1997년 7월 1일부로 홍콩(香港)에 대한 주권행사를 끝낸다는 결의를 하면서 홍콩반환(香港返還)의 결정이 공식화되었다.

1996년 11월 15일에는 홍콩특별행정구(香港特別行政區) 제1기 정부추선위원회가 꾸려졌으며, 같은 해 12월 11일 정부추선위원회에 의해 제1대 특별행정장관으로 '동건화(董建華)'씨가 낙점받았다.

그리고 일주일 후인 12월 18일 동건화(董建華) 특별행정장관은 북경에서 중앙정부의 임명장(任命狀)을 받고, 이듬해 7월 1일 홍콩(香港)이 반환된 후 홍콩특별행정구의 행정장관으로 정식 취임하게 되었다.

동건화(董建華) 특별행정장관은 1937년 상해에서 출생하여 중국

(中國)과 홍콩(香港), 영국(英國)에서 교육을 받았으며, 부인인 조홍빙(趙洪娉) 여사와의 슬하에 3남매와 2명의 외손자를 두고 있다.

(2) 홍콩(香港)의 경제

홍콩(香港)의 경제발전은 제2차 세계대전 이후 무역에 유리한 지리적 위치와 중국 내륙의 싼 노동력, 풍부한 자원을 바탕으로 아시아, 유럽, 미주, 오세아니아의 4개 대륙을 연결하는 항구로서 비약적인 경제성장을 보여 아시아의 4마리 용(龍)의 하나로 급부상하였다.

홍콩(香港)의 경제는 영국의 조차지(租借地)라는 특수한 상황에서 무역(貿易)과 항운(航運), 금융(金融)을 중심으로 경제구조를 발전시켜 세계의 금융, 무역, 항운, 여행의 중심지로 급부상시킬 수 있었다.

홍콩(香港)의 생산총액 가운데 상업서비스 부문과 금융서비스 부문의 생산액이 전체의 50% 이상이며, 1996년 통계로 농업, 어업, 채굴업, 제조업을 모두 합쳐봐도 겨우 10% 정도에도 못 미친다.

① 홍콩(香港)의 금융업

80년대 이후 홍콩(香港)은 대외적으로 외화관리제도를 폐지하고 일련의 금융자유화정책을 도입하여 외화와 황금의 자유로운 입출금과 매매를 인정하는 한편, 합법적으로 개업한 외국은행들에 대해 외화관리와 증권투자, 보험, 대출, 신탁, 임대업무 등에 자유를 보장하는 금융 국제화를 시행하였다.

이런 금융정책이 '금융(金融)' 하면 홍콩(香港)이라는 이름이 떠오를 정도로 홍콩(香港)을 세계금융의 중심지로 발돋움시켰다. 1996년 현재, 세계 40여 개국의 500여 개 금융기관들이 홍콩(香港)에 지점을 개설하였으며 세계의 100대 은행들 가운데 81개 은행이 분점을 개설 중이다.

현재, 런던과 뉴욕 다음가는 세계 3위의 금융업을 자랑한다. 이 황금시장의 교역량은 80년대 이래 줄곧 런던, 뉴욕, 파리 등과 어깨를 나란히 하고 있다.

② 홍콩(香港)의 대외무역

홍콩(香港)의 대외무역은 지리적 여건이 만든 필연적인 경제발전이다. 좁은 경제권에서 늘어나는 생활필수품을 수입하려면 수출을 확대하여 외화를 벌어와야 했던 것이 첫 번째 대외무역 발전의 배경이다. 두 번째로는 금융업과 마찬가지로 세계 여느 국가와도 비교되지 않을 정도의 무역자유화가 보장된 무역항이라는 점이 대외무역을 활성화시켰다.

이런 배경하에서 홍콩(香港)은 중간무역을 발전시켜 적지 않은 외화를 벌어들였을 뿐 아니라 무역업도 크게 성장하게 되었다. 또한 홍콩무역(香港貿易)의 눈부신 발전은 '앞에 상점을 두고, 뒤에는 공장을 둔 형국'이라고 표현되는 것처럼 중국대륙을 등에 업은 성과가 아닐 수 없다.

수입무역 총액 중, 중국 내륙에서 생산된 상품이 홍콩(香港) 총수입액의 40%를 차지하고 있으며, 수출총액을 보면 홍콩(香港)에서 생산된 상품이 수출되는 비중은 겨우 17% 정도에 그치지만, 나머지 80% 이상은 중간무역(중국 내륙에서 생산되는 상품이 60% 이상을 차지함)의 형식으로 수출되고 있다.

③ 홍콩(香港)의 관광업

홍콩(香港)에서 빼놓을 수 없는 산업은 관광업이다. 홍콩(香港)을 다녀온 사람이라면 누구나 알 수 있겠지만 홍콩(香港)은 쇼핑관광의 천국이다. 특히 설날을 앞둔 시기에는 더욱 많은 사람들이 몰려 호텔 방 구하기가 '하늘에 별 따다가 다시 달기'보다 힘들다는 유머스런 이야기가 들린다.

관광업이 발달하기 위해서는 먼저 숙박시설이 많아야 한다. 홍콩(香港)은 땅이 좁아 옆으로 퍼질 곳이 없다. 그래서 하늘로 솟은 호텔, 도미토리(공동숙소), 여관을 많이 볼 수 있는데, 다양한 형식의 숙박시설이 모두 88개(33,052개의 객실)에 이른다. 이들 중 고급 호텔 수준의 숙박시설이 절반 이상을, 중급 수준의 숙박시설이 38.8%를 차지하고 있다.

그렇다면 일 년에 얼마나 많은 사람들이 홍콩(香港)을 찾는지 궁금하지 않을 수 없다. 홍콩(香港)을 찾는 사람은 연간 인원이 우리나라 인구와 맞먹는 수준이며(약 5천만 명), 정말 홍콩만을 여행하기 위해서 오는 관광객은 1,170만 명으로 어마어마하게 많다.

이들 관광객의 대부분은 일본(20.4%), 중국 내륙(19.8%), 대만(5.6%), 동남아 및 기타 국가(12.4%)에서 온 사람들이다. 이들이 홍콩에서 소비하는 관광경비는 일 년에 824.6억 홍콩달러(香港 Doller)에 달한다. 이를 대략적인 현재 환율(1U$=1,300원)로 계산하면 약 14조 원으로 같은 해 한국관광수입의 2배에 달한다.

여기서 우리는 관광한국의 필요성을 뼈저리게 느끼지 않을 수 없다. 우리나라에 비해 내세울 것도 그다지 많지 않을 뿐더러, 정말 콩알(?)보다 조금 더 큰 홍콩(香港)이 이 정도의 관광수입을 벌고 있다면 우리는 홍콩(香港)보다 몇 배 더 많은 외화를 벌어들일 수 있어야 하지 않을지…?

④ 홍콩(香港)의 운수업, 통신업

홍콩(香港)은 아시아 대륙의 남단에 자리하여 유럽과 미주(美洲) 대륙을 연결하는 축선의 중심자리에 위치하고 있으며 3면이 바다로 둘러싸였다. 중국대륙의 심장부인 북경(北京)과 연결되는 경구(京九)철도와 광주(廣州), 심천(深圳)과 연결된 고속도로가 통하고 있어 교통이 아주 편리하다.

이처럼 특수한 지리적 위치와 지리환경이 홍콩(香港)의 교통운수와 통신업의 신속한 발전을 촉진시켜 오늘날 국제중심지구로서의 위치를 굳혔다.

1996년 홍콩(香港)으로 들락날락하였던 비행기 횟수가 159,843회였으며, 홍콩항구(香港港口)으로 입출항하는 원항어선은 30,268척(총 13,509만 톤), 화물차는 50,181대이었다. 특히 항공운수부문의 수요가 급증하면서 최신설비를 갖춘 어마어마한 규모의 첵랍콕 신공항이 건설되었다.

교통운수와 무역업의 발전과 유기적 연관성을 가진 것이 바로 전자통신의 발전이다. 이를 반영하듯 홍콩(香港)에는 학생들부터 노인들까지 웬만하면 휴대폰 하나씩은 차고 다니며 인터넷 가입회선 수가 벌써 11.9억 회선을 넘었다.

7. 중국 관광지리

1) 중국 관광업의 발전현황

중국은 유사 이래 광활한 국토 위에서 각 민족들이 어우러진 다양한 문화를 발전시켰다. 이러한 역사적인 배경과 자연지리적인 배경에 개혁개방정책이 더해져 중국은 세계에서 6번째로 많은 관광객(96년 2,280만 명)이 찾는 나라로 부상하였다. 이 수치는 같은 해 한국을 찾은 관광객인 368만 명에 비해 6배나 많은 수치이다.

중국이 관광산업에 본격적인 관심을 가지기 시작한 때는 1953년 이후로, 이 시기에 화교여행사와 국제여행사가 생겨났으며 관광업을 관리하는 기관인 '국가여행국'이 조직되었다. 특히 개혁개방정책이 실시된 이후, 정부차원의 중요도를 인정받게 되면서 적극적인 관광자원 개발과 관광산업 육성방침 등을 내놓고 거액을 투자하였다.

이러한 정부 차원의 노력으로 1979년 중국을 찾은 관광객 수가 420.3만 명(외화수입 4.49억 달러)이었던 것이 1996년에는 2,280만 명(외화수입 100.2억 달러)으로 급증하여 관광수입분야 세계 9위, 관광객 유치순위 아시아 1위, 세계 6위에 올랐다.

만약 이 수치에 홍콩의 관광객 수까지 합친다면 관광객 수가 3,450만 명으로 세계 4위를 기록하게 된다.

관광산업 흑자에 자신감이 생긴 중국 정부는 1998년 5월에 말레이시아, 태국, 필리핀, 호주, 뉴질랜드, 싱가포르 등으로 제한하고 있던 자유관광 대상 지역에 한국을 포함시켜 자국민들의 한국 관광을 정식으로 허용하였다.

비록 9명 이상의 단체관광과 동북 3성을 제외한 일부 지역 거주자들에 한해 제한적으로 허용한 것이긴 하지만, 조만간 이런 규제들도 완화될 것이다.

참고로 1997년 한국을 방문한 중국인의 평균 체류일자는 11.7일이었으며, 일 인당 여행경비는 2,825달러를 써 기타 국가 외국관광객들의 2배에 달하는 소비수준을 보였다.

2) 중국의 관광자원

(1) 자연관광자원

중국은 산지(山地)가 많은 나라로 서부에는 웅장한 설산(雪山)이 위치함과 동시에 동부산지(東部山地)에는 고적(古跡)이 풍부하고 아름다운 경치까지 두루 갖춰 관광자원대국으로서 손색이 없다.

중국의 명산(名山)은 5종류로 분류된다.

첫 번째는 중국 동부의 5대 명산인 오악(五岳)으로 동악태산(東岳泰山), 서악화산(西岳華山), 남악형산(南岳衡山), 북악항산(北岳恒山), 중악숭산(中岳嵩山)이 있다.

두 번째는 오대산(五臺山), 아미산(峨眉山), 구화산(九華山), 보타산(普陀山)으로 구성된 4대 불교 명산들이 자리한다. 이곳에는 찬란한 불교유적과 사찰 등이 있어 많은 불교신자들과 관광객들의 발길이 끊이질 않는다.

세 번째는 산세가 웅장하고 수려한 산들로 이들 명산에는 백두산
(중국에서는 장백산(長白山)이라고 함), 황산(黃山), 여산(廬
山), 무이산(武夷山), 정강산(井岡山) 등이 있어 관광지와 피서
지로 정평이 자자하다.

네 번째는 고봉설산(高峰雪山)을 들 수 있는데 중국에는 해발
7,000m 이상의 설산(雪山)이 모두 40여 개, 8,000m 이상의
고산(高山)이 14개나 된다.

이들은 대부분 인접국과 접경하는 지역에 분포하고 있으며 등산애
호가들과 과학연구원이 즐겨 찾고 있다.

수려한 경관을 자랑하는 중국의 바다, 호수, 강 역시 좋은 관광자원
이 되고 있으며, 특히 양쯔강(長江), 리강(漓江), 주강(珠江), 전당강
(錢塘江) 등이 유명하다.

우리에게는 양쯔강(揚子江)으로 잘 알려진 장강(長江)은 중국에
서 제일 유명한 수상 유람지역으로 양쯔강(長江) 삼협지대에 배를
타고 들어서면 깎아지른 듯한 절벽이 사방을 감싸고 있으며 물살도
급해 장관을 이룬다.

중국 각지에 무수히 자리한 호수(湖水) 중에는 항주(杭州)의 서호
(西湖), 무석(無錫)의 태호(太湖), 운남성(雲南省)의 전지(滇池)·이
해(洱海), 그리고 흑룡강성(黑龍江省)의 경박호(鏡泊湖) 등이 경치
가 빼어난다.

이 밖에도 넓은 해안선을 따라 바람과 파도가 잔잔한 해양관광지가
펼쳐져 있다. 예를 들면 청도(靑島), 북대하(北戴河), 하문(廈門)의

고랑서(鼓浪嶼), 해남도(海南島)의 녹회두(鹿回頭) 등이 따스한 햇살과 해수욕을 즐길 수 있는 좋은 입지조건을 가지고 있다.

(2) 인문관광자원

중국은 5천 년 역사를 자랑하는 문명고국으로 구석기시대의 유물과 유적들을 비롯한 석굴, 사찰, 조각품 등이 242개의 문화보호구로 특별히 지정되어 있다.

유명한 건축물로는 북경(北京)의 고궁(古宮), 승덕(承德)의 피서산장(避暑山莊)과 외팔묘(外八廟), 곡부(曲阜)의 공묘(孔廟)·공림(孔林)·공부(孔府) 등이 있으며, 역사적으로 유명한 만리장성(萬里長城), 대운하(大運河), 조주교(趙州橋) 등이 만인에게 사랑을 받는다.

근대에 지어진 건축물로는 천안문광장(天安門廣場)에 자리하고 있는 인민대회당, 군사박물관, 북경국제전람센터, 국제무역센터, 경광(京廣)빌딩, 남경(南京)의 양쯔강대교(長江大橋) 등이 있다.

이러한 유형적인 관광자원 외에도 중국의 민간풍속과 문화, 요리 등도 외국인에게는 색다른 이국(異國)의 분위기를 느끼기에 충분하여 좋은 관광자원으로 손꼽힌다.

3) 중국의 주요 관광지구

그 넓고 광활한 중국대륙과 수천 년을 거슬러 올라가며 쌓여온 역사의 흔적을 관광자원으로 이해할 때, 이것을 모두 설명한다는 것은 애초 불가능한 일인지도 모르겠다.

여기서는 주요한 관광지구를 큰 갈래로 나누어 간략하게 설명하는 선에서 소개하고자 한다.

첫 번째는 북경(北京) 일대의 명승고적지로 북경(北京)을 비롯한 천진(天津), 승덕(承德), 청동릉(淸東陵), 진황도(秦皇島), 대동(大同), 항산(恒山), 오대산(五臺山)을 포함하는 관광지구이다. 이곳은 중국의 핵심 관광지역에 속하며 중국의 수도인 북경(北京)은 이 지구의 가운데 위치한다.

북경(北京)은 역사상 마지막 4개의 봉건왕조가 왕도(王都)로 삼았던 곳으로 3천여 년의 역사 속에 자금성[紫金城: 고궁(古宮)이라고도 함]과 황제의 여름궁전 이화원(頤和園), 겨울궁전 원명원(圓明園) 등이 유명하다.

아울러 북경의 외곽에는 만리장성(萬里長城)과 명나라 황실의 무덤인 명십삼릉(明十三陵), 청동릉(淸東陵), 청서릉(淸西陵), 승덕(承德)의 피서산장(避暑山莊), 외팔묘(外八廟) 등 수많은 역사적 유물들이 즐비하다.

다음으로 소주(蘇州)·항주(杭州)의 원림(園林)관광지구는 소주(蘇州), 항주(杭州), 양주(揚州), 무석(無錫), 남경(南京), 황산(黃山), 구화산(九華山), 보타산(普陀山), 안탕산(雁蕩山), 태호(太湖) 등을 포함하고 있으며 중국에서 가장 많은 관광도시와 원림(園林), 명산(名山)이 집중되어 있다.

이 관광지구에는 동부에 보타산(普陀山), 서부에는 황산(黃山)·구화산(九華山), 남부에는 안탕산(雁蕩山), 중부에는 막간산(莫干山) 등의 명산(名山)이 자리한다.

또한 중국에서 가장 많은 관광도시가 밀집되어 있는 곳으로 남경 (南京)과 상해(上海)는 부연설명(敷衍說明)이 필요 없는 중국의 대표 적인 관광도시이다.

양쯔강삼협(長江三峽), 여산(廬山)관광지구는 강서성(江西省)의 여산(廬山)에서 사천성(四川省)의 봉절(奉節)을 잇는 지역으로 중국 의 4개 성(省)이 포함된다. 양쯔강(長江)은 이들 지역을 연결하는 역할을 하고 있으며 산과 물흐름의 조화로 장엄함과 수려함을 동시에 느낄 수 있다.

일반적으로 여행객들은 상해(上海)나 남경(南京)에서 출발하여 양쯔강(長江)을 거슬러 올라가면서 여산(廬山)과 무한(武漢), 동정 호(洞庭湖), 무릉원(武陵源), 양쯔강삼협(長江三峽) 등을 여행한다.

중원(中原)관광지구는 황하유역(黃河流域)의 중하류에 해당하는 곳으로 중국의 유명한 고도(古都)인 서안(西安), 낙양(洛陽), 개봉(開 封) 등을 포함하고 있다. 그리고 화산(華山), 숭산(嵩山) 등의 명산(名 山)들이 자리하며 많은 문화유적들이 분포하여 중화민족 문화의 요람으로 불린다.

운남성(雲南省), 귀주성(貴州省), 광서성(廣西省)의 3개 성(省)을 포함하는 서남지역 석림관광지구(石林觀光地區)는 많은 소수민족 (少數民族)들이 집거하는 곳이다. 이곳은 광범위한 석회암 지형이 잘 발달되어 있으며, 수려한 산천(山川)과 알맞은 기후조건, 소수민족 (少數民族)들의 생활상 등 많은 볼거리를 제공한다. 특히 유명한 관광 지로는 계림(桂林)·양삭(陽朔)의 산수(山水), 노남석림(路南石林), 황과수폭포(黃果樹瀑布)와 유주(柳州), 곤명(昆明) 등도 알아준다.

동남연해관광지는 광주(廣州), 하문(厦門), 복주(福州), 심천(深圳), 삼아(三亞) 및 무이산(武夷山) 등을 포함한 복건성(福建省), 광동성(廣東省), 해남도(海南島)의 3성(省)에 자리잡고 있다. 대부분이 낮은 적도지역(赤道地域)에 위치해 있을 뿐 아니라 해안과 접해 있어, 기온이 온화하고 무성한 식물들로 이국적인 경관을 자랑한다. 이와 더불어 홍콩(香港)과 마카오(澳門), 대만(臺灣) 등과 가까운 거리에 위치하여 중국 대외개방의 요충지로도 유명하다.

곡부(曲阜)와 제남(濟南), 청도(靑島)와 태산(泰山)을 포함하는 산동지역(山東地域)에 위치한 관광명소인 태산(泰山)과 명천(名泉)관광지구는 태산(泰山)을 비롯한 명산(名山)과 맑은 수질을 자랑하는 명천(名泉) 등이 많이 분포한다.

특히 곡부(曲阜)의 공묘(孔廟)와 공부(孔府), 공림(孔林)은 세계적으로도 유명한 건축양식을 띠고 있다. 공묘(孔廟)는 300여 묘(廟)의 규모로 이루어져 있으며 중국에서 최대 규모를 자랑하는 고대 건축군의 하나이다.

그리고 공자(孔子)의 후손들이 거주한다는 공부(孔府)는 200여 묘(廟)의 면적에 해외에서도 널리 알려진 봉건장원(封建庄園)이다. 또 공림(孔林)은 공자의 후손들 무덤으로 건축군의 규모가 웅장하고 예술적인 아름다움이 스며 있어 관광객들이 많이 찾고 있다.

이 밖에도 사천(四川)명산고적관광지는 자연경관과 인문 명승지가 풍부한 성도(成都)와 중경(重慶), 아미산(峨眉山), 낙산(樂山), 구채구(九寨溝)를 명소로 꼽을 수 있고, 비단길로 유명한 돈황(敦煌)관광지는 돈황석굴(敦煌石窟), 맥적산석굴(麥積山石窟), 가욕관(嘉

峪關), 주천(酒泉), 투루판(吐魯番), 우루무치(烏魯木齊) 등이 세계
적으로 유명한 고대유적지이다.

또한 동북지구의 관광지인 동북명승고적지는 광활한 지역에 남부
의 심양(瀋陽), 대련(大連)과 북부의 길림(吉林), 흑룡강(黑龍江)
관광지구 등이 넓게 분포되어 있다.

그리고 세계의 지붕으로 불리는 청장(青藏)관광지는 청해성(青海
省)과 서장(西藏) 자치구에 펼쳐진 지역으로 청장고원(青藏高原)의
독특한 자연과 고원풍경, 사찰건축, 종교활동, 설산(雪山) 등의 웅장
미를 느끼게 해준다.

13

한민족(韓民族)의
자존심을 지켜낸
중국의 조선족(朝鮮族)

1. 중국에 뿌려진 한민족(韓民族)의 씨앗

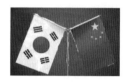

우리는 대부분 TV 속에서 거론(擧論)되는 '조선족(朝鮮族)'이라는 말을 들을 때마다 단순(單純)히 '일제시대(日帝時代), 만주(滿洲), 독립운동(獨立運動)' 정도(程度)를 떠올리게 된다.

하지만 이러한 편견이 조선족(朝鮮族)에 대한 우리들의 무관심을 적나라하게 반영해 주는 것임을 아는 이는 그다지 많지 않다. 현재 중국에 거주하는 조선족(朝鮮族)의 대다수가 19세기 중반을 기점으로 일제시대(日帝時代)를 거치면서 이주(移住)해 간 부류임에는 의심의 여지가 없다.

그러나 우리는 여기서 중국 내 한민족(韓民族)이 우리의 역사와 더불어 존재하였다는 사실을 상기해 볼 필요가 있다. 이런 확대 분석은 '조선족(朝鮮族)'이라는 명칭에서 생기는 한계를 뛰어넘어 우리 민족의 문화와 삶이 대륙문화와 맞닿아 있다는 점을 강조하기 위한 것이다.

중국 내 한민족(韓民族)의 역사를 얘기하기 위해 고조선(古朝鮮)을 거론하지 않더라도 삼국시대(三國時代)라면 누구라도 우리 민족(民族)의 중국 이주(移駐)를 수긍할 수 있다.

삼국이 신라(新羅)로 통일되면서 고구려(高句麗)와 백제(百濟)의 유민(流民)은 제외하더라도 많은 신라인(新羅人)들이 당나라로 건너가 중국의 산동성(山東省)에 '신라방(新羅坊)'이라는 집거지역과 '신라원(新羅院)', '신라사(新羅寺)' 등을 건립하였다. 중국대륙(中國大陸)을 호령(號令)한 고구려(高句麗) 유민(流民) '고선지(高仙芝) 장군(將軍)', 중국대륙(中國大陸)과 한반도(韓半島), 일본열도(日本列島)에 걸쳐 해상무역(海上貿易)을 장악(掌握)한 '장보고(張保皐)', 지장보살(地藏菩薩)로 높이 추대(推戴)된 신라승려(新羅僧侶) '김교각(金喬覺)', 시대(時代)의 문호(文豪) '최치원(崔致遠)' 등을 보더라도 중국(中國)과의 깊은 관계(關係)가 오래전에 시작(始作)되었다.

한반도에 신라(新羅)를 이은 고려왕조(高麗王朝)가 들어선 이후에도 거란족(契丹族)이 세운 요나라의 세 차례에 걸친 침략(侵略)으로 수많은 고려인(高麗人)이 포로(捕虜)나 강제이주(强制移駐)로 중국(中國)에 정착(定着)하였다. 몽고족(蒙古族)이 세운 원나라 역시 고려(高麗)를 침략하여 1254년[원(元) 헌종 4년] 20만 6,800여 명의 남녀를 포로로 잡아가 고려인(高麗人)들이 중국의 동북지역을 비롯하여 내몽고(內蒙古), 심지어 북경(北京)에까지 다다랐다.

또한 청나라 때 볼모로 잡혀온 조선(朝鮮)의 태자(太子)는 당시 상황을 "심양(瀋陽) 남문성(南門城)에 납치되어온 조선인(朝鮮人) 남녀 수만 명이 조선정부(朝鮮政府)의 속매(贖買)를 기다리고 있었다"라고 생생하게 묘사할 만큼 청대(淸代)에 들어서도 많은 조선인(朝鮮人)들이 만주지역(滿洲地域)으로 이주해 갔다.

이처럼 우리 민족(民族)은 대륙(大陸)으로의 이주(移住)와 귀환

(歸還), 재이주(再移住), 정착(定着), 동화(同化)로 점철(點綴)되는 역사(歷史)를 보내며 '화냥년(還鄕女: 공녀로 잡혀갔다가 고향으로 다시 돌아온 여자)'이라는 국가(國家)가 공인(公認)한 '정신대(挺身隊)의 시조(始祖)'를 낳았다. 아울러, 요(遼), 원(元), 명(明), 청(淸)시기를 거쳐 중국 동북지구의 개발과 정치, 경제, 문화발전에 적지 않은 기여도 하였다. 이들 가운데 임진왜란(壬辰倭亂) 때 원군(援軍)을 이끌고 조선(朝鮮)을 도왔던 '이여송(李如松) 장군(將軍)'이 철령 이씨의 후손인 조선인(朝鮮人)이었다는 사실을 아는 이는 많지 않다.

그러나 헤아릴 수 없는 많은 고대(古代) 조선인(朝鮮人)들이 대륙의 숨결로 스며들며 자취를 감추어 버렸다는 어느 조선족 학자(朝鮮族學者)의 탄식 어린 표현을 되씹어보지 않더라도 오늘날을 살아가는 우리에게 시사하는 바가 무척 크다. 고대(古代)와 중세(中世)에 우리 민족(民族)의 중국 이주 역사(中國移住歷史)를 지금은 찾아볼 수 없게 되었지만, 청대(淸代) 말기인 19세기 중엽의 새로운 '생명력 있는 강줄기'의 유입(流入)으로 끈질긴 한민족(韓民族)의 저력(底力)을 다시 한번 느끼게 한다

현재 중국에서 조선족(朝鮮族)으로 인정받고 있는 최초의 이민은 17세기 초 후금(後金) 내무부의 하인(下人)으로 편입되었던 조선시대(朝鮮時代) 조선인포로(朝鮮人捕虜)들로 이들 중 박씨(朴氏) 성(姓)을 가진 사람의 19~20대 후손들이 동북(東北)의 청룡현(靑龍縣)에 거주하고 있다. 이들은 언어, 생활양식에서 완전히 한족화(漢族化) 되었지만 민족의식(民族意識)만은 살아 있어 중화인민공화국성립초기(中華人民共和國成立初期)에 조선족(朝鮮族)으로 인정받았

다. 이처럼 중국의 조선족(朝鮮族) 구성은 단순히 일정한 역사적 시기에 기준대를 세워 판가름할 수 없다는 특이성을 지녔다.

2. 한일합방에서 광복 전의 중국
조선족(朝鮮族)

중국동북부(中國東北部)로의 이주(移住)는 1905년 11월 7일 체결(締結)된 〈을사조약(乙巳條約)〉을 기점(起點)으로 1945년 광복(光復)이 이루어질 때까지 계속(繼續)되었다.

〈을사조약(乙巳條約)〉 이후의 이주민(移住民)들은 한일투쟁(抗日鬪爭)이라는 반일적(反日的)인 성격(性格)이 농후(濃厚)한 이민(移民)이라고 말할 수 있다. 중국에 근거지(根據地)를 세우고 본국(本國)의 일제탄압(日帝彈壓)에서 멀리 떨어진 지역에서 독립운동(獨立運動)을 전개해 나가는 안정성(安定性)을 추구(追求)하였다. 이렇듯 이 당시의 이민활동(移民活動)의 주류(主流)는 정치적(政治的) 성격(性格)을 강(强)하게 띠고 있어 '이주(移住)'라기보다는 '망명(亡命)'이라는 말이 적합하다.

아울러 일제(日帝)에 의한 만주(滿洲)로의 강제이주(强制移住)는 조선(朝鮮)의 남부지방(南部地方) 농민(農民)을 중심(中心)으로 해방(解放) 전까지 이어졌다. 일제(日帝)의 만주국(滿洲國) 건립으로 만주지역(滿洲地域) 역시 일제(日帝)의 직접적(直接的)인 관할(管轄)하에 들게 되면서 일제(日帝)는 만주개척(滿洲開拓)에 우리 농민(農民)을 이용(利用)하였다.

중국(中國) 조선족(朝鮮族)에 대한 일제(日帝)의 탄압(彈壓)은 교활(狡猾)한 방법(方法)이 동원(動員)되었다. 조선족(朝鮮族)들이 세운 학교(學校)를 탄압(彈壓)하는가 하면, 일본식교육(日本式敎育)을 내세운 민족말살교육(民族抹殺敎育)을 실시하여 만주(滿洲)에 살고 있던 우리 민족(民族)의 민족성(民族性)을 약화(弱化)시키고자 부단(不斷)히 음모(陰謀)를 꾸몄다.

이에 중국(中國) 조선인(朝鮮人)들은 자녀(子女)들의 취학(就學)을 회피(回避)하며 고유(固有)한 민족교육(民族敎育)을 고집(固執)하는 한편, 다양(多樣)한 문화활동(文化活動)과 문예활동(文藝活動)을 전개하여 민족문화(民族文化)의 동질성(同質性)을 지켜냈다.

3. 광복 이후 중국 조선족(朝鮮族)의 활동

중국에서 해방전쟁(解放戰爭)으로 불리는 공산화혁명시기(共産化革命時期)에 공산주의 이론의 평등성과 합리성에 많은 조선족(朝鮮族)들이 동조하였다. 이에 약 5만 명에 달하는 조선족(朝鮮族) 청년들은 중국인민해방군(中國人民解放軍)에 입대하는 계기가 되었다. 특히 '한국전쟁(韓國戰爭)'이 발발하자 연변지역에서만 4,600여 명의 조선족(朝鮮族) 청장년들이 참전하여 3,600여 명에 달하는 인원들이 군수품 보급과 통역 등의 다양한 지원 활동을 펼쳤다.

중국(中國)의 조선족(朝鮮族)들은 공산화된 중국에서 다른 55개 소수민족(少數民族)과 힘을 합쳐 자신들만의 새로운 문화를 발전시켜 나갔으며, 1952년 9월 3일에는 길림성 연변(吉林省延邊)에 조선족 자치주((朝鮮族自治州)를 수립하였다.

또한, 1958년 9월 5일에는 길림성장백조선족자치현(吉林省長白朝鮮族自治縣)을 비롯하여 집거지역(集居地域)으로 구성된 42개의 민족향(民族鄕)이 건립되었다. 역사의 바퀴는 굴러가는 순간 자국을 남기듯 중국(中國) 조선족(朝鮮族)들 역시 경제, 문화를 포함한 여러 방면에서 발전을 이루어 중국(中國) 소수민족(少數民族) 중에서도 으뜸가는 자랑스런 한민족(韓民族)의 역사의지(歷史意志)를 뽐내기에 이르렀다.

4. 중국 개혁개방 이후 중국의 조선족(朝鮮族)

원래 벼농사를 위주로 농경문화(農耕文化)를 발전시켜 왔던 중국의 조선족(朝鮮族)들은 1979년부터 불어닥친 개혁개방(改革開放)의 물결에 편승하여 경제, 문화의식, 사회발전 등의 다방면에서 큰 변화와 발전을 이룩하였다.

첫 번째, 농업경제의 집약화와 노동효율을 제고시키기 위한 농업 정책의 변화를 들 수 있다.

중국 정부의 정책적 지원이 뒷받침되면서 농지평균생산량(農地平均生產量)이 크게 증가하여 1996년 흑룡강성(黑龍江省) 조선족(朝鮮族) 농촌의 일인당평균수입(一人當平均收入)이 3,014위엔의 향상을 보였다.

그러나 개혁개방(改革開放)은 농촌인구(農村人口)의 유출(流出)을 가속화(加速化)시켜 98년 현재 농촌인구의 1/3 이상이 농촌(農村)을 버리고 도시(都市)로 진출하여 상업활동(商業活動)에 종사하거나 노무수출(勞務輸出)로 해외(海外)로 떠났다. 심지어 흑룡강성(黑龍江省) 해림시(海林市) 조선족(朝鮮族) 농촌에는 1/3의 인구만이 고향을 지킬 뿐이라는 조사통계가 나와, 나날이 농경지가 소수에게 집중되는 현상이 나타났다.

두 번째, 조선족(朝鮮族) 경제구조의 변화이다.

농촌중심(農業中心)의 경제에서 상업중심(商業中心)의 경제로 변화하면서 연변조선족자치주(延邊朝鮮族自治州)의 경우, 1980년 GDP에서 차지하는 제1차, 2차, 3차 산업의 비중이 각각 23.7%, 51.1%, 25.2%에서 1995년의 16.3%, 42.2%, 41.5%로 바뀌었다.

세 번째, 조선족(朝鮮族)의 생활수준 향상을 들 수 있다.

1996년 흑룡강성 영안시(黑龍江省寧安市)의 한국(韓國)과 일본(日本) 등지의 근로자들로부터 송금(送金)된 외화(外貨)만 960만 달러에 육박하였다. 또한 1996년 흑룡강성(黑龍江省) 홍화, 민락, 화평, 해남 등 4개 지역 조선족(朝鮮族)의 일인당평균수입(一人當平均收入)이 3,300위엔(해외송금수입 제외)이었으며, 100%의 TV 보급률을 나타냈다. 하지만 개혁개방(改革開放) 이후에도 발전의 불균형으로 일인당평균수입(一人當平均收入)이 1,000위엔에도 못 미치는 지역도 적지 않다.

네 번째, 조선족 의식구조(朝鮮族意識構造)의 심각(深刻)한 변화(變化)이다.

이는 우리와도 깊은 관계가 있는 대목으로, 중국(中國)의 조선족(朝鮮族)들은 과거 계획경제(計劃經濟)에 적응하며 살았던 군체(群體)라는 점에서 자본주의적(資本主義的) 빠른 이익관계(利益關係)에 비교적 둔한 편이다.

이러한 의식문화(意識文化)가 시장경제(市場經濟)로의 변환(變

換)을 추진(推進)하는 조류(潮流)에 휩쓸려 많은 조선족(朝鮮族)들이 대도시(大都市)와 접촉(接觸)을 하게 되었다. 특히 한·중수교이후(韓中修交以後) 진행(進行)된 교류확대(交流擴大)로 조선족사회(朝鮮族社會)에 자본축적(資本蓄積)과 확대재생산(擴大再生産)으로 물질적(物質的)인 풍요(豊饒)로움을 추구(追求)하려는 사조(思潮)가 눈에 띄게 늘어났다.

앞에서 잠깐 언급(言及)한 문제(問題)이지만 조선족(朝鮮族)의 급속한 인구유출(人口流出)은 우리의 생각처럼 그렇게 단순(單純)한 문제(問題)만은 아니다. 대도시(大都市)에서 시작된 인구유출(人口流出)은 급기야 한국(韓國), 미국(美國), 일본(日本), 독일(獨逸) 등지로 돈을 벌기 위해 나간 해외유출근로자(海外流出勤勞者)가 6,500여 명(연변자치주 수치, 1998년)에 달한다.

이외에도 결혼형식(結婚形式)으로 한국(韓國)으로 건너온 조선족여성(朝鮮族女性)이 1993년 1,463명에서 1994년 1,995명, 1995년 7,693명을 기록하였고, 1997년에는 급기야 1만 명을 넘어섰다는 중국주재한국대사관(中國駐在韓國大使館)의 통계(統計)가 말해 주듯, 조선족(朝鮮族)들의 해외유출(海外流出)은 대도시유출(大都市流出)과는 또 다른 특징(特徵)으로 인식(認識)되고 있다.

이러한 특징(特徵)의 여파(餘波)는 농촌 총각들이 배우자(配偶者)를 구하지 못하는 상황(狀況)으로 번져 대부분(大部分)의 조선족농촌 성별 비례(朝鮮族農村性別比例)가 20대 1에 이르며, 길림성화룡시 숭선진(吉林省化龍市崇善鎭)에서는 40대 1로 나타났다. 이 때문에 농촌 총각들마저 배우자(配偶者)를 구하기 위해 무작정(無酌定) 도시(都市)로 나가거나 부득이(不得已)한 경우(境遇)에는 다른 민족(民族)과 결혼(結婚)하는 경우가 늘어나고 있다.

농촌인구(農村人口)의 유출(流出)은 영농(營農)의 기계화(機械化)를 기대하기 어려운 중국상황(中國狀況)에서 조선족(朝鮮族)들의 생활기반(生活基盤)이 되어왔던 농경생활(農耕生活)에 위기감(危機感)을 고무(鼓舞)시키고, 아울러 민족기초교육(民族基礎敎育)의 약화(弱化)라는 부작용(副作用)을 낳아 그 심각성(深刻性)이 한층 두드러졌다.

실제로 많은 조선족 자치주(朝鮮族自治州) 내의 초급학교(初級學校)가 문(門)을 닫는 상황(狀況)에서 조선족(朝鮮族) 신세대(新世代)들 가운데 많은 수(數)가 조선어(朝鮮語)를 자유(自由)로이 구사(驅使)하지 못할 뿐 아니라, 심한 경우에는 조선어(朝鮮語)를 전혀 할 줄 모르는 학생(學生)도 상당수(相當數)에 이르러 100년 가까이 이어온 민족성(民族性)의 상실(喪失)이 우려(憂慮)된다.

5. 중국 조선족(朝鮮族)의 오늘과 내일

1) 농업(農業)

중국(中國) 내 조선족(朝鮮族) 주류(主流)인 19세기이후(19世紀以後)의 이주민(移住民)들은 벼농사를 위주(爲主)로 한 농업생산(農業生産)에 종사(從事)하면서 타민족(他民族)을 능가(凌駕)하는 문화생활(文化生活)을 영위(營爲)하여 왔다. 그러나 중국(中國)에 시장경제(市場經濟)가 도입(導入)된 이래 힘들여 농사(農事) 지어 번 수입(收入)이 기계(機械) 몇 대로 젓가락 만드는 수입(收入)의 1/10에도 못미치는 현상(現象)이 대두(擡頭)되면서 조선족사회(朝鮮族社會)의 농업경제(農業經濟)는 급속(急速)하게 와해(瓦解)되기 시작하였다.

이러한 농촌경제(農村經濟)의 몰락(沒落)은 조선족(朝鮮族)들의 문화(文化)와 정서(情緒)를 위협(威脅)하며 인구유출(人口流出), 민족교육 해체(民族教育解體), 도시생활(都市生活)의 무질서(無秩序)에 의한 중국 내 사회이슈 등장 등 갖가지 문제점(問題點)을 야기(惹起)시켰다.

이에 중국 조선족 지도자(中國朝鮮族指導者)들은 조선족 사회문제(朝鮮族社會問題)를 해결(解決)하기 위한 방안(方案)으로 다음과 같이 주장(主張)하고 있다.

첫째, 농지(農地)의 경영권(經營權)을 버리고 3차 산업(産業)에 치중(置重)하는 조선족 경제(朝鮮族經濟)를 1, 2차 산업(産業)과 균형(均衡) 있게 발전(發展)시켜야 한다.

둘째, 기계화(機械化)와 과학화(科學化)를 기반(基盤)으로 한 특용작물재배(特用作物栽培) 등의 전문영농추진(專門營農推進)으로 농업(農業)의 발전(發展)과 생산성향상(生産性向上)을 가져와 농촌수입(農村收入)이 증가(增加)된다면, ① 밖으로 나간 조선족(朝鮮族)들이 다시 고향(故鄕)으로 돌아오고 ② 인력사기사건(人力詐欺事件) ③ 민족정서 보존(民族情緒保存) 등의 문제(問題)도 한 번에 해결(解決)할 수 있다.

한반도(韓半島)에서 일제통치(日帝統治)가 끝난 후에도 중국(中國)에 거주(居住)하던 많은 이주민(移住民)들이 북한(北韓)과 한국(韓國)의 국적(國籍)을 포기(抛棄)한 이유(理由)가 바로 자기(自己)들 손으로 개척(開拓)한 '농토(農土)' 때문이었다.

현재(現在)도 그렇지만, 당시(當時) 중국(中國)은 토지(土地)를 외국인(外國人)에게 허용(許容)하지 않는 정책(政策)이 시행(施行)되고 있었기에 고향(故鄕)으로 돌아가도 변변한 농토(農土)가 없는 이들에게는 중국(中國)이 삶의 보금자리였다. 이런 점을 생각할 때, 오늘날 조선족(朝鮮族)들의 폐농현상(廢農現象)은 더더욱 가슴 아픈 일이 아닐 수 없다.

결국 조선족(朝鮮族) 내의 농업발전(農業發展)은 단순(單純)한 수입확대(收入擴大)만을 의미(意味)하는 것이 아니라 민족(民族)의 미래(未來)와도 직결(直結)된 문제(問題)임을 인식(認識)하고 조선족(朝鮮族)들의 자주적(自主的)인 농업 발전 노력(農業發展努力)에 격려(激勵)를 보내야 할 것이다.

2) 공업(工業)

중국(中國) 조선족사회(朝鮮族社會)의 산업구조(産業構造)도 등소평 정권(鄧小平政權)의 개혁개방정책(改革開放政策) 이후 현대화(現代化)되는 모습을 보였다.

연변(延邊)의 경우, 1975년 공업비중(工業比重)이 농업비중(農業比重)을 넘어섰으며, 20년이 지난 1995년에는 다시 2배로 성장(成長)하였다. 그리고 같은 해 농업 노동력 비율(農業勞動力比率)이 33.26%, 비농업 노동력 비율(非農業勞動力比率)이 66.74%를 나타내, 이미 농업중심(農業中心)의 산업구조(産業構造)에서 벗어나고 있다.

그러나 현재 연변(延邊)에서 행해지는 공업(工業)은 주로 목재채벌(木材採伐), 목재가공(木材加工), 합판제조(合板製造), 화학섬유(化學纖維), 유색금속채굴(有色金屬採掘), 제지(製紙), 의약(醫藥) 등 자원밀집형 산업 위주(資源密集型産業爲主)로 이루어지고 있는데, 유색금속(有色金屬)을 제외(除外)하면 모두 농산품(農産品)과 관련(關聯)된 공업(工業)이다.

또한 초급생산품가공(初級生産品加工)과 같은 노동집약산업(勞

動集約産業)에 집중(集中)되어, 2차 산업발전(2次産業發展)에 크게 기여(寄與)하지 못하고 있다. 이처럼 공업(工業)이 발달(發達)되었다는 연변지역(延邊地域)의 산업구조(産業構造)마저 노동(勞動)과 자원위주(資源爲主)의 생산구조(生産構造)를 보여 글로벌산업발전방향(Global産業發展方向)과는 거리가 멀다.

21세기(世紀)를 준비(準備)하는 관점(觀點)에서 민족경제(民族經濟)를 생각한다면, 하루빨리 자원주도형공업(資源主導型工業)에서 탈피(脫皮)하여 우수(優秀)한 인력(人力)을 활용(活用)한 기술집약형첨단산업(技術集約型尖端産業)으로 발전(發展)을 유도(誘導)하여야 한다.

즉 조선족지구(朝鮮族地區)의 공업기반(工業基盤)을 튼튼히 다지고 산업구조(産業構造)의 다양성(多樣性)을 확보(確保)하기 위해서는 한국(韓國)의 사양산업(斜陽産業)과 채산성(採算性)이 떨어지는 산업(産業)을 우선지원(優先支援)하고, 점차(漸次) 경제파급효과(經濟波及效果)가 큰 에너지산업(energy産業)이나 자동차산업(自動車産業), 화학공업산업(化學工業産業) 등의 기술이전(技術移轉)을 통해 조선족사회(朝鮮族社會)의 번영(繁榮)은 물론 우리의 국제경쟁력강화(國際競爭力强化)에도 노력(努力)해야 할 것이다.

3) 상업(商業)

현재(現在) 연변지역(延邊地域)에선 50%가 넘는 사람들이 3차 산업(3次産業)에 종사(從事)하고 있으며, 이러한 3차 산업(3次産

業))의 발전(發展)은 산업구조(産業構造)의 질적변화(質的變化)를 의미(意味)하는 것으로 조선족사회(朝鮮族社會)에서도 무역업(貿易業), 금융업(金融業), 교육업(教育業), 부동산업(不動産業), 운수업(運輸業) 등의 다양(多樣)한 서비스업들이 선을 보이고 있다.

이를 대변(代辯)하듯이, 1980년 2.5억 위엔이었던 3차 산업(3次産業)의 부가가치금액(附加價値金額)이 1995년에는 39.1억 위엔으로 증가(增加)하여 연평균(年平均) 12%의 성장(成長)을 보였다. 하지만 대도시(大都市)에서 행해지는 조선족(朝鮮族)들의 상업(商業)은 그 범위(範圍)가 넓지 못하며, 고작해야 식당(食堂), 김치공장 등을 운영(運營)하는 수준(水準)이다.

또한 상업(商業)에 종사(從事)하는 이들은 대다수 해외근로(大多數海外勤勞)를 다녀와 목돈을 모은 사람들로 상업(商業)에 대한 전문지식(專門知識) 없이 단순경영(單純經營)에 치중(置重)하고 있다. 물론(勿論) 일부(一部)의 경영자(經營者)들은 성공적(成功的)인 경영(經營)을 하고 있지만, 경제(經濟)에 관련(關聯)된 전문지식(專門知識)의 부족(不足)으로 사업(事業)이 확장(擴張)됨에 따라 실패(失敗)할 확률(確率)이 높아지면서 경쟁력(競爭力) 있는 기업(企業)으로의 성장(成長)이 불투명(不透明)하다.

중국(中國)에서 인기(人氣) 있는 한국상품(韓國商品)의 진출(進出)은 이러한 중국 조선족(中國朝鮮族)들의 상업분야개척(商業分野開拓)에 활력소(活力素)가 되고 있다. '롯데껌'이나 '농심라면' 같은 우리의 상품(商品)은 중국(中國)의 시골가게에서도 흔히 볼 수 있을 정도(程度)로 광범위(廣範圍)한 유통망(流通網)을 형성(形成)하며 중국(中國)에서 인기(人氣)가 좋다.

이외에도 삼성(三星)의 'TV와 카메라', 현대(現代), 대우(大宇), 쌍룡(雙龍), 기아(起亞)의 '자동차(自動車)', LG의 '에어컨', 우방(友邦)의 '주택(住宅)'과 한국(韓國)에서 만든 각종 학용품(各種學用品)은 이미 중국시장(中國市場)에서 일정(一定)한 지명도(知名度)를 갖고 있어 한국(韓國)의 대명사(代名詞)로 인식(認識)된다.

우리 기업(企業)들은 현재 중국 시장개척(中國市場開拓)을 위해 고군분투(孤軍奮鬪)하고 있으며, 최근(最近) 들어 북경(北京), 대련(大連), 산동지역(山東地域) 등지(等地)에서 '한국상품교역시장(韓國商品交易市場)'이라는 형태(形態)로 자리를 잡고 있다.

중국 각 지역(中國各地域)에 들어선 많은 '한국상품교역시장(韓國商品交易市場)' 가운데 단일규모(單一規模)로는 세계최대(世界最大)를 자랑하는 북경시 해전구 사계청(北京市海澱區四季靑)의 '한국상품도·소매센터[(韓國商品北京都小賣中心: 일명   코리아타운(Korea Town)]'를 예로 들어 한국상품(韓國商品)의 중국진출전략(中國進出戰略)과 조선족사회(朝鮮族社會)의 상업발전방향(商業發展方向)을 분석(分析)해 보자.

'코리아타운(Korea Town)'은 한국(韓國)의 중·소사업가(中小事業家), 자영업자(自營業者) 등 중국 진출(中國進出)을 희망(希望)하는 사람들의 중국 진입(中國進入)을 촉진(促進)하면서 중국 각지(中國各地)로의 유통망(流通網)을 확대(擴大)하는 데 목적(目的)을 두고 설립(設立)된 유통점(流通店)이다. 단기적 교역(短期的交易)이라기보다는 비교적(比較的)으로 장기적(長期的)인 투자관점(投資觀點)

에서 출발(出發)한 마케팅전략(marketing戰略)이라고 할 수 있다.

이러한 상품시장(商品市場)은 과거(過去) 보따리와 물밑장사 등 불법경로(不法經路)를 통해 이루어졌던 대중국무역(對中國貿易)의 피해(被害)와 불이익(不利益)을 합법적(合法的)인 무역경로(貿易經路)로 유도(誘導)함으로써 한·중 양국 간(韓中兩國間)의 경제교류(經濟交流)에 전환점(轉換點)이 될 것으로 기대(期待)를 한다.

이런 형식(形式)의 무역(貿易)과 판매전략(販賣戰略)이 필요(必要)한 이유(理由)는 교역센터(交易中心)가 모두 중국정부(中國政府)의 허가(許可)를 받고 합법적(合法的)인 경로(經路)를 통해 상행위(商行爲)가 이루어지기 때문에 사기(詐欺)와 중국법률 몰이해(中國法律沒理解)로 인한 불이익(不利益)의 최소화(最小化)가 가능(可能)하다. 게다가 전문교육(專門敎育)을 받은 믿음직한 조선족 동포(朝鮮族同胞)들에 의해 한국상품(韓國商品)이 전국(全國)에 유통(流通)되기 때문에 영어(英語)가 잘 통하지 않는 중국(中國)에서 의사소통(意思疏通)의 불편(不便)없이 비즈니스에 몰두(沒頭)할 수가 있다.

특히 한국상품(韓國商品)의 전국유통망(全國流通網)이 형성(形成)되면서 한국상인(韓國商人)의 이익(利益)뿐만 아니라 전국(全國)에 거주(居住)하는 중국 조선족(中國朝鮮族)의 상업(商業) 역시 연쇄작용(連鎖作用)을 일으켜, 조선족(朝鮮族)들의 생활안정(生活安定)과 한민족(韓民族)이라는 동질성(同質性)을 회복(回復)하는 데 크게 도움이 될 것이다.

이러한 발전(發展)은 차후(此後) 조선족(朝鮮族)들의 중국(中國)

내 경제활동(經濟活動)에도 많은 자신감(自信感)을 심어주어 21세기(世紀)를 대비(對備)하는 밑거름이 되지 않을까 하는 생각을 가져본다.

> *북경 한국상품 도·소매센터(일명 코리아타운,
> 북경 용악경제무역유한책임공사)
> 북경전화: 8610-6844-2581~3

4) 과학(科學) 및 교육(敎育)

중국(中國) 내 조선족(朝鮮族)들의 과학기술(科學技術)은 개혁개방(改革開放)의 가속화(加速化)와 더불어 '과학기술(科學技術)은 최고(最高)의 생상력(生産力)이다'라는 기치(旗幟) 아래 많은 성과(成果)를 거두었다.

조선족(朝鮮族)들의 과학기술현황(科學技術現況)을 살펴보면, 1990~1994년까지 중국 연변조선족자치주(中國延邊朝鮮族自治州)에서 이룬 과학기술성과(科學技術成果)가 296개를 기록(記錄)하였다. 그중에서 국제적 수준(國際的水準)에 이르는 성과(成果)가 15개, 중국(中國)에서 첨단기술(尖端技術)로 인정(認定)받은 것만 해도 189가지로 집계(集計)되었다. 특히 이런 성과(成果)들의 70% 이상(以上)이 이미 생산(生産)에 응용(應用)되어 중국(中國)의 경제발전(經濟發展)에 기여(寄與)하고 있다.

최근 집계(最近集計)된 중국 연변조선족과학기술인력(中國延邊朝鮮族科學技術人力)은 약 7~8만 명에 이른다. 그 가운데 최고기술인력(最高級人力)이 8,000명에 달한다. 이들 과학기술인력(科學技術人

力)은 현재 중국(中國) 일반대학(一般大學), 전문학교(專門學校), 과학연구센터(科學研究中心), 농·임업연구센터(農林業研究中心), 의료위생(醫療衛生), 공업(工業)·광업(鑛業), 국방과학(國防科學) 등의 다양(多樣)한 영역(領域)에서 두각(頭角)을 나타내고 있는 중이다.

구체적(具體的)인 예로 '시스템과학 연구분야'의 일인자인 한경청 교수(중국과학원계통과학연구소), '모호군자론'을 내놓은 '고분자연구'의 일인자인 김일광 교수(북경화학공업대학), '로케트발사기술'의 권위자인 이상영 교수(상해), 바이러스 전문가인 방량 교수(서안의과대학), '자동화원거리조종기술'로 유명한 계덕수 연구원(북경 원자에너지연구소),

그리고 각각 '수학이론과 계산방법'의 전문가인 최명근 교수(하얼삔공업대학)와 박치순 교수(중국과학원 심양계산기술연구소), '자기학연구학자'인 김한민 교수(길림대학), '광학결정체 자료연구'의 최봉주 교수(중국과학원 장춘광학정밀기계연구소), '벼재배 기술전문가'인 최죽송 특별초빙연구원(연변, 사망), '비뇨기계통' 연구에 이름난 노기순 교수(연변의학원, 사망) 등이 조선족사회(朝鮮族社會)의 과학기술(科學技術)을 선도(先導)하는 인물(人物)들이다.

중국(中國) 내 조선족(朝鮮族)들의 과학기여도(科學寄與度)를 느낄 수 있는 것이 바로, 중국 최초(中國最初)의 '국가급단일소수민족과학기술사업협회(國家級單一少數民族科學技術事業協會)'가 1989년에 발족(發足)되어 1994년에 중국정부(中國政府)의 인가(認可)를 받았다. '조선족과학기술사업협회(朝鮮族科學技術事業協會)'는 이미 한국, 북한, 미국, 캐나다, 영국, 프랑스, 일본 등 많은 국가(國家)와 교류관계(交流關係)를 맺고 정기적(定期的)인 국제학술회의(國際學術會議)를 개최(開催)하고 있다.

1991년 중국 연길(中國延吉)에서 개최(開催)되었던 회의(會議)에서 해외학자(海外學者) 200명을 포함(包含)해 총 409명의 과학자(科學者)들이 참가(參加)하여 수학(數學), 물리(物理), 화학(化學), 의학(醫學), 지질학(地質學), 환경(環境), 원시림(原始林) 등에 관한 토론(討論)을 가졌다.

이런 과학기술발전(科學技術發展)에 힘입어 최근 조선족 사회(最近朝鮮族社會)에서는 '(가칭)북경서울대학설립(北京首尔大学设立)'이 추진(推進)되고 있다.

이 대학(大學)의 설립(設立) 목적(目的)은 다음과 같다.

첫 번째, 민족교육(民族敎育)의 실현(實現)과 전문적(專門的)인 기술교육(技術敎育)으로 능력(能力) 있는 민족구성원양성(民族構成員養成)

두 번째, 중국 조선족(中國朝鮮族)의 생활수준 향상(生活水準向上)

세 번째, 한민족(韓民族)에 대한 이미지 제고(提高)

네 번째, 폭넓은 문화교류(文化交流)의 장소확보(場所確保)

다섯 번째, 인류애(人類愛)를 지닌 다국적 인재육성(多國籍人材育成)

여섯 번째, 인류공동 발전(人類共同發展)을 위한 교육과정 개발(敎育課程開設)

일곱 번째, 지구촌 환경보존(地球村環境保存)을 위한 인성교육(人性敎育) 등을 구현(具現)한다는 원대(遠大)한 꿈과 희망(希望)이 담겨 있다. 이에 국내외(國內外) 많은 독지가(篤志家)분들의 관심(關心)과 참여(參與)가 절실(切實)하다. 바로 제2의 3.1운동(運動)을 하는 마음이 아니고서는 결코 이룰 수 없는 우리 민족사(民族史)의 중차대(重且大)한 문제(課題)이다.

북경한국어학교 교가

황요우푸(黃有福) 작사·작곡

백두의 정기 이어 우리는 슬기론 한겨레
선대의 영광 받들어 민족의 문화를 꽃피워 가자
우리 자랑 떨치자, 북경한국어학교
자랑스런 우리 학교 빛내어 가자

비슷한 취지(趣旨)로 시작(始作)된 북경한국어학교(北京韓國語學校: 주말학교)는 조선족 민족교육가(朝鮮族民族教育家) 황요우푸 교수(黃有福教授)의 노력(努力)으로 1989년 4월에 개교(開校)하였으나, 지금까지 재정상태 부족(財政狀態不足)으로 북경(北京)을 비롯하여 하북성(河北省), 산동성(山東省), 요령성(遼寧省), 길림성(吉林省), 내몽고(內蒙古), 흑룡강성(黑龍江省) 등지(等地)에서 셋방살이식 운영(運營)을 하는 등 열악(劣惡)함을 면치 못하고 있다.

북경한국어학교 교장
쭝양민주대학(中央民族大學) 한국문화연구소 소장
전 하버드대학 교수
황요우푸(黃有福) 교수 연락처(연구소)☎: 8610-6893-2193

6. 21세기 중국 조선족(中國朝鮮族)의 발전 방향

현재(現在) 중국 조선족(中國朝鮮族)들이 직면(直面)하고 있는 문제(問題)는 오늘날 우리 모두가 책임감(責任感)을 갖고 준비(準備)하지 않으면 결코 해결(解決)할 수 없는 것이다.

우리 민족(民族)이 광복(光復)을 맞기 이전(以前)까지 중국대륙(中國大陸)에 거주(居住)하던 조선족(朝鮮族)들은 우리와 다를 바 없는 동질성(同質性)을 가지고 있었다. 즉, 체제(體制)가 다른 타국(他國)에서 자신(自身)들의 권리(權利)와 존재(存在)를 인정(認定)받기 위한 노력(努力)의 대가(代價)로 우리와는 이질화(異質化)된 의식구조(意識構造)와 역사인식방법(歷史認識方法)을 습득(習得)하고 오늘에 이르렀다.

아울러 ① 경제발달(經濟發達)로 인해 야기(惹起)된 농촌인구(農村人口)의 유출(流出) ② 그에 따른 교육시설(教育施設)의 현격(懸隔)한 감소(減少)와 조선족학생(朝鮮族學生)들의 한족학교 입학(漢族學校入學)으로 인한 고유문화(固有文化)의 위기감(危機感) ③ 여성(女性)들의 해외유출(海外流出)로 야기(惹起)된 농촌(農村) 총각들의 결혼문제(婚姻問題) ④ 지속적(持續的)인 인구감소(人口減少) ⑤ 해외근로 성행(海外勤勞盛行)으로 인한 조선족 내부(朝鮮族內

部)의 소득격차(所得隔差) ⑥ 조선족농민(朝鮮族農民)들의 근로의
욕 감퇴(勤勞意欲減退) 등이 복합적(複合的)으로 작용(作用)하여
내부적(內部的)인 갈등(葛藤)은 물론 우리와의 정신적·문화적 거리
감(精神的文化的距離感)은 갈수록 심화(深化)되고 있다.

그렇다면 21세기(世紀)가 코앞에 와 있는 지금, 중국 조선족 사회
(中國朝鮮族社會)의 문제점(問題點)들을 어떻게 해결(解決)해야 할
지 고민(苦悶)되지 않을 수 없다.

이에 저명(著名)한 중국 조선족 학자(中國朝鮮族學者)의 문제해
결방안(問題解決方案)을 여기에 소개(紹介)하고자 한다.

첫째, 조선족지역(朝鮮族地域)의 경제기반(經濟基盤)을 단단히
구축(構築)해야 한다.

둘째, 민족의식(國民意識)과 민족정신(民族精神)을 명확(明確)히
확립(確立)하는 것이 중요(重要)하다.

셋째, 민족교육시스템(民族敎育體制)을 합리적(合理的)으로 조
정(調整)해야 한다.

넷째, 인구문제(人口問題)의 심각성(深刻性)을 가져야 한다.

다섯째, 민족구성원(民族構成員)들의 준법정신(遵法精神)과 도
덕수준(道德水準)을 키워야 한다.

여섯째, 민족발전(民族發展)을 이끌 수 있는 단체(團體) 또는 모임
이 필요(必要)하다.

일곱째, 개혁개방의식(改革開放意識)을 강화(强化)해야 한다.

위의 여러 과제(課題)들은 '조선족사회(朝鮮族社會)에 대한 민족·기술교육확대(民族技術教育擴大)를 통한 발전추진(發展推進)'이라는 것으로 압축(壓縮)된다.

앞에서 소개(紹介)한 '북경한국어학교(北京韓國語學校)'의 교장(校長)이신 황요유푸 교수(黃有福教授)는 "56개 민족(民族)이 어울려 살고 있는 12억의 중국(中國)에서 농촌형경제(農村型經濟)를 유지(維持)하며 살아오던 200만 명의 조선족(朝鮮族)들이 민족(民族)의 울타리를 벗어나 분산(分散)되어 살면서 민족문화 교육(民族文化教育)마저 제대로 실시(實施)되지 못한다면, 조선족(朝鮮族)의 운명(運命)은 한낱 바다 속에 뿌려진 모래알과 같은 신세(身世)가 될 것이다"라는 말로 교육사업(教育事業)의 중요성(重要性)을 일갈(一喝)하였다.

세계(世界)의 역사(歷史)가 증명(證明)해 주고 있듯이 준비(準備)하지 않은 사람에겐 기회(機會)가 주어지지 않는다. 우리의 오랜 숙원사업(宿願事業)들이 결실(結實)을 맺게 될 시기(時期)가 시시각각(時時刻刻) 다가오는 현실(現實)에서 우리는 마땅히 오랜 친구(親舊)를 맞는 즐거운 마음으로 조선족사회(朝鮮族社會)를 바라보고 도움을 주어야 할 것이다.

하지만 우리의 현재(現在) 모습은 어떠한가? 겨레의 생명줄을 움켜진 이들이 책임감(責任感)과 자책감(自責感)을 느끼지 못하는 '무감각시대(無感覺時代)', 눈은 뜨고 있으되 개인(個人)의 안녕(安寧)만을 생각하며 하루하루를 졸리는 눈으로 살아가는 '외톨박이시대'를 살고 있지는 않은가?

이런 표현(表現)들이 개인적(個人的)인 편견(偏見)에서 나온 극단적(極端的)인 표현(表現)이 될 수도 있겠지만, 우리는 여전(如前)히 미래(未來)를 준비(準備)하는 올바른 마음가짐을 가지고 있지 못한 것이 사실(事實)이다.

만약 어느 외국인(外國人)이 여러분을 잡고 '한국(韓國)의 통일문제(統一問題)'를 비롯하여 '21세기 동아시아시대 한국(韓國)의 역할(役割)'을 물어온다면 비록 개인적(個人的)인 사견(私見)일지라도 자신(自身)의 의견(意見)을 피력(披瀝)할 수 있는 사람이 얼마나 될 것인가? 이러한 대민족적(大民族的)인 사색(思索)을 하는 사람이 그리 많지 않음을 우리는 스스로 잘 알고 있다.

하지만, 이런 사색(思索)이 결코 특정화(特定化)된 몇몇 사람만의 전유물(專有物)은 아니며, 보편적(普遍的)이고 합당(合當)한 민족대화합(民族大和合)의 차원(次元)에서 우리 모두가 고민(苦悶)해야 하는 사안(事案)이다. 민족대화합(民族大和合)은 본토(本土)의 반쪽에 몸 담고 있는 우리가 주역(主役)이 되어야 한다. 주인(主人)이 주인(主人) 노릇을 제대로 못 하고 주객(主客)이 전도(顚倒)되는 사태(事態)가 발생(發生)한다면, 결코 민족(民族)의 미래(未來)에 이롭지 않다.

결론적(結論的)으로 중국 조선족(中國朝鮮族)의 21세기(世紀)는 국적(國籍)을 떠나 모국(母國)의 번영(繁榮)과 교류증진(交流增進)의 확대(擴大)를 추진(推進)하는 기반(基盤) 위에서 살기 좋은 조선족사회(朝鮮族社會)를 건설(建設)하고, 조선족내부(朝鮮族內部)의 분열위기(分裂危機)를 해소(解消)하는 한편, 남북통일(南北統一)의 대화합(大和合)에 중간자적(中間者的)인 역할(役割)을 수행(遂行)하는 입장(立場)에서 함께 노력(努力)해야 하는 시대적(時代的) 사명(使命)을 안고 있다.

세계민족(世界民族)을
선도하는 한민족(韓民族)

1. 해외(海外)에서 바라본 한국(韓國)의 인상(印象)과 잠재력(潛在力)

　필자(筆者)가 사업차(事業次) 중국(中國)에 첫발을 내디뎠던 것이 3년 전이다. 불과(不過) 3년이란 시간(時間)이 흘렀지만 그 당시(當時)의 중국(中國)과 오늘날의 중국(中國) 사이에는 한마디로 설명(說明)하기 어려울 만큼 커다란 변화(變化)가 있었다.

　그 사이 한국(韓國)을 상징(象徵)하는 흔적(痕迹)들도 3년이라는 세월(歲月)만큼 많이 늘어 북경공항(北京空港)에서 시내(市內)로 들어가는 길가에 즐비(櫛比)하게 늘어선 우방(友邦), 아시아나항공, 대한항공(大韓航空), 삼성(三星), 현대(現代), 대우(大宇), LG, 선경그룹 등의 대형광고판(大型廣告板)은 처음 중국(中國)을 찾은 한국인(韓國人)에게 반가움을 주기까지 하였다.

　중국(中國)에서 보낸 시간(時間)은 필자(筆者)에게 한국(韓國)을 '밖에서 안을 들여다볼 수' 있는 눈을 주었고, 때로는 한국인(韓國人)임을 자랑스러워하며 때로는 부끄러워하며, 늦은 '감정(感情)의 사춘기(思春期)'를 보냈다.

　한국(韓國)이 비전 있는 국가(國家)로 인정(認定)받고 있음을 느낄 때면 내가 한국인(韓國人)이라는 사실(事實)이 자랑스러웠고, 중국 (中國)에 온 일부 한국인(一部韓國人)들의 추(醜)한 행동(行動)과 나라 망신(亡身)시키는 언행(言行)이 중국인(中國人)을 비롯한 외국 인(外國人)들에게 비난받을 때면, 얼굴을 못 들 만큼 부끄러워지기도 하였다.

언제부턴가 문득 외국(外國)에서 느끼는 자긍심(自矜心)과 부끄러움의 차이(差異)가 '국가관(國家觀)이요 민족관(民族觀)'에서 기인 (起因)한다는 새롭지 않은 사실(事實)을 깨닫게 되었다. 가만히 생각 해 보면 우리 주위(周圍)에는 많은 위인(偉人)들이 있고, 그들의 공통(共通)된 특징(特徵)은 사욕(私慾)을 추구(追求)하기보다 인류 전체 이익(人類全體利益)을 위해 노력(努力)하는 사람들이다.

예를 들어 '슈퍼옥수수'를 개발(開發)하여 노벨상 후보(候補)에 여러 번 올랐던 경북대학교 김순권 교수(慶北大學校金順權敎授: 국제옥수 수재단 이사장)가 혼자 먹기 위해 '슈퍼옥수수'를 만들었을 리는 만무 (萬無)하고, 돈을 벌기 위해 남들이 하찮게 여기는 옥수수와 오랜 세월(歲月) 씨름하지는 않았을 것이다.

인류(人類)의 위대한(偉大)한 발명(發明)과 업적(業績) 뒤에는 항상 (恒常) 국가(國家)와 민족(民族), 세계(世界)를 위하는 '큰 생각'이 있었고 역사(歷史)는 이들을 '위인(偉人)'이라는 이름으로 칭송(稱頌) 하고 있다. 마찬가지로 우리의 사소(些少)한 마음가짐이 국가(國家)의 체면(體面)에 '먹칠'을 할 수도 있고 '금칠'을 할 수도 있다. 그나마 다행(多幸)인 것은 극히 일부 한국인(一部韓國人)이 먹칠한 우리의 얼굴을 '큰생각'을 가진 많은 한국인(韓國人)들이 깨끗하게 닦아주고 있다는 사실(事實)이다.

우리의 생활(生活) 중에는 개인(個人)과 국가(國家)의 이익(利益)이 상충(相沖)하는 경우가 많은데 이때야말로 우리들을 긴장(緊張)시키는 순간(瞬間)이 아닐 수 없다. 만약 순간적(瞬間的)인 선택(選擇)에 의해 개인(個人)이 앞서고 큰 생각이 뒷선다면, 그 순간(瞬間) 주위(周圍)의 한국인(韓國人)들은 한국인(韓國人)임을 부끄럽게 생각할 것이며, 반대(反對)의 경우라면 뿌듯한 자랑스러움으로 느끼게 될 것이다.

영국(英國)의 미래학자(未來學者)이자 역사학자(歷史學者)인 토인비(Arnold Joseph Toynbee)의 '도전(挑戰)과 응전(應戰)'이라는 말을 국가(國家)라는 관점(觀點)에서 보면, 한 나라가 새로운 미래(未來)를 개척(開拓)하기 위해선 도전(挑戰)하는 국민(國民)이 필요(必要)하고, 그 도전(挑戰)이 좋은 결과(結果)를 얻으려면 도전(挑戰)에 임하는 모든 국민(國民)의 마음가짐이 개인(個人)을 떠나 공통된(共通)된 목표(目標)를 향해야 한다는 해석(解釋)이 가능(可能)하다.

이런 점에서 우리는 단일민족(單一民族)이라는 것 외에도 김치, 된장국, 충(忠), 효(孝) 등의 문화적 공통분모(文化的共通分母)가 세계(世界) 어느 나라보다 명확(明確)하고 다양(多樣)해 21세기(世紀)를 향(向)한 '새로운 응전(應戰)'에 있어 유리(有利)한 입장(立場)에 서있다.

21세기(世紀)의 '도전(挑戰)과 응전(應戰)'이 결실(結實)을 맺는 날, 부산(釜山)에서 서울을 거쳐 평양(平壤)과 신의주(新義州)까지 모든 부품(部品)에 태극마크가 찍힌 '고속열차(高速列車)'로 여행(旅

行)을 하고, 산길에서도 강한 힘을 내는 '우리 자동차(自動車)'로 백두산(白頭山)을 넘어 만주(滿洲)의 정다운 조선족(朝鮮族) 형제집에서 온전(穩全)한 우리 먹거리로 식사(食事)를 마치고, '태양열자동항속자동차(太陽熱自動航續自動車)'로 북경(北京)까지 달려 세계화(世界化)된 김치와 김밥을 손에 들고 만리장성(萬里長城)을 구경하고, 세계최고(世界最高)의 안전성(安全性)을 자랑하는 '국산여객버스(國産旅客BUS)'에 올라 상해임시정부(上海臨時政府)와 홍코우공원(虹口公園)에서 독립열사(獨立烈士)에게 묵념(默念)하고, 그날 밤 홍콩(香港)의 온돌식 한국호텔에서 국산칩이 내장된 '노트북'에 그날의 여행일기(旅行日記)를 자세(仔細)히 기록(記錄)하면서 한민족(韓民族)의 미래상(未來像)을 그려볼 수 있을지도 모른다.

2. 강력(强力)한 조국(祖國)과
한민족(韓民族)으로 거듭나길 기대하며…

도교(道教)의 기록(記錄)에 보면, 태고적(太古的) 하늘의 기운(氣運)이 우리 한민족(韓民族)에 뻗쳐, 인류문명(人類文明)의 시조(始祖)로 세상(世上)을 구원(救援)하려는 뜻을 세우고, 문명(文明)을 사방(四方)으로 전파(傳播)하였다는 말이 있다.

이런 표현(表現)이 비록 종교(宗教)를 바탕으로 한 초자연적(超自然的)이며 근거(根據) 없는 주장(主張)이라고 치부(置薄)할 수도 있겠지만, 우리 민족(民族)의 긍정적(肯定的)인 미래상(未來像)을 그리고 있는 아야기를 억지로 부정(否定)하고 싶지는 않다.

설사(設使) 한민족(韓民族)이 세계문명(世界文明)의 시조(始祖)가 아닐지라도 다가오는 21세기(世紀)에 우리 민족(民族)이 세계(世界)를 선도(先導)하는 위치(位置)에 서게 될 가능성(可能性)이 커져 감을 직감(直感)할 수 있다. 서양문화(西洋文化)의 퇴색(退色)과 동양문화(東洋文化)의 부활(復活)은 물론(勿論) 한국(韓國)과 중국(中國), 일본(日本)을 중심(中心)으로 한 동북아시아의 세계적 역할(世界的役割)이 중요시(重要視)해지고 있는 현실(現實)에서 21세기(世紀)에 대한 더욱 큰 희망(希望)을 품게 된다.

이제 우리는 현재(現在) 겪고 있는 IMF의 어려움을 슬기롭게 극복(克復)해 뿌리 깊은 경제기반(經濟基盤)을 다지고 민족(民族)의 숙원사업(宿願事業)인 남북통일(南北統一)을 위한 실제적(實際的)인 노력(努力)을 기울여야 할 것이다.

아울러 무엇보다 중요(重要)한 것은 쓰라린 민족역사(民族歷史)로 인해 세계각지(世界各地)에 흩어진 민족구성원(民族構成員)의 정신적(精神的) 통합(統合)을 꾀하는 것이다. 더불어 세계적(世界的)으로 보기 드문 귀중(貴重)한 정신문화(精神文化)를 기반(基盤)으로 물질(物質)보다 인간(人間)이 최고(最高)의 가치(價値)로 인정(認定)되는 사회(社會)를 만들어야 21세기(世紀)에서 세계(世界)의 선두(先頭)에 설 수 있다.

흔히들 IMF의 원인(原因)을 경제구조(經濟構造)의 불합리성(不合理性)에 많은 비중(比重)을 두고 있지만, 세계적(世界的)인 생존경쟁(生存競爭)에서 우리가 패배(敗北)하였다는 것이 근본(根本)이라고 말할 수도 있을 것이다. 불행 중 다행(不幸中多幸)으로 우리는 경제(經濟)의 재도약(再跳躍)을 위한 중국(中國)과 같은 큰 시장(市場)과 세계(世界)의 유수(有數)한 민족(民族)을 압도(壓倒)하는 우수(優秀)한 인재(人才)들이 즐비(櫛比)해 어려움을 이기고 도약(跳躍)할 수 있는 잠재력(潛在力)과 조건(條件)을 갖추었다.

이처럼 지금까지 알아본 중국(中國)에 대한 전반적 이해(全般的理解)와 우리가 지니고 있는 경제적 잠재력(經濟的潛在力)을 접목(接木)시킨다면, 우리가 세계적(世界的)인 나라로 거듭나는 길은 결코 사상누각(沙上樓閣)이 아니다.

우리는 중국(中國)을 경쟁국(競爭國)으로만 인식(認識)해서는 안 된다. 왜냐하면 우리 혼자만의 힘으로 동양문화(東洋文化)를 부활

(復活)시키고 동북아경제권(東北亞經濟圈)의 도약(跳躍)을 이루기에는 힘들다. 유구(悠久)한 역사(歷史)와 전통(傳統)을 가진 한민족(韓民族)과 중국(中國)이 어깨를 나란히 하고 공동노력(共同努力)을 기울일 때 우리가 21세기(世紀)의 주인공(主人公)으로 당당(堂堂)히 자리할 수 있을 것이다.

결국(結局) 우리가 취해야 할 방향(方向)은 중국(中國)과 비교우위(比較優位)에 있는 발전항목(發展項目)을 전문적(專門的)으로 개발·육성(開發育成)하고, 일본(日本)이 김치를 상품화(商品化)하여 세계시장(世界市場)을 공략(攻略)한 것처럼, 잠재력(潛在力) 있는 중국문화(中國文化)를 발전적(發展的)으로 흡수(吸收)해, 경쟁력(競爭力) 있는 산업(産業)으로 탈바꿈시키는 지혜(智慧)도 필요(必要)하다.

일례(一例)로, 단일민족((單一民族)으로 이루어진 우리와는 달리 56개 민족(民族)의 다양(多樣)한 문화(文化)로 구성(構成)된 중국(中國)의 음식문화(飮食文化)를 이용(利用)하여 바쁜 생활(生活)에 쫓기는 현대인(現代人)들이 간편(簡便)하게 먹을 수 있는 패스트푸드를 개발(開發)할 수도 있을 것이다. 또한 중국(中國)의 약재(藥材)를 우리의 한약재(韓藥材)와 비교(比較)하여 효능(效能)과 생산량(生産量) 등에 우위(優位)를 보이는 중국약재(中國藥材)를 한의학(韓醫學)의 발전(發展)에 활용(活用)함으로써 현대(現代)의 불치병(不治病)을 치료(治療)하는 약품(藥品)을 만들 수도 있다.

필자(筆者)는 중국(中國)에서의 생활(生活)이 연도(年度)가 거듭될수록 그들에게서 부러운 것들을 하나씩 발견(發見)하게 된다.

물론(勿論) 광대(廣大)한 영토(領土)와 풍부(豐富)한 자연자원(自然資源)도 부럽지만, 무엇보다도 중국(中國)에겐 중화의식(中華意識)을 가지고 살아가는 화교(華僑)들이 있다는 점이다.

중국(中國)은 동남아시아 각국(各國)에 거주(居住)하는 화교(華僑)들에 대해 적극적(積極的)인 보호정책(保護政策)을 펴고 있다. 이에 화교(華僑)들은 더욱 자부심(自負心)을 가지게 되고, 모국(母國)에 대한 경제적(經濟的)인 뒷바라지와 민간외교 역할(民間外交役割)을 훌륭히 수행(遂行)한다. 그렇다고 우리 해외동포(海外同胞)들이 딴전만 피우는 것은 결코 아니다. 단지 역사(但只歷史)에 대한 정리(整理)가 안 돼 상대적 소외감(相對的疏外感)을 느끼고 있을 뿐이다.

우리 민족(民族)이 세계(世界)를 선도(先導)하기 위해선, 무엇보다도 민족(民族)에 대한 자긍심(自矜心)이 바탕이 된, 내부적(內部的)인 일체감 형성(一體感形成)이 필요(必要)하다. 세계 각국(世界各國)에 흩어져 있는 모든 동포(同胞)들이 연대(連帶)하여 조국통일(祖國統一)에 노력(努力)을 기울이고, 한국정부(韓國政府)는 동포(同胞)들에 대해 보다 적극적(積極的)인 관심(關心)을 쏟아, 한민족(韓民族)이라는 울타리 속에서 소외감(疏外感)을 느끼지 않도록 해야 한다. 이는 민족(民族)의 생존권확대(生存權擴大)와도 관련(關聯)된 것으로, 해외동포(海外同胞)를 모국(母國)과 분리(分離)시켜 바라보는 외교정책(外交政策)은 지양(止揚)되어야 한다.

경제적 안정(經濟的安定)과 강력(强力)한 국방력(國防力), 남북통일(南北統一), 한민족공동체형성(韓民族共同體形成)이 이루어진 다음에야 우리는 세계평화(世界平和)를 위한 중심세력(中心勢力)으로 발돋움할 수 있을 것이다. 이래야만 명실상부(名實相符)한 세계(世界)의 선도국(先導國)이 될 수 있다.

이 같은 시대적 필요성(時代的必要性)을 가지고 강(强)한 조국(祖國)으로의 탈바꿈을 꿈꾸기 위해 우리가 소홀(疏忽)히 할 수 없는 것이, 새롭게 형성(形成)되는 동북아(東北亞)의 정치세력 판도(政治勢力版圖)에서 미국(美國)과 일본(日本), 중국(中國), 러시아에 둘러싸인 우리의 외교전략(外交戰略)이다.

지난 정권(政權)의 '등거리외교(等距離外交)'나 '균형외교(均衡外交)'처럼 수동적 외교자세(受動的外交姿勢)를 버리고, 현재 진행 중(現在進行中)인 대국(大國)들의 관계정립(關係再定立)을 잘 이용(利用)하는 능동적 외교정책(能動的外交政策)이 절실(切實)하다.

무엇보다도 지금의 단기적(短期的)인 경제 곤란(經濟困難)을 이유(理由)로 돈 많은 강대국(强大國)의 이익(利益)을 변호(辯護)하거나 우리 민족(民族)의 미래(未來)가 달린 통일문제(統一問題)를 강대국 손익계산서(强大國損益計算書)의 일개 항목(一個項目)으로 계상(計上)하는 어처구니없는 실수(失手)는 피(避)해야 한다. 이처럼 민족(民族)의 미래(未來)를 최고(最高)의 가치(價值)로 둔 외교정책(外交政策)이 취(取)해질 때 한반도(韓半島)의 통일문제(統一問題)를 스스로 풀어갈 수 있다.

외교(外交) 못지않게 중요(重要)한 것이 민족 내부(民族內部)의 통일 개념정립(統一槪念定立)이다. 그런 의미(意味)에서 중국(中國)

에서 추진(推進) 중인 '1국가 2체제(1國家2體制)'는 좋은 성공사례(成功事例)이다. 자본주의(資本主義)와 사회주의(社會主義)의 만남을 의미(意味)하였던 홍콩반환문제(香港返還問題)가 우리에게 시사(時事)하는 바는 무척 크다.

우리도 역시 시대적 화해 분위기(時代的和解雰圍氣) 속에서 어떠한 방법(方法)과 절차(節次)가 민족(民族)의 통일(統一)과 이익(利益)에 부합(附合)하는지 전 국민(全國民)과 해외동포(海外同胞)의 슬기로운 지혜(智慧)를 모아야 한다.

얼마 전 현대그룹 정주영(鄭周永) 명예회장(名譽會長)의 '소몰이 대북한외교(對北韓外交)'가 장안의 화제(話題)가 되었다. 같은 시기에 들려온 금강산 관광 소식(金剛山觀光消息)은 민족(民族)을 갈라 놓고 있던 상호간(相互間)의 불신(不信)이 점차(漸次) 해소(解消)됨을 느끼게 하였다. 이제는 한민족(韓民族)의 백년대계(百年大計)와 영광(榮光)된 축복(祝福)을 위해서라도 남북(南北)과 해외동포(海外同胞)가 서로를 포용(包容)하는 자세(姿勢)를 가져야 할 것이다.

마지막으로 한반도 주변 상황(韓半島周邊狀況)과 세계정세(世界情勢)가 강력(強力)하고 튼튼한 자주국방(自主國防)의 필요성(必要性)을 대두(擡頭)시키고 있다. 이 같은 국방력 제고(國防力提高)는 힘없는 민족(民族)이 결코 글로벌(global)한 정치력(政治力)과 경제력(經濟力)을 가질 수 없다는 역사적 사실(歷史的事實)에서도 증명(證明)된다. 국방력(國防力)을 도외시(度外視)한 상태(狀態)에서 불완전(不完全)한 세계평화 분위기(世界平和雰圍氣)만을 의지(依持)하는 것은 어리석은 짓이다.

1998년 6월, 태고종 충담 스님(太古宗沖湛和尙)께서 민족(民族)의 미래(未來)를 일념(一念)으로 신라시대(新羅時代) 이후 처음인 소신공양(燒身供養)을 하였다. 몸에 기름종이를 두르고 불이 활활 타는 장작 속에 자신(自身)을 던져서까지 민족(民族)의 번영(繁榮)을 생각하는 마음은 종교적(宗敎的)인 울타리를 뛰어넘어 우리 가슴에 새로운 깨달음과 희망(希望)으로 되살아난다.

어찌 우리 민족(民族)의 미래(未來)가 밝지 않을 수 있겠는가!

중국의 민족(民族)과
행정구역(行政區域)

중국의 민족

민족	인구	종교	의식주	관혼상제	경축일	분포, 생활, 주거, 금기
한족 (漢族)	12억 2천84만 4,520명	기본 전통관념은 하늘의 뜻을 따르고 조상을 숭배하며 인연을 중시한다. 주요 종교는 불교, 도교, 무교 등 다양하다.		과거 토장(土葬)을 주로 하는 장례문화가 있었으나 근래 들어서는 대부분 화장(火葬)을 한다.	우리와 거의 비슷한데 특히 음력설과 중추 가위일인 중양절(10월 1일)을 가장 크게 지낸다.	유교의 영향으로 웃어른을 공경하고 아랫사람을 존중하는 것을 전통미덕으로 여긴다.
만주족 (滿洲族)	1천38만 7,958명	샤머니즘을 숭배하는데 그중 천신(天神)을 가장 높은 위치를 차지한다.	전통음식으로는 '싸치마(沙琪瑪)'가 있다. 개고기를 먹지 않는데, 옛날 중국대륙에 군림했던 누르하치가 위험에 처해 있을 때 개가 몸에 진흙물을 적셔 구했다는 일화 때문이다.	토장을 주로 하며 서쪽이나 북쪽으로 죽은 사람을 묻지 않는다.		서쪽을 중시 여기기 때문에 실내에서는 서쪽에 임의대로 앉을 수 없다. 물건도 서쪽으로 는 함부로 쌓아둘 수 없다. 개를 소중히 여기며 개를 때리거나 죽이거나 또는 짓도 금기다. 물론 개 가죽으로 만든 물건을 쓰도 안 된다. 가옥은 일반적으로 2간짜리 문제가 있고 문은 남쪽을 향해 열려 있다. 거실의 3개 침구 가운데 서쪽 제일 높은 자리의 침구가 손님 용, 가족 중 연장자는 북쪽이 제일 큰 자리를.

민족	인구	종교	의식주	관혼상제	경축일	분포, 생활, 주거, 금기
만주족(滿洲族)						야생사람은 남쪽이 제일 작은 자리를 차지한다.
조선족(朝鮮族)	1백83만 9929명	역사상 가장 많은 종교를 가진 기독교와 천주교 외에도 천도교, 청림교 등의 종교를 신봉한다. 불교 역시 영향력이 큰 종교이다.	쌀밥을 주식으로 하는데 탕(국)은 끼니 때 반드시 준비해야 하는 음식이다. 전통음식으로는 떡국, 냉면, 된장국 등이 있다.	결혼식, 장례, 명절 때는 개를 죽여서도 개고기를 먹어서도 안 된다.		주로 길림성 연변 조선족 자치주와 길림성 주변에 거주하며 흑룡강, 요녕, 내몽고 자치구에도 분포한다. 거주지역은 대부분 때라모 원시삼림으로 중국의 주요한 임업 지역이다. 특산물이 담비모피, 인삼, 녹용은 동북지역의 3가지 보배로 여겨진다.
혁철족(赫哲族)	5천3백54만 명	샤머니즘을 숭배하며 만물에 영혼이 있다고 믿느다. 종교의식 집행자인 '박수'는 비범한 사람으로 일컬어지며, 특별한 의복과 장신구로 치장한다. 해방 후 이런 종교관념은 점차 희박해지는 추세이다.	술과 담배를 즐기며 제사, 연회, 손님 접대 등 일상행사가 있을 때마다 술을 마신다. 반면 이들은 차를 싫어한다.			주로 흑룡강성에 분포하며 소수민족 중 가장 수가 적다. 북쪽에서 유일하게 어업을 주요한 생업으로 하며 개가 끄는 썰매를 이용하는 민족이다. 물에 관한 금기가 많다. 물을 욕해도 안 되고, 불 사이를 뛰어다녀도 안 된다. 칼로 그릇을 긁으면 사냥의 행운이 달아난다고 믿는다.
몽고족(蒙古族)	5백98만 1,840명	원래 샤머니즘을 신봉했으나 후에 라마교를 믿게 되었다. 청나라 때		각 지역마다 의식은 다르지만 공통적으로 신랑은 결혼식 때 검과 활	나 담 막(那達慕):(Nadam Fair)은 전통적인 군중집회로 매	거주지역이 대부분 고원이나 분지, 평원, 하류 등지로 목산이 엄이 가장 발달했으며, 때문

민족	인구	종교	의식주	관혼상제	경축일	분포, 생활, 주거, 금기
몽고족(蒙古族)		엄격하고 정비된 라마교 제도가 도입되어 있다. 절반 이상의 남자들이 승려가 되는 바람에 사회 발전에 걸림돌이 되기도 했으며, 해방 후 종교가 유가 하양됨에 따라 교리의 엄격함이 많이 완화되어 있다.		화상을 착용하며, 축사(祝辭) 및 노래를 하는 풍속이 있다.	년 7, 8월에 거행된다. 초원 위에서 풍작을 경축하고 몽자교류와 민간 운동경기가 성대하게 벌어진다.	예 남녀노소를 불문하고 말 타기를 좋아하고 외출할 때도 주로 말을 탄다. 말을 많이 타기 때문에 몽고족들이 사는 천막집(파오) 근처를 지날 때는 조용하고 느리게 몰아야 한다. 방문할 때도 말채찍은 문 바깥에 놓아 두어야 한다. 남의 집을 방문했을 때는 주인이 직접 음식을 담아 올 때까지 기다려야 하며, 차를 따를 줄 때는 반드시 두 손으로 받아야 한다. 화로 위에 발, 신발, 양말, 바지 등을 말려서는 안 되며, 문 앞에 붉은 헝겊이 걸려 있을 때는 집 안에 산모나 환자가 있다는 표시이므로 들어가서는 안 된다.
다워얼족(達斡爾族)	13만 1,992 명	샤머니즘을 숭배하며, 관우(關帝) 숭배의 식이 아직까지 존재하고 있다.	조밥을 주식으로 하며, 특별식으로 '와지'라는 돼지 허벅지 고기를 먹는다. 담배와 술, 차를 즐긴다.	혼인풍습은 배필사위 제가 보편적이며, 신랑은 해돋 때 신부를 맞으러 떠나는데 이는 결혼 후의 가정이 따오르는 태양과 같이 행복하기		함부로 다른 사람의 침대에 가로 누워서는 안 된다는 금기가 있다. 또 말, 채찍과 칼, 화살, 갈, 창 등을 손에 들고 실내에 들어가서는 안 된다거나 길이어

민족	인구	종교	의식주	관혼상제	경축일	분포, 생활, 주거, 금기
다위얼족(達斡爾族)				를 바라는 마음에서 기인한 것이다. 장례 역시 토장을 주로 한다. 과거에는 가족묘지가 있어 항렬순으로 북쪽에서 남쪽으로 매장했다.		등으로 사람을 가리켜도 안 된다. 집 안에 환자가 있을 때는 외부인의 방문이 금지된다.
어원커족(鄂溫克族)	3만 875명	샤머니즘과 라마교, 동방정교를 주로 믿는다. 원시사회에서는 '박수'가 일체의 종교활동을 주관하는 동시에 씨족의 모든 생산활동을 관장한다. 45년 이전까지는 동물숭배와 조상숭배가 중시되었고, 아직도 일부 거주지역에서는 샤나 곰을 숭배하는 토템신앙이 잔존하고 있다.	식생활은 어원커족의 어렵, 수렵 활동과 긴밀한 관계를 맺고 있다. 생선이나 산나물, 고기, 버섯 등이 음식의 기본 재료가 되고 있다.	같은 씨족 사람들 사이의 통혼이 엄격히 금지된다.		'어원커족'이란 '큰 산림 속에 사는 사람들'이라는 뜻이다. 금기사항은 일반적으로 몽고족과 비슷한 것이 많으며, 특히 젖이 떨어지지 않은 어미 가축을 도살하거나 매매할 수 없도록 하는 등 수렵의 원칙이 엄격하다.
어룬춘족(鄂倫春族)	8천6백59명	다신(多神)을 신봉하던 샤머니즘과 자연숭배, 조상숭배, 무속신앙 등이 함께 존재한다.		일반적인 혼인절차는 다른 민족과 별 차이가 없지만 결혼식 당일에 신랑이 신부 측 친척, 친	가장 중요한 명절은 음력설로 섣달 그믐날에 밤에 자지 않고 밤을 새워 새해를 맞이해야	어룬춘이란 '순록을 사용하는 사람들'이라는 뜻과 '산봉우리 위의 사람들'이라는 뜻을 함께 갖고 있다.

민족	인구	종교	의식주	관혼상제	경축일	분포 생활 주거, 금기
어룬춘족(鄂倫春族)				구와 말타기 경주를 해야 하는 독특한 문화가 있다.	일 년 내내 원기가 왕성하고 모든 일이 순조롭게 이뤄진다고 믿는다. 또 이날 밤에는 음식을 배부르게 먹어야 일 년 내내 풍족하게 지낼 수 있다고 믿는다. 이외에도 단오와 추석을 쇤다.	나이 어린 사람들에게는 정칭을 붙이지 않으며, 웃어른의 이름을 불러서는 안 된다. 사냥을 나가기 전 행운을 남에게 알려서는 안 된다는 금기가 있다. 또 산골짜기, 절벽 등에서는 큰 소리로 떠들어서는 안 되며, 누구든지 불더미에 물을 쏟아부어서도 안 된다.
회족(回族)	1천58만6,087명	이슬람교를 믿는다. 교의와 교율에 대한 해석이 달라 많은 교파가 생겨나 회족의 형성과 발전에 많은 영향을 끼쳤다.	이부은 일반적으로 중년 남자는 흰색 작은 모자를 쓰고, 흰색 셔츠를 입으며 검은색 조끼를 걸친다. 여자들은 주로 검은색 또는 흰색과 초록색 머릿수건을 쓴다.	장례는 보통 토장과 쾌장(快葬)으로 치른다. 쾌장이란 새벽에 사람이 죽으면 오후에, 저녁에 죽으면 다음날 새벽에 바로 시체를 땅에 묻는 것을 말한다.	가장 큰 경축일은 개재절(開齋節)로 이날은 이슬람교의 가장 중요하고 성대한 경축일이며 이슬람력으로 10월 1일이다. 봉재(封齋:Ramadan:회교력 9월 한 달 동안 매일에 단식하고 재계한다)는 이슬람교도들이 일제히 사욕을 억제하는 기간으로 환자와 임산부는 참가하지 않는다. 봉재가 끝나는 날이 바로 개재절로 이날 새벽 모	회족은 대부분 이슬람 사원 주위에 거주한다. 회족은 위생을 매우 중요시한다. 식사 전후 반드시 손을 씻고, 가정에서는 집 안의 청문과 가구 등을 먼지 하나 없이 깨끗이 한다. 더욱 물이 중요시하는 것은 물이 위생으로 공동 우물이나 생에는 모두 부정이 있고, 물을 뜨기 전 손을 씻으며, 가족에게 물을 먹이는 잔과 세수, 빨래, 목욕 등도 금지된다. 금기사항도 많다. 돼지, 개, 말, 노새고기와 도살한 고기, 자연사한 고기, 동물의 피 등

민족	인구	종교	의식주	관혼상제	경축일	분포, 생활, 주거, 금기
회족 (回族)					손님들이 모두 사원에 예배를 드리고 정축행 사를 시작한다.	은 먹지 않는다. 남의 집에서의 흡연과 음주는 금지돼 있고, 만두나 밀전병 낭(위구르족이나 가자흐족 들이 주식으로 먹는 빵)을 먹을 때 송두리째 한입에 먹는 것도 금지돼 있다. 음식을 찢고 뜯는 것도 해서도 안 되며, 가슴과 팔을 드러내서도 안 된다. 뒤에서 남을 비방하거나 욕하는 것도 금기다.
동향족 (東鄉族)	62만 1,200 명	보편적으로 이슬람교를 믿는데 이는 다시 구교 와 신교로 나뉜다. 신교 는 구교의 종교활동과 의식이 이슬람경전의 규 범과 다르다고 주장한 다. 하지만 염(念), 예 (禮), 제(齋), 과(課), 조 (朝)라는 5가지 하습이 구·신교에 관계없이 실 시되고 있다.	마시기를 즐기며 식사 때마다 투명이 있는 잔 에 차를 우려 마신다.	결혼하기 전 상대편에 게 정차(定茶)와 갖가 지 예물을 보낸다. 결혼 식 당일 신랑은 말을 타 고 신부를 데리러 간다. 신부를 데려오기 전 주 방에 들러 음식을 준비 한 사람들에게 감사 표 시를 하며, 물레 주방기 구를 빼내온다. 이런 풍 습은 신붓집의 요리솜 씨를 가져온다는 의미 로 이렇게 하면 집안의 솜씨가 좋아진다고 믿		돼지, 말, 개, 노새, 당나귀고 기와 자연사한 고기를 먹지 않 느다. 또 동물의 피도 먹지 않 느다. 더러운 물건을 모지며 사원에 들어갈 수 없으며 음식 을 갖고 농담을 해서도 안 된 다. 사람들 앞에 가슴이나 팔 을 노출시켜서도 안 되고, 담 배와 술을 권하지 않는 풍습도 있다.

민족	인구	종교	의식주	관혼상제	경축일	분포, 생활, 주거, 금기
동향족				는 것이다.		주변에서 새집을 지을 때 모두 일을 거들어주며, 어려운 일을 당했을 때 모두 자기 일처럼 돕는다.
토족(土族)	28만 9,565명	라마교를 믿는다. 각 부락마다 라마사원이 있으며 인구가 밀집해 있는 곳에는 대규모의 사원이 있다. 라마교 신앙과 함께 조상숭배와 다신숭배 의식이 있다.	독특한 민족의상이 있다. 남녀의 상의에는 모두 꽃무늬가 수놓아져 있는데 무늬가 매우 정교하고, 산뜻하면서도 아름다운 색채를 띠고 있다. 손님을 접대하는 매우 중요한 3가지 형식이 있다. 먼저 손님이 도착하면 주인이 먼저 술을 3잔 권하고 접대 도중 다시 3잔을 권한다. 끝으로 손님이 돌아갈 때 다시 3잔의 술을 권한다.	일반적으로 수장(水葬)을 하며, 일부 지역에서는 토장(土葬)을 한다.		멀리서 오는 사람은 반드시 친지나 친구들에게 줄 선물을 준비해야 하며 받은 사람도 반드시 술과 음식을 대접해야 한다. 또 길에서 아는 노인을 만나면 반드시 말에서 내려 안부를 물어야 한다. 금기가 많다. 발굽고기(말, 노새, 나귀 등)를 먹지 않으며 동물 우리에서 대소변을 금지한다. 손님에게 식사를 했는지, 할 것인지를 묻지 않는다. 출산을 하거나 전염병에 걸쳤을 때 문 앞에 붉은 종이를 붙여놓거나 나뭇가지를 꽂아놓는 등의 방법으로 손님의 방문을 금한다. 침대 베갯잇 위에 앉지 않으며, 부뚜막이나 침실에서 침을 뱉거나 코를 풀지 않느다. 손님은 주인의 양을

민족	인구	종교	의식주	관혼상제	경축일	분포, 생활, 주거, 금기
토족 (土族)		이슬람교를 믿는다. '목숨을 버려도 종교는 버리지 않는다'는 말이 많이 있는 것처럼 종교의식이 대단히 강하다. 한때 신교와 구교의 대립으로 큰 어려움을 겪기도 했다.				몇 마리나 기르는지를 물어서는 안 되며, 승려의 방석이나 물건을 함부로 넘어다녀서도 안 된다. 사원 근처에서의 사냥이나 대소변도 금지된다.
살랍족 (撒拉族)	13만 607명		보통 2층으로 집을 짓는다. 1층은 주방이나 가축장으로 사용하며 침실은 2층에 마련한다. 돼지, 개, 노새, 나귀고기를 먹지 않는다. 동물의 피를 마시지 않으며 자연사한 고기도 먹지 않는다.	중매를 서는 일을 영광으로 여기는데, 일종의 공덕을 쌓는 일로 여기기 때문이다. 장례에 관을 쓰지 않으며 시체를 싸서 공동묘지에 묻는다.	매년 회교력 3월 12일에 이슬람교의 마호메트의 탄생을 축하하는 의식을 거행한다.	이슬람교 사원 안 또는 부근에서 침을 뱉거나 대소변을 볼 수 없으며, 더러운 물건을 갖고 사원 안으로 들어갈 수 없다. 우물, 저수지 근처에서는 빨래를 할 수 없으며 대화도 중에는 상대방 앞에서 가래를 뱉거나 코를 풀 수 없다.
보안족 (保安族)	2만 74명	이슬람교를 믿는다. 혼인과 장례, 경축일, 가정 생활과 사회풍속 등에 종교의 영향력이 대단하다.	일반적인 이슬람교의 음식에 관한 제율이 적용된다.	장례에는 관을 사용하지 않고 땅에 묻으며 일반적으로 흰색으로 패장(白葬)으로 치러진다.		보안이란 이름은 지명에서 유래한 것이다. 수공업이 발달했으며, 전통적인 수예품 중 칼이 제일 유명하다. 보안도(保安刀)는 약 1백 년의 역사를 갖고 있는데 각각 색채와 도안이 다르고 이름다워 명성이 높다. 이슬람교와 관련된 금기들이 수없이 많다.

민족	인구	종교	의식주	관혼상제	경축일	분포 생활 주거, 금기
유고족(裕固族)	1만 4천37 8명	경제생활에 영향을 까치고 있는 라마교와 원시 샤머니즘이 함께 신봉되고 있다.	주로 천막에 거주하며 일부 지역의 노인과 어린이들은 흙으로 만든 집에 거주한다. 통째로 구운 양고기는 귀한 손님을 대접할 때 쓰이는 진귀한 음식이다. 술과 차를 즐겨 마시며, 매일 한끼 식사 때마다 3잔의 차를 마신다.	혼례예절을 중시 여겨 결혼은 마을 동안에 걸쳐 결혼식이 성대하게 열린다.		천막으로 들어가면 남자는 왼쪽에, 여자는 오른쪽에 떨어져 앉아야 한다. 식사 대접을 받을 때 손님이 일어서거나 움직이면 안 된다. 붉은 옷을 입거나 붉은 말을 타고 천막 안으로 들어갈 수 없다. 또 장, 재직, 날고기를 갖고, 이러나 개 가죽으로 만든 옷을 입고 천막 안으로 들어갈 수 없다. 그 밖에는 일반적인 이슬람교의 금기사항이 적용된다.
위구르족(維吾爾族)	1천6만 9,346명	이슬람교를 믿는다. 해방 후 상층 종교인들의 사법(종교사원의 설립 등), 교육에 대한 간섭, 종교세의 징수와 같은 특권이 사라지고 정상적인 종교활동이 법에 의해 보호되고 있다.	음식은 주로 밀가루, 옥수수, 쌀 등을 주식으로 하며 과일을 즐겨 먹는다. 돼지, 노새, 개, 나귀, 낙타고기와 자연사한 고기, 동물의 피를 먹지 않으며, 남겨진역에서는 말고기와 비둘기 고기를 먹지 않는다. 도시 부녀자들은 양복 계통의 상의와 치마를	혼인은 자유 혼인으로 하며 중매하며 매우 성대하게 치러진다.		금기사항이 다양하다. 식사나 대화 중 코를 후비거나 하품을 하거나 침을 뱉으면 안 된다. 방안에서는 앉아 있어야 하며, 침대 위에 앉으면 안 된다. 앉았을 때도 발바닥이 상대를 향해서는 안 된다. 물건을 받거나 차를 마실 때는 반드시 양손을 사용해야 한다. 문 위에 붉은 천이 걸려 있으면 출산 혹은 홍역병 환자

민족	인구	종교	의식주	관혼상제	경축일	분포, 생활 주거, 금기
위구르족 (維吾爾族)			즐겨 입으며, 농촌 남자는 긴 두루마기, 농촌 여자는 소매가 넓은 원피스에 잠은색 조끼를 입는다. 남녀노소를 막론하고 모자를 즐겨 착용하며 여자의 경우 꽃 모자, 귀고리, 팔찌, 목걸이를 즐겨 착용한다. 옷은 짧게 입거나 작게 입어서는 안 되며, 상의는 일반적으로 무릎을 덮어야 하고, 하의는 발목까지 덮어야 한다. 공공장소에서 상의를 벗거나 짧은 소매의 상의를 입어서는 안 되며, 타지에서 바지 차림은 너욱 안 된다.			가 있다는 표시이므로 외부인이 출입할 수 없다. 주거지역의 수원(水源) 부근이나 묘지, 사원 주위와 나무 아래에서 대소변을 보거나 침을 뱉으면 안 된다. 묘지 부근에는 돼지우리나 화장실을 만들 수 없고, 동물이 묘지 안을 뛰어다니도록 해서도 안 된다. 묘지에서 흙을 파내는 것도 금지된다. 이 밖에도 대부분의 이슬람교가 갖고 있는 금기사항이 보편적으로 적용된다.
하사커족 (哈薩克族)	1백46만 2,588명	이슬람교를 믿는다. 유목생활을 하는 특성 때문에 예배는 대부분 집이나 광야에서 가족 단위로 본다.	봄, 여름, 가을에는 주로 파오(몽골인들이 사는 천막으로 만든 가옥)에서 거주하며, 겨울에는 사람의 키와 비슷한 높이의 토방이나 나무 집에 거주한다. 돼지, 노새, 개고기와	같은 부락 사람끼리는 혼인하지 않으며, 결혼식에는 친척들과 친구들이 참석한다.		하사커란 본디 방랑자, 모험 자를 뜻하는 터키어로 부족의 구속이 싫어 떠돌아 다니는 이 탈자를 하사크라 부르다 보니 부족 이름이 됐다는 설도 있다. 신강성에만 60만여 명이 산다. 면전에서 주인의 가축 수를 헤아려서는 안 되며, 등

민족	인구	종교	의식주	관혼상제	경축일	분포, 생활: 주거, 금기
하사커족 (哈薩克族)			자연사한 동물의 고기, 피를 먹지 않는다. 중부아시아와 시베리아 서남지역의 토착민족으로 '카자흐족', '코자크족'이라고도 한다. 부족 대부분 목축업을 하며, 농사를 짓는 소수를 제외하고 절대다수가 계절에 따라 물과 풀을 찾아 이동하는 유목생활을 한다.			물을 불듯이 맨 물을 넘어다니지는 안 된다는 금기가 있다. 어린 사람이 잇는 앞에서 술을 마셔도 안 되고 식탁보를 넘어다니거나 밟아도 안 된다. 침대 위에 앉아도 안 되고 까팻 위에 무릎을 꿇고 앉아야 한다. 대화 도중 코를 풀거나 후벼도 안 된다. 뒤에서 남의 흉을 보거나 친구에게 소홀해서도 안 된다.
커얼커쯔족 (柯爾克孜族)	18만 6,708명	대부분 이슬람교를 믿으나 신강성, 흑룡강성에 거주하는 일부 사람들이 라마교를 믿기도 한다.	물과 풀이 있는 곳을 찾아 주거를 정한다. 여름에는 천막에서 겨울에는 신굴자기나 사방형 토방에서 거주한다. 손님을 대접할 때 내놓는 양 머리는 존중을 의미하는 가장 귀한 음식이다.			돼지, 노새, 개고기와 자연사한 고기, 동물의 피를 먹지 않는다. 집 주변에서의 대소변을 엄격히 금하며 대화 도중 고름을 풀어서도 안 된다. 말을 빨리 달려 문 앞에 내려서는 안 되는데 이는 주변 사람의 죽음을 알리거나 불길한 소식을 전하는 행동으로 오해될 수 있기 때문이다. 수이거나 거짓된 명예, 이름, 체계를 위해 앉거나 그것을 밟아서는 안 되며 서약을 해서도 안 된다.
석백족 (錫伯族)	19만 481명	신강성 일대의 석백족은 종교 방면에 있어 고	개고기를 먹거나 개가 죽으로 만든 옷을 입지	동성(同姓) 간의 혼인을 금하고 있다.	음력 4월 18일은 석백족이 서쪽으로 옮기가	

민족	인구	종교	의식주	관혼상제	경축일	분포, 생활, 주거, 금기
석백족(錫伯族)		대 석백족의 습속인 묘신(苗神), 토지신, 용왕, 충왕 등의 자연을 숭배하는 다신 신앙을 갖고 있으며, 동북지역 등지에 거주하는 석백족 중에는 샤머니즘과 라마교를 믿는 부류도 있다.	않는다.		살계 된 것을 기념하는 날로 매년 성대한 경축행사를 갖는다.	앉던 옷, 신성인 신발과 양말 등을 높은 곳에 올려두지 않는다. 문지방 위에 앉거나 서 있지 않으며 실내에서 휘파람을 불지 않는다. 장가락으로 탁자, 그릇 등을 두드려서는 안 되며 집안에 환자 등이 있을 때 문 앞에 붉은 천을 걸어두는 금기사항이 있다.
타지커족(塔吉克族)	5만 1,069명	보편적으로 이슬람교의 이사마이파(伊斯瑪儀派)에 속한다. 신강성에서는 타지커족만이 유일하게 이 교파에 속한다. 종교 활동이 비교적 적고 이슬람 사원도 많지 않으며 봉재와 참배도 하지 않는다. 일부 노인들이 매일 집에서 두 차례의 예배를 하는 것을 제외하고 대부분의 사람들은 경축일에만 예배를 드린다.	돼지, 개, 노새, 말, 나귀고기와 자연사한 동물, 수산물을 먹지 않는다.	장례를 치를 때는 먼저 시체를 씻긴 다음 흰 천으로 휘감고고 다시 죽은 사람의 옷으로 덮은 뒤 땅에 묻는다.		남자들끼리 마주쳤을 때는 악수를 하거나 악수한 손등에 입을 맞추며 친밀한 사이인 경우 서로 포옹을 한다. 여자들 사이에는 먼저 윗사람이 아랫사람의 눈에 입맞춤을 하거나 아랫사람 손등에 입을 맞춘다. 동년배끼리는 서로 손에 입맞춤을 한다. 친한 사람들은 입술의 입맞춤을 한다. 남녀가 서로 만났을 때는 먼저 악수를 하고, 친척일 경우는 여자가 주로 남자의 뺨에 입맞춤을 한다. 마시다 남은 차를 땅에 버려서

민족	인구	종교	의식주	관혼상제	경축일	분포, 생활, 주거, 금기
타지커족 (塔吉克族)						는 안 되며 양말 발로 자거나 음식물을 밟아서도 안 되며, 대화 도중 모자를 벗어서는 안 된다는 금기가 있다.
우즈베크족 (烏玆別克族)	1만 569명	이슬람교를 믿으며 신도들은 이슬람 사원에서 행하는 종교활동을 중요시한다. 종교인들은 이슬람 사원에서 해당 지역 우즈베크족의 종교 사무를 관장한다.	남녀가 가양각색의 꽃 모자를 쓰는 것이 특색이다. 여자는 그 위에 머릿수건을 두른다. 술, 돼지, 개, 노새, 나귀고기, 자연사한 동물과 모든 동물의 피를 먹을 수 없다.	혼인은 신붓집에서 치러진다. 신붓집에서 혼인식이 진행되다가 저녁이 되면 신랑 집으로 간다. 어떤 때는 신부 친구들이 사이 둔단 뒤 신부를 때리고 가버리는 데 그들에게 선물을 준 다음에야 신부를 찾아올 수 있다. 사람이 죽으면 시신을 깨끗이 씻은 뒤 흰 천으로 감아 땅에 묻는다. 장례식에 참석한 남자는 허리에, 여자는 머리에 흰 천을 두른다.		중앙아시아 민족의 하나로, 남시베리아 인종에 속한다. 밥을 먹을 때 절대 모자를 벗어서는 안 되며, 공공장소에서 상체를 드러내서도 안 된다. 반바지와 조끼를 입고 남의 집을 방문하는 짓도 금가사 한다.
러시아족 (俄羅斯族)	1만 5천139 3명	대부분 희랍정교나 기독교를 믿는다. 희랍정교는 기독교의 발전과정에서 파생된 3대 교파 중 하나로 신도들은 매	위생관념이 철저해 집을 비롯한 주변 환경이 매우 청결하고 깔끔하다. 식빵과 소금으로 손님을 접대하는 전통이 있다.	자유롭게 연애를 할 수 있지만 부모의 동의가 있어야 결혼할 수 있다. 다른 민족과의 결혼도 가능하다.		초대받은 손님은 집에 도착해 문을 두드린 후 주인의 허락이 있은 후에야 들어갈 수 있다. 안에 들어서면 모자를 벗고, 주인이 권하는 자리에 앉으

민족	인구	종교	의식주	관혼상제	경축일	분포 생활 주거, 금기
러시아족(俄羅斯族)		일 두 차례의 예배를 드리는데 새벽 4, 5시에 행하는 예배를 '큰 예배'라 하고, 저녁 8, 9시의 예배를 '작은 예배'라 한다.	식사 때 칼, 포크, 수저 등을 식탁 위에 놓아서는 안 되며, 반드시 그릇 위에 올려 놓아야한다. 노새, 말, 개, 돼지고기를 먹지 않는다.			며, 침대 위에는 앉지 않는다. 부녀자들은 옷에는 앞에서 온 몸의 표시로 반드시 머릿수건을 눌러써야 한다. 대화 도중 상대방 면전에서 재채기를 하거나 코를 풀어서는 안 된다.
타타얼족(塔塔爾族)	3천5백56명	이슬람교를 믿는다. 모든 이슬람 교도들은 규정된 시간과 순서에 따라 종교의식을 거행한다. 매일 다섯 차례 이슬람 예배를 다섯 차례 드리고, 매주 금요일마다 예배당에 가서 한 차례의 예배를 보며 하루를 보낸다. 매년 1개월 동안의 봉재가 있는데 봉재 기간 중에는 일출 때부터 일몰 전까지 아무것도 먹고 마실 수 없다.	개, 말, 노새, 나귀고기와 자연사한 동물, 동물의 피를 먹지 않는다.	신부의 집에서 혼인식을 치른다. 첫아이를 낳을 때까지 그곳에서 살다가 나중에 신랑의 집으로 간다. 장례식 때에는 여자는 흰 머릿수건을 두르고, 남자는 흰 모자를 쓰거나 흰 천을 접은 천으로 감싸거나, 왼쪽 어깨에 검은 천을 두른다.		실내에서는 맨소발을 보지 않는다. 대화 도중 혹은 식사 도중 코를 풀거나 침을 뱉거나 하품을 해서도 안 된다. 부녀자의 눈담도 금지돼 있고, 공공장소에서 상체를 드러내거나 반바지, 조끼를 입고 남의 집을 방문해서도 안 된다.
장족(藏族)	6백28만 2,187명	라마교를 믿는다. 장족에게 있어서 라마교도는 불교의 속칭이다. 불교가 전래되기 전에 다신	노새와 개고기를 먹지 않으며, 일부 지역에서는 생선을 먹지 않는다.	혼인의식이 엄격하고 성대해서 보통 3일 동안 계속된다. 장례는 일반적으로 조		장족의 언어에는 평어와 경어, 존칭어가 따로 있다. 교통수단으로는 주로 소와 말을 이용한다. 소가죽으로 만

민족	종교	의식주	관혼상제	경축일	분포, 생활, 주거, 금기
장족 (藏族)	숭배를 특징으로 하는 본교(本敎)가 원시종교 사회에서는 원시종교가 깊이 뿌리박혀 있었기 때문에 두 종교가 치열한 전쟁을 벌이기도 했다. 나중에 불교가 양보해 본교를 인정하고, 자신의 교리를 흡수함으로써 '장족화'된 불교가 성립됐다.		장(鳥葬)으로 치른다. 여러 가지 장례의식이 있는데, 활불(活佛: 깨달은자)은 화장을, 요절한 어린아이는 수장(水葬)을, 전염병으로 죽거나 횡사한 사람은 토장(土葬)을 지낸다. 조장을 지낼 때는 먼저 승려들이 시신을 산꼭대기 등 정해진 조장터로 옮긴 뒤, 큰 칼로 시신의 머리를 잘라낸 뒤 사지를 난도질해 새들이 먹기 좋게 한다. 새들이 몸체와 사지를 먹은 뒤에야 잘라냈던 머리를 던져주는데, 이는 새들이 머리 부분을 가장 좋아해 아래 먼저 던져주면 몸체를 잘 먹지 않기 때문이라고 한다.		드 배는 장족 특유의 수상 운송수단이다. 야생동물을 함부로 잡아 죽이지 않으며, 라마(승려)가 갖고 다니는 종교용품에 함부로 손을 대서도 안 된다. 물건을 건네받을 때는 한 손으로 건네받지 않으며, 천막에 들어가서는 남자는 왼쪽에, 여자는 오른쪽에 앉는다. 조장을 지낼 때 멀리서 이름 훔쳐보는 것도 금지돼 있다.
문파족 (門巴族) 1만 561명	장족(藏族)의 라마교가 주를 이루며, 원시종교 일부도 존재한다. 일부	보통 3층 건물을 짓고 산다. 1층은 가축우리로, 2층은 방으로, 3층	여러 가지 장례 방법이 있는데 수장(水葬)이 가장 보편적이다.	매년 12월 1일, 3일 등 안 사람들끼리 서로의 집을 방문하고 술을	중화인민공화국이 성립하기 전 문파족은 장족과 같이 봉건 농노제사회였다. 문파족 매

민족	종교	의식주	관혼상제	경축일	분포, 생활, 주거, 금기
문파족 (門巴族)	라마교의 종파는 뒤바가 부인을 얻고 자식을 갖는 것을 허용하기도 하며, 우두머리 이외의 사람들이 자신의 집에서 독경 집회를 가진 뒤 사원에 가기도 한다.	은·옥 등을 모아두는 창고로 사용한다. 사냥을 나가기 3일 전부터는 집 안에서 술을 마시지 않으며 외부인의 출입도 금한다. 음식 대접을 받으면 음식을 다 먹지 않고 일정량의 음식을 남겨야 한다.		마시며, 마을광장에서 춤과 노래를 즐긴다. 또 매년 1월 1일은 신년을 축하하는 날이다.	다수가 농노, 노예였으며 두 가지 계급이 존재했다. 농업을 주로로 하며 수렵 또한 경제적으로 중요한 활동이다. 주인이 손님에게 술을 권하면 술을 못 하더라도 거절해선 안 된다. 손님이 술에 취하는 것을 주인은 존중하는 의미로 받아들인다. 집에 손님이 오면 그 앞에서 뛰어도 안 되고, 반드시 뒤에서 조심스럽게 움직여야 한다. 손님이 잠을 때까지 주인은 잠들 수 없다. 일부 지역 문파족은 집에서 기르는 가축을 팔 뿐 팔지는 않는다.
낙파족 (珞巴族) 3천6백82명	만물에 영혼이 있다고 믿고 원시종교를 갖고 있다. 인체를 얘기지 못한 일들을 신의 훼방이라고 여겨 제물을 바치고, 신께 화를 면하게 해 달라고 기원한다. 관혼상제 등 중요한 행사나 집을 새로 지을 때, 한해	매운 음식을 좋아하며, 술과 담배를 즐긴다. 봄에 구운 생선을 즐겨 는다.			낙파(珞巴)는 장족의 언어로 남쪽 사람이라는 뜻이다. 남자는 7, 8세가 되면 사냥에 나가서 할 수 있는 뱀을 배운다. 남자아이가 태어나면 주변 사람들이 용감한 사냥꾼이 되라는 뜻으로 활과 화살을 보낸다. 식사 대접을 할 때 손님이 먹기 전 독이 없음을 증명하기

민족	종교	의식주	관혼상제	경축일	분포·생활·주거·금기
낙파족(珞巴族)	이 농사를 시작할 때 반드시 길흉화복을 점쳐본다.				위해 주인이 먼저 조금 맛을 본다. 손님이 음식을 다 먹어야 주인이 기뻐한다. 사냥을 나가기 하루 전, 집 앞 나무에 표시를 하룻동안 외부인의 출입을 금한다.
강족(羌族) 30만 9,578명	원시 배물교(拜物敎:만물을 숭배하는 종교)를 믿으며, 태양신을 숭배한다. 특이하게 유백색의 석영암을 신(神)의 상징물로 여긴다.	일반적으로 2, 3층이다. 1층은 가축 우리로, 2층은 방으로, 3층은 식량보관실로 쓴다.		경축일은 음력 10월 1일(강족은 10월을 연초로 잡는다)이다. 설날이 이날은 외출을 하지 않으며 식구들끼리 하루를 보낸다.	농업이 주산업이며, 거주지가 주로 산악지대라 험준한 암제, 돌물, 삼림지원이 풍부하다. 남이 말을 타고 갈 때 행로를 방해하지 않는다. 문지방이나 계단에 앉지 않는다. 밥을 먹고 난 뒤 젓가락을 그릇 위에 걸쳐 놓지 않으며, 습진에 담가 있는 밥에 외부인이 들어가 두어서도 안 된다. 산모가 있는 방에 외부인이 들어갈 수 없다.
이족(彝族) 8백71만 4,393명	사천성 양산에 거주하는 이족들은 만물에는 신령이 깃들어 있다는 만물유령(萬物有靈)의 자연숭배와 조상숭배의 신앙을 갖고 있다. 자연숭배에서 가장 중요한 것은 정령(도깨비)과 귀신에 대한 민...	'술이 없으면 경의를 표할 수 없다'는 말이 있을 정도로 술을 가까이 한다. 만일 주인이 손님에게 권한 술을 다 마시지 않으면 주인을 무시하는 행위가 된다.	자유롭게 연애를 할 수 있으며, 결혼에 있어서도 자주권을 가진다.	지방마다 이칭과 행사 내용이 다르지만 날짜는 모든 지방이 같다. 음력 6월 24일을 전후로 춘리을 단위로 해서 행사를 진행한다. 이날은 횃불을 손에 들고 집과 밭 주변으로	주로 운남성, 사천성, 귀주성, 광서성 등에 거주한다. 자신들만의 언어를 갖고 있으며 6개의 방언을 함께 사용한다. 개의 방언을 함께 사용한다. 개를 위주로 하며, 대부분 농업을 위주로 하며, 감자와 콩 등을 주식으로 하고 있다.

민족	종교	의식주	관혼상제	경축일	분포, 생활, 주거, 금기
이족 (彝族)	음이다. 조상숭배에서는 안령(安靈)과 송령(送靈)을 위해 성대한 의식을 거행함으로써 부제, 쩌쭤, 쩔연 유배를 표현한다. 윈난과 구이저우에 거주하는 이족들은 도교와 불교의 영향을 많이 받았다. 19세기 말 천주교와 기독교가 이족에게 전파됐으나 신도는 미미하다.			밤빙 도느테, 해충을 쫓아낸다는 이마를 맞느다. 이 의식이 끝난 뒤 모여 함께 술을 마시며 춤과 노래를 즐긴다.	집 안에서 휘파람을 불거나 큰 소리를 내서는 안 된다는 금기가 있다. 남자도 머리를 길게 기르느데, 그 머리를 다른 사람이 만지거나 쓰다듬는 것을 수치스러운 일로 여긴다. 일부 지역에서는 말, 노새, 나귀 고기를 먹지 않느다.
백족 (白族) 1백93만 3,510명	부락신(마을을 지켜주는 존신)을 숭배하는 본교(本敎)와 불교를 신봉한다. 어떤 지역에서는 악을 물리치는 영웅으로 숭배되고 있는 남조(당나라 때 윈남성 지방에 만주족이 세운 나라)와 따리국의 왕자를 신봉하고 있다.	흰색을 숭상해서 흰색 옷을 귀히 여긴다.	혼인은 비교적 자유로운 편이어서 남녀 모두 자유롭게 결혼을 택할 수 있다.		주로 윈남성의 따리(大理) 백족 자치주에 거주하며, 일부 윈남성 각지와 쓰촨성 양산이족 자치주, 후난성 임데에 거주한다. 배우는 남자보다 여자가 일을 더 많이 한다. 굿을없은 모두 여자가 하는데 들판에서 일하는 사람들도 모두 여자다. 집안일 역시 여자가 하며, 남자는 기술적인 분야의 일과 여자들이 하는 일의 보조적인 역할만 한다. 친구 방문이나 방문은 등은 오

민족		종교	의식주	관혼상제	경축일	분포, 생활, 주거, 금기
백족 (白族)						절을 피하고 오후나 저녁 시간을 이용한다. 매년 5월 1일에는 이웃에 놀러가지 않는다. 차를 따를 때는 반만 따르고, 다 마신 뒤에 다시 따른다.
하니족 (哈尼族)	1백66만 932명	다신교와 조상숭배의 믿음을 갖고 있다. '페마'와 '이마'라는 무당이 있는데 페마는 경을 읽어 귀신을 찾아내고 혼령을 인도하는 비교적 큰 행사를 담당하고, 이마는 사람들에게 길흉화복의 점을 쳐주고 요술과 약초로 질병을 치료해 주는 일을 담당한다.	일반적으로 자신이 직접 청색으로 염색한 옷을 즐겨 입는다.	부모의 동의가 없으면 결혼할 수 없다.	청년들이 자신이 사모하는 여성에게 이름다운 깃털이나 꽃을 줌으로써 교제의 계기를 마련하는 날이 따로 정해져 있다.	일부 지역에서는 사람이 죽거나 야생동물이 부락 안으로 침범하거나 화재 등이 발생하면 그날을 불길한 날로 여긴다.
태족 (傣族)	1백26만 1,311명	소승불교와 함께 원시귀신숭배사상이 남아 있다. 소승불교의 교리에 모든 남자가 반드시 '한 번은 출가하여 일정 기간의 승려생활을 하도록 규정되어 있다.	거주지는 물과 가까운 곳에 정한다.	자유롭게 연애를 할 수 있고, 결혼 대상을 정한 남자는 부모님께 매파를 보내 청혼을 한다.	발수절(潑水節)이라는 큰 행사가 있다. 전설에 의하면, 옛날에 7명의 착한 여인이 마왕을 물리친 후 처참하게 죽임을 당한 뒤, 사람들이 매년 태력 6	외부인이 말을 타거나 소를 몰고, 모든 점을 짊어지고 머리를 헝클은 채 집 안에 들어가서는 안 된다. 태족의 대나무집에 들어설 때는 반드시 신을 벗어 문 밖에 두어야 하며, 집 안에서는 소리를 내지 말고 걸어서는 안 된다.

민족	종교	의식주	관혼상제	경축일	분포, 생활, 주거, 금기
태족(傣族)	이 과정을 거치고 나야 비로소 세 사람이 된 것으로, 혹은 교화된 것으로 인정받으며, 가정을 꾸미고 재산을 모을 수 있는 권리를 부여받게 된다. 만약 이 과정을 거치지 않으면 사회에서 정시되고 차별대우를 받는다.			월(양력 4월)마다 마땅을 물리쳐 준 여신들을 추모하는 의식을 거행하기 시작했다고 한다. 이것이 발수절의 기원이다.	방바닥을 파서 만든 화로 성내(上邊)에 앉아서는 안 되며 화로를 넘어서도 안 된다. 주인의 내실에 들어가기도 안 된다. 문지방에 앉아서도 안 된다. 화로 위의 삼받이를 옮겨서도 안 된다. 땔감은 반드시 먼저 뿌리 부분부터 태워야 한다. 집 안에서 휘파람을 불거나 손톱을 깎아서는 안 된다. 옷을 베개로 사용해서는 안 되고 베개 위에 앉아서도 안 된다. 집에 들어갈 때는 반드시 문밖에서 신발을 벗고 들어가야 한다. 어린 사미승의 머리를 쓰다듬어서도 안 된다.
율속족(傈僳族) 70만 2,839명	노강 지역의 율속족 사이에서는 자연숭배사상이 성행하며, 만물에 영혼이 깃들어 있다고 믿는다. 대부분의 내지 율속족은 조상숭배사상을 갖고 있다. 내지 또는 율속족은 신강성의 율속족	수렵생활을 하기 때문에 육식을 주로 한다. 남녀 모두 술을 즐긴다.	연애의 자유가 있고, 결혼할 때는 부모의 동의가 필요하다. 그러나 일부적으로 부모의 간섭이 적다. 혼인 당일의 행사는 보통 다음날 새벽 날까지 계속된다. 장례 때는 토장을 치르	경축일에는 돼지나 소, 양을 잡아서 모두 집에 나타준다.	외출할 때 일반적으로 왼쪽 어깨에는 칼을, 오른쪽 어깨에는 활과 화살을 멘다. 칼과 활, 화살은 수렵 도구인 동시에 자신을 방어하는 무기이기도 하다. 집에 손님이 있을 때는 청소를 하지 않는다. 산모가 있을 경

민족	종교	의식주	관혼상제	경축일	분포·생활·주거·금기
율속족(傈僳族)	들은 대개 정령, 정축일에 죽은 질병 치료를 위해 무당을 부르며, 제물을 바쳐 신께 제물 지내고 길흉을 점친다.		고 시체를 땅에 묻을 때는 고인이 생전에 쓰던 물건을 함께 묻는다.		우 칼이나 활, 화살과 같은 무기를 가지고 실내에 들어가지 않는다. 멀리 집을 떠나는 사람은 새벽전에 반드시 집에 돌아와야 한다. 상을 당했을 경우 고인을 애도하기 위해 고인의 친구들과 같은 마을사람들은 모두 애도 음식을 먹지 않는다.
와족(佤族) 42만 9,709명	만물유령의 원시종교가 보편적이며, 일부는 소승불교와 기독교를 믿는다. 그들은 사람과 기타 생물, 무생물을 포함한 모든 대자연에 정령(精靈)이 있다고 믿고, 길흉화복은 모두 정령에 의해 결정된다고 생각한다.		사람이 죽었을 경우 가족들은 눈물로 애도를 표시하고 토장을 치른다.		손님에게 차, 술을 대접할 때 독이 없음을 증명하기 위해 주인이 먼저 한 모금 마신다. 그런 다음 양손으로 손님에게 차나 술을 건넨다. 부뚜막 위를 다니면 안에서 내려야 한다. 다른 사람의 머리나 귀를 만지지 않는다. 선물로 매운 음식이나 달걀을 보내지 않는다. 어린 여자애에게는 장식품을 선물로 주지 않는다.
납호족(拉祜族) 48만 5,966명	만물유령의 원시종교와 대승불교가 존재한다. '에하'를 숭고신으로 모시는데, 에하란 우주와	태족과 한족의 접촉이 빈번하여 한족, 태족의 복장을 즐겨 입는다.		음력설이 가장 큰 명절이다.	음력설 당일에는 불길한 말을 하지 않는다. 일부 지역의 납호족은 일과 양을 사육하지 않는다.

민족		종교	의식주	관혼상제	경축일	분포, 생활, 주거, 금기
라호족 (拉祜族)		인류를 창조하고 만물을 주재하며, 인간의 길흉화복을 지배하는 큰 신이라고 전해진다.				개를 귀한 동물로 여기기 때문에 개를 죽이는 것을 금지하고 개고기를 먹지 않는다. 그리고 개가 죽으면 후에는 양지바른 땅에 묻어준다.
나시족 (納西族)	32만 6,295명	동파교(東巴敎)를 믿고 있는데, '동파교'는 일종의 다신교로 하늘, 땅, 산, 물, 바람, 불 등 자연 현상과 자연물은 모두 신의 뜻에 따라 좌우된다고 믿는다. 대부분의 질병, 혼인과 상례, 일 년 동안의 경축일 등을 모두 읊을 신에게 묻는다.	개고기를 먹지 않는다.		주변의 한족이나 다른 민족과 비슷한 경축일을 가지고 있다. 이러한 행사들은 특신품을 비롯한 여러 가지 물자 교환, 상호 왕래를 촉진하는 역할을 한다.	남편이 집에서 애를 보고, 여자는 바깥에서 일을 하는 모계사회이므로 집에서 애를 보는 남자를 흔히 볼 수 있다. 금기가 꽤 많다. 각 지역마다 일치하는 것은 아닌데, 어느 지역에서는 말을 탔을 경우 집에 도착하기 전 반드시 말에서 내려야 한다. 그리고 말을 하늘에 제사 하는 곳에 매어두어선 안 된다. 샘물이(밤할 때 술을 길쳐두는 짓에 올라가거나 밟아서는 안 되며, 부뚜막의 재를 뒤적거려도 안 된다. 조상이나 전쟁신 등에게 제사를 지낼 때 외부인이 와서 봐서는 안 된다. 문지방에 앉거나 문지방 위에서 칼을 가지고 물건을 다뤄서는 안 된다. 집에 들어오면 신는 안 된다.

민족	종교	이사주	관혼상제	경축일	분포, 생활, 주거, 금기
납서족(納西族)					위에 기대 앉아서는 안 되며 부뚜막의 아래쪽이나 주위에 앉는 것이 제일 좋다. 일부 지역에서는 집 안에서 노래를 불러서는 안 된다.
경파족(景頗族) 14만7,828명	원시 다신교를 신봉하고, 귀신이 사람에게 행복과 재난을 가져다 준다고 믿어 제사 의식을 행함으로써 복을 기원한다.	보통 2층의 가옥 구조로 위층에 사람이 거주하고 아래층에 가축을 기른다. 방문 앞쪽으로 왕래할 수 있게 해놓고, 뒷문으로는 외부인의 출입을 금한다.	정상적으로 죽으면 토장을 치르고, 비명횡사한 경우에는 화장을 한다.	신미절(新米節)과 목절(目腦節)이 있다. 목뇌(무나오)란 여럿이 모여 춤을 추는 축제이다.	부락 입구에서는 말에서 내려 걸어들어가야 한다. 문 앞에 서는 신발을 벗고 앉으로 들어가야 한다. 부뚜막의 다리를 밟고 앉아서는 안 된다. 집 안에서 하품럼을 붙여서는 안 된다. 주인이 몸에 차고 있는 칼과 화패같을 때에서는 안 된다. 집으로 돌아가기 전에는 반드시 예의 바르게 인사를 하고 돌아가야 한다.
포랑족(布朗族) 11만9,639명	다신, 조상숭배의 신앙을 가지고 있다. 시쭈앙반나와 임창(臨滄)의 포랑족들은 소승불교를 믿는다. 각 촌락마다 많은 절이 있고, 참배의식도 성행한다. 9살 정도의 아이들은 절에서 일정 기간	각 거주지역마다 주거, 의복이 각양각색으로 큰 차이를 보인다.	누구나 자유롭게 연애를 할 수 있으며 부모의 간섭이 적다. 사람이 죽으면 토장을 치르고, 일반적으로 대나무로 관을 짠다.		일부 지역에서는 경축일 기간에 결혼을 하거나 고기를 먹는 일을 금하고 있으며, 일체의 오락활동도 금지된다. 걸음을 걸을 때 다른 사람의 몸을 스치고 지나가서는 안 된다. 앉아 있는 사람의 다리를 뛰어넘어서도 안 된다.

민족		종교	의식주	관혼상제	경축일	분포 생활 주거, 금기
포랑족 (布朗族)		둥안 승려생활을 해야 한다. 만약 그렇게 하지 않으면 사회에서 푸대접을 받는다. 일부 기독교 신자도 존재한다.				
아창족 (阿昌族)	3만 9,555 명	양하지역에는 아직도 원시사회의 귀신, 조상숭배가 남아 있다. 호남삼 지역에서는 소승불교를 믿고 마을신에게 제를 지내는 일도 하다하다. 각 촌락 부근에는 마을신을 상징하는 나무가 있어 매년 봄가을이와 추수 시기에 마을신에게 한 번씩 농가의 번창과 풍성한 결실을 기원하는 제를 올린다.		연애가 자유롭지만 결혼을 하기 위해서는 부모의 동의가 있어야 한다. 일반적으로 토장을 행한다. 전염병이나 난산으로 죽었을 경우에는 화장을 한다.		정월 초하루 때 가족을 도살하거나 동물에게 해를 임하면 볼 길한 일이 생긴다고 믿는다. 출신하기 일주일 전부터는 다른 집 남자들의 출입을 금한다.
보미족 (普米族)	4만 2,861 명	조상을 숭배하고 라마교를 믿으며 아직도 자연 숭배가 남아 있다. 각 지역마다 산신이나 용신에게 제를 지내 재난들을 피하고 평안과 건강	차를 즐겨 마신다. 매일 아침 일어나자마자 차를 마시고, 점심과 저녁을 먹기 전에 한 잔씩 마시며, 잠자리에 들기 바로 전에 또 마신다.			개를 때리거나 먹거나 팔 수 없다. 화로의 삼발이를 손으로 만져서는 안 된다. 부뚜막에서 밥이나 옷을 말릴 수 없다. 신발을 문 앞이나 계단에 두어서는 안 된다.

민족	종교	이사주	관혼상제	경축일	분포, 생활, 주거, 금기
보미족(普米族)	을 유지할 수 있기를 기원한다.	성의 표시로 손님이 보는 앞에서 소나 돼지, 닭을 잡는다. 손님이 돌아갈 때는 반드시 돼지 궁팡을 선물로 전낸다.			창을 등에 메고 밖에 들어가서는 안 되며 반드시 손에 들고 들어가야 한다. 남자는 신방에 출입할 수 없다. 임신한 여자는 친정에 있을 수 없으며 친정에서 애를 낳을 수 없다.
노족(怒族) 3만 7,523명	원시종교를 가지고 있으며, 자연, 신령숭배 신앙을 가지고 있다. 인간의 생로병사와 천재(天災) 인재(人災)에 의해 발생하는 일이라 여긴다. 무당은 다종 종교행사를 거행할 뿐만 아니라 무술(巫術)로 질병을 치료하는 역할을 담당한다.	방을 내, 외실로 나누는데, 내실은 주인의 침실 겸 식량을 비축해 놓는 곳으로 외부인의 출입할 수 없으며 손님 접대는 주로 외실에서 한다.	연애가 자유롭고, 신물(信物)로서 팔찌, 목걸이 등을 주고받는다. 남자 집안에서 매파를 보내 결혼을 청한다. 사람이 죽으면 토장을 치르고, 고인이 생전에 쓰던 물건들을 함께 묻는다.	모계 씨족사회의 신녀(仙女)를 기리는 행사가 있는데, 지금은 그 날이 되면 문자교환을 하고, 문예활동을 하거나 자녀에 영화를 본다. 활쏘기 시합과 같은 체육활동도 한다.	
덕앙족(德昂族) 2만 556명	독실한 소승불교와 원시종교 신앙을 가지고 있다. 불교행사가 성행하며 각 부락마다 많은 절과 부처, 승려가 있다. 아들이 많은 낭양족들은 6, 7살의 아들을		연애가 자유롭고, 여자에게 대상을 선택할 자주권이 주어져 있다. 장례는 토장을 행하며, 전염병으로 죽거나 칼이나 창에 맞아 죽거나 난산으로 죽었을 경우		예절을 매우 중시하며, 웃어른을 존중하는 것을 으뜸가는 미덕으로 삼는다. 집안에서 아랫사람은 항상 공손한 태도로 어른을 대해야 하며, 손발을 씻을 때도 아랫사람이 대신 씻겨 드려야 한다.

민족		종교	의식주	관혼상제	경축일	분포, 생활, 주거, 금기
덕앙족 (德昻族)		절로 보내 사미가 되게 한다. 절에서 10여 년의 승려생활을 하고 나면 부처가 될 수 있다. 부처는 태족의 문자를 알아야 하고 태족의 경문을 통달해야 한다. 부처는 사회적 지위가 비교적 높으나 결혼은 할 수 없다.		에는 화장을 한다.		외부인 남자의 어깨를 두드리거나 여자의 머릿수건과 옷에 손을 대서는 안 된다. 낭숙의 집에 머물 때는 부처 간이라도 같은 방에서 잘 수 없고 따로 지내야 한다. 소승불교의 수많은 교파에서 매지, 담을 기르지 못하게 하며, 살생을 엄격히 금하고 있다. 자식이 있는 사람의 이름을 함부로 불러서는 안 되고 반드시 아이의 이름을 따서 '아무개 아버지, 아무개 어머니' 로 불러야 한다.
독룡족 (獨龍族)	6천9 백30 명	만물 유령(萬物有靈)을 믿고, 산천, 강, 나무, 돌 등의 자연물을 숭배의 대상으로 한다. 제사를 담당하는 무당들은 종교 활동만 하는 것이 아니라 노동에도 참가해야 한다.		구혼(求婚)방식에 있어 독특한 풍습이 있다. 꿀을 남녀 쌍방이 앞에 나서서 입을 처리할 수 없으며, 부모가 모든 것을 자신들의 뜻대로 처리한다. 먼저 남자 쪽 부모가 술을 가지고 여자의 집에 가서 술을 마시며 혼인을 청하는 노래를 부른다. 여자의 부모는 답가를 부르면서	음력 섣달에 치러지는 '검작철'이 유일한 경축일이다. 행사 기간은 각 지역마다 다르며 촌락을 단위로 길일을 선택해 며칠 안에 걸쳐 성대한 행사를 지닌다.	길에 있는 물건을 주워 갖지 않으며, 밤에 대문을 잠그지 않는 순박한 사회풍속이 있다. 또한 먼 길을 떠날 때 취사도구를 가지고 가는데 도중에 그릇들을 큰 나무에 걸어두거나 집안에 두어도 훔쳐 가지 않는다. 낮에 모든 가족이 집을 비우고 외출할 때도 대문을 잠그지 않는다. 도둑질은 독룡족 사회에서는 보기 드문 행위이다.

민족	종교	의식주	관혼상제	경축일	분포, 생활, 주거, 금기
독룡족(獨龍族)			동의 여부를 표시한다. 정배는 주로 토장을 치른다. 시체는 대문을 통과할 수 없고, 방의 뒷벽이나 마룻바닥의 틈을 통과해 밖으로 운반된다.		협동정신이 강해서 어느 집이 식량이 다 떨어져서 마을 것이 없다고 하면 온 마을사람들이 나서서 도와준다. 만약 모르는 행인이 도움을 청하면 집안에 데리고 가서 따뜻하게 대접해 준다.
기낙족(基諾族) 2만 3,143명	만물유령의 종교관념을 갖고 있으며 조상숭배를 매우 중시한다. 종교 활동과 사람들의 생산 활동이 밀접한 관계를 가지고 있다.		연애가 자유롭다. 결혼 후에는 여자의 정절이 매우 중시되며 이혼율이 매우 낮다.	특모자(特毛日)는 세해를 맞이하는, 일 년 중 가장 큰 경축일로 1월에 거행되며, 날이 어두워지면 신성한 큰 북을 두드리고, 북소리에 맞추어 다 함께 춤을 춘다. 신미절(新米節)은 일정한 날짜가 정해져 있는 것이 아니어서 각 가구별로 하루를 정해 한 해의 수확을 축하하고 다음해의 풍작을 기원한다.	죽(竹)제품을 많이 사용하는 데 매우 섬세하고 아름답고 실용적이다. 사람을 때리거나 욕하지 않으며 남의 물건을 훔치지 않는다. 일을 하러 밖에 나갈 때도 문을 잠그지 않고, 잠시 사용하지 않는 물건을 길가에 두어도 아무도 주워가지 않아 잃어버리는 법이 없다. 멀리 길을 떠날 때 문을 잠그지 않아도 도둑맞을 염려가 없다. 예절이 바르고, 아랫사람은 윗사람의 말을 거역하지 않는다.
묘족(苗族) 9백42만 6,997명	자연숭배, 귀신숭배, 조상숭배가 주요 신앙이며, 신은 거역할 수 없다.	여자의 복장은 지역별로 차이가 심하고, 머리 장신구가 매우 다양하다.			동쪽에서 남쪽으로 약 13킬로미터 정도 벗어난 곳에 위치한다. 가파른 지대에 마을이 있

민족		종교	의식주	관혼상제	경축일	분포, 생활, 주거, 금기
묘족 (苗族)		는 힘을 가지고 있다고 여긴다. 천주교와 기독교 신앙도 존재한다. 귀주, 혼남, 혼남의 기독교 예배당과 포교당이 묘족의 거주지에 많이 위치하고 있다	남자의 경우에는 지역 간의 차이가 그다지 크지 않다. 대부분의 묘족들은 검은 상의와 짧은 스커트, 그리고 세로로 화려한 자수가 놓인 모자를 쓰는 것이 특징이다. 술을 매우 즐긴다. 많은 묘을 때 묘이 머리는 반드시 웃어른에게 드려야 하고, 닭다리라는 비록 나이가 어리다고 해도 연못에서 온 손님에게 대접한다. 생선을 묘을 때는 먹기 편하게 주인이 빼를 발라 준다			기 때문에 제단식의 수전(水田)지대가 형성되어 있다. 그 주변으로 대나무 기둥, 진흙 벽, 초가지붕으로 된 묘족 특유의 가옥들이 산재돼 있다. 4월 8일 경축일에는 소에게 일을 시키지 않으며, 그날 집에 찾아왔다 돌아가는 친한 사람들을 배웅할 때는 조심하면서 잡어야 한다. 만약 방을 빼거나 다지면 불길한 징조로 여기기 때문이다. 사람이 죽으면 그 집 안에서는 일 년 동안 결혼식을 할 수 없고, 노래를 부르거나 '우성(감격 만든 묘족과 둥족의 취주 악기)'을 연주할 수 없다. 일부 지역에서는 음력 설에 개를 죽일 수 없고, 개고기를 먹을 수 없다.
포의족 (布依族)	2백87만 34명	조상숭배를 가장 중시하며, 다신교와 자연숭배 신앙도 함께 존재한다. 부다신, 산신, 물신, 돌신, 나무신 등이 가장		사교활동을 통해서 남녀 간의 교제가 이뤄진다. 부모의 동의를 얻고 난 후 길일을 택해서 결혼식을 거행한다.		손님이 왔을 때 주인과 손님이 같은 침대, 같은 방에 머물 수 없다. 남의 집을 방문했을 때는 비록 부부지간이라 해도 같은 방에 머물 수 없다. 주

민족	종교	이사주	결혼상제	경축일	분포·생활·주거·금기
포의족 (布依族)	보편적인 숭배대상이며 번개신, 문신, 부엌신, 토지신과 용신 또한 숭배 대상에 포함된다. 천주교와 기독교 신앙도 존재한다.				외는 손님 앞에서 움직여서는 안 되며, 뒤에서 조심스럽게 움직여야 한다.
동족 (侗族) 2배87만 9,974명	다신교를 믿고 고목, 큰 돌, 물, 교량과 같은 자연물이 숭배의 대상이 된다. 부락의 시조모(始祖母)인 여신이 절대적인 위치에 있으며, 부락 내에 많은 사당이 있어 여신을 모시고 있다.		결혼식이 끝난 후 3일 후에야 신랑은 신부를 데리고 자신의 집으로 온다.		2명의 기혼녀가 길가에서 만났을 경우에는 서로 머리마나 스카프를 주고받으면서 상대방에 대한 행복을 표시하고 서로의 행복을 빌어주는 풍습이 있다. 돼지 주변의 고목을 함부로 베어서는 안 된다. 출산 후 3일 동안에는 외부인의 출입을 금한다.
수족 (水族) 41만 1,847명	다신교를 믿고 자연물을 숭배한다. 귀신을 믿고 있는데 명칭이 매우 많다. 출생, 죽음, 질병, 재난이 있을 때마다 여자 무당을 불러 점을 보고 경을 읽으며, 제물을 바치는데 이제(魚祭)가 특히 이롭다. 제란을 이용	일반적으로 집마다 3개의 방이 있고, 2층 혹은 3층으로 집을 짓는다. 집을 지을 때 못을 사용하지 않는다. 닭의 머리는 존귀함의 상징으로 손님에게 대접한다. 대접하는 술은 귀한 것을 사용하며, 손	결혼할 때 신랑 대신 미혼이나 남자친구가 신부를 맞이한다. 그날 밤 하룻밤을 함께 보낸 다음 신부는 다시 집으로 돌아간다. 후에 길일을 택해 다시 신부를 데리고 그 후부터 부부로 함께 생활하게 된다.	자단(??端)은 역사적으로 가장 오래된다. 장 르 경축일로 음력설에 해당한다. 무슨 해를 바디리고 새해를 맞으며, 풍성한 수확을 축하하고, 조상에게 제를 지내며, 다음해의 행운을 기원한다.	집에서 아무 곳에나 침을 뱉지 않고, 휘파람을 불지 않으며, 붙디미를 함부로 넘나들지 않는다. 잇사람 앞에서 발을 뻗지 않으며, 헌 담이나 개를 많이 손님에게 접대하지 않는다. 멀리 집을 떠날 때는 음식을 잘 익히거나, 접시를 깨뜨리

민족		종교	의식주	관혼상제	경축일	분포, 생활, 주거, 금기
수족 (水族)		하여 점을 치는 것도 수족의 독특한 모습이다.	남이 취함 때까지 술을 권한다. 이웃에 일이 있으면 관심어 표시로 음식 등의 선물을 보낸다.			거나, 젓가락을 부러뜨리지 않도록 조심해야 하고, 도중에 뱀을 만났을 경우에는 비껴 가야 한다. 출산 후 3일 동안은 외부인의 출입을 금한다. 외지에서 사람이 죽었을 경우, 혈육이라고 해도 시체를 마을 안으로 운반할 수 없다.
거라오족 (仡佬族)	55만 746명	조상을 숭배하며, 나무, 산, 토지 등을 숭배하기도 한다. 조상을 모시는 방법과 의식은 각 지역마다 다르다. 대부분의 부락에는 따로 위패를 모셔두는 감실(龕室)을 두고 있다. 어떤 곳에서는 부엌 내의 작은 판자나 방 안에 임시로 및 장의 지전(紙錢)을 붙여 놓고, 조상의 온 채를 표시한다. 또 어떤 곳에서는 근처에 있는 작은 산을 조상의 대역으로 삼고, 부엌 앞	대부분의 집들이 산등성이 위치에 자리하며, 3개의 방이 있고, 중간 방은 일종의 응접실감은 기능을 한다. 주변의 한족이나 다른 민족들의 의복과 비슷하다.	토장을 치르며, 묘 주변에 송배나무나 단풍나무를 심어 죽은 이를 기린다.	팔월절(八月節)은 거라오족의 가장 성대한 경축일로, 8월 15일부터 8월 20일까지 거행된다. 칠날에는 소나 양을 잡고, 춤과 노래를 즐기면서 풍성한 수확을 기원한다.	노인을 공경하는 것도 거라오족의 전통 미덕이다. 노인이 60세가 되면, 가족들과 마을 사람들이 장수를 빌고, 개를 잡아 죽하연을 받인다. 또, 마을에 중요한 일이 있거나 집에 혼인, 장례 등의 일이 있으면 먼저 연장자에게 알린다. 예의를 중시해서, 만약 대화 중간에 끼어들 경우에는 반드시 정중하게 양해를 구한 뒤 이야기를 시작해야 한다. 평상시에 문 앞에 서 있거나 집에 앉아 있어서는 안 된다. 집에 먼 길을 떠나는 사람이 있을 경우에는 누구를 막론하

민족	종교	의식주	관혼상제	경축일	분포·생활·주거·금기
거라오족(仡佬族)	에서 조상에게 묵념한 후, 제사를 지낸다. 사당, 보살, 종교 모임, 문자화된 종교 교리를 따로 가지고 있지 않다.				고 안 좋은 이야기를 꺼내서는 안 된다. 분만, 장례 등의 일이 있을 때는 외부인의 출입을 금한다. 출산 후 40일 전까지 임산부는 문지방을 넘어 다녀서는 안 되며, 우물에 물을 길러가서는 안 된다.
쥬앙족(壯族) *장족(藏族)과 발음이 같아 '쥬앙족(壯族)'으로 표기함 1천6백92만 6,381명	다신교를 믿고 산신, 수신, 토지신, 부뚜막신, 태양신 등 자연신을 숭배한다. 당대(唐代) 이후 불교와 도교가 전래되었으며, 근래 이후 천주교와 기독교를 믿는 사람들이 생겨났다.	경축일이 다가오면 오색 밥을 만들어 먹는다. 검은색, 붉은색, 황색, 자색, 흰색이 어우러져 있는데 색깔, 향기, 맛에 있어 진미 중의 진미라 할 수 있다. 오색밥을 먹는 것은 오곡의 풍성한 결실을 기원하는 의미를 담고 있다.	토장을 지낸다. 일부 지역에서는 '간공중장(揀骨重葬: 뼈를 추려 다시 장사를 지내는 풍습)'이라는 풍속에 따라 장사를 지내고 몇 년이 지난 후에 유골을 꺼내어 토기 항아리에 담고 다시 장사를 지낸다.	우혼절(牛魂節)이라는 경축일은 매우 특색 있는 행사이다. 봄갈이를 끝낸 후 하루를 정해 지르느니, 이날 사람들은 오색 찰밥과 신선한 풀을 가지고 외양간에 가서 소에게 먹인다. 일설에 의하면 봄갈이 동안 주인에게 책망을 듣고 나가버리는 소는 혼이 이렇게 하면 다시 혼이 돌아온다고 한다. 일 년 내 동안 열심히 일하는 소를 편안하게 해주고 위로하는 것이	음력 5월 1일에는 도살을 하지 않는다는 금기가 있다. 일부 지역의 부녀자들은 소, 개고기를 먹지 않는다. 출산 후 3일(일부 지역은 7일) 동안은 외부인의 출입을 금한다. 부녀자가 출산을 한 후 1개월 동안은 다른 집에 찾아가지 않는다.

민족	종교	의식주	관혼상제	경축일	분포, 생활, 주거, 금기
쮸앙족(壯族)				다. 일부 지역에서는 이날에 소를 쉬게 해준다.	
요족(瑤族) 2백79만 6,003명	종교 신앙이 비교적 복잡하다. 어떤 지역에서는 원시 자연숭배, 조상숭배가 이뤄지고 있고, 토템 신앙도 존재한다. 무교(巫敎)와 도교를 믿는 지역도 있고, 원시종교도 일부 남아 있다. 그중에서도 도교의 영향력이 비교적 커서 상례와 제례를 지낼 때는 도교의 교리를 따를 때가 많다.	의복에 있어서 지역마다 많은 차이가 있다. 보통 지역에서는 원시 자연 천으로 옷을 만들어 입는다. 남자들은 웃옷에 깃이 없는 짧은 서즈를 즐겨 입는다. 여자의 경우에는 남자와 달리 매우 복잡하다. 식사예절이 까다롭다. 식사를 마치고 난 후에는 두 손에 젓가락을 들고, '만츳 타고 이야기' 함으로서 감사의 표시를 한다. 손님에게 음식을 건넬 때는 않은으로 반쳐 들어 존중의 뜻을 표시한다.	일반적으로 다른 민족과 결혼하지 않으며, 비일사위의 풍속이 아직까지도 보편적이다. 결혼 날짜는 부모의 의견에 따라 정해진다. 혼례를 맺지 않는다는 이미에서 양쪽 부모의 장례를 피해서 잡는다. 남자가 뉴씨으로 노여갈 때에는 누사 각각 다른 쪽에 서 붙어야 하며 함께 앉아서 붙어서는 안 된다.	경축일이 많다. 가장 큰 경축일로 '반왕절(盤王節:반왕은 요족의 시조, 민족영웅), 달노절(達努節:달노는 요족의 언어로 잊지 말라는 이미, 시조 신을 기리는 날이다)' 이 있고, 그 밖에도 작은 경축일이 매달 있다.	출산 이전에 외부인의 출입을 금한다. 여자 앞에서 상스러운 말을 해서는 안 된다. 부엌은 여자들이 자주 머물러 있는 곳이므로 남자가 그 앞에 앉아 있어서는 안 된다.
무라오족(仡佬族) 21만 6,257명	도교가 주요 신앙이며, 불교를 믿기도 한다. 불교사원이 많으며 규모도 방대하다. 일상생활에서도 도교이 중심	협연관계의 사람들 혹은 같은 종교교를 가진 사람들끼리 하나의 촌락을 이루고 모여 산다. 이복은 매우 소박하다.	결혼 전 남자는 함께 미숙가구을 부조한다는 행상구을 기좌로 서 교제한다. 단, 부모의 동의가 있어야만 결	경축일이 매우 많다. 중요한 경축일로는 3년에 한 번 있는 의반절(依飯節:풍요들 기원하는 이미), 설날.	식탁을 쳅 때는 불길한 말을 해서는 안 된다는 금기가 있다. 사업관계로 외출할 때 음식을 덜 의하거나 그릇을 깨뜨리는

민족		종교	의식주	관혼상제	경축일	분포, 생활 주거, 금기
무라오족 (仫佬族)		이 되며, 병이 나거나 자연재해가 발생했을 때는 도교의 법사를 불러 신을 위로하고 액막이를 한다.	여자는 결혼 전에는 머리를 늘어뜨렸다가 결혼 후에는 머리를 올린다.	혼을 할 수 있다.	주파(走坡: 청춘남녀가 공개적인 만남의 날, 기회를 가지는 날, 우생일절(牛生日節)과 후생절(後生節) 등이 있다.	일이 있어서는 안 되며, 고양이를 때려서도 안 되며, 일부 지역에서는 개고기와 매지 심장을 먹지 않는다.
모난족 (毛難族)	10만 1,192 명	도교를 믿고, 다신을 숭배한다. 발원의식은 모난족이 가장 중요하고 보편적인 종교활동으로, 모든 일을 행함에 있어 먼저 신을 발원하고 나서야 일을 시작한다. 발원내용을 이룰 때는 심지어 36종류의 동물을 제물로 바치고 3일 밤낮으로 불사를 거행한다.	일반적으로 집을 두 부분으로 나누어 짓는데, 위층에는 사람이 살고, 아래층에는 가축을 사육한다. 음식은 일반적으로 담백을 일반적으로 담배, 술, 차, 매운 음식을 즐긴다. 모남반(毛南飯)은 모난족의 특별한 음식 중의 하나이다.		분용절(分龍節)은 모난족의 특별한 경축일로 음력 '분용(分龍)일' 이틀 전에 거행된다. 이날 모든 모난족이 참가하여 풍성한 수확을 기원한다.	모난족은 어른을 공경하고 아랫사람을 존중하며 손님 접대에 정성을 다하고 협동단결을 중시한다. 예절을 중시하며 겸허한 태도를 갖추는 것을 미덕으로 여기는 전통을 가지고 있다. 특히 부모와 노인에 대한 공경을 중시한다. 닭이나 오리를 먹을 경우 고기의 연한 부분을 어른에게 먼저 드리고, 아들이나 손자들은 술과 밥을 대해 드리거나 차와 담배를 드린다. 노인들은 사회에서 존경을 받고 따뜻한 보살핌을 받는다. 5월 1일에는 상스러운 말을 하거나 사람을 욕해서는 안 되거나, 집 안에 환자가 있을 때는 문 입구에 막대기 2개를 나무

민족	종교	의식주	관혼상제	경축일	분포, 생활, 주거, 금기
모난족 (毛難族)					고 외부인의 진입을 금한다. 아궁이를 밟거나 아궁이를 향하여 침을 뱉어서는 안 된다.
경족 (京族) 2만8,199명	불교와 무속적 색채가 혼합된 도교를 믿는다. 도사(道士)와 강생동(降生童:신내림을 받은 아이)이 종교의식을 주관한다. 각 부락마다 3, 4명의 도사와 5, 6명 정도의 강생동이 있다. 조상숭배와 다신교의 신앙은 바닷가 주변의 생활과 밀접한 관련을 가진다.	주택은 대부분 바닷바람을 막기 위해 벽돌 기와 집으로 견고하게 만들어져 있다. 쌀을 주식으로 하며 생선과 새우를 즐겨 먹는다.	연애가 자유롭지만 부모의 동의가 있어야만 결혼을 할 수 있다.	창합절(唱哈節)은 가장 성대한 전통 경축일로 날짜는 각 지역마다 다르다. 전례가 요에 등장하는 음악의 신을 기념하는 이날, 경축의 주요 특유의 전통 양식들인 합청(哈亭)에서 함창을 한다.	해변의 모래사장에 놓여 있는 어망을 함부로 넘어다녀서는 안 된다. 새로 만들어서 아직 사용하지 않은 때나무 뗏목 위에 앉아서도 안 된다. 배에 앉을 때 두 발을 밖으로 늘어뜨려서도 안 된다.
토가족 (土家族) 8백35만3,912명	귀신을 믿고 조상을 숭배하는 민간신앙을 가지고 있다. 과거에는 토왕(土王)을 믿어 각 부락마다 토신의 사당이 있고, 매년 봄마다 거대한 '토왕제(土王祭)'를 지냈다. 이외에도 사냥을 나갈 한	매운 음식과 시큼한 음식을 좋아한다.	곡가(哭嫁)라는 독특한 혼인풍속을 가지고 있다. 시집가기 15일 전부터 독특한 '읍혼 결혼식' 이 시작된다. 우는 시간이 길 뿐 아니라 부모, 형제, 조모, 조상들을 상대로 울며, 매파를 상대로 욕을 욕한다고 한 (媒婆)를 욕한다고 한		김일과 경축일에는 불길한 말을 하지 않는다. 집 안에서 휘파람을 불어서는 안 되며, 발로 아궁이와 삼발이를 밟아서는 안 된다. 손님은 그 집안의 젊은 여자와 함께 앉아 있어서도 안 된다.

민족		종교	의식주	관혼상제	경축일	분포 생활 주거, 금기
토가족 (土家族)		때는 반드시 산신에게 제를 지내야 한다고 믿 는다. 도교의 영향력도 비교적 크며, 천주교와 기독교 도 전래되어있다.		다. 이러한 독특한 혼인 풍속은 '이별의 정' 이 깊은 부족의 정서를 말해 준다.		
여족 (黎族)	1백46 만 3,064 명	대부분이 아직도 조상숭 배를 주요 신앙으로 삼 고 있다. 자연숭배도 각양각색이 며, 보통 많이 빼나 앞을 가지고 점을 친다. 아직 까지 토템신앙이 남아있 는 곳도 있다. 도교의 영향도 크게 받 았는데 도교의 신도 숭 배의 대상이 된다.	배 모양의 집과 '金'자형 집에 사는네 두 종류가 있다. 하나는 전통적인 대나무 구조물이고, 또 다른 형태는 나무 줄기 를 받침대로 한 구조물 이다. 남녀 모두 중엽술을 즐 긴다. 매번 몇 사람씩 술 독 주위에 둘러앉아 가 는 대나무관을 독 안에 집어넣고 교대로 돌아 가면서 술을 마신다. 그 릇에 술을 부어 마시기 도 한다.	토장을 주로 지르는네 장례의식은 지역마다 차이가 있다. 못자리를 중시한다.		평상시에 잇사람의 이름을 함 부로 듣막여서는 안 된다. 만 약 외부인이 부주의하게 당사 자 앞에서 그 이름을 듣막이면 상대방을 불쾌하게 하는 일이 된다. 일부 지역에서는 고양이를 죽 여서도, 먹어서도 안 된다.
사족 (畬族)	70만 8,651 명	조상숭배가 주요 신앙이 다. '반후'라는 시조신에게 제사를 지내며, 판후의	한 칸의 자는 나무 무경 하다'라는 말이 있다. 그러므로 주인이 권하 는 차만을 마신다고	결혼식이 매우 소박하 다. 일부 지역에서는 결 혼식날, 신랑이 걸어서 신부를 맞으러 가면 아		정월 초하루에는 거름을 짊어 지지 않고 거마를 매지 않으며 나뭇을 볼지 않는다. 구걸을 하지 않으며, 개고기

민족		종교	의식주	관혼상제	경축일	분포, 생활, 주거, 금기
사족(畬族)		이야기는 모든 사족이 알고 있으며 대대로 전해지는 전설이다. 토템신앙도 아직 찾아볼 수 있으며, 이외에도 귀신 숭배한다. 귀신 관념은 사족의 정신세계를 지배하는 가장 큰 믿음 이다.	해도 적어도 두 잔의 차는 마셔야 한다. 만약 나무 목이 마르면 먼저 이야기를 하면 되고, 임의 대로 마시고 싶으면 차를 다시 우려 마시면 된다. 일부 지역에서는 술자리에서 큰 고깃덩어리를 싫은 다음 손님이 돌아갈 때 줘서 보낸다.	무 정도 준비해놓지 않고 있다가 신랑이 한 수를 부르면 요리사가 한 수를 부르고, 한편에서 노래를 부르면 한편에서 화답하는 형식이다. 신랑이 원하는 음식이 있으면 소리를 내서 대답하기만 하면 된다. 식탁이 음식으로 가득차면 식사를 시작한다.		를 먹지 않는다.
고산족(高山族)	4천9 명	영혼숭배, 조상숭배, 토템숭배 등의 신앙을 가지고 있다. 기독교가 전래된 이후 일부의 고산족은 기독교를 신봉하게 되었지만 아직도 많은 지역에서 각양 각색의 제례(祭禮)가 행해지고 있다. 평지에 사는 사람들은 수확제, 파종제, 구종제를 산지나 바닷가 주변에 사는 사람들은 수렵제나 어제를 지낸다.		연애가 자유롭다. 여자가 결혼할 나이가 되면 부모가 독립해 살도록 한다. 남자가 밤에 여자가 사는 방 밖에 찾아와 퉁소를 불거나 하모니카를 불면서 사랑을 고백한다. 만약 여자가 그 남자를 사랑하게 되면 하모니카를 불어 화답하거나 사랑을 직접 방으로 들어오게 해 사랑을 속사인다. 서로 마음이 결정되면 부모에게 알리고	지방마다 다르지만, 음력설이나 수확절은 공통적이다. 매년 입추(立秋)가 되면 사람들은 풍성한 수확을 경축하기 위해 성대한 잔치를 벌이면서 '수확절'을 즐긴다. 남자들은 집 주위로 둘러싸여 양을 보낸다. 이날에는 집집마다 돼지와 양을 잡고 술을 빚는다. 사람들은 맛있는 음식과 술을 가지고 잔치가 벌어지는 곳에 가서	대부분 대만섬의 산지에 거주하고 있다. 노인 공경은 고산족의 보편적인 사회풍속이다. 중요한 일이 있을 때마다 먼저 노인의 의사를 묻는다. 홀로 싶고 있는 노인은 존경과 특별한 보살핌을 받는다. 일상생활 중, 이웃 간의 관심과 협조는 유무상통하는 것이다. 임산부는 칼, 도끼를 다뤄서는 안 돼며 원숭이, 산고양이, 천산갑 고기, 과일 꼭지 등을 먹어서는 안 된다. 남자는 부

민족	종교	의식주	관혼상제	경축일	분포, 생활, 주거, 금기
고산족 (高山族)	무속신앙도 성행해서 점을 치는 모양도 다채롭다.		단자를 보내 결혼식을 올린다. 토장을 치르고, 고인이 생전에 가장 아끼던 옷을 입혀 입관하고 땅에 묻는다.	추렴하게 술을 마시고 노래를 부르며 춤을 추면서 그날의 흥겨운 분위기에 휩싸인다.	녀자가 사용하는 방직기를 건드려서는 안 된다.

행정구역	위치/지형특성	풍물/명물	기타
북경시 (北京市) 약칭 경(京)	화북평원의 북단에 위치하고 있으며, 황해의 북쪽에 위치한 바다인 발해(渤海)에서 동북쪽 150km 떨어진 곳에 자리한다. 북경시의 면적은 16,807㎢로서, 서부와 북부 북쪽으로 길게 연결된 산이 장막처럼 둘러싸고 있으며 동남쪽은 평원으로 연결돼 있다. 인구는 2,189.31만 명이다.	세계 최대규모를 자랑하는 천안문광장을 중심으로 사방에 인민대회당, 역사박물관, 모택동기념관, 자금성이 포진한 형국이다. 자금성은 명·청대의 궁전으로 사용되었던 고궁이며, 인민대회당은 1950년대에 지어진 걸작으로 명성이 자자하다. 모택동기념관 내부에는 유리관 속에 모택동 시신이 안장되어 많은 참배객과 관광객들이 찾는다. 이외에도 여름궁전으로 불리던 이화원, 거울같은 원명원(圓明園), 북해공원, 경산공원, 향산공원, 명십삼릉(明十三陵), 팔달령(八達嶺) 만리장성, 주구점복경원인 유적지 등이 자리하고 있다.	북경은 3,000년의 역사와 문화유산을 가진 중국 6대 도시 중의 하나로 원나라 때는 '대도(大都)'로 명명되었으며, 명대, 청대, 중화민국 초기에 북경으로 불리었다. 1949년 10월 1일 중화인민공화국이 건립된 이후 수도로 정해졌다. 중화인민공화국의 수도인 동시에 중국의 정치, 경제, 교통, 과학문화의 중심지이다.
천진시 (天津市) 약칭 진(津)	중국 북방 해륙교통의 요충지이며 수도 북경의 해양 문턱이기도 하다. 또한 화북평원의 동북부에 위치하고 있으며 동쪽은 발해와 접해 천혜의 지리적 조건을 갖추었다.	중국의 주요한 공업기지로서 석유, 해염(海鹽), 해양화공, 석유화공과 방직공업 등이 발달되어 있으며, 화북지역의 중요한 상업중심지로서 세계 150여 개국과 무역관계를 유지할 정도로 화물의 출입량이 상당히 많다.	화북지역의 최대항구이며 천진항은 45만 톤급 이상의 정박시설을 갖춘 중국 제2의 항구로서, 5일에 한 번씩 한국의 인천을 오가는 정기 여객화물선이 통항하고 있다.

행정구역	위치/지형특성	풍물/명물	기타
톈진시 약칭 진(津)	톈진시의 인구는 1,306.6만 명이며, 면적은 11,305여㎢로서 바다를 사이로 산둥반도, 랴오둥반도와 마주 보고 있다.		
허베이성 (河北省) 약칭 기(冀)	화베이평원의 북부에 위치하고 있으며 내몽고 고원의 동남부와 접하고 있다. 한족, 회족, 만주족, 몽고족, 조선족 등의 인구가 7,461.02만 명이나 된다. 석가장(石家庄)을 성도(省都)로 하는 면적 19만㎢의 성(省)으로 베이징시와 톈진시를 포함하며, 동쪽으로 바다와 접하고 있어 500km의 대륙해안선이 펼쳐져 있다. 황하의 이북에 위치하고 있어 전체 면적의 3/5이 고원과 산지로 이뤄졌다.	전국 농경지의 7%가 이곳에 집중되어 있어 물품과 면화, 포도[선화(宣化)], 바셋[장북(張北)], 새가양털[장북(張北)] 등이 많이 생산된다. 연해지역에서는 어류와 소금이 많이 나고 있다. 기후는 온대계절풍의 영향으로 겨울은 춥고 여름에는 비가 많다가, 11월에서 4월까지 서리가 내린다.	석탄, 철, 석유, 해염, 화공, 방직 등이 산업이 잘 발달되어 있다. 유명한 관광도로로 성(省)의 동북부에 위치한 승덕(承德)을 들 수 있는데 이곳은 청대(淸代)의 피서산장(避暑山莊)과 외팔묘(外八廟) 등이 많승 고적이 많아 여름휴가를 보낼 수 있는 좋은 관광지로 유명하다.
산시성 (山西省) 약칭 진(晉)	화베이평원의 서부와 황토고원의 동부에 위치하고 있다. 태행산의 서부에 위치하고 있다고 해서 산서(山西)라고 불리고 있으며, 대부분의 지방이 춘추전국시대의 진국(晉國)에 속했기에 약칭으로 진(晉)이라고 한다. 한족, 회족, 몽고족, 만족 등 3,491.56만 명이 거주하고 있으며 성도(省都)는 태원(太原)이다. 전체 면적은 15.63만㎢이다.	산지, 고원, 구릉이 전체 면적의 3/4을 차지하고 있으며, 해발 2,017m인 중구의 명산 항산(恒山)이 위치하고 있어 '오악(五岳)' 중의 북악(北岳)으로 불린다. 해발 3,058m를 자랑하는 오대산(五臺山)은 중구 4대 불교 명산의 하나이다. 기후는 대북성 계절풍의 영향을 받아 이웃한 화북평원에 비해 늦은 기온을 보이며, 강수량은 400~700mm의 적은 편으로 지표수원이 부족한 실정이다.	석탄과 철의 산지로 동시에 중화학공업의 기지로 유명하다. 이 성(省)은 석탄광산들이 성(省) 전체의 2/3에 고루 분포하고 있어 다양한 석탄 종류와 품질이 우수하여 중구의 중요한 에너지기지로 명성을 떨친다. 산서의 부부에 자리하고 있는 매둥(大同)은 석탄산지인 동시에 중구 3대 석굴의 하나인 운강석굴이 소재지로 널리 알려져 있다.
네이멍구	중국 북부변경에 위치하고 있으며, 중구에서	평균 해발 1,000m의 구릉지와 13여 무(畝)	목축업이 발달된 관계로 양털과 낙타털의

행정구역	위치/지형특성	풍물/명물	기타
내몽고자치구(內蒙古自治區) 약칭 내몽고(內蒙古)	최초로 1947년 5월 1일에 민족자치구로 성립된 곳으로서 118.3억㎢의 총면적을 가졌다. 자치구 수도는 호화호특(呼和浩特)이며 몽고족, 한족, 타타르족, 어원커족, 어룬춘족 등의 2,404.92만 명의 인구가 거주하고 있다.	이 초원이 펼쳐져 있는 중국 최대의 목초지이다. 동으로는 중국인의 원시산림이, 서로는 음산(陰山), 서부쪽으로 사막과 호염호(鹽湖)가 위치한다. 초원강성(草原鋼城)이라 불리는 포두시(包頭市)가 자리하고 있으며, 호화호특의 오탑사(五塔寺), 소군묘(昭君墓), 포두시(包頭市)의 징기스칸 능(陵) 등이 유명하다.	생산량이 전국 최고를 자랑하며, 서부의 요하(遼河)연계지구에서는 봄보리와 감자, 사탕무, 참깨 등이 많이 생산된다. 내몽고의 광산자원 역시 풍부하여 산서성 다음가는 석탄매장량을 보유하고 있으며, 강철공업과 석탄공업, 기계공업, 삼림산업 등이 발달되어 있다.
요녕성(遼寧省) 약칭 요(遼)	중국 동북지역의 남부연안에 위치한 총면적 14.59만㎢의 성(省)이다. 성도(省都)는 심양(沈陽)이며 4,259.14만 명의 인구를 자랑한다. 거주하는 민족으로는 한족, 만주족, 몽고족, 조선족, 석백족 등이 있으며 발해와 황해 사이에 위치한 요동반도가 이 성(省)에 위치하고 있다. 요동성의 대륙해안선 연장은 2,100여km로 동남쪽으로 북한의 압록강과 마주한다.		중국 중공업의 중심지로서 철과 금광석, 마그네사이트, 붕소, 활석 등의 광산자원이 풍부하며 옥석(玉石)의 매장량이 중국 최고이다. 석탄, 석유, 천연가스, 방사선광물 등의 에너지자원이 풍부할 뿐 아니라 아연, 석유, 화공, 건축자재, 기계제조업 등의 공업이 잘 발달되어 있으며 대련(大連), 영구(營口), 단동(丹東) 등이 항구가 위치해 있어 물자 운송이 원활하다.
길림성(吉林省) 약칭 길(吉)	중국 동북구역의 중부에 위치하며 동남쪽으로 북한과 러시아와 접해 있다. 총면적 18만여㎢의 성(省)으로 장춘(長春)이 성도(省都)이다. 인구는 2,407.34만 명으로 한족, 조선족, 만주	지형은 동고남서북저(東高南西北低)의 형상을 가졌다. 동남부에 위치한 백두산 지역의 해발은 평균 1,000m 이상으로 울창한 원시림이 자리 잡아 국제생물 보호자원의 자연보호구로 명성이 자자하다.	삼림자원이 풍부하고 토지가 비옥하며 조건이 광활하는 등 농임생산에 유리한 조건을 갖춰 중국의 중요 농업생산지구로 명성이 자자하다. 일 인당 농경지 점유량이 3무(畝)로써

행정구역	위치/지형특성	풍물/명물	기타
길림성(吉林省) 약칭 길(吉)	족, 회족, 몽고족, 석백족 등이 혼거(混居)한다.	길림성 내부를 흐르는 가장 큰 강은 송화강(松花江)이며, 중부에는 해발 200m 이하의 송요평원(松遼平原)이 위치한다. 이 지역은 온대 대륙성 계절풍의 영향을 받아 겨울이 길고 여름이 짧으며, 1월 평균 기온이 영하 18도로서 서리가 내리지 않는 무상기(無霜期)가 약 4개월 반 정도이며, 연 강수량은 400~1,000mm를 보인다.	지정되어 있다. 중국에서 2위를 차지하고 있으며, 일 인당 양식 점유량이 전국 1위를 기록하고 있다. 주요 경작물로도 옥수수가 보편적으로 재배되고 있어 중국 수수 수출량의 절반 이상을 이곳에서 담당한다. 조선족들이 많이 거주하고 있는 연변지역에서 벼가 많이 생산되며, 성(省)의 중서부지역은 해바라기와 사탕무의 주요 산지이다. 특산품으로는 인삼, 담배잎, 녹용, 담비가죽 등과 통화(通化)의 포도주가 유명하다. 니켈, 몰리브덴, 금 등의 광물자원을 비롯한 삼림자원, 수력자원도 풍부하다. 산업 분야는 자동차, 농업기계, 기초화공, 목재가공[베니어합판, 장춘의 가구(家具)], 식품가공[통화의 포도주, 길림의 삼보주(三寶酒), 장춘의 인삼, 담배]이 잘 발달되어 있다.
흑룡강성(黑龍江省) 약칭 흑(黑)	중국 동북 변경지역에 위치하여 동북으로 러시아와 국경을 접한다. 한족, 만주족, 조선족, 몽고족, 회족, 타타얼족, 어룬춘족, 회청족, 커얼커즈족, 어원커족 등이 공동 거주하는 성(省)이다. 총면적은 45.46만㎢, 성도(省都)는 하얼빈시, 인구는 3,135만 명으로 일컬어 있다.	전체 면적의 절반이 평원이다. 동남부와 중부에는 산지 및 소흥안령으로 이뤄져 있으며, 서부지역은 해발 150~200m의 송눈평원(松嫩平原), 동부지역에는 해발 50m 이하의 삼강평원(三江平原)이 장관을 이룬다. 연 강수량은 400~700mm로 한·온대 계절풍의 영향으로 겨울이 길고 축한의 기후를 이룬다.	대소흥안령 산림지대에는 풍부한 삼림자원이 분포되어 있어 목재 저장량과 채벌량이 중국 1위를 차지한다. 신설분야는 기계, 석유, 석탄, 목재생산을 주로 하고 있으며, 1959년 9월 30일에 발견된 대경유전(大慶油田)이 이 성(省)의 서남부에 자리 잡아 중공업이 잘 발달되어 있다.

행정구역	위치/지형특성	풍물/명물	기타
흑룡강성(黑龍江省) 약칭 흑(黑)		보인다. 이 때문에 하얼삔시에서는 일 년에 한 번 '얼음과 눈이 어우러진 축제'를 마련해 불거리를 제공한다.	있다.
상해시(上海市) 약칭 호(滬)	상하이의 중심은 북위 30°23′ -31°27′, 동경 120°52′ -121°45′에 위치하고 있으며, 동쪽은 동중국해. 북쪽은 양쯔강(長江), 남쪽은 항저우만(杭州灣), 서쪽은 장쑤성(江蘇省)과 접해 있는 양쯔강 삼각주 중심 평야의 앞쪽 가장자리에 자리 잡고 있다. 평균 고도는 약 100 미터이고, 지형은 평평하면서 동쪽은 약간 높고 서쪽은 낮다. 총면적은 6,340.5㎢이며, 인구는 2,487.09만 명에 다다른다.	상하이는 아열대 몬순 기후에 속하며, 고온과 비가 오는 여름, 온화하고 비가 거의 오지 않는 겨울, 무료한 사계절에 연평균 기온은 17도에 가깝다. 상하이의 명소로는 예원, 상하이시티갓서원, 난징거리, 와이탄, 루자주이스카이라인 등이 있다.	중국 최대의 공업기지이자 항구도시이다. 기계공업은 100여 년의 역사를 가지고 있으며 경공업, 중공업 등 모든 분야에서 기술과 설비를 고루 갖추고 있을 뿐 아니라 중국 최대의 상업·금융의 중심지로도 유명하여 국내외 무역에서 전국 최고를 자랑한다. 최근 공업 위주의 발전을 지양하고 금융업무의 발전을 추진하여 세계의 많은 국제금융 중심과 연결된 금융시스템을 선보이고 있다. 서태평양지구의 중요한 국제항구도시로서 바다, 육지, 항공교통이 잘 발달되어 전국의 동서남북과 그물망처럼 연결된다. 아울러 1만 톤 급의 부두 정바스를 67개나 보유하고 있으며, 항구 출입량이 중국의 1/3을 차지할 정도이다. 중국 공업과학기술의 최대 중심지로서 최근 들어 상해 포동지구(浦東地區)의 개발과 개방이 빠르게 진행되어 양쯔강(長江)삼각주와 양쯔강 유역의 경제성장을 견인한다.

행정구역	위치/지형특성	풍물/명물	기타
강소성 (江蘇省) 약칭 소(蘇)	중국 동부에 위치해 있다. 동으로 황해와 접하여 1,000여km의 해안선을 가진 성(省)으로 총면적 10.26만㎢와 8,474.8만 명의 인구를 가졌다. 주요 거주민족으로는 한족, 회족, 만주족 등이 있으며, 성도(省都)는 남경(南京; 옛날에는 강녕(江寧)이라 했음이다. 그 다음으로 유명한 도시로는 소주(蘇州)가 있어 두 도시의 이름을 합쳐 강소(江蘇)라 부른다.	기후는 아열대와 온대 기후대의 중간에 위치하고 있어 4계절이 분명한 습윤한 기후를 나타낸다. 겨울 평균기온이 -2~4도, 강수량은 900~1,200mm를 보인다. 성도(省都)인 남경은 중국 6대 고도(古都)의 하나로 석두성유적(石頭城遺址), 육조고묘(六朝古墓), 명효릉(明孝陵), 중산릉(中山陵), 막수호(莫愁湖) 등이 명성고적이 있다. 태호(大湖)의 동쪽에 위치한 소주(蘇州)는 '하늘에는 천당이 있고, 땅에는 소주(蘇州)와 항주(杭州)가 있다'는 말에서 알 수 있듯 아름다운 정치와 미인이 많은 것으로 절 알려진 강남 도시뿐 아니라 네 녀의 역사를 가진 방직업과 원림(園林)의 고장이기도 하다.	지세가 비교적 낮고 평탄하며, 화북평원과 양쯔강(長江) 하류평원까지 펼쳐져 농업 생산에 좋은 조건을 갖추었다. 주요 생산물은 벼와 누에, 뽕나무, 담수어류 등이다. 강소는 농업 외에도 공업이 발달되어 있어 상해 다음가는 중국 2위의 공업 생산액을 자랑한다. 주요 산업으로는 기계, 전자, 화공, 도금, 방직, 시계, 자전거, 식품가공, 제지 등이 있다.
절강성 (浙江省) 약칭 절(浙)	태호(大湖) 이남에 위치해 있으며 동으로 바다와 접해 있어 2,200km에 달하는 대륙 해안선을 가졌다. 10.18만㎢의 면적에 한족, 사족, 만주족을 비롯해 6,456.76만 명의 인구가 살고 있으며, 절강이라는 이름은 전당강(錢塘江)의 옛 명칭에서 기인한다.	산가가 전체 면적의 70%를 차지하고 있으며, 바다에 2,000여 개의 도서가 분포하고 있어 중국에서 도서(島嶼)가 가장 많은 성(省)으로 유명하다. 기후조건은 아열대 기후의 영향으로 온화습윤하고 사계가 분명한 기후를 나타내고 있으며, 강수량은 1,200~2,000mm를 보인다. 절강성의 성도(省都)인 항주는 중국 6대	농업, 어업의 양호한 경제조건을 갖추고 있으며, 양식생산 외에도 누에, 차, 약초 재배 등에서 전국적으로 지명도가 높다. 항주의 명차로는 세계적으로 유명한 '서호 용정(西湖龍井)'이 있고, 다양한 품종을 자랑하는 비단공업이 발달하여 세계적으로 명성이 높다.

행정구역	위치/지형특성	풍물/명물	기타
절강성(浙江省) 약칭 절(浙)		고도(古都)의 하나로 수려한 정원을 자랑하는 서호(西湖)와 영은사(靈隱寺), 아비묘(岳飛墓), 육화탑(六和塔) 등이 관광자원이 풍부하다.	
안휘성(安徽省) 약칭 환(皖)	중국 화동지구의 서부에 위치해 있으며 양쯔강(長江)과 회하(淮河)가 성(省)을 비스듬히 가로지르고 있다. '안휘'라는 이름의 유래에는 성(省) 내의 안경(安慶)과 휘주(徽州)의 이름을 딴 것으로 총면적 13만㎢이며, 총인구 6,102.72만 명이다. 한족, 회족, 사족 등의 민족이 거주한다.	남부지역은 아열대 습윤 계절풍의 영향을, 북부는 온대 반습윤 계절풍의 영향을 받고 있으며, 1월 평균기온이 0도, 강수량은 750~1,700mm이다. 이름난 유람지로는 신중의 운무(雲霧)와 온천, 기암괴석, 기송(奇松)으로 유명한 황산(黃山)이라는 중국 볼교 4대 명산 가운데 하나가 자리하고 있으며, 수천 개의 봉상이 산중에 위치해 장관을 이룬다. 또 구화산(九華山)이라는 중국 볼교 4대 명산 가운데 하나가 자리하고 있으며, 수천 개의 봉상이 산중에 위치해 장관을 이룬다.	농업은 남부지역의 중간적 특징을 가지고 있어 양상과 경제작물을 제외하고도 자 재배량이 큰 비중을 차지한다. 화하 이북에는 보리를 비롯한 잡곡이 주로 재배되어 상품양식이 잘 발달되어 있을 뿐만 아니라, 메지 사육도 활발하다. 양쯔강(長江)과 회하 사이는 벼농사와 유채를 재배하며 살기 좋은 곳으로 도 명성이 자자하다. 그리고 화하이남에는 참개와 담배 잎 등이 대량으로 생산되고 있으며, 양쯔강(長江)과 소호소호(巢湖)에는 어류와 새우가 많이 잡힌다. 석탄광산으로도 유명하여 화동지구의 중요한 에너지 기지로 일컫어 있다. 그중에서 마안산(馬鞍山)의 강철이 유명하다. 화남(淮南)는 광산기계와 성도(省都)인 합비(合肥)에는 광산기계공업이 발달되어 있으며, 방부(蚌埠)의 수리기계(水利機械), 담배공업, 화남(淮南)의 식탄화공공업, 제지공업, 안경(安慶)의 석유화학, 합비(合肥), 안경(安慶), 무호(蕪湖) 등지의 방직공업, 식품공업 등도 일어둔다.

행정구역	위치/지형특성	풍물·명물	기타
복건성 (福建省) 약칭 민(閩)	중국 화동구역 남부 연해에 위치해 있으며 대만과 바다를 두고 마주하고 있는 성(省)이다. 대륙해안선 3,300km, 총면적 12.14만㎢, 인구는 4,154만 명이다. 한족, 서족, 회족, 묘족, 만주족, 고산족 등이 있으며 복주(福州)를 성도(省都)로 한다.	이 성(省)을 일컬어 중국인들은 '동남신국(東南山國)'이라 부르고 있는데, 그 이유는 구릉지를 포함한 산지가 전체 면적의 80% 이상을 차지하고 있기 때문이다. 주요 산지로는 성(省)의 중앙부에 위치한 대무산맥(大武山脈)과, 서부에 위치한 무이산(武夷山)을 대표로 꼽을 수 있다. 무이산(武夷山)은 강서성(江西省)과의 분계선에 위치한 해발 1,000~1,500m의 산으로 자연보호구로 지정되어 있다. 연해지역의 복주(福州)와 하문(夏門)은 평원으로 이뤄져 있으며, 해안선은 굴곡이 심하고 많은 도서(島嶼)들이 자리한다. 주요 하류로는 민강(閩江), 구룡강(九龍江)이 있으며, 아열대 습운 계절풍의 영향으로 1,000~1,900mm의 강수량을 보인다.	산지와 바다를 동시에 가지고 있어 농업, 임업, 수산업에 유리하다. 특히 동남부지역에서는 일 년 2·3모작이 가능해 벼, 담배, 마(麻), 사탕수수, 차(茶)가 많이 재배될 뿐 아니라 열대·아열대 과일도 많이 생산된다. 자연조건에 힘입어 제당, 제차(製茶), 통조림공업, 제지공업도 발달되어 있다.
강서성 (江西省) 약칭 공(贛)	양쯔강(長江)의 중하류 이남에 위치해 있다. 당대(唐代) 때 '강남서도'로 불렀기에 현재 '강서(江西)'라고 불린다. 인구는 4,518.86만 명이며 한족, 회족, 사족, 묘족, 요족 등이 거주하고 있다. 성도는 남창(南昌), 총면적은 16.69만㎢다.	북쪽을 향해 입을 벌리고 있는 분지형체를 취하고 있으며 동서남 3면이 모두 산으로 둘러싸였다. 산간지역에는 운무가 자욱하며, 여름에는 시원한 기후를 보이고 있어 피서지로 유명한 노산(盧山)을 비롯해 도처에 많은 명승고적이 수두룩하다. 기후는 아열대 계절풍 기후를 나타내고 있다.	광산자원으로는 텅스텐, 동, 희토(稀土), 우라늄 등이 있으며, 남창(南昌)을 중심으로 기계공업과 경방직업, 식품공업, 구강(九江)의 석유화학, 방직공업, 경덕진(景德鎭)의 도자기공업이 발달되어 있다. 북부지역에는 철로와 수운(水運)을 동매으로 하고 있으며, 남부는 도로를 주축으로 하는 분산된 교통망을 갖추고 있다.

행정구역	위치/지형특성	풍물/명물	기타
강서성(江西省) 약칭 공(贛)		으며, 강수량은 1,400~1,800mm로 4~6월달에 총 강수량의 50% 이상이 집중된다.	강과 호수에서 고기와 새우가 많이 어획되는 등 중요한 담수어 지구 중의 하나로 유명하다. 도자기의 고향인 경덕진은 이미 1600년의 도자기 제조 역사를 가지고 있다. 종이처럼 얇고, 옥처럼 희며, 거울같이 맑고, 옥처럼 투명한 소리를 내는 이곳 도자기는 세계적으로 명성이 자자하다.
산동성(山東省) 약칭 노(魯)	화북평원 동부에 위치해 있으며 성(省)의 일부분이 발해와 황해 사이의 반도로 뻗어 있는 총면적 15.67만㎢의 성(省)으로서 약 3,000여km의 대륙해안선을 가졌다. 성도(省都)는 제남(濟南)이며 한족, 회족, 만주족 등의 민족이 어우러져 인구 1억1천1만 명을 자랑한다. 산동(山東)이란 이름의 유래는 태행산의 동부에 위치하고 있다고 해서 붙여진 이름이다. 그리고 '노(魯)'라는 약칭은 산동의 일부 지역이 춘추시대 때 노국(魯國)에 속해 있었기에 이에 붙여졌다.	전체 면적의 65%가 평원으로 되어 있으며 와지, 산지, 구릉으로 35%를 차지한다. 동악(東岳)으로 일컬어진 태산(泰山)과 공자, 맹자의 고향이 이곳에 있다. 태산의 주봉(主峰)인 옥황정은 해발 1,524m로 웅장한 기세를 뽐내고 있으며, 산간에는 많은 명승고적이 즐비하다. 정상에 올라 바라보는 해돋이는 사람의 마음을 사로잡는다. 산동의 기후는 온대 반습윤 계절풍의 영향에 들어 600~900mm의 강수량을 나타낸다.	개발역사가 오래되어 주요 양식과 경제작물을 포함한 농업 생산액이 중국 제일을 기록하고 있으며 면화, 땅콩, 담뱃잎, 과일 등도 많이 생산되고 있다. 중국의 중요한 해양어장의 하나로 중국에서 나는 새우의 절반 가량이 이곳에서 어획된다. 화학비료 총생산량이 전국에서 중요한 위치를 차지하고 있으며, 승리유전에서 생산되는 석유, 제염(濟鹽), 조장(棗庄) 등의 석탄광산, 교통요지 등이 유명할 뿐 아니라 면방직, 기계제조, 양주공업, 석유화학공업, 자동차, 시계공업 등도 전국에서 지명도가 상당하다. 편리한 육로교통 외에도 청도(靑島), 연태(煙台)와 같은 항구도시도 위치하고 있어 비약적인 경제발전에 좋은 환경을 제공하고 있다.

행정구역	위치/지형특성	풍물/명물	기타
하남성 (河南省) 약칭 예(豫)	중국 중남지역의 북부와 황하 중·하류 이남에 위치하며 이른바 '중원(中原)'으로 불리는 곳이 바로 이곳이다. 한족, 회족, 몽고족, 만주족 등 9,936.55만 명이 살고 있으며, 정주(鄭州)를 성도(省都)로 하는 16.7만㎢의 면적을 가진 성(省)이다. '예(豫)'라는 약칭은 고대 이곳을 예주(豫州)라고 부른 것에 기인한다.	북서남쪽이 산으로 둘러싸여 있으며 동부는 평원이 아주 넓다. 주요 평원으로는 황회평원(黃淮平原), 남양분지(南陽盆地)가 있다. 기후는 온대와 아열대 계절풍의 영향을 동시에 받아 늦봄이 되면 덥고 건조한 열풍(熱風)이 불 뿐 아니라 여름철에는 폭우가 많이 내리며 600~1,000mm의 강수량을 보인다. 중악(中岳)으로 불리는 숭산(嵩山)이 자리하고 있으며, 소림사와 같은 유서깊은 고적들이 많이 분포한다. 유명 관광지로는 용문석굴·백마사로 이름난 낙양(洛陽), 앙소문화·용산문화·주(周)문화의 유적이 남아 있는 정주(鄭州), 노자의 고향인 상구(商丘), 노자의 고향인 녹읍(鹿邑) 등이 있다.	남북 기후를 가르는 지역에 위치하여 다양한 생물자원이 풍부하며, 오랜 개간 역사를 가지고 있는 지역이다. 이런 특징에 힘입어 중국의 중요한 밀 생산지로 알려져 있으며 담뱃잎, 깻잎의 생산량도 전국 1위를 기록하고 있다. 이 밖에도 콩, 면화, 국화, 돼지고기, 아욱 등이 많이 생산된다. 산업 분야에서는 보크사이트와 석탄 매장량이 많아 높은 수준의 기계제조, 방직공업 역시 큰 비중을 차지하고 있다. 광산기계, 농업기계, 공예품 도자기의 생산도 활발하다. 이 성(省)에는 용해선(龍海線)과 경광선(京廣線)이 종횡으로 교차되고 있어 교통수단의 장점을 가지고 있으며, 하천운수(河運)도 발달되어 있다.
호북성 (湖北省) 약칭 악(鄂)	양쯔강(長江) 중류와 동정호(洞庭湖) 이북에 위치하고 있는 인구 5,775.26만 명의 성(省)이다. 한족, 토가족, 회족, 만주족, 묘족, 몽고족 등이 혼거하고 있으며, 무한(武漢)을 성도(省都)로 삼으며 총면적은 18.59만㎢에 이른다.	기후는 아열대 습윤 계절풍의 영향을 받으며, 한국의 대구(大邱)와 같이 중국에서 가장 더운 지역으로 800~1,600mm의 강수량을 나타낸다. 산과 물이 많은 것이 특징으로, 양쯔강(長江)이 성(省)을 가로지르고 있어 강과 호수가 전체적으로 두루 분포한다.	양식, 면화, 유채 등의 생산량이 많다. 아울러 칠 칠료, 동유(桐油), 묵이(木耳), 생칠(生漆), 약재 등의 특산품이 많이 나며, 돼지고기와 계란 등의 생산량이 비교적 많은 편이다. 강한평원(江漢平原)에서 쌀과 보리 등이 많이 생산되고 있으며, 동시에 전국적인 면화생산지로 알려져 있다. 이곳이 담

행정구역	위치/지형특성	풍물/명물	기타
호북성 (湖北省) 약칭 악(鄂)		세계적으로 유명한 양쯔강(長江)삼협 수리공사가 진행 중인 곳이 바로 이곳이며, 2,000여 년의 역사를 가진 강릉고성(江陵古城)에서는 대량의 진귀한 고대문물들이 출토되기도 하였다.	수양식업도 중요한 비중을 차지한다. 산업 분야에서는 강철, 기계제조, 전력공업, 화학공업 등이 발달해 있다. 특히 무한(武漢)의 철강공업과 십언(十堰)의 자동차공업이 유명하다. 근래에는 식품, 방직, 가전제품공업도 빠르게 발전하고 있으며, '만리장강제일방파제'로 불리는 갈주(葛洲)방파제수리공사가 의창(宜昌)시에서 건설 중이다.
호남성 (湖南省) 약칭 상(湘)	양쯔강(長江) 중류의 동정호 이남에 위치한 인구 6,6644.94만 명의 성(省)이다. 한족, 토가족, 묘족, 동족, 요족, 회족, 위구르족, 쥬앙족 등이 거주한다. 성도(省都)는 장사(長沙)로서 21.18만㎢의 총면적을 가졌다. '상(湘)'이라는 이름의 유래는 이 지역에서 가장 큰 하천인 상강(湘江)의 이름에서 따온 것이다.	성(省)의 동서남 3면은 산지와 구릉지로 이뤄져 있으며 중북부는 낮고 완만한 지형을 보인다. 동정호(洞庭湖)를 중심으로 말발굽 모양의 분지형태를 나타내고 있을 뿐만 아니라, 72개의 봉우리를 가진 남악(南岳) 형산(衡山)이 이곳에 위치하고 있어, 아름다운 경치와 많은 고적(古蹟)으로 관광객들을 유혹한다. 하천들이 서로 복잡하게 얽혀 있는 데서 알 수 있듯이 수력자원이 매우 풍부한 편이다.	이름난 동정호(洞庭湖)는 중국의 중요한 담수어업 기지 중의 하나이다. 동정호(洞庭湖) 평원에서는 벼와 면화 등이 많이 재배되고 있으며, 유채의 생산량이 전국 1위를 자랑한다. 이외에도 찻잎, 동유, 생칠, 약초 등의 산지로도 유명하다. 목축업 역시 성행해 돼지 사육은 중국 내 최고의 위치에 서 있다. 호남성은 '유색금속의 고향'으로 일컬어질 정도로 광물과 희귀금속이 많이 매장되어 있으며 납과 아연, 수은의 생산량이 전국에서 높은 비율을 차지한다. 기계공업, 광산기계, 건축자재, 전동기, 제지, 피혁, 식품, 도자기, 가전전자공업 등이 주를 이룬다.

행정구역	위치/지형특성	풍물/명물	기타
광동성 (廣東省) 약칭 월(粤)	중국 남부대륙 남령(南嶺) 이남의 남해에 접해 있으며 4,300km의 대륙해안선과 17.8만km²의 면적을 가진 중국에서 경제가 비교적 발달된 지역이다. 성도(省都)는 광주시(廣州市)이며 한족, 요족, 주앙족, 화족, 민주족, 서족 등의 민족이 어우러져 살고 있으며 인구는 1억2천6백만 명에 육박한다. '광동(廣東)'이란 이름은 고대에 이곳을 광동로(廣東路)로 불렀기에 붙인 것이다.	열대기후를 보이는 서부의 뇌주(雷州)반도를 제외하고 대부분이 아열대 습윤 계절풍의 영향으로 일 년 내내 염응과 눈을 구경할 수 없다. 연 강수량은 1,500mm 이상이며, 여름과 가을을 사이에 두고 태풍의 피해를 많이 받는다. 구릉지가 광범위하게 분포하고 있어 전체 면적의 2/3에 이르며, 바다를 접한 연해지방에 주강삼각주(珠江三角地)와 조산평원(潮汕平原)이 자리하고 있다. 광동북부지역과 연해 두 산지에 많은 금속 광산이 분포한다. 홍콩과 마카오의 유리한 경제조건 하에 개혁개방을 실시하여 다방면에서 빠른 혁신을 이뤄, 화남지역 공업발전의 구심적이 작용을 하는 성(省)으로 우뚝하다. 이름난 관광지로는 광주(廣州)의 월수산(月秀山), 하남식물원, 조주(潮州)의 개원사(開元寺) 등이 있다.	기후의 영향으로 농작물이 3모작이 가능하며 경제작물의 종류만 해도 100여 종류에 이른다. 주요 작물로는 벼, 사탕수수(중국 생산량의 50% 이상), 황마, 땅콩, 찻잎, 파인애플 등이 있으며 바나나, 여지, 파인애플 등이 열대과일의 주요 산지로 명성을 날린다. 바다와 접해 있어 화온 발달되어 어염, 양식업이 잘 발달되어 있다. 특히 기계공업, 방직업을 중심으로 제당(製糖), 캔 식품공업, 제지업 등의 전자공업이 뛰어나다. 근래 들어서는 가전제품공업과 일용기계공업도 빠르게 성장 중이다. 광동에는 심천(深圳), 주해(珠海), 산두(汕頭) 등 경제특구와 신흥도시들이 있으며, 성도(省都)인 광주(廣州)는 중국 최초의 대외 통상도시로서 매년 봄가을에 중국 수출상품 교역회가 열리며, 항포항은 남방 최대의 항구로서 유명세가 대단하다.
해남성 (海南省) 약칭 경(瓊)	북으로 경주해협(瓊州海峽)을 사이에 두고 광동성과 마주 보고 있는 섬으로 해남도(海南島), 서사군도, 남사군도, 중사군도에 있는 산호초와 그 영해를 포함하고 있다. 한족, 이족, 묘족, 화족 등의 민족이 주로	해남도(海南島)는 중국에서 두 번째로 큰 섬으로 중부지역에 오지산(五指山), 해발 1,867m이 자리하고 있고, 연해지구 평원이 전 면적의 2/3를 차지한다. 기후는 열대성 계절풍의 영향으로 기온이	동식물자원이 풍부하여 고무, 커피, 야자, 파인애플 등의 열대작물이 많이 나며, 열대우림에는 희귀한 목재와 동물, 조류 등이 서식한다. 경제구조로 지정된 이후부터 식품, 제당,

행정구역	위치/지형특성	풍물/명물	기타
해남성(海南省) 약칭 경(瓊)	거주하고 있으며, 해안선의 길이는 1,500여 km, 인구는 1,008.12만 명, 면적은 3.4만여 ㎢로 중국에서 작은 성(省)에 속한다. 원래 해남 행정구였으나 1988년 4월에 성(省)으로 승격되어 성도(省都)를 해구(海口)로 정하였다.	높으며 비가 많이 와 연 강수량이 1,700mm 이상을 보인다. 월 평균기온 20도 이상인 기간이 일 년 중 9개월이나 되어 겨울철에도 해수욕을 즐길 수 있을 정도이다.	고무 등의 공업을 바탕으로 각종 공업이 빠르게 발전하고 있다. 현재 해남특구는 해상교통과 여행업의 빠른 발전으로 연중 평균 790만 명의 관광객이 찾아 5억 위안의 수입을 올림으로써 성장률이 평균 10% 이상이다.
광서 주앙족 자치구(廣西壯族自治區) 약칭 계(桂)	중국 남부 변경과 남쪽으로 북부만과 접하고 있는 인구 5,012.68만 명의 성(省)으로 대륙 해안선의 길이는 약 1,500km, 총면적은 23.67만㎢이다. 성도(省都)는 남영(南寧)이며, 주앙족, 한족, 요족, 묘족, 둥족, 무라오족, 모난족, 이족, 등이 거주하고 있다.	기후조건은 남아열대 계절풍의 영향권에 들어있어 겨울 평균기온이 6도 일 년 내내 서리가 내리지 않으며 1,500mm의 강수량을 나타낸다. 지형은 분지에 가까운 형태이며, 구릉지와 제국이 광범위하게 분포하고 있다. 성(省)의 서남쪽은 베트남과 국경을 접하고 있어 국경무역이 활발하다. 이 지역에 거주하는 주앙족(壯族)은 중국 소수민족 중 최대 인구를 가진 민족으로 90% 이상이 이 지역에 거주한다. 광서(廣西) 경내의 이강(漓江) 서안(西岸)에 위치한 계림(桂林)은 기이하고 아름다운 암석이 있어 천하제일의 풍경이라는 명성이 자자하다.	연중 2·3모작이 가능하기 때문에 벼, 옥수수, 사탕수수, 찻잎 등의 생산이 중요한 위치를 차지한다. 남부지역은 중국의 열대·아열대 경제작물의 산지로 유명하다. 연해에 펼쳐져 있는 북부만은 수수한 품질을 자랑하는 열대 어장의 하나로 중의, 룬등, 오징어 등의 수산물이 풍부한 것으로 알려졌다. 경제의 발전과 더불어 서남해로 나가는 편리한 통로로 이용되고 있는 지역이기도 하다.
사천성(四川省) 약칭 천(川), 촉(蜀)	중국 서남 내륙에 위치하여 청장고원까지 뻗쳐있는 성(省)으로 동쪽 가장자리는 사천 분지와 접해 있다. 면적은 57만㎢로, 성도(省都)는 청두(成都).	다양한 기후를 보이고 있는데, 먼저 분지지역은 아열대성 습윤 계절풍의 영향을 받아 겨울에 따뜻하고, 여름이 길다. 반면, 사천 산지는 겨울에 따뜻하고 여름에 시원한	양쯔강(長江) 중상류에 위치해 있어 중국에서 가장 풍부한 수력자원을 자랑하고 있는데, 대표적인 것이 고대부터 유명한 성도평원(成都平原)의 도강언(都江堰) 수

행정구역	위치/지형특성	풍물/명물	기타
사천성(四川省) 약칭 천(川), 촉(蜀)	인구는 8,367.49만 명이다. 한족, 이족, 장족, 묘족, 회족, 강족 등이 거주한다. 고대에 이곳을 촉국(蜀國), 촉군(蜀郡)이라 해서 '촉(蜀)'이라는 약칭이 사용된다.	사계가 분명하다. 서북지역에 위치한 고원지구는 겨울이 길어 거의 여름이라고는 찾아볼 수 없으며, 비교적 건조 한랭한 기후를 보인다. 사천의 강수량은 1,000mm에 육박한다. 중국 불교의 4대 명산의 하나로 알려진 아미산(峨眉山)이 사천에 위치하며, 세계에서 현존하는 최대의 식물상인 아산대불이 약 산 시외에 자리하고 있어 천 년의 역사 변천을 알려주고 있다.	리쿵사이다. 예부터 많은 농산물을 생산하고 있어 '천부지국(天府之國)'으로 불리고 있는데, 벼와 유채씨의 생산량이 전국 1위를 차지한다. 광물자원 매장량 또한 풍부하며 종류도 아주 다양하다. 주요 광산자원으로는 철, 석탄, 천연가스, 석유, 정염, 금, 동, 납, 아연, 니켈, 석면, 운모, 수정, 인, 활석 등이 있는데 이 중 정염 생산량이 중국 1위이다. 중국 서남지역에서 가장 공업이 발달한 성(省)으로 다양한 공업부문과 신흥공업의 기지로 유명하다. 특히 기계, 전자, 야금, 화공, 군사공업을 중심으로 하는 중공업과 양주, 정미, 제당, 소금, 피혁, 제지, 면방직공업 등이 활발하다.
귀주성(貴州省) 약칭 귀(貴), 검(黔)	중국 서남의 운귀고원 동북부에 위치해 있다. 고대에는 검중군(黔中郡)이라 불렀기에 오늘날에도 '검(黔)'이란 약칭한다. 총면적은 17.61만㎢으로 성도(省都)는 평탄한 지형이 별로 없어 '지무삼리평(地無三里平)'으로 유명한 귀양시(貴陽市)에 자리잡았다. 인구는 3,856.21만 명 정도로 한족을 비롯한	풍부한 수력자원과 폭포, 제곡 등으로 유명하다. 높이 74m, 넓이 81m, 수심 17m를 자랑하는 황과수폭포(黃果樹瀑布)가 이 성(省)에 자리하고 있어 많은 관광객들이 모여든다.	지형 중에 산지의 비율이 높아 생칠(生漆), 동유(桐油), 오배자(五倍子) 등의 약재와 담뱃잎 등을 포함한 다양한 경제작물들이 많이 재배되고 있다. 수은과 석탄 및 유색금속 등의 매장량이 많아 비중 있는 산업으로 자리잡고 있으며, 양조업도 잘 발달되어 세계적으로 유명한 모태주(茅台酒)의 산지이기도 하다.

행정구역	위치/지형특성	동물/명물	기타
귀주성(貴州省)	묘족, 포의족, 동족, 이족, 수족, 회족, 무라오족, 쥬앙족, 야오족 등의 민족들이 혼거(混居)한다.		
운남성(雲南省) 약칭 전(滇)·운(雲)	중국 남부 변경에 위치한다. 운귀고원이 서남부까지 뻗어 있으며, 동남아의 미얀마, 라오스, 베트남의 3개국과 접해 있다. 운령(雲嶺) 이남에 위치하고 있어서 운남(雲南)이라 불리고 있으며, '전(滇)'이란 약칭은 고대 이 지역에 '전국(滇國)'이 자리잡고 있기 때문이다. 성도(省都)는 곤명시(昆明市)이며, 인구는 4,720.93만 명에 육박한다. 한족, 함니족, 이족, 와족, 회족, 묘족, 태족, 요족 등의 20여 개 민족이 공동 집거하고 있어 중국에서 가장 많은 민족이 거주하는 성(省)으로 일컬어져 있다.	산지와 고원이 93%를 차지하는 복잡한 지형을 가지고 있어 다양한 식물들이 많이 생산됨에 따라 '식물의 왕국'으로 불린다. 하천과 같은 수계자원이 비교적 풍부한 편이다. 코끼리, 원숭이, 공작 등의 희귀생물이 많이 서식하여 자연보호구로 지정된 시수앙반나(西雙版納) 열대 원시림이 볼 만한 관광자원로 정평이 나 있다. 또한 도가(道家)의 냄새를 물씬 풍기는 석림(石林)과 대리석의 본고장인 대리(大理)가 유명하다.	특산품으로는 담배잎과 한약재, 과일 등이 있으며, 주석, 납, 아연과 같은 유색금속의 매장량도 상당하다.
서장 자치구(西藏自治區) 약칭 장(藏)	중국 서남 변경지역과 청장고원 서남부에 위치해 있으며 인도, 네팔, 미얀마, 부탄 등과 국경을 접한다. 인구 364.81만 명, 총면적은 120여만㎢이다. 장족(藏族), 한족, 문파족, 낙파족 등이 살고 있다. 1951년에 해방되어 라싸(拉薩)를 성(省) 소재지로 하고 있으며, 1965년에 정식으로 자치구(自治區)로 성립되었다.	평균해발은 4,000m 이상으로 햇볕은 충분하지만 기온이 낮다. 공기가 희박하여 처음 이곳을 찾는 사람들은 고산병에 시달린다. 평균 강수량은 200~500mm를 보이나 남부의 지역은 예외적으로 2,000mm를 나타낸다. 토지가 광활하고 하천이나 호수가 많아 수자원을 풍부하게 보유한 자치구이다.	생산되는 식물로는 보리, 감자, 완두, 유채 등이 있으며 일부 지역에서는 벼와 찻잎도 재배한다. 수력, 지열, 태양열, 풍력 등의 자연에너지원이 풍부하며, 특히 우라늄, 리튬, 동, 석고, 붕사(硼砂) 등이 많이 생산된다. 공업 기초는 낙후된 실정으로 제광업을 비롯한 섬유, 화공, 건축자재, 모방(毛紡) 등이 있다.

행정구역	위치/지형특성	동물/명물	기타
서장 자치구 (西藏自治區) 약칭 장(藏)	일찍이 당송시대부터 내륙과 밀접한 관계를 가지고 있었으며, 원대(元代)부터는 중국의 행정구역에 편입된 상태이다.	53만㎢의 초원이 펼쳐져 있어 중국 5대 초원 목축지구 중의 하나로 유명하며 중국의 중요한 천연 삼림지구이기도 하다. 관광유적으로는 라싸의 포탈라궁(포달라궁), 세라사 등이 있다. 이 지역에 거주하는 서장족(西藏族)은 독특하고 고전적이며 소박한 민족 정서와 풍속을 지니고 있어 다양한 문화를 엿볼 수 있다.	파뎌, 제아공업이 부분적으로 발달돼 있다. 담요, 정화, 지마와 같은 전통적인 수공업품이 유명하다.
섬서성 (陝西省) 약칭 섬(陝), 진(秦)	중국 서북지역의 동남부와 황하의 중류에 위치하며, 북부는 황토고원, 남부는 진파산지(秦巴山地), 중부는 위하평원(渭河平原)에 접해 있다. 총면적은 20.6만㎢, 성도는 시안(西安), 인구는 3,952.9만 명이다. 한족, 회족, 만주족, 몽고족 등이 산다. 고대 춘추시대에 진국(秦國)에 속했기에 오늘날에도 약칭으로 '진(秦)'이라 부르고 있다.	기후는 진령(秦嶺) 이남과 이엽대 습윤한 기후를 보이고 있으며, 진령(秦嶺) 이북은 건조한 특유의 대륙성 기후를 나타낸다. 남부는 강수량이 많은 반면 북부는 적다. (평균강수량: 800~1,000mm) 성도(省都)인 시안(西安)은 중국에서 가장 유명한 고도(古都)의 하나로 3,000년의 역사를 자랑한다. 이곳을 도읍으로 정한 왕조만 하더라도 10여 개나 된다. 시안(西安) 시내외를 둘러보면 대응탑, 소응탑, 서안비림, 진시황릉 병마용, 서안성벽 등의 세계적인 고적들이 많이 있다. 태백산 자연보호구와 서악(西岳)으로 유명한 화산(華山)이 섬서(陝西)에 자리한다.	양쯔강(長江)과 황하의 양대 수계(水系)가 흐르고 있어 위하평원(渭河平原)을 중심으로 보리, 면화가 많이 재배되고 있으며, 중국 최대의 산양 방목지이다. 이외에도 위남(渭南)의 땅콩, 보계(寶鷄)의 담뱃잎이 유명하며, 대추, 감초, 조, 유채, 뽕나무, 생칠, 동유가 많이 생산된다. 식탄, 석유, 철, 장석, 수은, 메탄, 강돌을 비롯한 기타 유색금속매장량이 많으며, 기계, 연료, 화공, 방직, 식품, 전자공업 등은 비중있는 산업에 속한다.

행정구역	위치/지형특성	동물/명물	기타
감숙성(甘肅省) 약칭 감(甘), 롱(陇)	중국 서북구역의 중부에 위치하며 청장·황토 3개의 고원까지 펼쳐져 있으며, 면적은 45.5만㎢이며, 성도(省都)는 난주(蘭州), 인구는 2,501.98만 명이다. 한족, 회족, 장족, 동향족, 유고족, 보안족, 몽고족, 하사커족, 토족, 싱남족, 만주족 등이 거주한다. 감숙(甘肅)이란 이름은 감주(甘州)와 숙주(肅州)의 이름에서 나왔다.	기후는 동남계절풍과 내륙건조기후, 청장한랭기후의 영향을 모두 받고 있어 가운과 강수량이 지방마다 차이가 난다. 성(省)의 서부에 위치한 하서주랑(河西走廊) 북부에는 연장 1,600여km의 방풍방사림이 조성되어 있으며, 감숙(甘肅)에는 목축구도 자리하고 있다. 이 밖에도 방대한 임업구에는 희귀하고 다양한 야생동물이 서식하고 있으며, 세계적으로 유명한 팬더곰의 서식지인 배수강(白水江) 자연보호구역이 유명하다. 감숙(甘肅)은 중국 고대 동서 육로교통의 요충지였으며 막지산석굴, 가욕관만리장성, 둔황막고굴전통동 등이 많은 문화유적이 남아 있다.	농업에 유리한 자연조건과 수리관개시설이 잘 발달되어 있어 농업생산의 잠재력이 큰 편이다. 이 때문에 동남부에서 보리, 서부부에서는 봄보리, 동부의 건조지에서는 조, 남부에서는 옥수수와 감자가 주로 재배되고 있으며, 성도(省都)인 난주(蘭州)는 변화 재배지로 명성이 자자하다. 경제작물로는 참깨를 많이 심는다. 풍부한 광산자원과 수력자원을 가지고 있어 석유화공, 전력기계, 모방직, 제공업 같은 공예품도 자라하고 있으며, 카펫과 같은 공예품도 많이 난다.
청해성(青海省) 약칭 청(青)	중국 서북구역의 중부에 펼쳐진 청장고원(青藏高原)의 동북부에 위치하며 양쯔강(長江)과 황하(黃河)의 발원지이기도 한다. 한족, 장족, 회족, 토족, 싱남족, 몽고족, 하사커족 등 592.4만 명의 인구가 살고 있다. 성도(省都)는 서녕(西寧)으로 '청해(青海)'라는 이름은 성(省) 내에 있는 청해호(青海湖)에서 따온 이름이다.	성(省) 내의 청해호(青海湖)는 4,583㎢의 면적과 3,196m 수면해발, 32.8m의 수심을 자랑하는 중국 최대의 염호(鹽湖)로 소금의 주산지이다. 일반적으로 3,000m 이상의 해발을 보이고 있으며, 서부에는 시담목분지(柴達木盆地)가 자리한다. 광활한 면적에 분포하고 있는 많은 호수와 초원, 분지, 소택지 등으로 소택지의 목축지구를 이룬다.	500여 만 마리의 소를 비롯해 말, 양 등이 주로 방목되고 있어 황소털과 양모(羊毛: 서양(西洋)이 유명)의 산지로 알려준다. 농업생산물로는 보리, 완두, 감자, 참깨가 많이 재배되며, 사향(麝香)과 동충하조라는 재배약도 생산된다. 시담목분지(柴達木盆地)와 기연산(祁連山)까지역을 중심으로 소금, 석면, 납, 아연, 석탄, 천연오일가스와 같은 풍부한 광물자원이 분포한다.

행정구역	위치/지형특성	풍물·명물	기타
청해성 (青海省) 약칭 청(青)		매륙성 고원기후의 영향으로 비교적 낮은 기온을 보이고 있으며, 일교차가 심하고 일조량이 많으며 강수량이 적은 편으로 평균강수량이 250~550mm를 나타낸다. 주요 관광지로는 황중탑이사(湟中塔爾寺)와 일월산(日月山), 청해호(靑海湖) 등이 있다.	원을 보유하고 있어 화공, 야금, 기계, 경방직 공업의 비중이 높다.
영하 회족 자치구 (寧夏回族自治區) 약칭 영(寧)	중국의 섬서성, 내몽고, 감숙성 3개 성에 둘러싸인 중국 서북구역 중부에 위치한다. 중국에서 가장 작은 성(省)으로, 회족(1/3을 차지), 한족, 만주족 등 720.27만 명의 인구가 거주하고 있으며, 면적은 5.18만㎢이다. 1958년 10월에 정식으로 자치구로 성립되어 은천(銀川)을 성도(省都)로 정하고 있다	남고북저(南高北低)의 지형으로 남부는 황토원과 육반산지(六盤山地), 북부는 영하평원(省 면적의 1/4 차지)으로 이뤄져 있으며, 북부 경계선을 따라 황하가 흐른다. 평균해발은 1,000~1,200m 정도이며, 온화대륙성 기후로 반건조 기후의 영향으로 심한 기온 차와 200~600mm의 강수량을 보인다. 황사현상이 자주 발생하고 여름이 되면 폭우가 쏟아지는 것이 또 다른 기후 특징이다.	이미 2,000여 년 전부터 황하의 물을 이용한 관개시설을 발달시켜 '천하황하부영하(天下黃河富寧夏)'라는 말이 나올 정도로 농축산가 많이 보급되어 있어 중국의 중요한 상품양식 기지로 명성이 자자하다. 주요 작물로는 밀, 벼, 옥수수, 사탕무, 수박, 참깨가 유명하며, 목축업도 잘 발달되어 양파(羊皮) 양모의 지명도가 상당히 높은 편이다. 광물자원으로는 석탄(질량이 좋음), 철광석, 규소, 석고가 있으며 이들을 이용한 석탄공업, 전력공업을 비롯한 가세 제조업 등이 뛰어나다.
신강 위구르 자치구 (新疆維吾爾自治區)	중국 서북 변경에 위치해 있으며 중앙아시아, 남아시아의 국가와 이웃하고 있다. 1884년 청나라시대에 신강성(新疆省)으로 편입되어 1955년 10월에 다시 자치구(自治區)	온대 매륙성 건조기후를 보이며 100~500mm의 강수량을 보인다. 포도도 유명한 투루판(吐魯番)으로 가장 40도 이상의 기온을 보여 '화주(火洲)'	신강(新疆)은 풍부한 광산자원을 가지고 있어 석탄, 철, 석유자원을 비롯해 운모, 옥석(玉石), 황금, 보석(寶石) 등이 많이 생산된다.

행정구역	위치/지형특성	풍물/명물	기타
신강 위구르 자치구 (新疆 維吾爾 自治區) 약칭 신(新)	區)로 성립되었다. 면적은 160여km²로 중국에서 가장 큰 면적을 차량한다. 위구르족(50% 이상), 한족, 하사커족, 회족, 커얼커쯔족, 몽고족, 러시아족, 석배족, 타지커족, 우즈베크족, 타타얼족, 다워얼족, 만주족 등의 10여 개의 민족이 혼거(混居)하며 인구는 2,582.23만 명이나 된다. 성도(省都)는 우루무치(烏魯木齊)이다	로 불린다. 3개의 큰 산맥과 2개의 분지를 가지고 있으며 천산산지(天山山地)를 중심으로 하여 남강과 북강의 양대 자연조건이 현격한 차이를 나타낸다.	목축업도 유명해 전 지역에 분포된 이리마, 탐성우, 때미양, 강파양, 세모양 등이 우량품종들을 대량으로 방목하여 기운다. 또한 충분한 태양열을 받고 자란 하미과(哈密瓜)와 포도 등 과실이 재배되고 있어 그 맛이 일품이다. 최근 중국은 신강(新疆)의 공업발전에 힘쓰고 있어 석유, 석탄, 야금, 건축자재, 모방직공업이 점차 발달하고 있다.